Hugo Pratt

Warten auf Corto

Übersetzung aus dem Italienischen von Dr. Peter Pohl

Texte zur Graphischen Literatur
Band 3

Herausgegeben von Volker Hamann und Matthias Hofmann

EDITION ALFONS

Lektorat und Schlusskorrektur: Peter Nover
Gestaltung und Satz: Volker Hamann

Druck: Schipplick + Winkler Printmedien GmbH

ISBN 978-3-946266-15-0

1. Auflage 06/2019

Texte zur Graphischen Literatur Band 3
Herausgeber: Volker Hamann und Matthias Hofmann

Bisher in der Reihe Texte zur Graphischen Literatur erschienen:
Band 1: Detlef Lorenz, *Das Logbuch des Robinson Crusoe*
Band 2: Achim Schnurrer, *Das war Schwermetall 1: 1980-1988*

Verlag Volker Hamann
Edition Alfons
Heederbrook 4 e
25355 Barmstedt

www.edition-alfons.de

HUGO PRATT

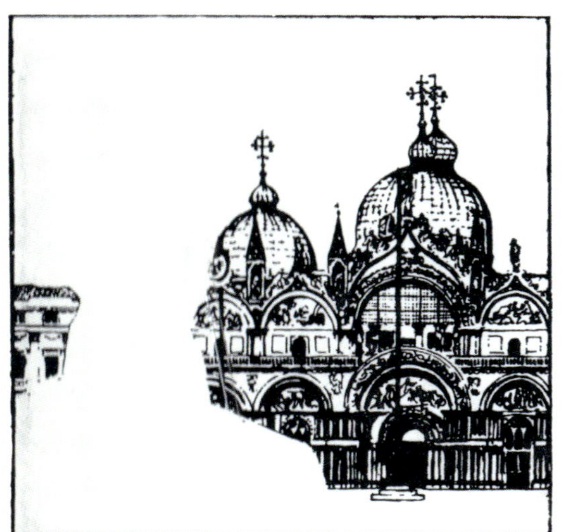

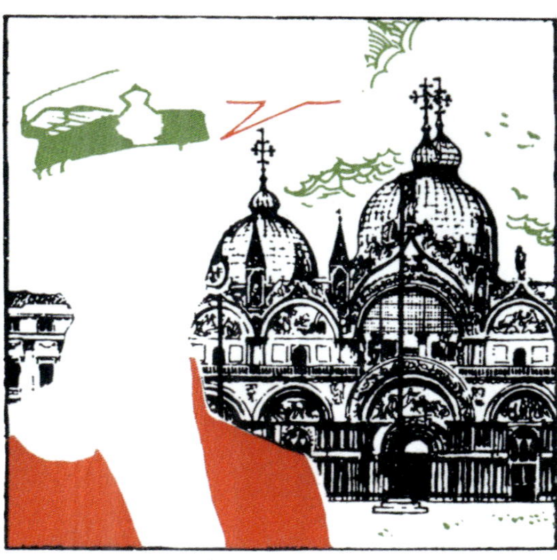

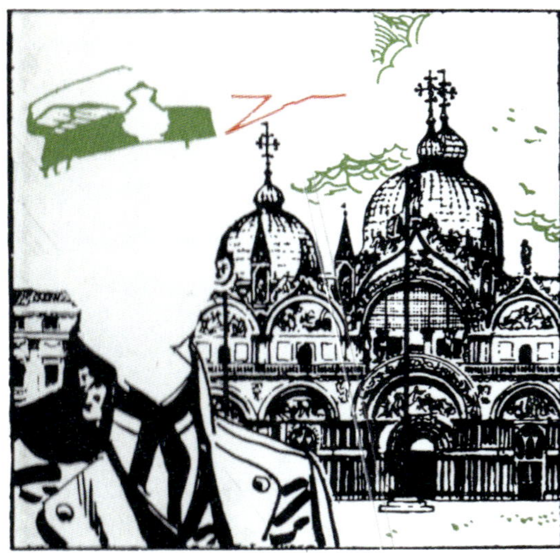

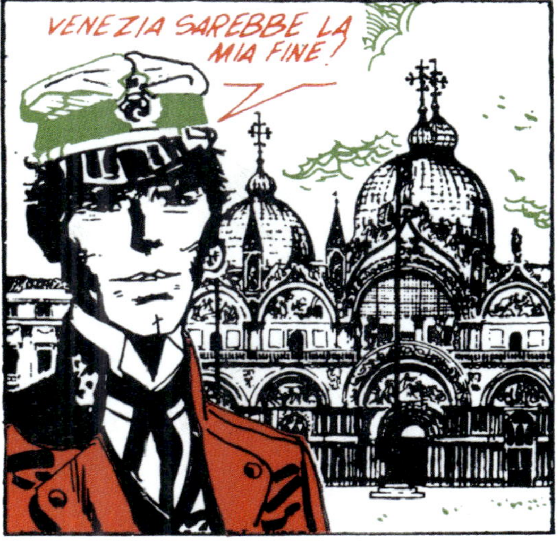

LE PULCI PENETRANTI

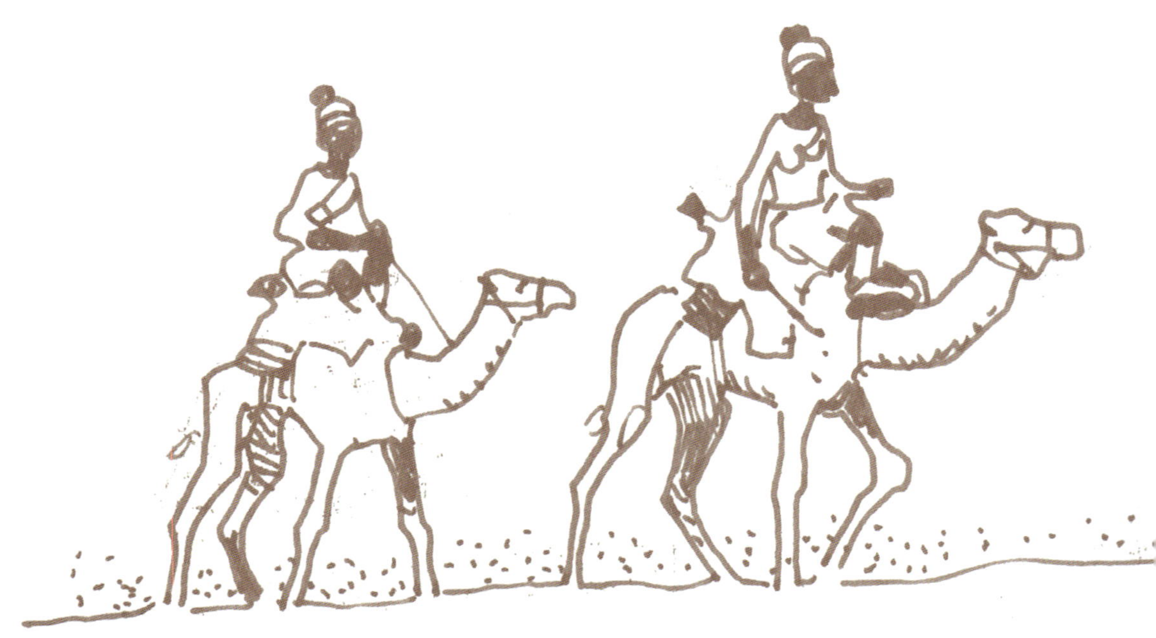

Inhaltsverzeichnis

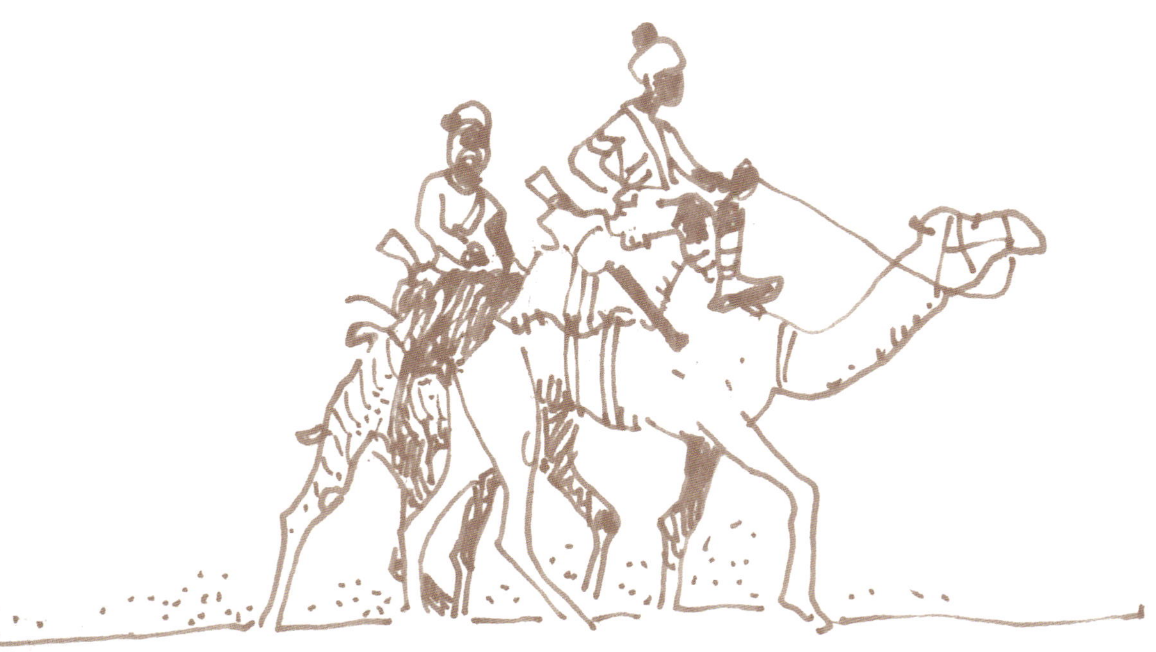

Vorwort

Im Jahre 1970 begleitete Hugo Pratt seinen Freund, den Comiczeichner Antonio de Rosa, in dessen Fiat Millecento auf einer Fahrt von Gerona nach Algeciras und von Ceuta nach Rabat.

Zum Zeitvertreib erzählte er seine Lebensgeschichte (oder besser: Geschichten aus seinem Leben) – assoziativ, sprunghaft, manchmal beängstigend real, dann wieder hemmungslos renommierend, zehn Tonbandspulen lang.

Die Jugend in Äthiopien, der Einmarsch der Alliierten in Venedig, erste Erfolge als Comiczeichner, der Exodus nach Argentinien, die Zeit in London … Der Leser beginnt, die wehleidige Einleitung zur *Südseeballade* ebenso zu verstehen wie die Hintergründe der Reihe *Die Wüstenskorpione*.

Pratt bedient sich zwang- und übergangslos der verschiedensten Sprachen und Dialekte vom Vulgärvenezianischen bis zum Äthiopischen und beendet seine Wortkaskade ebenso abrupt wie er sie begonnen hat.

De Rosa wurde von dem Verleger Alferi beauftragt, das Material zu redigieren und in eine einheitliche Sprache zu bringen. Nach einigen gescheiterten Versuchen hielt man es doch für das Beste, Pratt völlig unzensiert mit seinen eigenen Worten erzählen zu lassen.

Das Buch erschien im März 1971 unter dem Titel *Le Pulci Penetranti* (dt.: *Die Sandflöhe*).

Die vorliegende Ausgabe geht von dem völlig unbearbeiteten Text des Originals aus, enthält aber zusätzliche Graphiken, die Hugo Pratt eigens für die Neuauflagen *Avant Corto* (Pierre-Marcel Favre, 1986) und *Aspettando Corto* (Ed. del Grifo, 1987) angefertigt hat. Dazu kommt noch weiteres, bisher unveröffentlichtes Bildmaterial.

Genießen Sie den rohesten und unverfälschtesten Pratt, den Sie je in Händen halten werden.

Gute Reise!

Dr. Peter Pohl

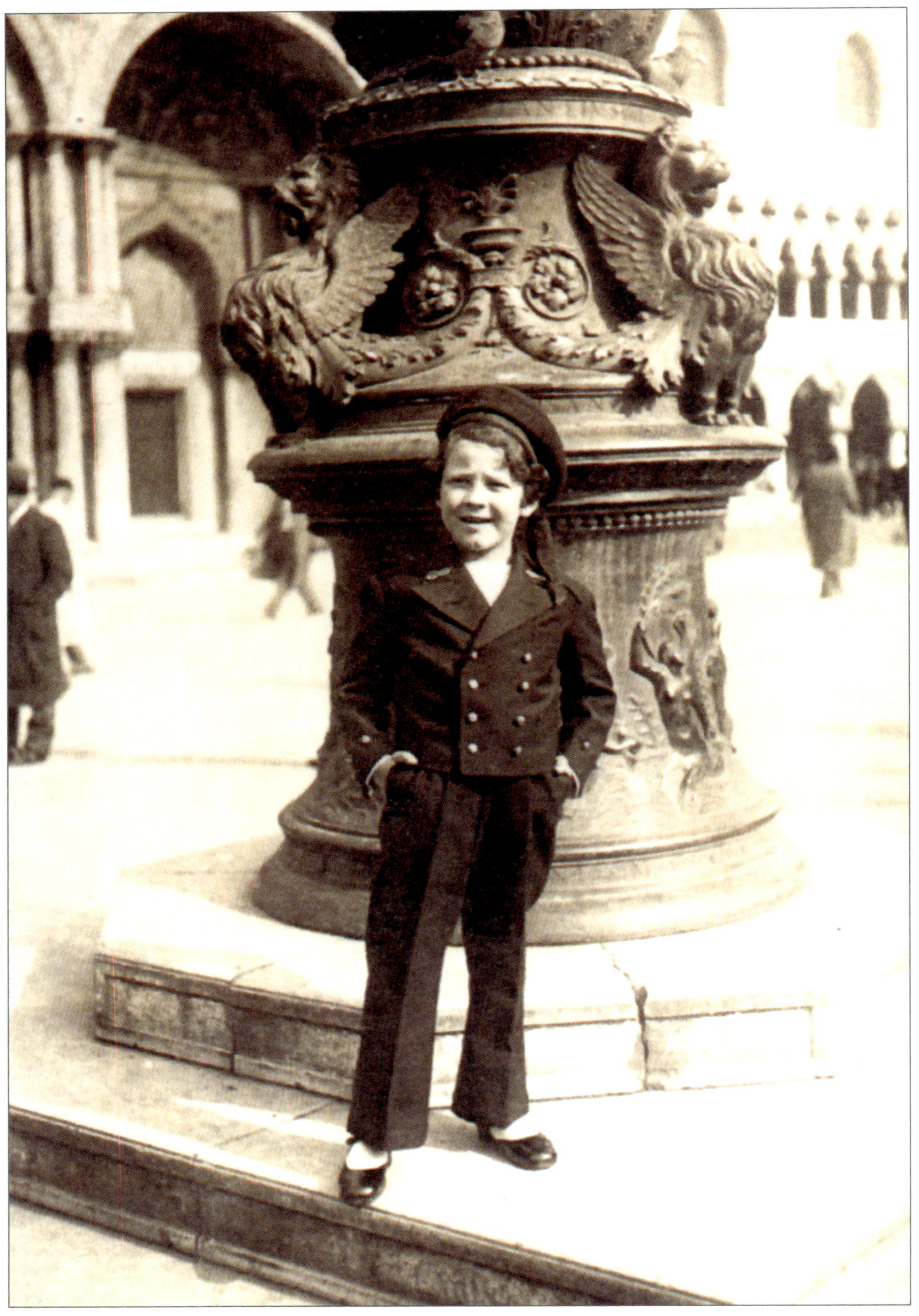

Hugo Pratt in Venedig, 1932

Kapitel 1

Mit zehn Jahren bin ich dann nach Afrika gegangen. Das muss so Mitte 1937 gewesen sein, denn ich erinnere mich, dass ich noch zur Schule ging, ins Gymnasium Marco Foscarini; ich hatte da eine ganz miese Professorin, die Cavezzana; ich war froh, von dort wegzukommen, denn auch der Mathematikprofessor war ganz mies.

Damals träumte ich natürlich noch nicht davon, einmal eine kleine Parfümerie zu haben; ich hoffte nur von ganzem Herzen, in Mathematik durchzukommen. Da hatte ich diesen Professor Pavanini, und so gesehen kam mir die Abreise gerade recht.

Für meinen Vater hatte es sich so ergeben, dass er nach Afrika gehen musste, denn in Italien konnte er absolut keine Arbeit finden. In jugendlichem Übermut hatte er jemandem die Nase schiefgeschlagen. Es verteidigte ihn dann der Papa von Tinto Brass, der jetzt Filmregisseur ist, und mein Vater handelte sich ein paar Monate Gefängnis ein. Dann, mit diesen Monaten Gefängnis, war es schwierig, Arbeit zu finden, auch bei allem »Marsch auf Rom«, »Liktorenbündel« und dem ganzen Scheiß.

Merkwürdige Sachen steckten in meinem Vater, einem Franzosen englischer Abstammung. Alle diese Schwächen muss er in seinem Inneren ausgebrütet haben, während er ohne Vater aufwuchs. Dieser Großvater muss ja ein ganz Schlauer gewesen sein. Er starb während des Ersten Weltkrieges an der Spanischen Grippe. Sie trugen ihn auf einer Bahre weg und er hatte unter sich eine Flasche Wein liegen, die er durch einen Gummischlauch leersaugte. Er starb auf der Bahre, besoffen und zufrieden, dieser Franzose Guiseppe Pratt. Er unterrichtete am Istituto Ravà in Venedig, irgend so eine Judensache.

Diese Pratts lebten in Lyon, wo sie sich niedergelassen hatten, nachdem sie als Jakobiten England verlassen mussten. Sie warteten bis zur Französischen Revolution, um dann öffentlich ihre Insignien, die sie als englische Edelleute auswiesen, zu verbrennen. Mein Urgroßvater jedenfalls war Flickschuster in Lyon.

Also, mein Papa, ohne diesen Vater hinter sich, muss mit einem Gefühl von Schwäche und Angst aufgewachsen sein. Und so kam er dann in die Familie meines Großvaters mütterlicherseits. Und dort hieß es dann: »O mangiavi questa minestra o saltavi dalla finestra«[1]. Mein Großvater, der Fußpfleger von Venedig, war der Gründer der Kampfverbände der Stadt. Mit dem Faschisten als Schwiegervater konnte sich mein Vater immer wieder mit Arbeiten für das Regime über Wasser halten: zum Beispiel bei der Trockenlegung der Pontinischen Sümpfe und solchen Sachen.

Dann, im Jahr '36, hatte er sich aufgerafft und war nach Afrika gegangen, um im Amt für die Ausbeutung der Arbeit der Eingeborenen – das aber einen anderen Namen hatte, so in der Art: »Amt für Arbeitsbeschaffung« – zu arbeiten.

Und hier, als er sah, dass sein Schicksal im Reich lag, entschloss er sich, uns zu holen. Ich erinnere mich noch, wie der Brief kommt, wir sollen uns bereithalten. Schön, lass alles stehen und liegen, Schluss mit der Schule, Koffer gepackt und fertig. Wir gingen in Venedig an Bord; das Schiff hieß ITALIA. Da war auch eine Signora Memma mit ihren beiden Söhnen, auf dem Weg zu ihrem Mann, einem Capitano bei der Armee in Addis Abeba. Die Familie machte auf mich großen Eindruck, weil sie protestantisch war. Es waren piemontesische Protestanten. In Neapel kam dann noch eine englische Familie an Bord. Er war ein Offizier. Für mich ein ganz neuer Typ von Gesicht, so absolut verbrannt von der Sonne, mit diesem weißen Schnurrbart und um die Nase immer diesen ironischen Zug.

Mein Vater flatterte an Bord herum. Er bot den Damen Getränke an und fühlte sich als Chaperon.

So erreichten wir Port Said. Ich erinnere mich an die vielen Feluken im Wasser. Wir konnten das Schiff verlassen. Der italienische Konsul kam an Bord. Wir wurden aufs Konsulat eingeladen, wo eine faschistische Kundgebung stattfinden sollte: das übliche Gerede. Die Faschisten machten sich Sorgen. Die Frage war die Position des Faschismus gegenüber Ägypten. Ich war ein Kind und konnte nicht alles verstehen, aber ich fühlte da etwas. Ich sah all diese Engländer in Uniform, all diese Engländer in Zivil, diese Ägypter in ihren weißen Gewändern mit dem roten Fez auf dem Kopf, um unseren Offizier mit dem roten Gesicht mit einem Dienstauto abzuholen. Wenig Worte, kühle Begrüßung, alles klar, einsteigen und ab. Die Faschisten dagegen machten ein großes Geschrei.

[1] Italienische Variante des Sprichwortes »Friss, Vogel, oder stirb.«

Wir gingen also aufs Konsulat, wo die Faschistenversammlung war, mit Liktorenbündel und allem, weil man über die Position des Faschismus gegenüber Ägypten diskutieren musste. Es war so eine Art Theater mit all diesen Faschisten in weißen Tropenanzügen und diesen bebenden Damen; auch meine Mutter im blauen Tailleur bebte. Und da war mein Vater mit den Händen in den Hüften. Er sah in die Runde auf der Suche nach bekannten Gesichtern. Mit den Händen in den Hüften in Mussolinihaltung sah er sich um, ob da nicht einer wäre, zu dem er sagen könnte: »Da bist du ja auch, Venturi«. Aber da gab es keinen Venturi und er konnte es zu keinem sagen. Wer zum Teufel sollte auch in Port Said meinen Vater kennen?

Inzwischen war mir die Sache fad geworden und ich ging nach draußen. Und da hatte ich den ersten Kontakt mit Afrika. Es gab da einen jungen Araber, der ein Kunststück vorführte. Er hatte einen Korken und ein Küken. Und er steckte den Korken dem Küken in den Hintern und zog ihn beim Schnabel wieder raus, dann steckte er den Korken in den Schnabel des Kükens und zog ihn beim Hintern wieder raus, dann steckte er das Küken in den Korken und den Korken in das Küken. Wirklich interessant; ein unglaubliches afrikanisches Erlebnis.

Während ich fasziniert zusah, hörte ich drinnen Applaus und dann die Stimme meines Vaters: »Gut«, »richtig«, »sehr gut«, »das ist richtig«. Der Arme, wenn ihn einer gefragt hätte: »Und du, Kamerad Pratt, was meinst du?« Was hätte er sagen sollen? Ich ging wieder rein, und meine Mutter im blauen Tailleur versuchte, seine Leidenschaft zu bremsen und sagte: »Aber Rolando...«, »Aber geh, Rolando«. Und zitterte.

Als wir dann herumgingen, sah mich mein Vater an, als wollte er sagen »... und jetzt entdeckst du Afrika, eh, mein Junge«. Das Küken und der Korken.

Und wir gingen dann in einen großen Basar, irgend so eine griechische oder armenische Sache, wo sie afrikanische Waren verkauften. Da kaufte er mir einen weißen Tropenhelm – aus Zucker. Und einen Stock aus Ebenholz mit Blei im Knauf, um damit den Negern auf den Schädel zu hauen. Um die Neger zu verprügeln, die mitten auf der Straße herumlungern und lästig sind. Teufel, dachte ich, das kam mir schon irgendwie merkwürdig vor, das mit den Negern mitten auf der

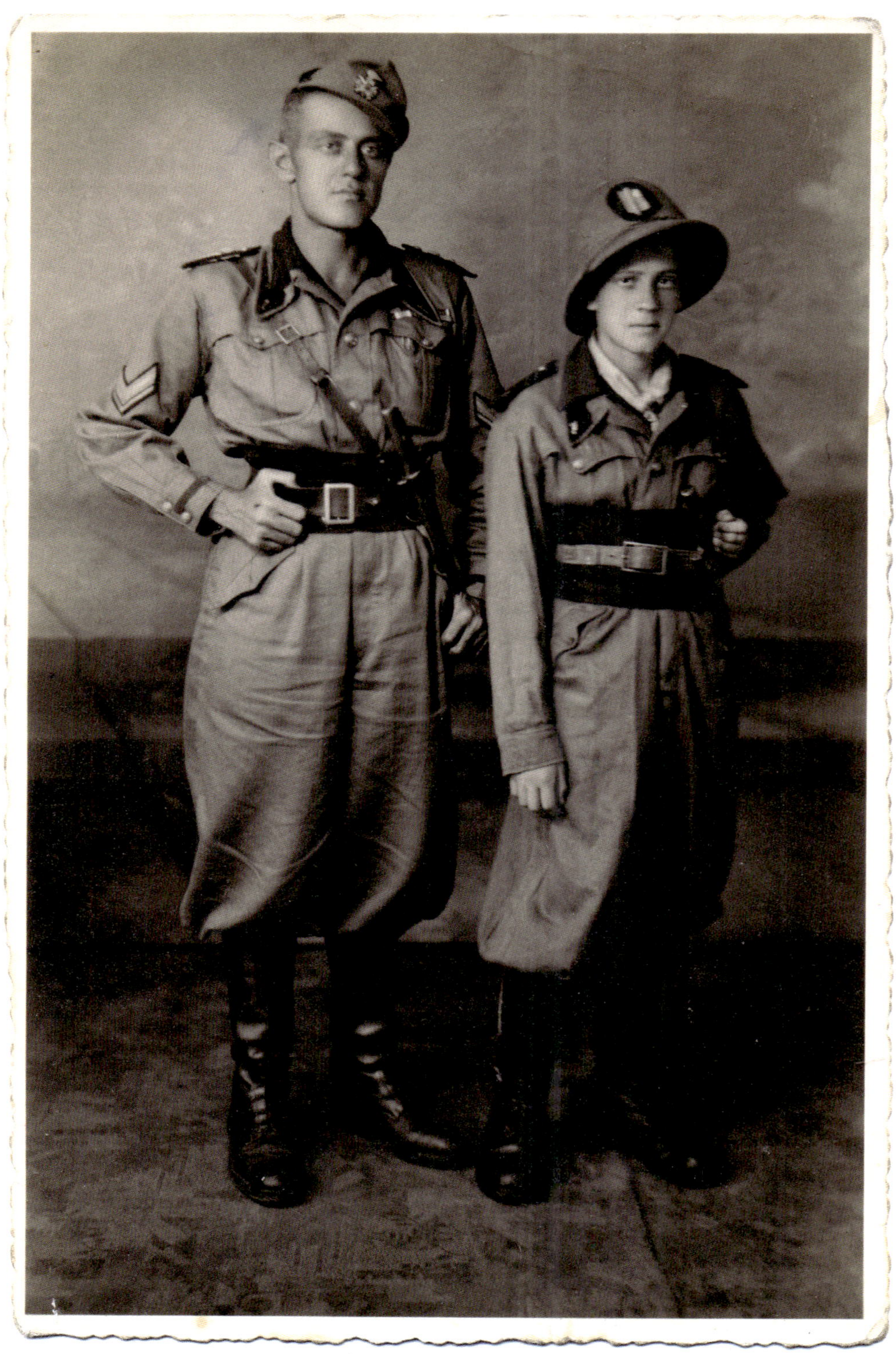

Rolando Pratt und sein Sohn Hugo in der Uniform der Polizia Coloniale, 1941

30 "Bactriae regionis
proprius amnis Bactros
vocabulum dedit."

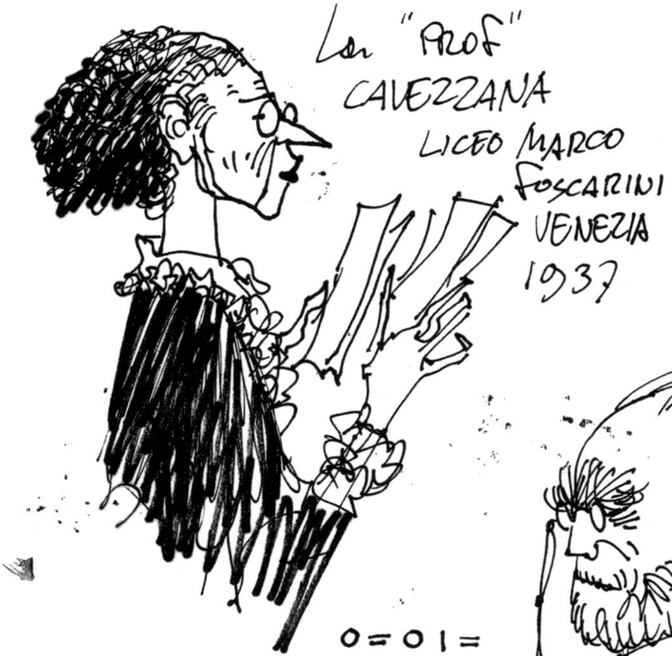

Lo "PROF"
CAVEZZANA
LICEO MARCO
FOSCARINI
VENEZIA
1937

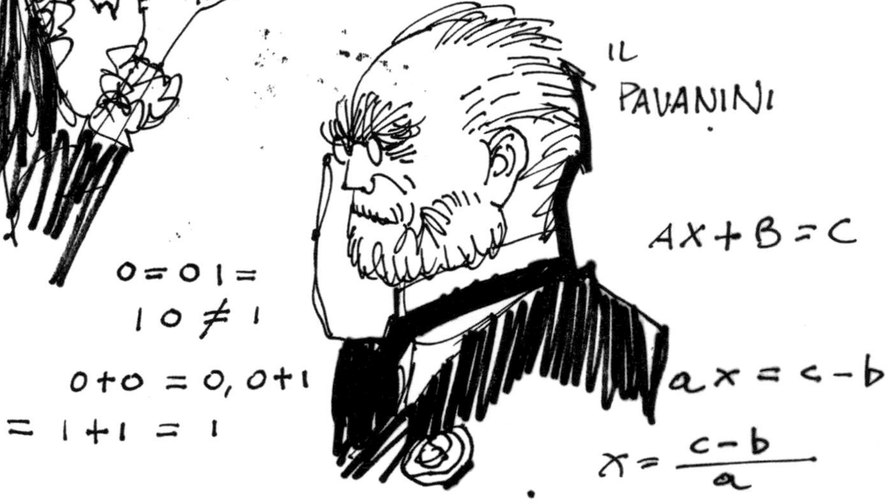

IL
PAVANINI

$AX + B = C$

$0 = 01 =$
$10 \neq 1$

$0+0 = 0, 0+1$
$= 1+1 = 1$

$ax = c - b$

$x = \frac{c-b}{a}$

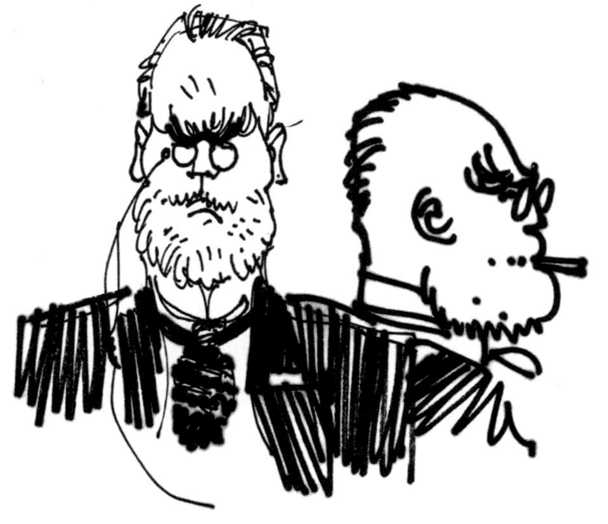

Straße. Die hatten ihn für Ebenholz zahlen lassen; ich kratzte mit dem Taschenmesser, und das Holz war innen weiß. So erlebte mein Vater seinen ersten Reinfall in Afrika.

Aber meine Mutter bebte immerfort. Sie sah ihn ins Amt gehen, um Hunderter zu verdienen, wo andere Männer ohne weiteres zweitausend Lire im Monat verdient hätten. Sie sah ihn bezahlen und dachte: »Das ist halt ein Mann, der Geld ausgibt.« Na ja.

Zuletzt kehrten wir mit den Italienern vom Circolo Littorio wieder zum Schiff zurück; sie standen am Hafenkai herum und brüllten: »Ich empfehle mich, Jungs!«, »Jetzt zeigt ihr's denen in Afrika!« Unten in Abessinien war alles aus, aber wir mussten immer noch vor irgendwem angeben.

Auch der englische Offizier kam zurück. Mit drei oder vier Dienstautos. Wenig Worte, kühler Abschied und an Bord. Er kam die kleine Stiege rauf, das Gesicht noch verbrannter als zuvor, die Augen voll Ironie und den Schnurrbart hochgezwirbelt. Und ich verstand plötzlich, ich weiß nicht, warum, den großen Unterschied zu uns anderen. Mein Vater – ich erinnere mich noch genau – umarmte meine Mutter, während dieser Chater die Stiege raufkam und ihm zunickte, als wollte er sagen: »Wieder an Bord, mein Alter, unter uns alten Kolonisten, wenn wir auch verschiedenen Lagern angehören... Kolonisten sind wir doch...«

Und los ging es durch den Suezkanal, nach Süden. Diese Szene werde ich nie vergessen; ich denke, einmal werde ich sie zeichnen, denn Fotos gibt es nicht davon, und es ist mein Bild.

Vom fahrenden Schiff schaute ich nach Osten, zur Halbinsel Sinai, und sah ein Militärlager. Es gab da so viele Zelte, alle in einer Reihe, ordentlicher geht's nicht, und am Himmel flatterte die englische Fahne, die man über einer Burg aus Benzinfässern gehisst hatte. Ich sah einen einzigen Soldaten, einen Schotten. Sicher hatte er Wache. Er führte seine Schritte und Manöver exakt durch. Er bewegte sich, als gehörte das ganze Zeug ihm, mit seinem blauen Hemd, den weißen Gamaschen, den Schnüren mit den roten Pommeln, einer Khakischürze über dem Kilt und dem Federbusch am Tropenhelm: Ein Cameronian. Auch Chater sah auf das Lager. Mit diesem Gesicht, das alle Sonnen Afrikas verbrannt hatten. Vielleicht hatte er auch einmal hier gedient und dachte jetzt: »Das ist unser«.

Während der Passage durch den Kanal begegneten wir einem russischen Schiff. Mein Vater kletterte, etwas schwerfällig, irgendwo hinauf, um die Russen auszupfeifen. Aber die sahen meinen Vater bloß schweigend an. Nur der Faschismus pfiff, der Kommunismus kümmerte sich überhaupt nicht darum. Irgendwie war das letztlich ein privates Pfeifkonzert meines Vaters, denn all die italienischen Soldaten an Bord pfiffen überhaupt nicht. Die warteten auf den Abend, um diese Lieder von der Veronica mit der Harmonika zu singen.

Arme Burschen, die zerlumptesten Soldaten der Welt. In Neapel waren sie an Bord gegangen und sollten in Abessinien stationiert werden. Nach Imperium sahen die wirklich nicht aus, in diesen Tropenanzügen mit den üblichen langen Unterhosen darunter, weil ein Italiener viel marschieren muss, die Hosentaschen prall gefüllt – und dann ist nichts weiter darin als ein Stück Brot, ein Knäuel und ein Stück Bindfaden. Diese italienischen Arbeiter, die so hübsche Gesichter haben, wenn sie im Overall aus den Fabriken kommen, waren einfach fehl am Platz mit ihren Tropenhelmen auf diesem Schiff. Der Wüstenwind hatte zu wehen begonnen und sie schmierten sich noch immer Brillantine in die Haare, sodass sie nach einiger Zeit alle grau waren und einen Helm aus Staub auf dem Kopf hatten.

Wir erreichten Port Sudan. Teufel, das waren Fliegen. Die Fliegen setzten sich alle auf meinen Vater, auf meine Mutter und auf mich nicht eine einzige. Mein Vater war sehr verärgert und sagte: »Diese afrikanischen Fliegen«. Und so kaufte er sich eine Fliegenklatsche aus Affenhaar und schlug damit immer in die Luft.

Auch in Port Sudan kamen sie, um unseren englischen Offizier mit Dienstwagen abzuholen: Kühle Begrüßung, wenig Worte, einsteigen und ab. Am Abend dieselbe Szene: Mein Vater legte den Arm um die Schultern meiner Mutter, als der Engländer – noch sonnenverbrannter – auftauchte. Aber es war eben so, dass wir ständig an englischen Kolonialstützpunkten vorbeikamen. Mein Vater nickte ihm zu, wie um zu sagen: »Auch an Bord, alter Kolonist, auch auf diesem Schiff, der ITALIA...« Aber die Kolonien waren immer englisch. Komisch, dachte ich mir.

Endlich erreichten wir Massaua. Noch mehr Fliegen, aber die Hitze blieb mir in Erinnerung. Nie habe ich an irgendeinem Ort auf der Welt eine ähnliche Hitze erlebt. Im Wasser waren Ein-

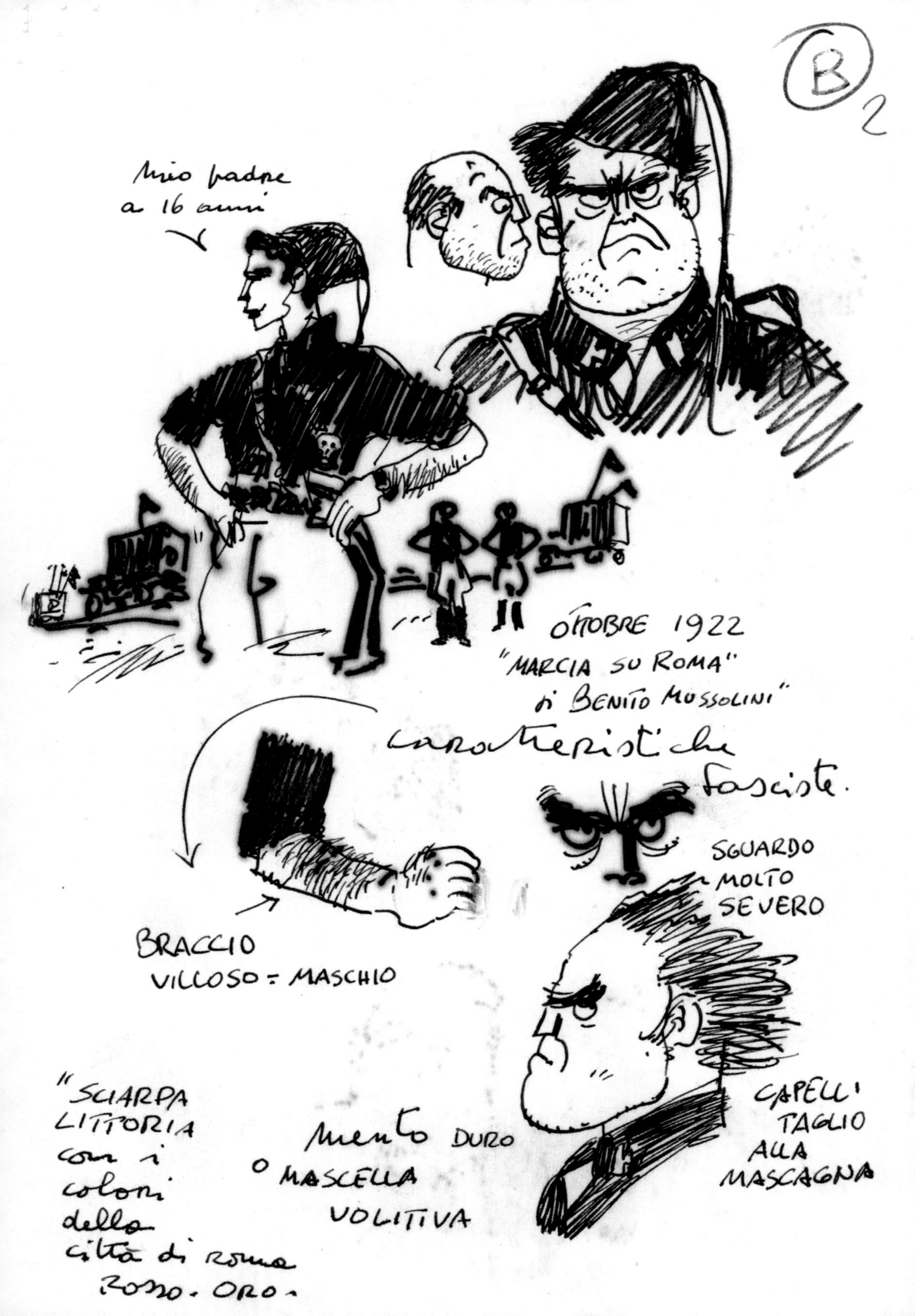
B 2
Mio padre
a 16 anni
OTTOBRE 1922
"MARCIA SU ROMA"
di BENITO MUSSOLINI"
caratteristiche
fasciste.
SGUARDO
MOLTO
SEVERO
BRACCIO
VILLOSO = MASCHIO
"SCIARPA
LITTORIA
con i
colori
della
città di roma
ROSSO - ORO -
mento DURO
O MASCELLA
VOLITIVA
CAPELLI
TAGLIO
ALLA
MASCAGNA

geborenenjungen, die zeigten, wie man Haie mit Fußtritten abwehrt. Aber es waren keine Haie da, und so planschten sie nur herum und sammelten die Münzen auf, die wir von Bord ins Wasser warfen.

Unsere Schiffsreise war zu Ende. Und als wir ausstiegen, war es der englische Offizier, der den Arm um die Schulter seiner Frau legte und meinem Vater zunickte: »Du musst jetzt von Bord, eh, Alter...«

Na gut, für uns gab es keine Dienstwagen. Ein Kleinbus brachte uns nach Asmara, wo wir in einem Hotel der Ciaosgao, der Compagnia Italiana Alberghiera Africa Orientale, übernachteten. In Italien hatte ich den Film *Bozambo* gesehen, deshalb fragte ich alle Negerbuben, ob sie diesen Bozambo kannten. Es kam mir sehr merkwürdig vor, aber keiner kannte Bozambo.

Die Italiener mussten sich die Schuhsohlen abgelaufen haben, um über all die Straßen zu marschieren, über die wir jetzt fuhren, um nach Addis Abeba zu kommen: Macallé Tacazzé Dessiè Ambarabam Cicciccoccò tre civette sul como[2]. Ich erinnere mich, dass ich das Gerippe einer toten Kuh sah, oder eines toten Zebu, ich weiß es nicht. Ich sagte: »Seht, da, ein toter Mann«. Und mein Vater gab mir eine Ohrfeige, weil man nicht vor Damen angeben soll. Anwesend waren die Signora Memma und meine Mutter. Man sah aus einem Kilometer Entfernung, dass es kein toter Mann war, als ich sagte: »Seht, da, ein toter Mann«.

»So was sagt man nicht und man gibt auch nicht vor den Damen an« sagte mein Vater, nachdem er mich geohrfeigt hatte.

Eine Sache ging rasch zu Ende: Gleich nach unserer Ankunft im Dorf Littorio steckten sie mich in die Schule. Mein Afrika! Ich hatte die Heftchen gelesen von Cino und Franco bzw. Tim und Tom[3], *Tim und Tom im Herzen des Dschungels*, *Tim und Tom im Herzen von Tongo*, *Die geheimnisvolle Flamme der Königin Loana*, *Unter dem Banner des Dschungelkönigs*. Nichts davon. Ich fand mich im Gymnasium Vittorio Emanuele III. in Entotto wieder. Na schön. Neue Freundschaften entstanden und jeder lebte sein Leben.

Wir wohnten in einem hübschen, kleinen Haus vor dem Büro, in dem mein Vater arbeitete. Um vom Dorf Littorio aus Entotto zu erreichen, musste man viele Kilometer zurücklegen, deshalb holten uns jeden Morgen Militärlastwagen ab: Wir reisten stehend, hielten uns an den Spannbögen fest oder lehnten am Führerhaus. Abfahrt war auf der Piazza Littorio, Endstation die Straße des 5. Mai. Die hieß so, um an den Tag des Einzuges Badoglios in Addis Abeba zu erinnern. Dann, als die Engländer kamen, haben sie sie nach dem 6. April genannt und die Piazza Littorio nach King George V. Vielleicht haben die Abessinier jetzt endgültige Namen gefunden. Tag für Tag brachten sie uns jedenfalls im Militärlastwagen nach Entotto. Das war eine hübsche Gegend mit einem großen Park, ein alter französischer Botschaftssitz. Ich erinnere mich noch an all die Vesperbrote, die ich nicht aß, um die Fahrt zur Schule in der Nähe der schönsten Mädchen zu machen. Es kam zu einem richtigen Wettlauf und zu einem Handel um die Plätze hinter den Hintern der Mädchen. Bianco Rosso, ein Sizilianer, war da ganz groß. Es gelang ihm immer wieder, mit den Knien zwei Plätze freizuhalten, die er dann gegen Vesperbrote eintauschte. Am Ende des Jahres war er fett geworden. Ich versuchte, mir den Platz hinter der Nanda Brancati, einem hübschen Mädchen aus Lucca, zu sichern: Die ersten Gefühle bei der Berührung, ein stilles Einverständnis Tag für Tag. Die erste Liebe ist wohl überall auf der Welt gleich. Aber als ich mir die Sandflöhe holte, war das echt afrikanisch: Man musste sich da nämlich von einem Arzt Schnitte in die Zehen machen lassen. Da gab es den Doktor Pizzi, einen Freund der Familie, der seinen Landsleuten die Zehen schnitt. Teufel, der schnitt gerade dort, wo sich eine Tasche aus Sandflöhen gebildet hatte. Schön... und die Sandflöhe verkrochen sich unter die Nägel. Und das mit dem Seziermesser unter den Nägeln hörte nie auf. Ich saß da, mit dem Fuß in der Hand, als mich Brahane, unser Hausdiener, sah.

»Geh, lass doch Doktor Pizzi« sagte er zu mir. Es gab da einen Dornenbaum und er brach einen Dorn ab, schälte ihn und befreite mich von den Sandflöhen. »Schau«, sagte er zu mir, »wenn du wieder Sandflöhe hast, so geh nicht zum Doktor, sondern halte den erstbesten Abessinier an und sag ihm, er soll sie dir wegmachen. Aber sag deinem Vater nichts davon...«

Goldrichtig, ich hielt mich daran und später lernte ich es selbst.

[2] Italienischer Auszählreim, ähnlich dem deutschen »Ene, mene, muh...«

[3] So die beiden gängigsten Titel der US-amerikanischen Serie *Tim Tyler's Luck* von Lyman Young.

Für Brahane war ich die Rache an meinem Vater. Brahane war ein prächtiger Äthiopier, ein junger Mann, der noch den Krieg gegen die Italiener mitgemacht hatte und jetzt Diener sein musste. Im Hause meines Vaters, der für die Reinhaltung der Rasse war. Es erschien auch die Zeitschrift *La difesa della razza*. Ich fragte mich, wieso die Abessinier angesichts der Italiener nicht zu Rassisten wurden. Brahane rächte sich an meinem Vater, indem er mich Abessinisch lehrte und wir sprachen immer Abessinisch vor ihm: Vater verstand kein Wort. Er, der die Rasse verteidigte, verstand keine zehn Wörter Abessinisch. Die Abessinier sollten eben Italienisch lernen. Eine bequeme Ausrede. Und die nehmen dich auf den Arm und nennen dich Ras Corcorò und du lächelst geschmeichelt und die haben dich einen Häuptling genannt, der nur Krach macht, wie ein leeres Benzinfass. Der Beginn meiner Emanzipation war dieses Einverständnis mit Brahane: Ich entkam meinem Vater, indem ich Abessinisch sprach. Und ich muss es gut gelernt haben: Vor ein paar Abenden kam ich in eine Boite in Mailand und da lehnte ein Äthiopier an der Bar. Ich näherte mich ihm und begann ein Gespräch; er antwortete mir und hatte Tränen in den Augen: Vier Jahre hatte er den Klang seiner Muttersprache nicht mehr gehört. Ich war ganz überrascht, wie geläufig mir die Sprache nach fünfundzwanzig Jahren noch war. Ich dachte etwas und sofort war das Wort da. Bewegt, wie er war und überrascht, wie ich war, tranken wir zwischen vielen Umarmungen eine Unmenge Whisky.

Tatsache ist, dass mein Vater durchdrehte, wenn er uns Abessinisch reden hörte; Er fing an, nervös im Haus herumzulaufen, dann hielt er's nicht mehr aus und setzte sich vor dem Spiegel die Kappe mit dem Reichsadler auf und verließ das Haus, wobei er drohte, meine Affen im Garten zu erschießen. Diese bösen Affen lauerten jeden Abend beim Torbogen auf ihn und wenn er in Reichweite unter einem Zweig vorbeikam – Blaff! – eins mit der Pfote und die Kappe lag am Boden. Ich musste die Kette losmachen und sie freilassen, sonst hätte er sie noch wirklich erschossen.

Und, da wir gerade vom Erschießen sprechen, es kam dann der Krieg. Am Anfang gab es viel Hysterie. Dann berichteten eine Weile, aber nicht zu lange, Radio und Zeitungen über den Krieg in abstrakten Ausdrücken, als ob er sich in Wahrheit auf der Landkarte abspielen würde. Wenn es gut geht, ist der Krieg eine Sache der Generäle und der bevorzugte Ausdruck »Eine brillante militärische Operation«. Das dauerte nicht lange. Schon bald sprachen die Kriegsberichte immer häufiger von »heroischen Opfern«, von »Entsagung«, von »der Tapferkeit des italienischen Soldaten, der den Tod dem Rückzug vorzieht«. Und das hieß, dass das Massaker, das dem Untergang vorangeht, bereits stattfand. Ich fühlte das alles eher vage: Ich hatte nämlich den Eindruck, dass mich der Krieg nur sehr indirekt betraf. Ich hatte mein Leben; meine Freunde waren Abessinier. Brahane hatte mich in etlichen Familien eingeführt; es waren auch Aristokraten darunter. Ich war ein Junge und wurde akzeptiert. Ich erinnere mich noch an Ras Ailù, der vorgab, mit den Italienern zusammenzuarbeiten, Kontakte zu den Guerillas zu haben und dann wieder zu den Italienern. Sie nahmen ihn nicht ernst.

Nehmen wir einmal an, ein Engländer will Informationen von einem Moslem – wichtige Informationen. Gut, er führt ihn zu einem toten Schwein und sagt: »Also, jetzt reden wir ernsthaft miteinander und du sagst mir alles oder ich lasse dich in dieser Schweinehaut kochen«. Teufel, wenn der Moslem nicht ohnedies schon vor Angst gestorben ist, so sagt er dir jetzt alles, was du willst. Und wer kann schon einem Abessinier etwas abschlagen?

Die wickeln dich in Leinenstreifen ein wie eine Mumie, tränken die Streifen dann in Öl und entzünden eine Flamme, die ganz langsam brennt: Die rösten dich von den Füßen aufwärts und das kann Tage dauern. Nein, für die Italiener war das nichts und jeder Ras Ailù konnte so tun, als würde er mit ihnen zusammenarbeiten und bei Kundgebungen in die Hände klatschen und rufen: »Ras Corcorò, Ras Corcorò, Ras Corcorò«. Auch ich habe mich manchmal mit meinen abessinischen Freunden in die Menge gemischt und mir das angeschaut. Ich sah mit ihren Augen diesen Typen in Uniform, mit den Händen in den Hüften, der den Redestil Mussolinis nachäffte und schrie: »Und ich erkläre feierlich und unumstößlich, dass diese Jahre des faschistischen Imperiums euch von den Ketten der Sklaverei Haile Selassies befreit haben…«

Als ich diesen Scheiß hörte, merkte ich, dass denen die Dummheit schon in Fleisch und Blut übergegangen war. Sie brachten uns jetzt nicht mehr zur Schule nach Entotto; es tauchten schon die ersten Rebellen auf, also richteten sie den Lehrbetrieb im Gebäude des Amtes für Arbeits-

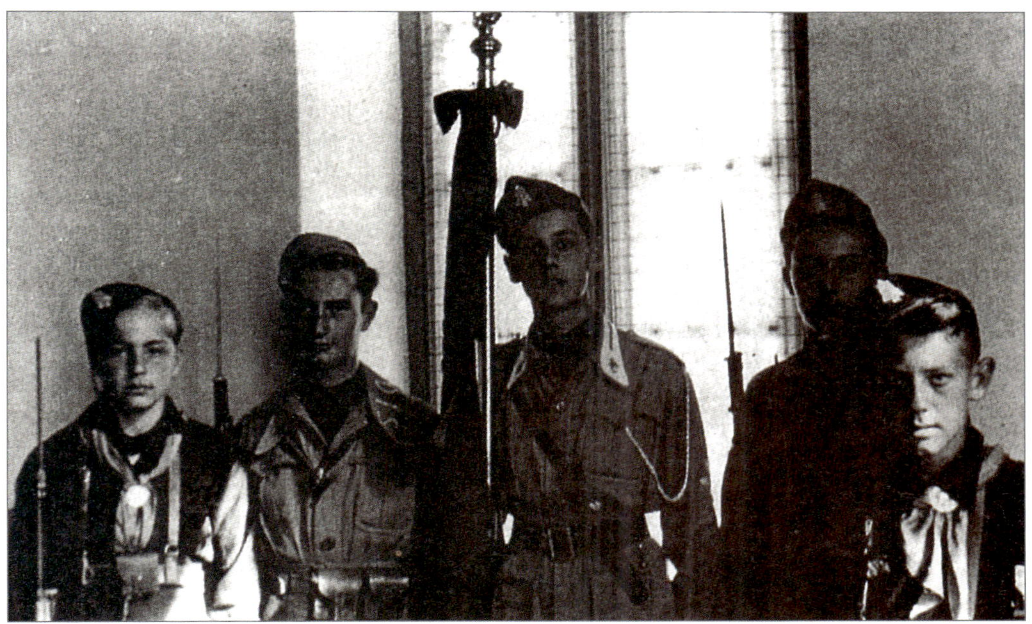

Hugo Pratt (rechts) in der Uniform der Gioventù Italiana del Littorio, Addis Abeba 1937

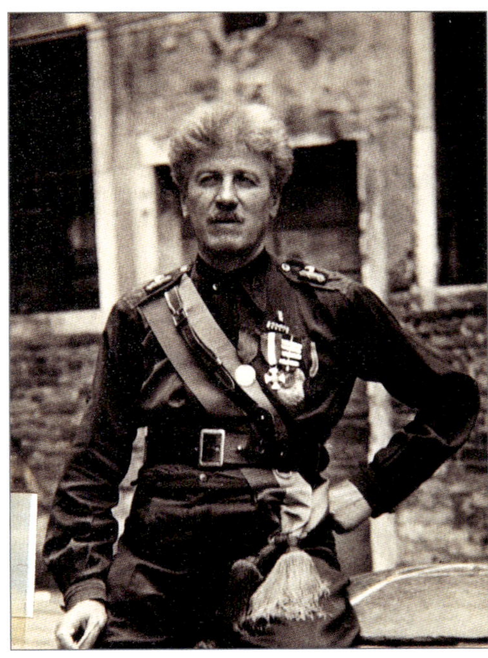

Eugenio Genero, Dichter und Friseur, Gründer der Fasci di Combattimento von Venedig

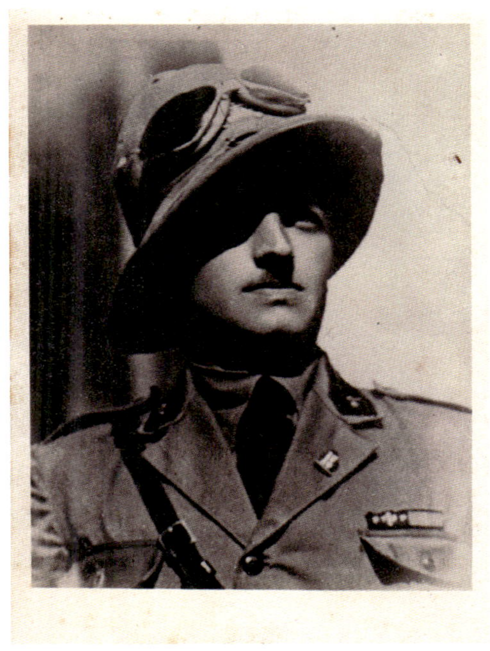

Bruno Genero, Onkel von Hugo Pratt, 1935 in Äthiopien

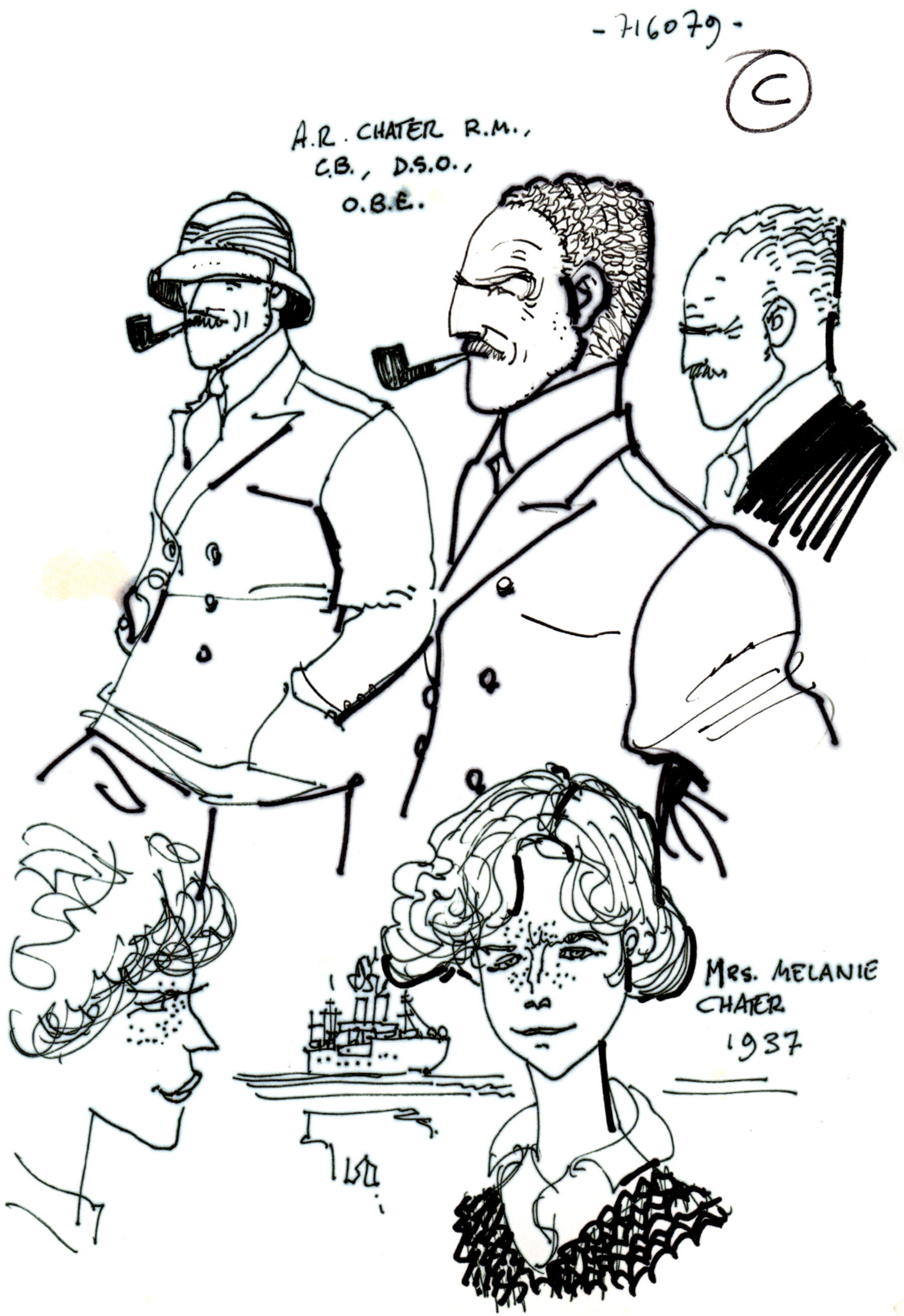

-716079-

(C)

A.R. CHATER R.M.,
C.B., D.S.O.,
O.B.E.

MRS. MELANIE
CHATER
1937

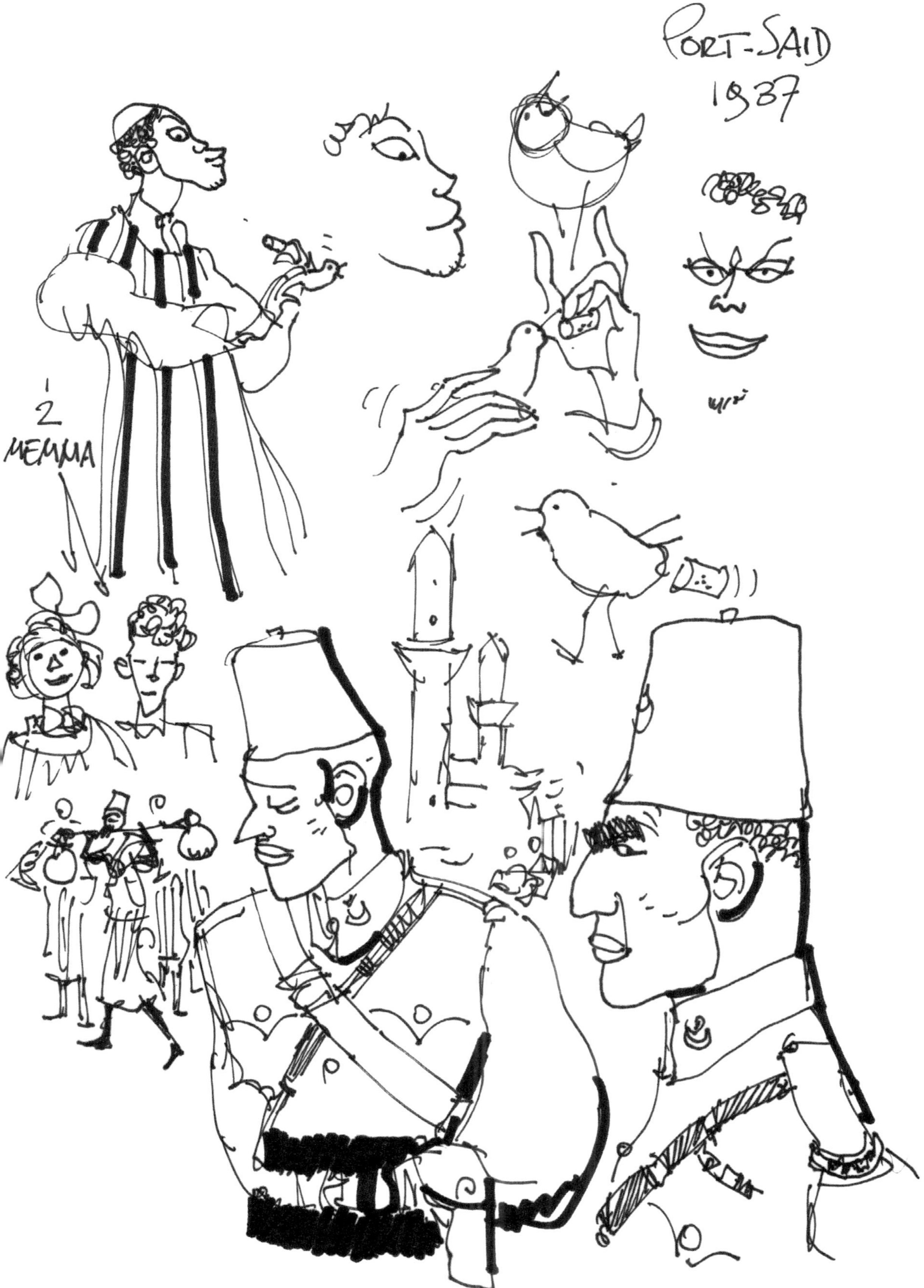
PORT-SAID
1937
1/2
MEMMA

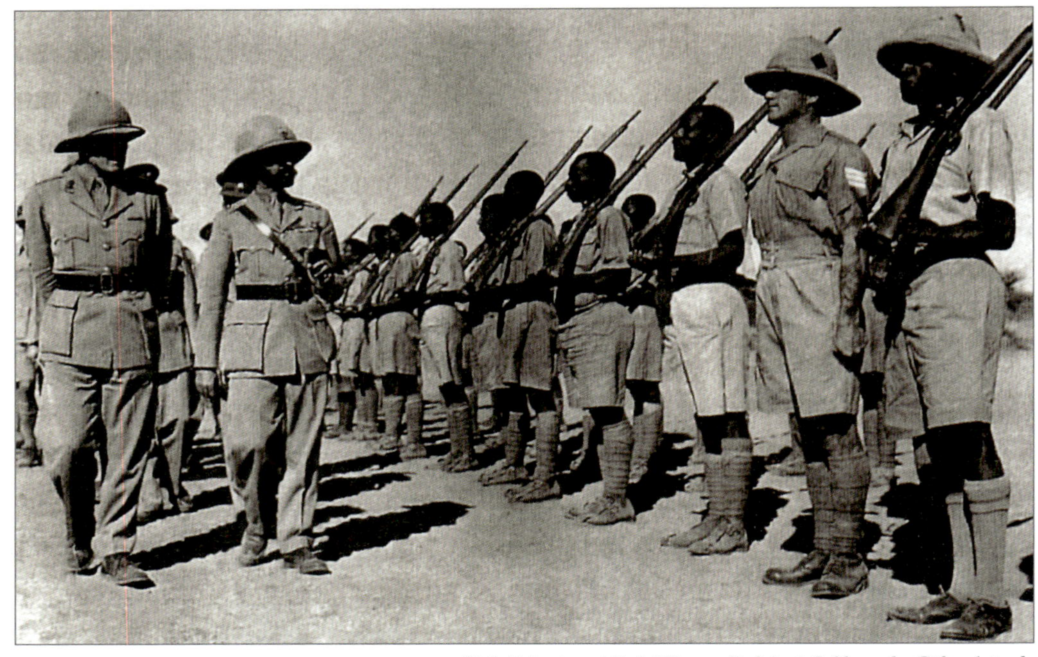

Haile Selassie und Orde Wingate (links) mit Soldaten der Gideonbrigade

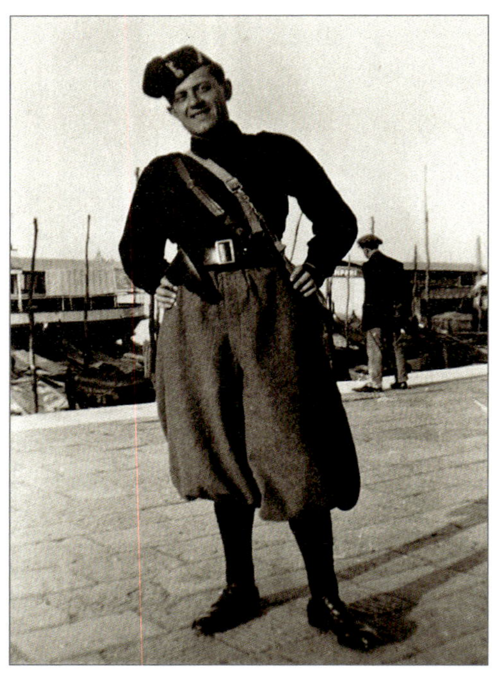

Rolando Pratt in Venedig, 1920er Jahre

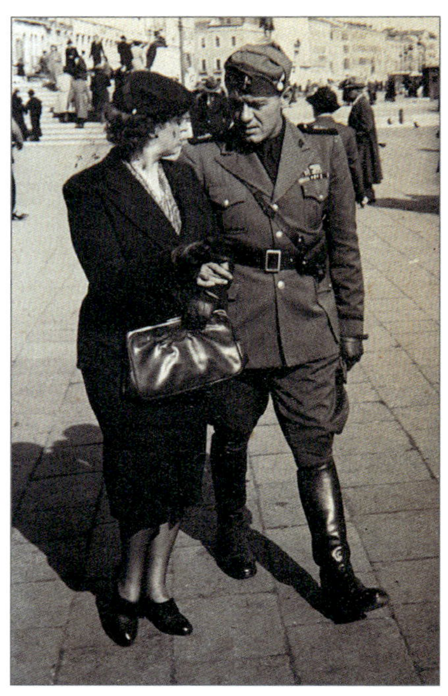

Evelina und Rolando Pratt

beschaffung ein: Vor dem Zimmer meines Vaters! Den Unterricht hielt die Professorin Rocchi, siebenundzwanzig Jahre alt und mit einem netten Hintern. Die im Amt zur Ausbeutung der Eingeborenen angestellten Faschisten machten ihr ständig Anträge, zweifelhafte Scherze, grapschten nach ihr, und sie war sehr verärgert. Eines Tages baute sie sich vor meinem Vater auf und sagte zu ihm: »Ich wundere mich über Sie, Signor Pratt!« Mein armer Vater. Er hatte mit der Sache gar nichts zu tun gehabt. Er wurde rot und wusste nicht, was er sagen sollte. Der Arme. Jedenfalls gab mir die Professorin Rocchi immer die schlechtesten Noten. Aber das spielte keine Rolle mehr, denn ich war inzwischen der jüngste Soldat Italiens geworden, mit Uniform, Flinte und allem.

Das war so gekommen: Irgendwann konnte mein Vater Foresti, seinen Bürovorsteher, einfach nicht mehr ertragen und ließ sich mustern, um an die Front versetzt zu werden und zu kämpfen. Aber vor seiner Abreise ließ er mich in die Polizia Coloniale aufnehmen.

Er sagte zu mir: »Es muss immer ein Pratt in der Polizia Coloniale sein.« Was wollte er damit ausdrücken? Es hatte noch nie einen Pratt in der Polizia Coloniale gegeben!

Jedenfalls musste ich jetzt diese Dreißigkilometermärsche unter der Sonne machen; ich kam immer als Vorletzter an; nach mir kam nur noch ein Unglücklicher, ziemlich fett, der's einfach nicht schaffte. Wir hatten die Aufgabe, viel herumzumarschieren, um möglichst oft gesehen zu werden. Und dazu hatten wir Exerziermunition aus Holz. Als die Professorin Rocchi mich so angezogen herummarschieren sah, rief sie aus: »Dein Vater hatte schon wieder nichts anderes zu tun!«

Das dachte ich mir auch, wusste ich doch einiges von der Professorin Rocchi und meinem Vater. Na schön. Auch wenn ich die Märsche unter der Sonne machen musste, so ging's mir doch ganz gut.

Ich hatte mich da mit einem gewissen Ahmed Ben Quadimah angefreundet. Und das war ein Ereignis, das für meine weitere Entwicklung sehr wichtig sein sollte.

Wir wohnten noch immer in diesem Dorf Littorio, einer Gruppe von Häusern innerhalb einer Mauer, wie ein Stück Italien mit Afrika außen herum. Einmal hörte ich Musik und Leute, die sangen, und ich, der hoffte, unbemerkt zu bleiben, hatte mir angewöhnt, auf eine an der Mauer lehnende Leiter zu steigen und zuzusehen. Mit dem Flobert in der Hand tat ich so, als wollte ich Falken und Tauben jagen. Drüben war eine Gerberei. Einmal hatte mir ein Araber ins Gesicht gesehen und ich hatte mich versteckt. Aber ein andermal lächelte er und sagte: »Komm.« Ich ging hin und sie gaben mir Süßigkeiten, Loccum, was sie halt so haben. Dieser Araber beaufsichtigte die Arbeiten in der Gerberei, aber in Wirklichkeit unterhielt er ein Netz von Spioninnen und Spionen, die für ihn Informationen sammelten, die er dann an die Engländer, mit denen er enge Kontakte unterhielt, weitergab. Vor allem war er ein Mitarbeiter von Orde Wingate, einem englischen Offizier, der später Haile Selassie zurückbrachte.

Er marschierte dann mit seiner Gideonbrigade durch den Sudan nach Debre Marcos: so eine Art Lawrence von Arabien. Zuvor hatte er in Palästina gekämpft. Er wurde ganz verrückt wegen der Juden und der Abessinier. Die Engländer hatten ihn nach Kairo geschickt. Churchill sagte, dass das Leben dieses Mannes schicksalhaft sei. Richtig: Jahre danach haben sie ihn dann in Birma umgebracht. Mache sagen, dass es die Engländer selbst waren.

Die Gideonbrigade setzte sich aus sudanesischen Kamelreiterverbänden und emigrierten Abessiniern zusammen; die Ärzte waren Juden. In Abessinien hatte er sich mit den Guerillas des Abebè Aregai verbündet: fürchterliche Kerle, die sich seit fünf Jahren nicht die Haare schnitten; sie hatten gelobt, das nicht zu tun, bis die Italiener vertrieben waren: die Sciftà.

Dieser Araber schloss mich sehr ins Herz; er führte mich viel mit sich herum und erklärte mir, wie die Dinge standen. So wurde mir völlig klar, in welchen Schwierigkeiten die Italiener steckten. Theoretisch hätten uns nur die Japaner rausreißen können, wenn sie ganz Asien, Indien inklusive, erobert hätten. – Die Faschisten aber taten weiter so, als würde der Krieg ewig dauern.

Eines Tages sah ich endlich, wie die Feinde des Vaterlandes aussahen: Ich war ganz weg. Das waren die größten Leute, die ich jemals gesehen hatte. Die Luftabwehr hatte ein Flugzeug abgeschossen, eine alte Kiste, einen Gloucester-Doppeldecker, der in die Eukalyptusbäume stürzte. Wir liefen alle aus der Schule, um uns das anzusehen. Aus den Bäumen traten Männer, die so groß waren, wie sich das niemand hätte vorstellen können, stockbesoffen, und lehnten sich einer an den anderen und lachten wie die Irren, während sie sich gegenseitig führten. Es waren Südafrikaner, richtige Burenviecher, gebaut wie Leute, die seit Generationen gut essen. Ich war tief beeindruckt: Damals wusste ich noch nicht, dass ich sie in meinen *Ernie-Pike*-Geschichten zu Hunderten zeichnen würde. Ich wusste auch noch nicht, dass das Spektakel dieser Welt einmal für mich als Zeichner mein lebendiges Archiv sein würde. Ich war dreizehn Jahre alt!

Es war also Krieg und auch bei uns wollten sie etwas unternehmen; einmal ließen sie Schutzgräben anlegen, aber das ging in die Hose. Ein paar Abessinier wurden herangezogen, um eine zwei Meter tiefe und etwa zwanzig Meter lange Grube auszuheben; die deckten sie dann mit Zweigen zu.

Das war also der Unterstand, aber die Abessinier gingen hin, um zu kacken und nach kurzer Zeit war das Ganze eine Schweinerei geworden. Ich ging anfangs hin, um allein zu sein, aber man weiß ja, in der Einsamkeit überkommt's einen. Und so trug auch ich meinen Teil bei. So lange es ging, war das auch der Platz, wo ich mich mit Nanda Brancati traf und ich ging hin, um mit dem Mädchen Liebe zu machen. Eine Abessinierin hatte mir gezeigt, wie das geht. Sie hieß Miriam. Sie erklärte mir alles genau und ließ mich's dann machen.

Als man den Unterstand einfach nicht mehr betreten konnte, trafen wir uns immer in einem leeren Haus, einem Fertigteilbau aus Faesit; den hatte der Tenente Tonelli errichten lassen, als er dachte, er würde eine Arbeitskollegin heiraten und als er ein Fest ausgerichtet und viel Champagner getrunken hatte. Wir gingen in das Haus, um Liebe zu machen, ganz ernst, wie die Erwachsenen, aber ich hatte gerade *Tausendundeine Nacht* gelesen, also setzte ich mir einen Turban auf und spielte mit Nanda, die Natascha genannt werden wollte, den Prinzen von Arabien. Einen Jungen kann weder Afrika noch der Krieg dazu bringen, aufs Träumen zu verzichten. Als ich dann erfahren hatte, dass der Tenente Tonelli tot war, konnte ich mit der Nanda nicht mehr dorthin gehen; ich kam allein, um alle Traurigkeit der Welt zu fühlen, ohne zu wissen, warum, und ohne dieser Traurigkeit einen Namen geben zu können: Mit dreizehn Jahren kennt man die unerfüllten Träume noch nicht. Welches Unglück auch geschieht, man hält es für einen Zufall; man kommt einfach nicht auf den Gedanken, dass das Leben schlecht sein kann. Mit dreizehn Jahren hat man die Hoffnung noch nicht verloren. Aber Tonelli war tot, endgültig tot, und konnte nicht mehr heiraten. Das Fest, der Champagner.

Und dann nichts. Alles aus. Dieses leere Haus aus Faesit. Ich ging in das Haus im Gedenken an diesen Mann.

Tonelli arbeitete im Büro meines Vaters. Er war so ein kleiner Leisetreter. Ganz im Gegensatz zu meinem Vater: Wenn man den durch die Büros gehen sah, so hätte man ihn für einen Kohortenführer, einen Centurio, halten können. Aber nein. Als er sich entschloss, in den Kampf zu ziehen, sah man Tonelli in der Uniform eines Tenente und mein Vater war Sergente.

Dieser Tonelli befehligte ein irreguläres Bataillon von Abessiniern. Die Lage wurde immer schlimmer. Eines Abends sagte ihm sein Offiziersbursche, dass das Bataillon zu den Engländern übergelaufen sei und dass die Unteroffiziere ihn gefangen nehmen und ausliefern wollten. Er ließ sie in sein Zelt kommen und als er sie alle drinnen hatte, zündete er in seiner Tasche eine Handgranate und starb mit ihnen. Er hatte die Bombe an sich gedrückt, als er sie platzen ließ.

Im Dorf Littorio gab es inzwischen kaum noch Männer: Alle waren im Kampf. Eines Abends zog mich Brahane zur Seite und sagte mir, dass er jetzt abhaute. Er sagte: »Hör mal, Hugo, ich gehe jetzt. Halte dich an die Abessinier und hör nicht auf deine Mutter. Ich habe diese Uhr aus deinem Haus mitgenommen, Ciao, wir sehen uns nicht wieder.« Er hatte meiner Mutter eine Uhr und zweitausend Lire geklaut.

Man spürte in der Luft, dass für alle hier, mitten in Afrika, etwas zu Ende ging: Für die Italiener, für die Abessinier, für die Engländer.

Ich ging in die Gerberei zu Ahmed Ben Quadimah. Dort herrschte große Aufregung. Er fand Zeit, mit mir zu reden. Er sagte: »Bald werden die Sciftà hier unten ankommen. Bringe du die Frauen in einem Haus im Dorf zusammen. Und bleibt zusammen.«

Ich blieb bis zum Abend in der Gerberei, dann sagte ich Ahmed ohne Einleitung, dass ich wüsste, wo ein Direktor des Amtes für Arbeitsbeschaffung eine Kiste mit Silbermünzen versteckt hatte und dass ich ihm helfen könnte, sie zu erbeuten. Er war einverstanden. Ich weiß noch, wie wir in der Nacht ein Fenster der Villa aufbrachen. Die Münzen waren da. Ich bin Ahmed noch heute

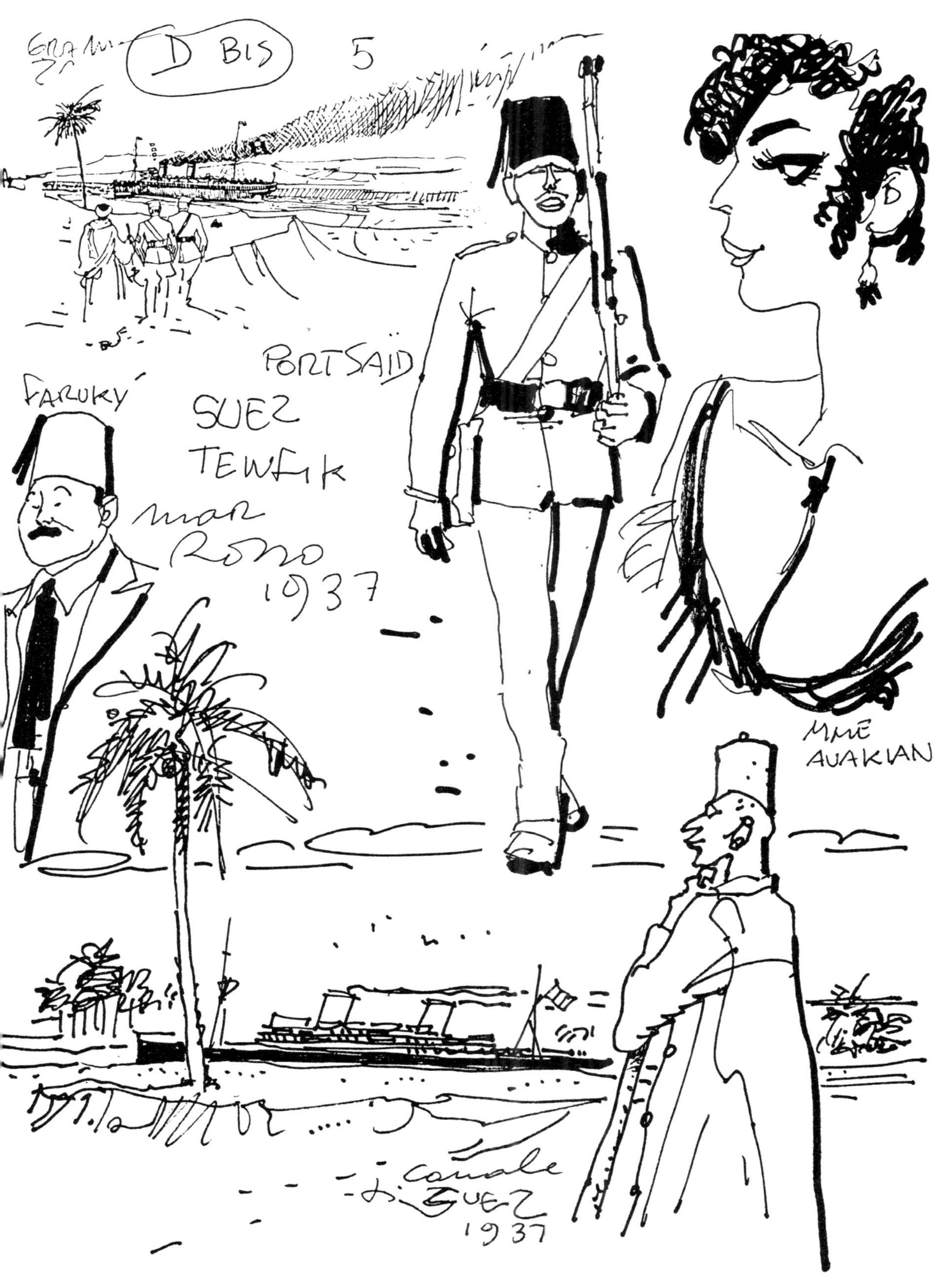
D BIS
5
PORTSAID
FARUKY
SUEZ
TEWFIK
mar
Rosso
1937
MME
AVAKIAN
canale
di SUEZ
1937

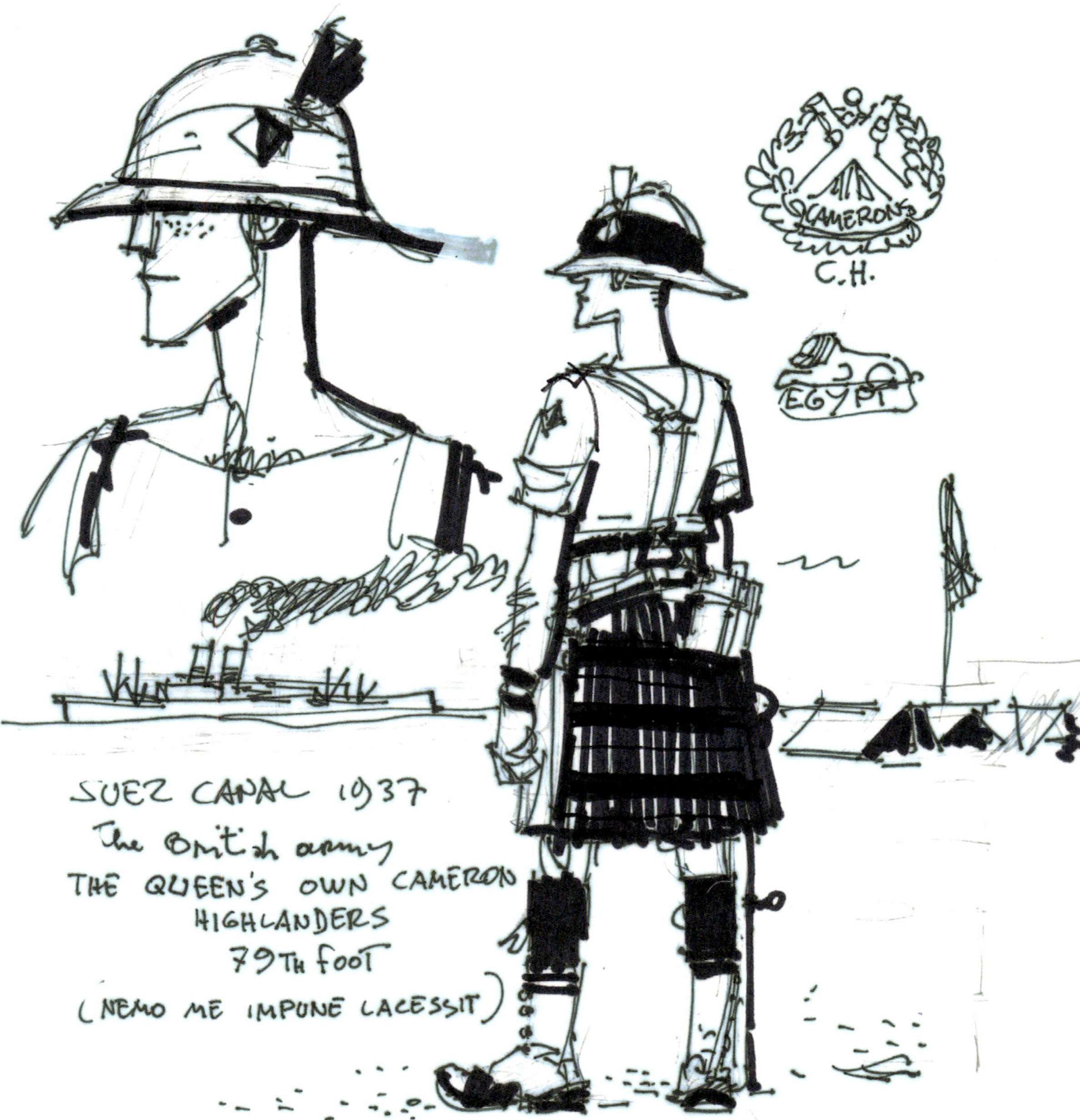
CAMERON
C.H.
EGYPT
SUEZ CANAL 1937
The British army
THE QUEEN's OWN CAMERON
HIGHLANDERS
79TH FOOT
(NEMO ME IMPUNE LACESSIT)

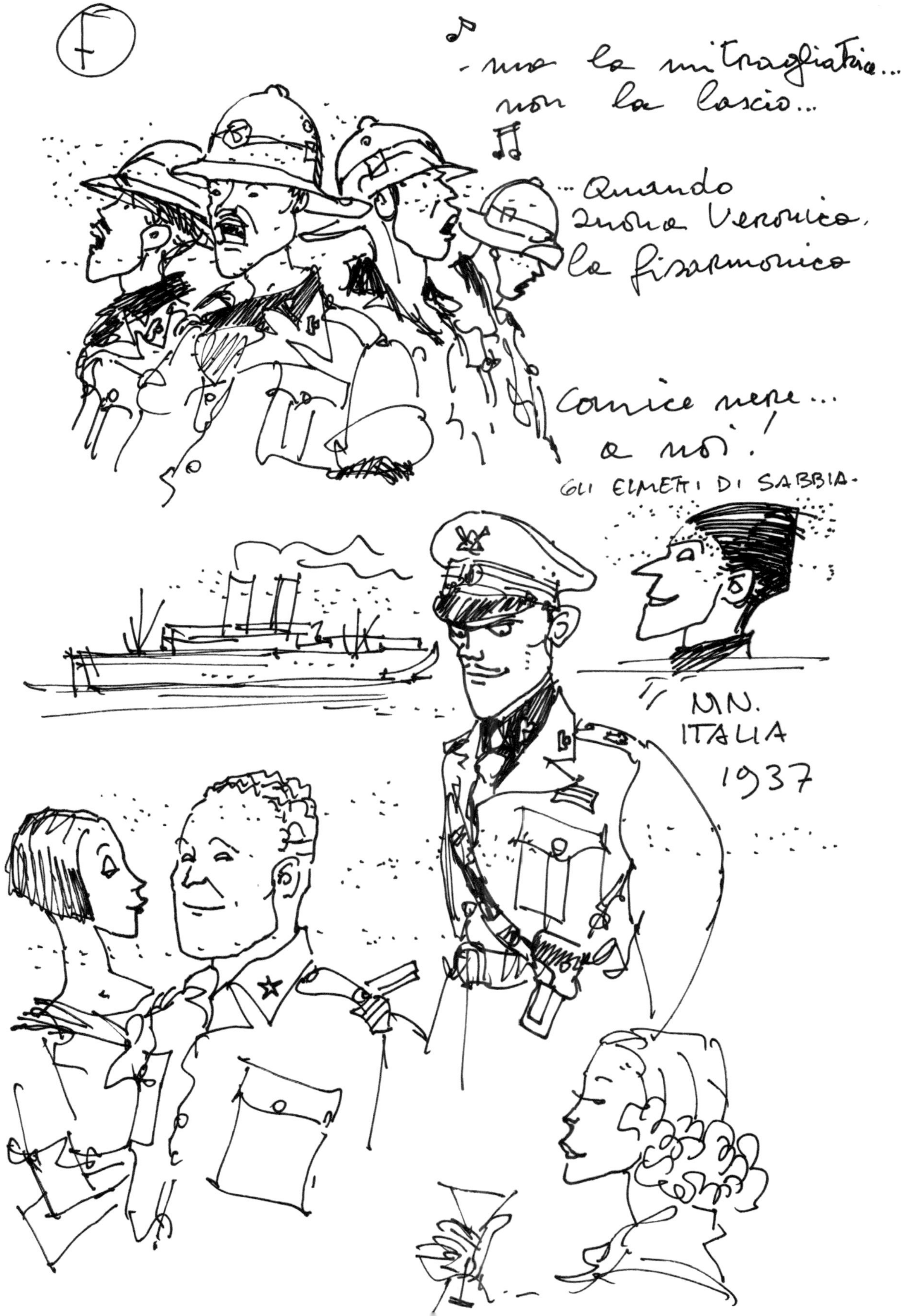

F

...ma la mitragliatrice...
non la lascio...

...Quando
suona Veronica,
la fisarmonica

Camice nere...
a noi!

GLI ELMETTI DI SABBIA.

M/N.
ITALIA
1937

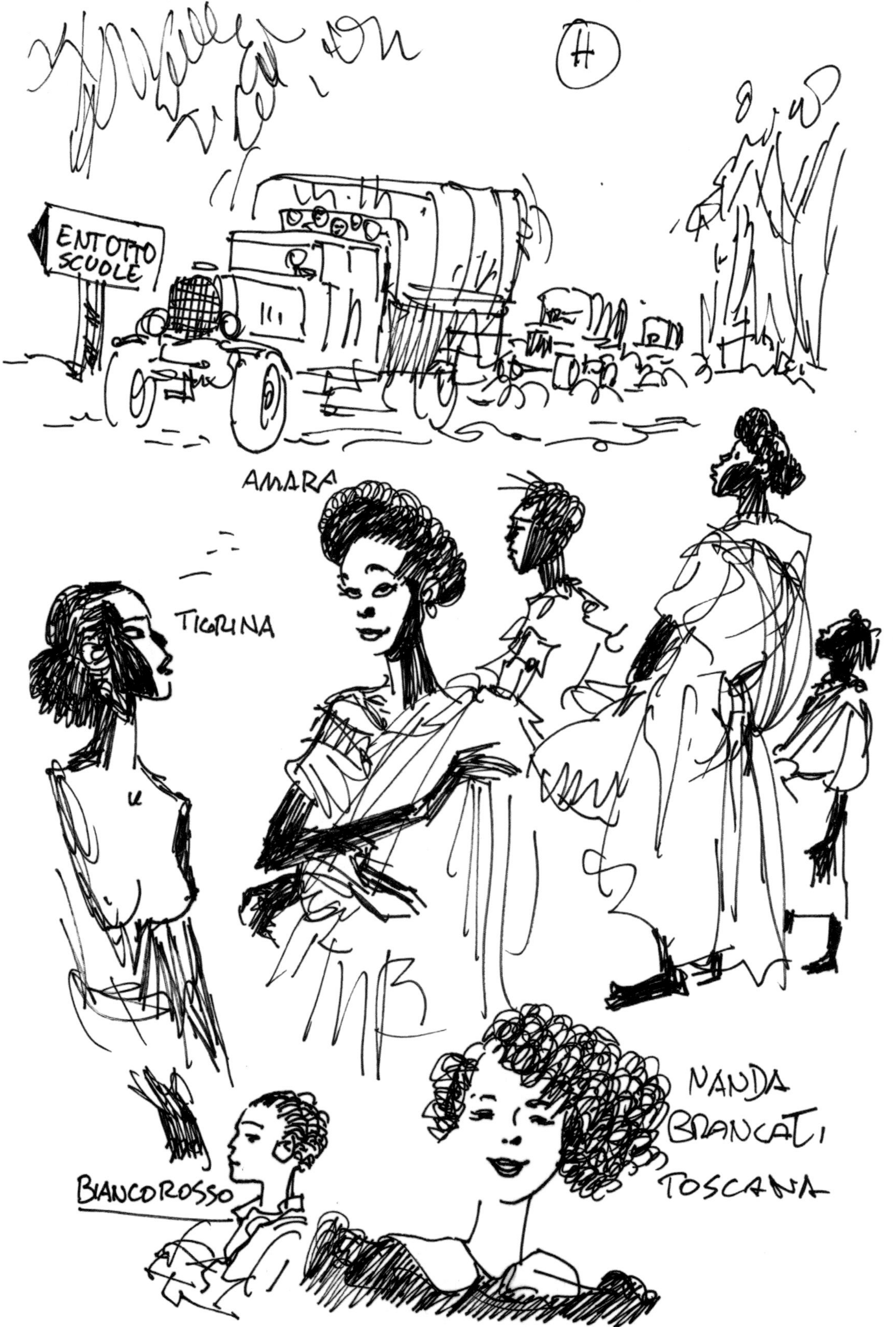

ENTOTTO
SCUOLE
AMARA
TIGRINA
NANDA
BRANCATI
TOSCANA
BIANCOROSSO

dafür dankbar, dass er mir weder dankte, noch mich nach meinen Motiven fragte. Vielleicht hätte ihn meine Antwort, dass dies nicht die Geste eines Renegaten war und dass ich nicht die Seiten wechseln wollte, enttäuscht. Ich hätte Schwierigkeiten gehabt, ihm zu erklären, dass meine Gedanken nicht generell, sondern partikulär waren und dass ich mir meine Freunde suchte, ohne mich Gruppen anzuschließen.

Gut, er nahm die Münzen. Ciao, Ciao in der Nacht und weg war er.

Tatsächlich kamen nach wenigen Tagen die Guerillas in die Stadt. Sie streiften durch die Häuser und suchten nach Sachen wie Zucker, Kaffee und Seife. Als sie bei uns klopften, machte ich mit dem Flobert in der Hand die Türe auf. Ich hatte ein grimmiges und entschlossenes Gesicht aufgesetzt wie einer, der sagen will: »Was zum Teufel willst du?« Aber als ich die Türe offen hatte, haute mich der Anblick des Besuchers richtig um: Abgesehen von den seit fünf Jahren nicht geschnittenen Haaren, den Waffen, den nach Bandoleroart auf der Brust gekreuzten Patronengurten, trug er am Gürtel Hoden, Zungen und Ohren, die er Italienern abgeschnitten hatte. Mein Gesicht wurde noch grimmiger und in mir reifte ein verzweifelter Entschluss. Glücklicherweise tauchte gerade Lupo, mein großer abessinischer Freund, auf und warf sich, brüllend wie ein Irrer, dazwischen. Und er begann mit dem Rebellenhäuptling zu palavern, sagte ihm, ich sei einer von ihnen, ein Freund, dem man nicht die Eier abschneiden dürfe und der Häuptling antwortete, dass er nur Zucker und Kaffee wollte. Vor der Haustüre bildete sich eine Menschenmenge, aber wie kann man einen mit all dem Zeug am Gürtel hereinbitten? Da kam einer in englischer Uniform, mit Offiziersdistinktion: Es war Ahmed. Sofort trat Ruhe ein. Er stellte alles klar. Bevor er ging sah mir der Rebellenhäuptling einen Augenblick ins Gesicht. »Du bist zu jung, um den wilden Mann zu spielen«, sagte er »und jetzt ist auch nicht der richtige Moment.« Er sprach Italienisch. Sicher hatte ich ihn nicht erschreckt, aber doch verwundert. Er ging – mit dem ganzen Kramladen am Gürtel und fünf Jahren Guerillakrieg am Rücken.

Wahrscheinlich dachte er, als er ging, dass alle Weißen die gleichen Hurensöhne sind und dass trotz allem die Engländer sich lieber irgendwie mit uns verständigten, als mit den Negern, die für sie die Schlacht gewonnen hatten.

Für alle ging an diesem Tag etwas zu Ende: Die Abessinier akzeptierten letztlich, dass die Weißen immer auf der Seite der Weißen stehen. Tatsächlich hatten die Engländer Vorbehalte gegen eine Rückkehr Haile Selassies; sie hatten schon vor einiger Zeit eine Kommission gegründet, die das abessinische Problem untersuchen sollte. Die Kommission war nichts anderes als die Stimme der Sippschaft der übriggebliebenen Herrscherhäuser: Sie versuchten, den Faschismus vom Haus Savoyen abzuspalten, um Vittorio Emanuele III. weiter als regierend oder herrschend betrachten zu können. Der übliche Scheiß.

Ahmed hatte mir diese Sachen erklärt. Er sagte mir auch, dass Orde Wingate seine Landsleute völlig egal waren. Er hatte schon den triumphalen Einzug Haile Selassies in Addis Abeba vorbereitet, mit weißem Pferd und allem. Auch für die Engländer ging etwas zu Ende: Sie begannen, die Welt zu verlieren. Eine Persönlichkeit, dieser Ahmed! Am Tage des Einzuges Haile Selassies kam er mich holen: »Na komm schon. Ich zeige dir den kaiserlichen Ghebi« sagte er mir. Dort bekam ich erst einmal einen Peitschenschlag auf den Kopf. Also, ich war da in der Menge und sah sie vorbeimarschieren – ein grausames Schauspiel, nicht so eine offensichtliche Parade, wie man das heute macht. Da marschierte der Krieg mit all seiner eigentlichen Bedeutung, dem Tod.

Ich sah fasziniert zu, als ich in einer Gruppe berittener Sciftà ein tolles Mädchen erblickte, die Tochter eines Häuptlings (später erfuhr ich, dass es die Nichte von Ras Immirú war), behängt mit Silber und Munition. Ich starrte sie an, wie ein Junge ein Mädchen anstarrt, um ihr mit einem Blick zu sagen: »Hallo, Süße, hallo, Schatz«. Aber die tritt nicht aus dem Glied und zieht dir die Peitsche über den Schädel.

Sblaf! Sie hat mir die Haare verbrannt. Ein Schmerz! Ein Schmerz, dass ich mitten in der Menge hätte heulen können. Gehen wir Ahmed suchen, sagte ich mir.

Es ist schon viele Jahre her, doch mein Treffen mit Haile Selassie muss sich so abgespielt haben: Ich sah ein großes Auto mit Geparden drin, als ich eine Hand fühlte, die über mein Haar strich. Hinter mir standen Haile Selassie, Prinz Asfa Wossen, Orde Wingate und Ahmed, der von der Kiste voll Silbermünzen zu erzählen begann. Und Wingate sprach wie eine Seite aus Kipling und ich wurde so eine Art Kim, den man für die abessinische Sache und »Freies Italien«, eine Gruppe von italienischen Antifaschisten, die als Fünfte Kolonne für die Engländer arbeitete, aufgebaut hatte.

Drei tolle Typen. Haile Selassie hatte es abgelehnt, auf einem weißen Pferd in Addis Abeba einzuziehen, er wollte sich nicht auf eine Stufe mit Badoglio stellen. Aber Wingate, sympathischer Irrer, der er war, sah das weiße Pferd und – Badoglio oder nicht – setzte sich darauf und zog so an der Spitze der Gideonbrigade in Addis Abeba ein. Zu unserem Glück wollte Haile Selassie auch nicht die Heldentaten Grazianis wiederholen und als die Sciftà fünf Tage carte blanche haben wollten, weil die italienische Polizei vor Übergabe der Gefängnisse an die Briten noch jede Menge politische Gefangene an die Wand gestellt hatte, antwortete er, dass er von diesen Ideen nicht einmal hören wolle. »Abgesehen von seinen Gefühlen den Italienern gegenüber«, erklärte uns Ahmed, »beginnt er zu verstehen, dass die Engländer über einen Grund, ihm nicht zu trauen, nur zu froh wären.«

»Du verstehst«, sagte er mir noch, »dass dieselbe Operation, durchgeführt von Weißen, Repressalie genannt wird und unmenschliches Massaker, wenn man Neger von der Kette gelassen hat.«

Immer und überall ändert sich wenig, wenn einer gekämpft und gesiegt hat: Ich erinnere mich, dass vom ersten Tag an weiße Südafrikaner vor den Banken standen. Ein Engländer mit einer geladenen Enfield vor jeder Bank.

Abgesehen von den Banken brauchten die Sieger Zeit, um sich zu organisieren. Auch meinem Vater war die Flucht gelungen. Er hatte sich in Zivil geworfen und lebte einfach so weiter. Sie erwischten ihn dann nach ein paar Monaten bei einer Planquadrataktion und schickten ihn in ein militärisches Konzentrationslager. Dort begann seine kräftige Konstitution zu schwinden. Er hatte sich in Britisch-Somaliland Amöben eingefangen. Er konnte sie nicht loswerden, der Arme. Ich wusste, dass es mit meinem Papa zu Ende ging: Jedes Mal war er noch magerer, noch ausgehöhlter. Ich erinnere mich noch, wie ich ihn eines der letzten Male sah. In dieser Zeit hatte ich viel in einem Laden zu tun, der von einem Russen geführt wurde, der ihn »Weißer Adler« genannt hatte. Ich war der Junge, der sich um alles kümmert: Ich ging mal diese Marmeladen kaufen, mal jenen Puder, besorgte Zigaretten für alle diese Nutten und so begann ich, mich weltgewandt und emanzipiert zu fühlen. Eines Tages war ich mit meinem Vater in der Bar an der Eisenbahnlinie Addis Abeba – Djibuti verabredet und während ich auf ihn wartete kam eine tolle Frau herein, eine der schönsten, die ich in meinem ganzen Leben gesehen habe: Eine junge Ungarin, die es, wer weiß wie, hierher verschlagen hatte. Ich näherte mich und sagte: »Wie schön Sie sind. Was für einen schönen Hintern Sie haben, Signora!«

Jetzt war's heraus; ich begann, rot zu werden; ich war an den Betrieb im »Weißen Adler« gewöhnt und da war's mir als Kompliment unzensiert herausgerutscht. Schön, sie muss das irgendwie gespürt haben, denn sie bot mir zu trinken an und sagte, ich soll mich zu ihr setzen. Und so sah mein Vater, als er dann eintraf, mich bei dieser Schönheit sitzen und ihr meine Geschichte erzählen. Armer Kerl, was er sich wohl gedacht hat. Ich war grausam zu ihm, wie es nur ein Junge sein kann. Kurz darauf erfuhr ich, dass ihn die Engländer im Zuge einer Planquadrataktion erwischt und ihn in ein Lager in Harrar überstellt hatten. Er blieb dort nicht einmal zwei Jahre. Er starb während des Transportes von Dire Dawa nach Harrar. Er starb wie sein Vater – auf einer Bahre. Aber allein, weit weg und ohne eine Flasche Wein oder auch nur irgendwas; armer Hund.

Ich und meine Mutter blieben noch einige Zeit in Addis Abeba. Ich freundete mich mit einer Gruppe von südafrikanischen Piloten an und perfektionierte jene englische Aussprache, die mich später, in Venedig, noch ganz schön in Schwierigkeiten bringen sollte. Und ich hatte immer mehr Freunde unter den Negern. Meine Mutter verkaufte die Uhren, die Brahane ihr gelassen hatte, und wir kamen so irgendwie durch. Wir wohnten in einem Haus, das Ahmed für uns gefunden hatte. Meine Mutter, die schwanger war, wollte sich irgendwo in der Nähe des Konzentrationslagers, wo sich mein Vater befand, niederlassen. So blieben wir in Dire Dawa, einem danakilischen Städtchen, interniert in einem Camp in der Nähe des Flugplatzes.

Es schien, als hätten wir ein Treffen veranstaltet: Ich fand meine Schulfreunde wieder, die Nanda Brancati, die Söhne der Signora Memma, die Huren aus dem »Weißen Adler«, die das ganze Zelt 33 in Beschlag genommen hatten, und noch viele andere Leute. Für mich und weitere vierzehn Jungen war das eine wichtige Erfahrung: Teufel,

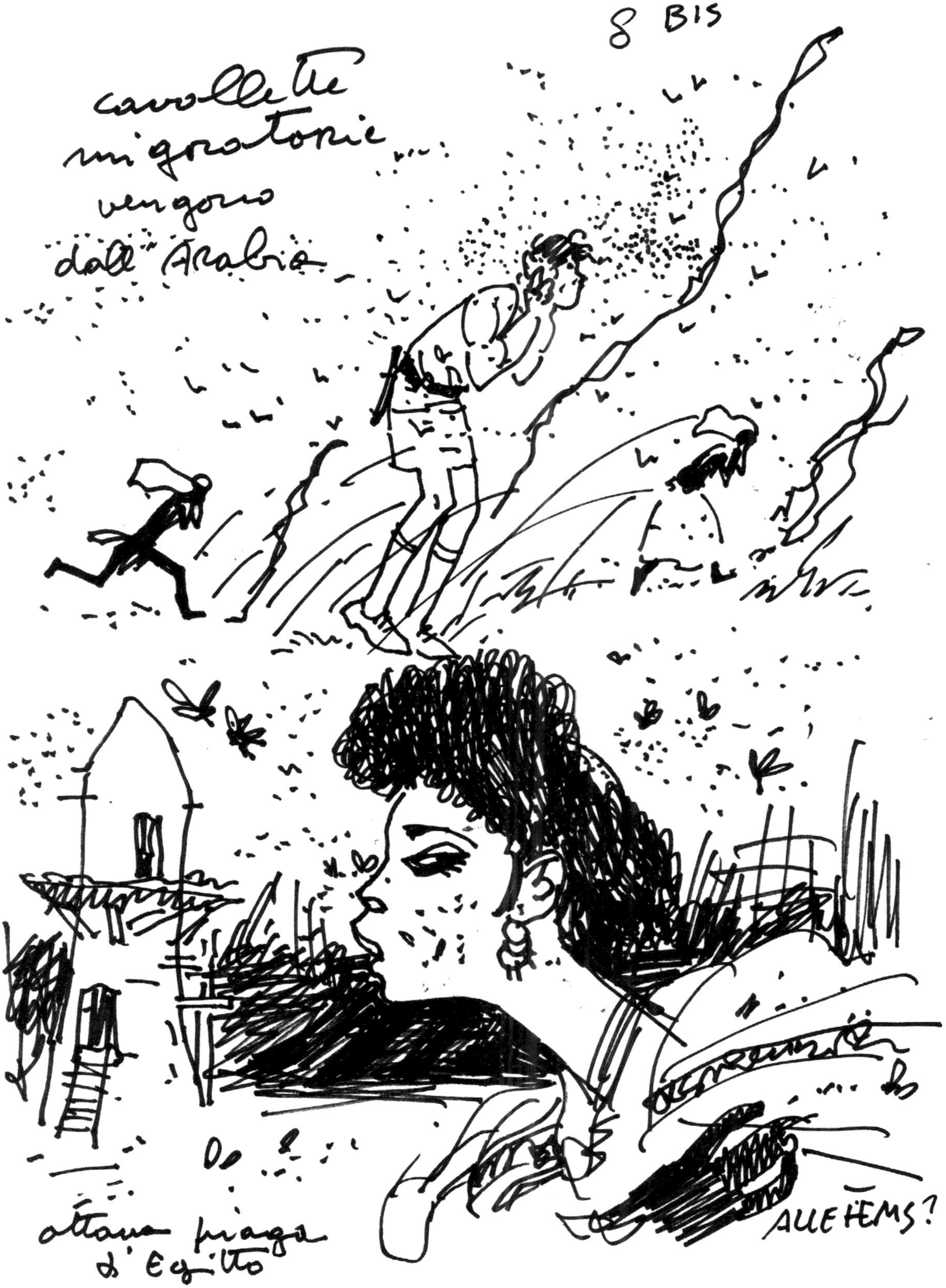

8 BIS

cavallette
migratorie...
vengono
dall'Arabia

ottava piaga
d'Egitto

ALLEFEMS?

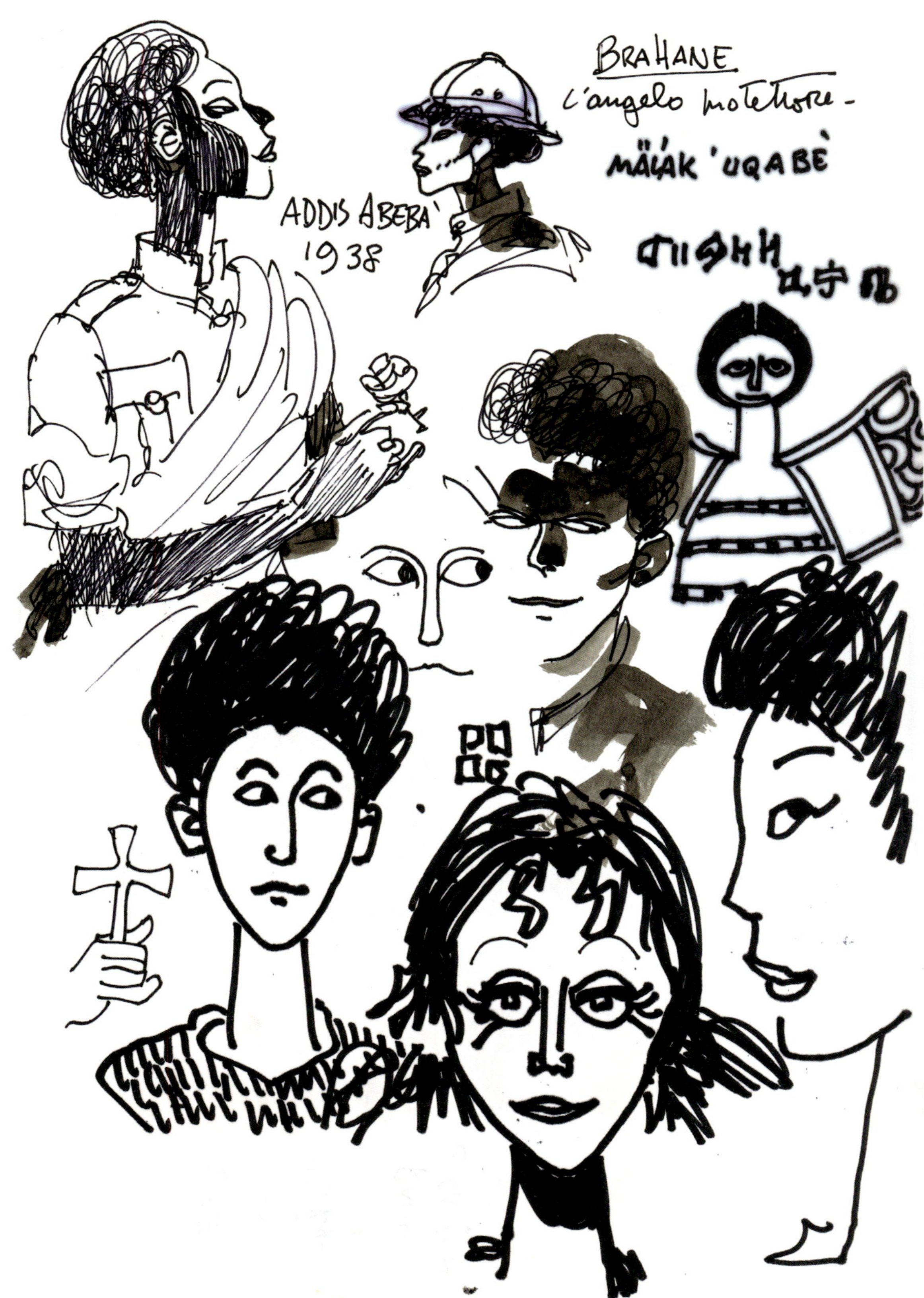
BRAHANE
l'angelo protettore -
MÄLÁK 'UQABÈ
ADDIS ABEBA'
1938

im Flugplatzcamp von Dire Dawa gab es fünftausend Frauen!

Gehen wir mal davon aus, dass von fünftausend Frauen zweitausendfünfhundert alt oder hässlich sind. Zweitausendfünfhundert bleiben über, die brauchbar sein könnten. Teilen wir nochmals und wir haben eintausendzweihundertfünfzig, die gut beisammen sind. Teilen wir noch zweimal und wir gelangen zur Ware erster Wahl: Und da kam eine ganz schöne Zahl von Herzchen für jeden von uns heraus!

Bloß wenn man sich verliebt, so bleibt man bei seiner und sieht die anderen nicht. Ich verliebte mich schließlich in Clara Pecci, schön und süß, Schneewittchen von Walt Disney. Ich erinnere mich noch an die weiße Mauer eines Dattellagers, bis oben mit Maschinengewehreinschlägen gepflastert, den großen, schwarzen Himmel einer afrikanischen Nacht und wir unter uns: Ich, zwei Freunde, Kamele und die Clara Pecci. Sie wählte mich.

Wir schliefen in unserem Hangar, Burschen und Mädchen, durch Sandsäcke getrennt. Jeder versuchte, bei seiner Liebe von der anderen Seite zu schlafen: Kopf an Kopf. Wir machten Löcher in die Sandsäcke, um uns im Schlaf an den Händen halten zu können, die Finger ineinander verschränkt, ich mit einer anderen. Denn die Clara konnte ich nie lokalisieren. Ich hielt im Dunkeln diese Hand und hätte nie gedacht, dass ich zwei Jahre später durch Venedig rennen würde, um sie noch einmal zu sehen. Getötet bei einem Bombenangriff.

Ahmed hatte mich nicht vergessen. Er hielt sich öfters in Danakil-Somalia[4] auf, um mich zu besuchen. Er machte mich auch mit englischen Armeeangehörigen bekannt und die kamen dann ständig, um mich aus dem Camp zu holen. Eigentlich hätte niemand hinausgehen dürfen. Wir standen unter Bewachung von senegalesischen Soldaten und waren Gefangene des »Freien Frankreich«; ich erinnere mich noch an das Weiß – Rot – Blau dieser Fahne über den Hangars und auf den Zelten.

Ungeachtet dieser Vorschriften war ich immer draußen. Wenn nicht gerade einer kam und mich erwischte, floh ich immer durch ein Fenster der Militärküche. Ich sprang runter und war weg.

Eines nachts erschrak ich ganz entsetzlich. Einer, der angeschossen worden war, hatte sich unter das Fenster gelegt, um zu sterben. Ich fiel auf ihn mit meinem ganzen Gewicht. In absoluter Finsternis berührte ich mit den Händen dieses kalte Gesicht. Ich spürte unter meinen Fingern seine von den Zähnen zurückgezogenen Lippen: Dann sah ich im Schein meines Feuerzeuges das Lächeln des Teufels. Ich rannte davon in der blinden Hoffnung, das Dunkel der Nacht werde mich mit all meiner Furcht verschlucken. Auch später unterdrückte ich beharrlich jede Erinnerung an diesen Toten. Ich wusste, dass er in einem Winkel meines Gedächtnisses archiviert war, doch zog ich ihn nie hervor. Erst nach fünfundzwanzig Jahren fand ich ihn wieder. Ich war gerade auf einer meiner Reisen in Südamerika. Es war in Guayana und ich fuhr in einem Jeep, den ich gemeinsam mit einem Franzosen und einem Javaner gemietet hatte. Es war gegen Abend, als uns einige Soldaten auf der Straße anhielten: Neger in Uniformen, wie man sie nur in Südamerika zu Gesicht bekommt, die Maschinenpistole im Arm und die Machete an der Hüfte. Gut. Sie sagten uns, da wäre einer der Unseren und wir müssten ihn wegbringen. Wir gingen in eine Hütte und unter dem Fenster lag ein Toter: von Schüssen zerfetzt und das Gesicht voller Fliegen. Sie luden ihn auf unseren Jeep und sagten, wir sollten ihn wegbringen. Das ist ein Weißer wie wir zwei, sagten sie. Sie wussten nichts mit ihm anzufangen. Ich fuhr weiter mit dem Toten im Fond, fünfundzwanzig Jahre nach Dire Dawa.

Von dem Toten abgesehen ging es mir nicht schlecht. Ich lernte ständig neue Leute kennen; auch Zwischenfälle führten zu neuen Freundschaften. Einmal, als ich von irgendwo Geld bekommen hatte, kaufte ich mir eine Kiste Bananen. Dann suchte ich mir einen einsamen Platz, um sie mir zu geben. Teufel, seither hab' ich keine Banane mehr angerührt. Ich hatte die ganze Kiste leergefressen und begann, mich sterbenselend zu fühlen; ich kotzte und kotzte. Dann wurde ich unter der Sonne ohnmächtig. Ein paar Schmuggler aus dem »Chat« und ein paar danakilische Kameldiebe lasen mich auf. Gut, diese Leute, die sich Kalk auf den Kopf streuen, um rote Haare zu bekommen, kümmerten sich um mich und machten mich wieder gesund. Zwei Monate lang teilte ich alles mit ihnen – außer dem Kalk am Kopf. Ich war schwärzer geworden als ein Danakile, immer unter Kamelen, unter der brennendsten

[4] Im Italienischen Dáncali; Hugo Pratt verwendet die Bezeichnung auch im Titel des dritten Teils von *Die Wüstenskorpione* (im Original *Gli scorpioni del deserto* 3: »Vanghe dancale«).

Sonne der Welt. Dire Dawa – Harrar – Giggia – Hargeisa. Dann zeigte meine Mutter die Sache an und eine Patrouille der »SCCSP« brachte mich zu den französischen Häusern von Dire Dawa zurück.

Arme Frau, sie brauchte all ihren Mut, um sich durch diese schwierige Schwangerschaft zu schleppen. Aber sie schaffte es nicht. Ahmed war es gelungen, sie für die letzten Monate außerhalb des Lagers unterzubringen: Das Quartier lag in einem der französischen Häuser.

Sie brachte ein totes Mädchen zur Welt. Ich erinnere mich noch an den Abend der Geburt. Ich sollte meiner Mutter eine Tasche mit Babysachen, welche die Frauen im Camp gesammelt hatten, ins Spital bringen. Mich begleitete eine Wache, ein Swahilineger mit rhodesischer Mütze, die Hosen bis zum Knie, ein Mokamba, also ein Soldat mit der Enfield auf dem Rücken. Als ich im Spital erfuhr, dass ein totes Mädchen geboren worden war, schmiss ich in meiner Wut die Tasche hin und warf mich auf den Boden. Ich hatte mir immer Geschwister gewünscht, vor allem eine Schwester.

Die Tasche hatte sich geöffnet und das ganze Zeug lag verstreut herum. Dieser große Neger sah diese Kleidchen, diese kleinen Schuhe und Häubchen und begann, alles wieder einzusammeln und in die Tasche zu legen. Dann setzte er sich zu mir auf den Boden und wir schwiegen lange Zeit.

Nach diesem Unglück schloss ich mich immer enger an Clara Pecci an; als sich dann die Möglichkeit bot, war es die letzte für Gott weiß wie lange Zeit. Der Vatikan hatte ausgehandelt, dass eine Gruppe italienischer Zivilisten, vor allem Frauen und Kinder, nach Italien zurückkehren konnte. Zwei italienische Handelsschiffe sollten in Berbera anlegen.

Wir beschlossen, abzureisen. Wieder einmal – diesmal im englischen Lastwagen: Dire Dawa, Giggia, dann Britisch-Somaliland, Hargeisa und zuletzt Berbera. Ich begann, die Clara Pecci zu suchen, unter tausenden Italienern, bis ich herausfand, dass sie zu der letzten Gruppe, die das erste Schiff bestiegen hatte, gehörte: Sie war schon auf dem Weg nach Italien. Ich war unter so vielen Menschen und fühlte mich allein; war unter Italienern und kam mir fehl am Platz vor.

Kurz bevor wir das Schiff bestiegen, trafen wir Chater, den englischen Offizier, der mit uns heruntergefahren war. Er erkannte meine Mutter und mich.

Was ist schon ein Krieg? Wir setzten uns auf eine Bank im Hafen und erzählten unsere Geschichten. Er sprach von seiner Familie, die jetzt in Aden lebte. Dass er hierher geflohen war, als die Italiener Britisch-Somaliland besetzt hatten. Er gehörte zur Somalia Police, war Offizier beim Kamelreitercorps. Er befehligte Jungen, die früher italienischen Offizieren gehorcht hatten: Die armen Teufel – ständig in Kriege verwickelt, die nicht die ihren waren und ständig gezwungen, die Seiten zu wechseln, um nicht auf Verwandte schießen zu müssen.

Sechs Jahre war es nun her, dass mir mein Vater in Port Said diesen Stock mit Blei im Griff geschenkt hatte, um damit den Negern auf den Schädel zu hauen, wenn sie auf der Straße herumlungern. Na schön.

Wir fuhren also los und da wir den Suezkanal nicht passieren durften, mussten wir Afrika umrunden und trafen in Europa ein, als wir die Säulen des Herkules hinter uns gelassen hatten. Ich erinnere mich, dass es Nacht war und ich dachte, dass in der Dunkelheit auf der einen Seite das Atlasgebirge und auf der anderen der Felsen von Gibraltar lag. Na schön, man denkt sich eine Menge auf einem Schiff, das in der Dunkelheit liegt – an einem der Orte, die mich stets am meisten fasziniert hatten und zuletzt schaltete ich einen Scheinwerfer ein: Zum ersten Mal sah ich den Felsen von Gibraltar.

Aber da war der Teufel los: Ich hatte gegen die Verdunkelungsvorschriften verstoßen. Von überall kamen englische Motorboote, sie verhafteten den Kapitän; alle schrien durcheinander, unser Kapitän auf Neapolitanisch und die Engländer auf Englisch. Es dauerte einige Zeit, bis wieder Ruhe eingetreten war.

Am Nachmittag, nachdem die englische Eskorte, die uns ab Berbera begleitet hatte, an Land gegangen war, fuhren wir weiter. Ich merkte sofort, was mich in der Heimat erwartete: Sobald keine Engländer mehr an Bord waren, begannen die Italiener, sich zu schlagen. Jeden Tag gab es einen Skandal, Repressalien, Stunk zwischen Faschisten und solchen, die es nicht mehr waren und den ganzen Scheiß.

In Neapel kamen Mussolini und der König, als ob nichts passiert wäre, um uns willkommen zu heißen. Willkommen wo?

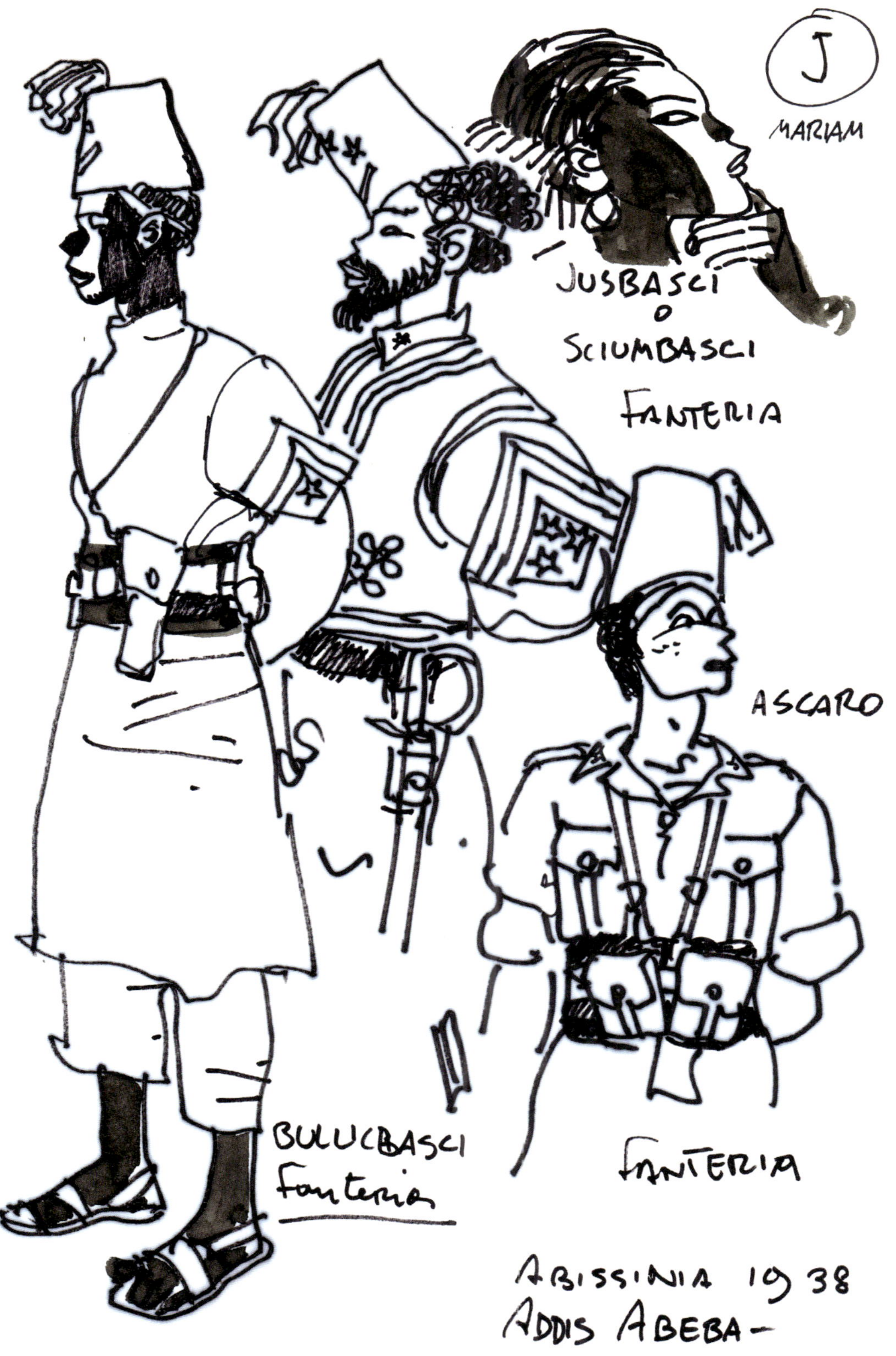
J
MARIAM
JUSBASCI
O
SCIUMBASCI
FANTERIA
ASCARO
BULUCBASCI
Fanteria
FANTERIA
ABISSINIA 1938
ADDIS ABEBA -

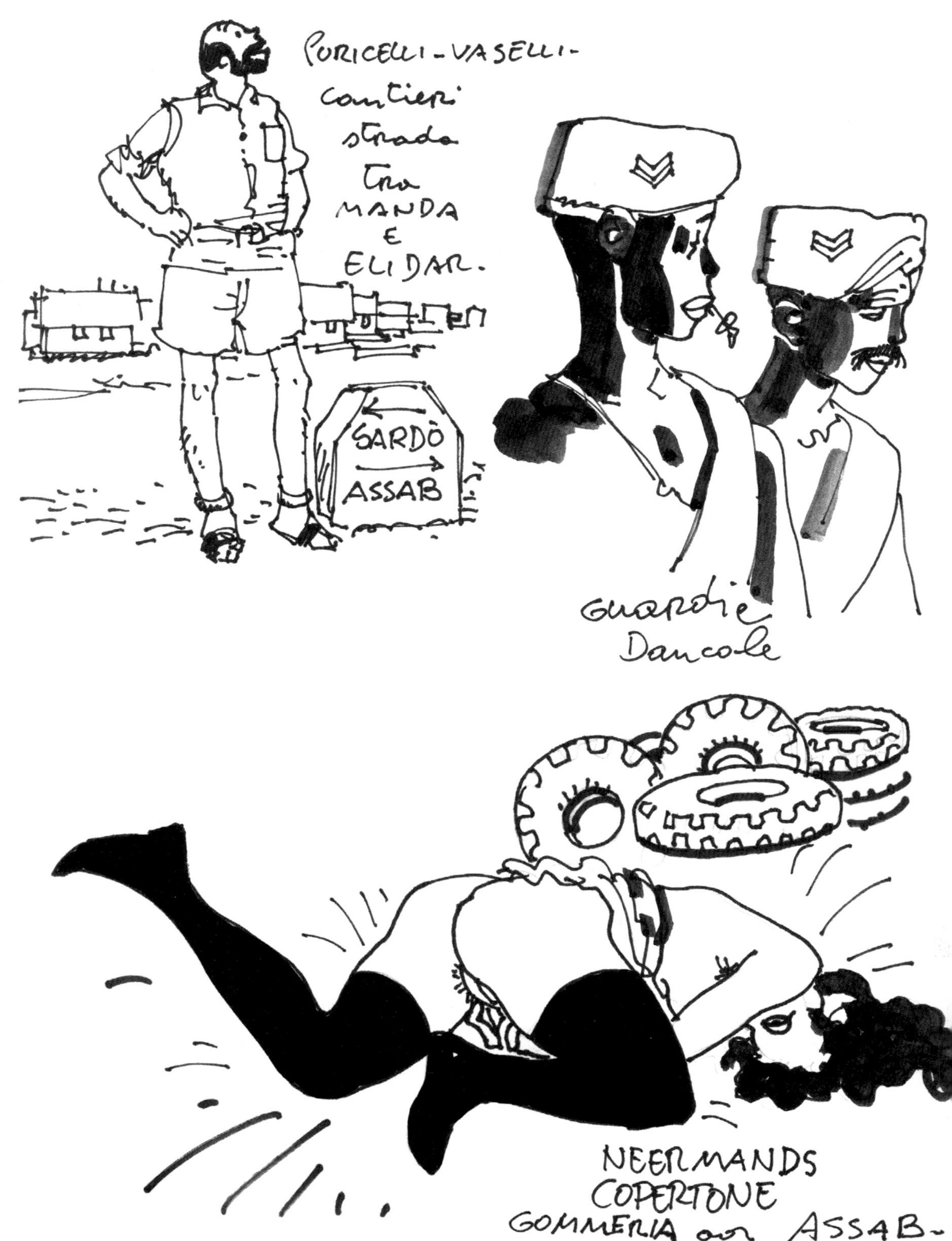
Puricelli - Vaselli -
cantieri
strada
tra
MANDA
e
ELIDAR.
SARDÒ
ASSAB
guardie
Dancale
NEERMANDS
COPERTONE
GOMMERIA a ASSAB -

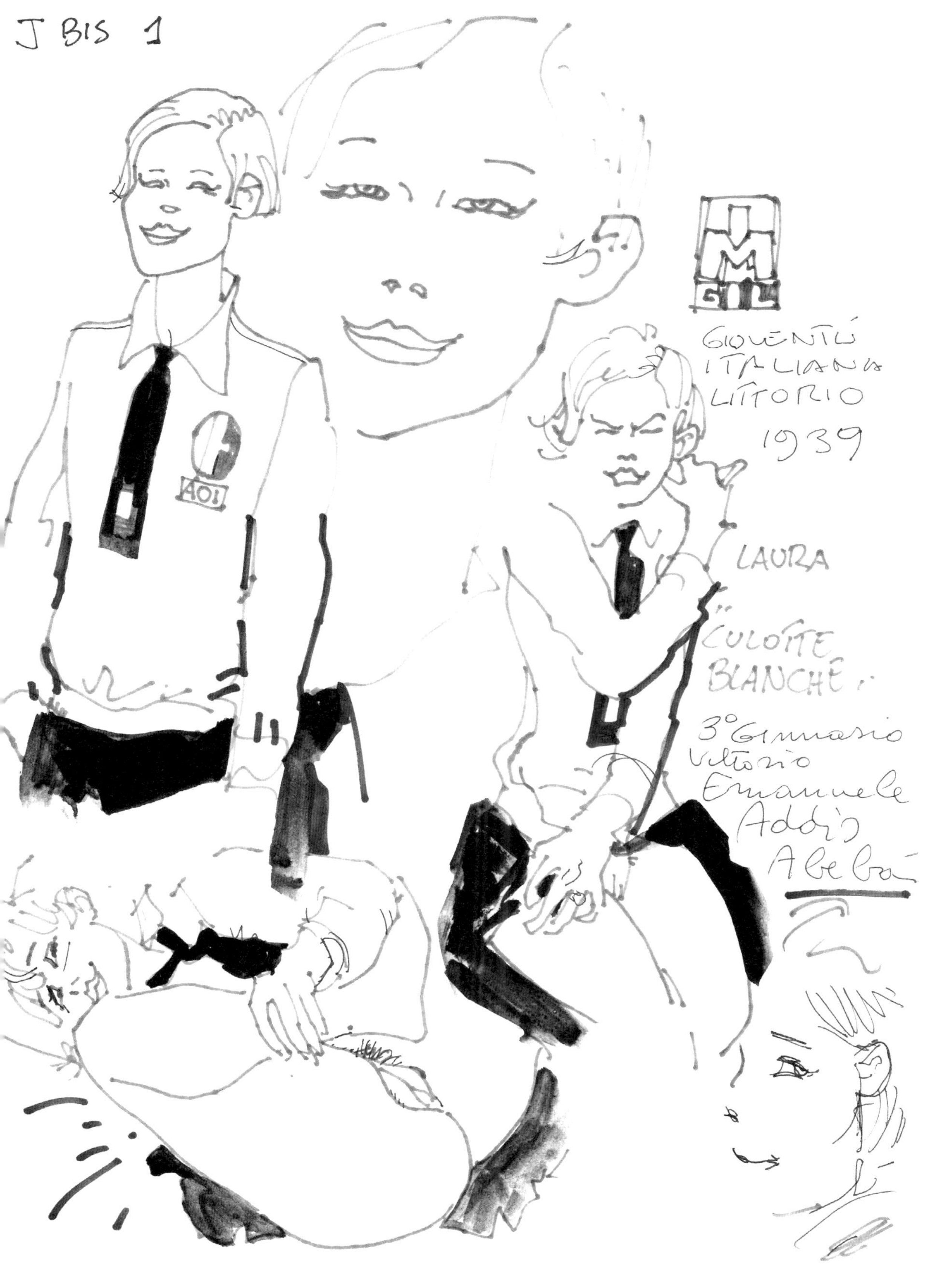
J BIS 1
AOI
GIL
GIOVENTÙ ITALIANA LITTORIO
1939
LAURA
"CULOTTE BLANCHE"
3° Ginnasio Vittorio Emanuele
Addio Abebà

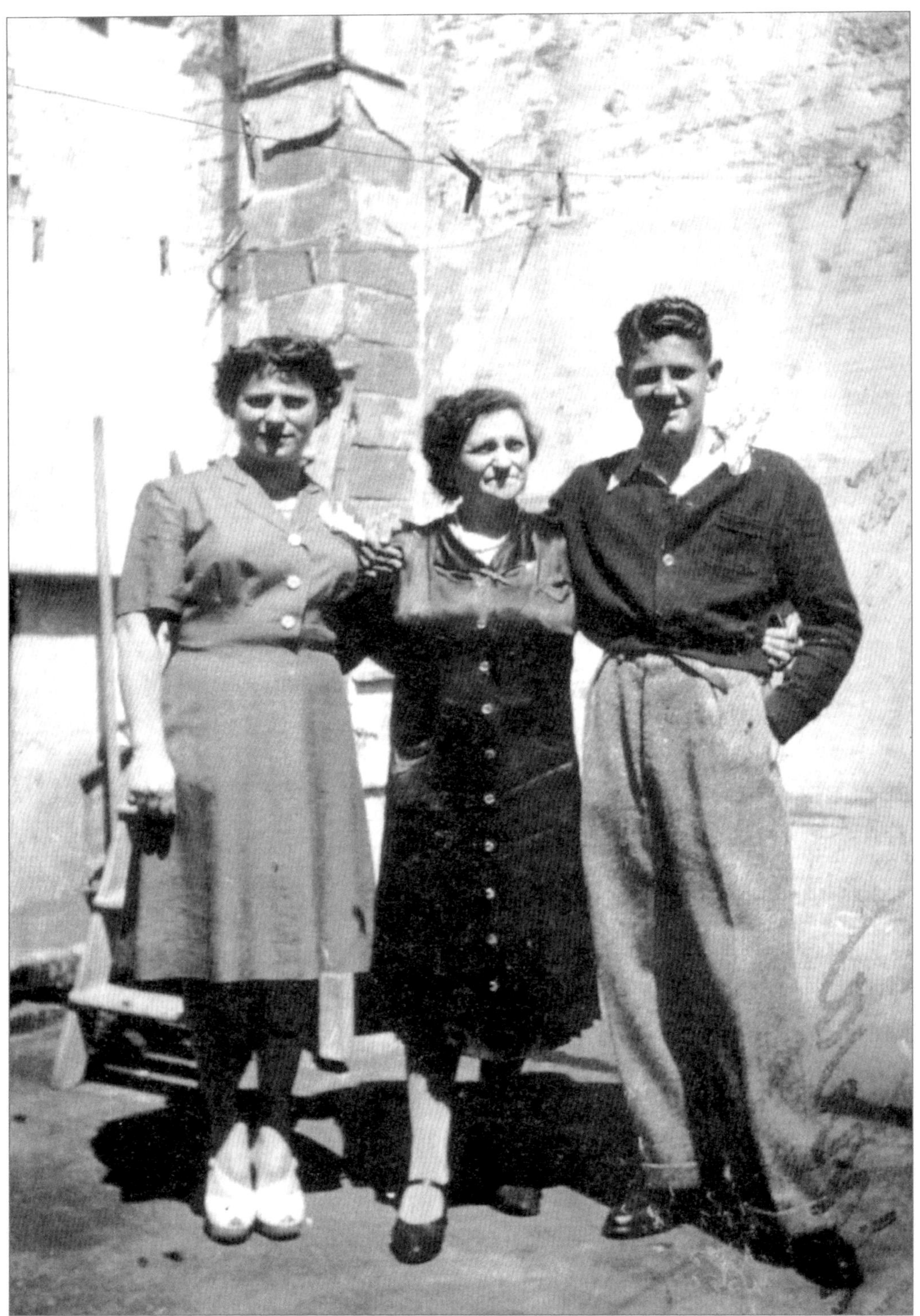

Hugo Pratt, hier an der Seite seiner Mutter (ganz links) und seiner Großmutter, in Venedig, 1943

Kapitel 2

In Venedig spielte mein Großvater, der Fußpfleger, nach wie vor die Rolle des Gründers der Kampfverbände der Stadt. Ich fand ihn genauso vor, wie ich ihn vor sechs Jahren verlassen hatte. Für ihn war nichts passiert und, wie mir nach wenigen Tagen gemeinsamen Wohnens klar wurde, war es absolut verboten, auch nur die Möglichkeit zu erörtern, dass etwas passiert sein könnte.

Mit meinem Großvater konnte man nicht einmal ein Gespräch beginnen; er fing sofort an zu schreien, ich müsste mich schämen, so zu sprechen, ich, der ich aus einer Familie wie der seinen kam.

Als er den Ausdruck »Eine Familie wie die meine« verwendete, war mir nicht klar, auf welche Familie er sich bezog: Auf die Generos, die Frisöre, oder die Zens, die Juweliere waren? Teufel, wäre mein Großvater in Paraguay zur Welt gekommen, hätte er eine Identitätskarte mit dem Aufdruck »Hijo de puta« bekommen. Teufel, dort verteidigen noch Staat und Kirche die Institution Familie. In Italien dagegen wurde die Sache mit meinem Großvater so geregelt: Ein Zenmädchen, vielleicht ganz hübsch, aber sicher läufig, ließ sich mit einem Schiffskoch ein und wurde schwanger. Die Zens hielten die Sache geheim, die Geburt fand im Familienkreis statt, man vermied einen Skandal. Jetzt musste man sich nur noch für meinen Großvater etwas einfallen lassen und da fanden sie den Frisör Genero, der ihm seinen Namen und seinen Beruf gab. Er war schon ein großer Junge, als er seine Geschichte erfuhr. Der alte Zen kam nach dem Tod der läufigen Tochter in den Laden und erzählte dem Enkel, der ihn rasierte, alles und bot ihm an, zu ihnen, den Zens, zu kommen und mit ihnen zu leben.

Mein Großvater zog dem Geld die Befriedigung, mit »nein« zu antworten, vor. Von so einer Befriedigung kannst du ein Leben lang zehren. – Irgendwie merkwürdig, dass mein Großvater, der bewiesen hatte, wie wichtig es ist, im Leben selbst eine Entscheidung treffen zu können, gar nicht auf die Idee kam, dass auch ich mich für irgendetwas entscheiden könnte.

Als ich aus Afrika zurückkam, war ich ein Junge von sechzehn Jahren und im Zweifel, ob ich das Gymnasium weitermachen oder das Liceo Artistico besuchen sollte, um zu sehen, was sich aus meiner Neigung zum Zeichnen machen ließ.

Na gut. Ich landete in der vormilitärischen Schule von Città di Castello in Umbrien. Schon wieder in Uniform. Diese Manie meiner Familie verfolgte mich. Mein Großvater aber sah sein ganzes Leben lang für mich nie einen anderen Beruf als Fußpfleger oder Soldat. Sein größtes Wohlwollen zeigte er mir, als ich kurz vor Kriegsende nach Rom gehen wollte, um in die Fremdenlegion einzutreten. Er wurde ganz ernst, wie ein Patriarch, und hielt mir eine Rede so auf die Art: Halte dich von schlechter Gesellschaft fern, richte dir's mit den Offizieren, halte dich immer an deine Vorgesetzten.

Als Fußpfleger enttäuschte ich ihn. Dabei hab ich's versucht, in seinen Laden zu gehen und Hühneraugen und Hornhaut wegzuschneiden, aber ich überstand die erste Woche nicht. Nicht dass die Arbeit, nachdem erst der Anfang gemacht war, mir nicht gefiel, oder dass ich mich gedemütigt gefühlt hätte; das Problem waren die alten Weiber. Ich hatte alte Frauen nie leiden können. Das muss schon im Lager von Dire Dawa angefangen haben, wo ich mit vielen alten Schachteln zusammenleben musste; und dann ist es auch nicht so einfach, das einzige Waisenkind einer Witwe zu sein: Meine Mutter konnte einfach nicht alleine sein, und so musste ich ihr sogar auf dem Klo Gesellschaft leisten. Von solchen Erlebnissen bekommt man eine unkontrollierbare Abneigung gegen die alten Weiber mit. Aber mein Großvater verstand mich einfach nicht. Immer, wenn ein Berg schwabbelnden alten Fleisches in den Laden kam, dann konnte ich sicher sein, dass die für mich war. Die Haltung eines Fußpflegers bei der Arbeit entspricht der eines Schuhputzers: Der Kunde sitzt wie auf einem Thron und du bist unten. Und so hatte ich halt einen kalten Fuß in der Hand und arbeitete, so schnell ich konnte. Meine große Angst war, einmal den Blick zu heben und etwas zu sehen, was mich für den Rest meines Lebens kastrieren würde. Ich hielt es nicht einmal eine Woche aus. Meine Karriere als Fußpfleger endete mit dem Fuß der Contessa Montagna. Als sie den Laden betrat, war ich einer Ohnmacht nahe; ich hatte noch nie etwas Ähnliches gesehen.

Mein Großvater führte sie mit ein paar salbungsvollen Worten zu mir, so auf die Art, dass es eine Ehre für mich wäre, die Füße einer Contessa in die Hände zu bekommen. Ich erinnere mich, wie mir erst heiß wurde und dann kalt. Ich wurde rot und dann wieder weiß. Ich hielt den Kopf tief gesenkt und wusste nicht, wo ich anfangen sollte. Und plötzlich kam mir in den Sinn, dass sie mir in dieser Position auf den Kopf pinkeln könnte und dann rastete ich einfach aus und schnitt sie in den Fuß. Ich weiß nicht, wieso so fette Frauen so schrill kreischen können. Aber der Schrei der Contessa Montagna war absolut einmalig: Überraschung und Schmerz. Auch mein Großvater war einer Ohnmacht nahe, aber er erkannte sofort, dass dies ein Luxus war, den er sich nicht leisten konnte: An dem Schnitt, den ich gemacht hatte, hätte sie glatt verbluten können. Ich erinnere mich, wie mein Großvater mit enormen Wattebäuschen das Blut abwischte. Je mehr er abwischte, desto mehr kam. Und er sagte: »Signora Contessa, nur Mut!« Er versuchte sich als Höfling des Geschäftes, mein Großvater. Aber die Montagna konnte keinen Mut fassen. Jeden Moment öffnete sie die Augen, sah das Blut und wurde wieder ohnmächtig. Noch dazu rutschte sie nach und nach vom Stuhl. Stell dir eine Tonne Marmelade auf einem Frisörsessel vor: Die Montagna tropfte auf meinen Großvater herab.

»Du Lump, zieh die Signora Contessa wieder rauf!«, schrie er in seiner Angst. Das war nicht nur eine Frage der Kraft und des guten Willens. Woran sollte ich sie hochziehen? Trotz aller Anstrengung konnte ich die Arme nicht um sie schließen. Also sprang ich hinter den Sessel und begann, sie an den Haaren zu ziehen. Sie begann zu kreischen, diesmal vor Entsetzen. Fast hätte ich sie skalpiert. Ich stürzte in Panik aus dem Laden, den ich nie wieder betrat.

Im vormilitärischen Internat von Città di Castello in Umbrien fand ich mich wieder. Mir war sofort klar, dass ich mich dort nicht so schnell eingewöhnen würde. Stellt euch ein Irrenhaus vor, mit gesunden Insassen und verrückten Pflegern. Ich war sicher, dass die Offiziere alle wahnsinnig waren; die unglücklichen Zöglinge, die es hierher verschlagen hatte, sahen nur einen Weg: wenigstens so zu tun, als ob sie auch wahnsinnig wären.

Wenn's darum geht, den Verrückten zu spielen, bin ich ganz groß. Da zählt nämlich auch die Erfahrung. Mir war das schon einmal passiert. Als ich sechs Jahre alt war, vergaß mich meine Mutter am Strand in der Sonne. Ich hatte keine Kopfbedeckung. Ich wurde verrückt; verbrachte sechs Monate in einer Schule für Schwachsinnige. Sie sagten, ich sei mit einem Schlag aus der Umnach-

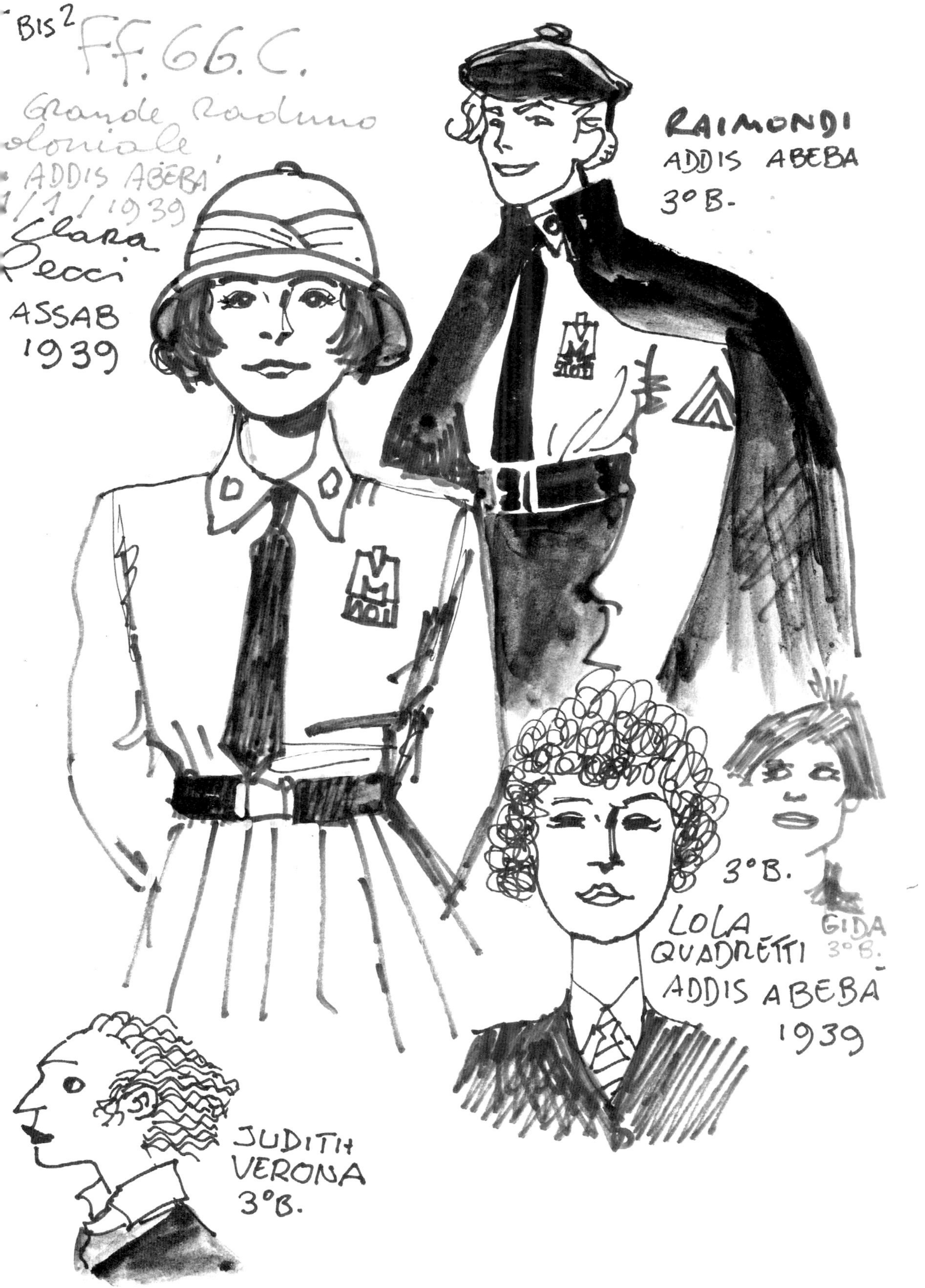

BIS2
FF.GG.C.
Grande Raduno
coloniale
ADDIS ABEBA
1/1/1939
Clara
Pecci
ASSAB
1939
RAIMONDI
ADDIS ABEBA
3°B.
3°B.
LOLA
QUADRETTI
ADDIS ABEBA
1939
GIDA
3°B.
JUDITH
VERONA
3°B.

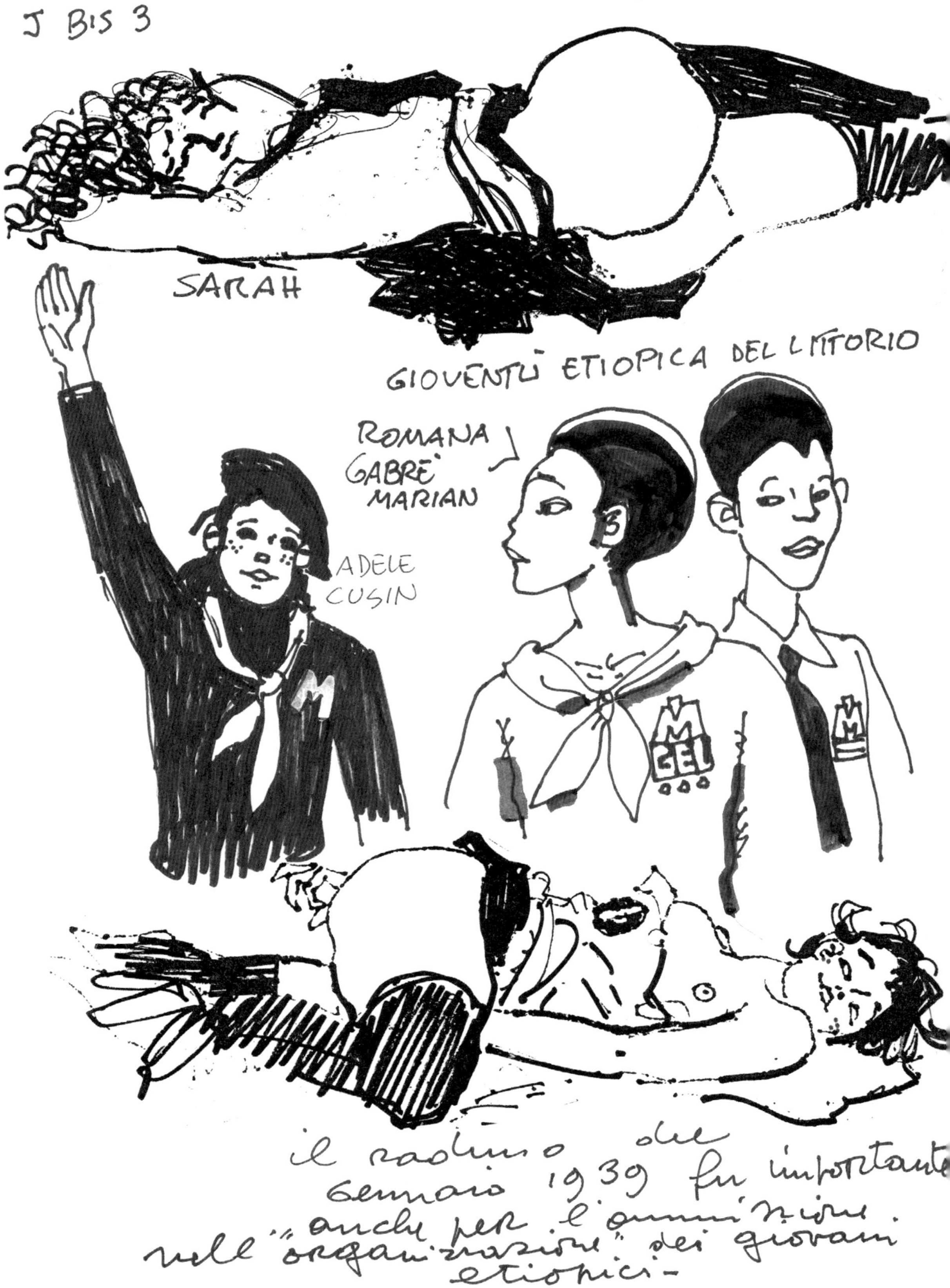

J BIS 3

SARAH

GIOVENTÙ ETIOPICA DEL LITTORIO

ROMANA
GABRÈ
MARIAN

ADELE
CUSIN

il raduno del
Gennaio 1939 fu importante
anche per l'ammissione
nell'"organizzazione" dei giovani
etiopici-

tung erwacht und hätte geschrien, was ich hier unter diesen Kretins sollte und warum ich eine schwarze Trägerschürze anhätte.

Auf der Piazza San Marco gibt es einen Ansichtskartenverkäufer, der mir noch heute, wenn er mich sieht – egal, mit wem ich unterwegs bin – nachschreit: »Ohè, Hugo, erinnerst du dich noch, wie wir in der Schule für Schwachsinnige waren? Bisschen was ist dir geblieben...« Also, mir war aufgefallen, dass der Italiener, vom Fußballspieler bis zum Soldaten, eine Vorliebe für kurze Hosen hat. Er legt Wert darauf, seine Schenkel zu zeigen. Schon in Afrika hatte ich jede Menge Flieger in ganz kurzen Hosen gesehen, solche, wo die Eier raushängen oder man die Feige sieht, so zwischen männlich und weiblich, mit einem Geruch von Puder und Sperma.

Ich zog mich im Collegio Militare ganz anders an: Die Hosen bis zum Knie, ein Riesenleibchen, gerade zwei Finger kürzer, die Schuhe zwei Nummern zu groß und eine Glatze. In dieser Aufmachung lief ich herum wie ein Soldat auf der Parade: die Arme gestreckt, die Beine auf und nieder, die Finger zusammen, erhobenen Hauptes, den Blick geradeaus. Und dann salutierte ich, salutierte ununterbrochen. Wenn's sonst niemanden gab, vor dem ich salutieren konnte, so salutierte ich vor der Fahne. So, wie ein Pfarrer jedes Mal hinkniet, wenn er am Altar vorbeikommt, grüßte ich, wie ein militärischer Laienbruder, die Fahne. Die Offiziere waren verwirrt, sie hatten fast keine Zeit mehr, sich gegenseitig zu beneiden, zu hassen oder zu quälen. Als es für sie klar war, dass sie mit mir nichts anfangen konnten, holte ich zum großen Schlag aus, um mir die begehrteste Funktion im Internat zu sichern: die des Bataillonskommandanten. Zum Caposcelto der Kompanie hatten sie mich schon gemacht, aber dieser Grad brachte mehr Ärger als Vorteile.

Dann fand ich heraus, warum die Mutter der Cavigliabrüder so oft nach Città di Castello kam, um ihre Söhne zu besuchen. Sie war die Geliebte des Tenente Ribaldi, des Zweiten Kommandanten. Ich bereitete ihnen eine schöne Überraschung im Hotel, wo sie sich trafen. Dann sagte ich der Mathematikprofessorin, der Frau des Ersten Kommandanten, dass ich ein Geheimnis des Tenente Ribaldi kannte. Der Erste und der Zweite Kommandant hatten nur ein Ziel im Leben: sich gegenseitig zu ruinieren. Ich spielte meine Karten so aus, dass ich Bataillonskommandant wurde und in allen Fächern durchkam. Was die Beiden betrifft, so hatten sie nicht mehr die Zeit, einander zu ruinieren.

Wenn für das Internat der 25. Juli 1943 ein Schlag war, so war der 8. September ein Erdbeben[5]: Alle rannten weg. Alleingelassen konnten wir Jungen aus dem Internat endlich Männer spielen. Ich erinnere mich, wie ich die Entlassungspapiere für alle unterschrieb und Marschbefehle ausstellte. Dann übergaben wir den Carabinieri die Waffen, die wir in der Schule gefunden hatten. Dann tauchten auch die Deutschen auf, aber die waren gleich wieder weg. Ich glaube, die dürften nicht einmal kapiert haben, wer wir waren. Bevor wir gingen, organisierte ich eine Flaggeneinholung. Das war super, wir waren alle tief bewegt; so was wie die letzten Seiten von *Die Jungen von der Paulstraße*[6]. Die Flagge brachte ich meiner Mutter als Geschenk.

September 1943: Die Italiener verlebten die schönsten Tage des Jahrhunderts. Eine verzweifelte Fröhlichkeit lag in der Luft. Außer meinem Großvater und noch ein paar Ewiggestrigen waren alle irgendwie tragisch zufrieden. In der Luft zitterte ein unwiderstehliches, lange zurückgehaltenes Lachen. Es konnte einfach alles passieren. In diesen Tagen schloss jeder Italiener seinen Privatfrieden, jeder schloss, entsprechend seiner Stellung, Frieden mit der Welt: Vom König bis zum letzten Soldaten machte das jeder für sich. Was da über den 8. September geschrieben steht, ist eine ungeheure Lüge: Keiner fühlte sich verraten, alle fühlten sich frei. Die Italiener erwarten nichts von der Organisation, der Macht, dem Staat: Sie ertragen sie einfach und basta. Die Italiener haben schon vor zweitausend Jahren die Volkstribunen erfunden; die wissen schon eine ganz schöne Zeit lang, wie's in der Welt zugeht. Wenn's eine Krise gibt, dann fällt der Italiener nicht, sondern erhebt sich und besteht wunderbare Abenteuer, wie mein Onkel Ruggero, der in Unterhosen nach Hause kam, ein Paar Schuhe um den Hals gebunden; er war zurückgeschwommen. Dieser Onkel, der Matrose, war mir immer sympathisch gewesen. Er lehrte mich schwimmen und kaufte mir die ersten Hosen. Meine Mutter hätte lieber eine Tochter gehabt, drum zog sie mir noch im Alter von fünf Jahren Kleidchen an und

[5] Nach Mussolinis Verhaftung am 25. Juli 1943 erfolgte am 8. September 1943 die Bekanntgabe des Waffenstillstands (unterzeichnet am 3. September).

[6] *A Pál utcai fiúk*; ungarischer Jugendroman von Ferenc Molnár aus dem Jahre 1906.

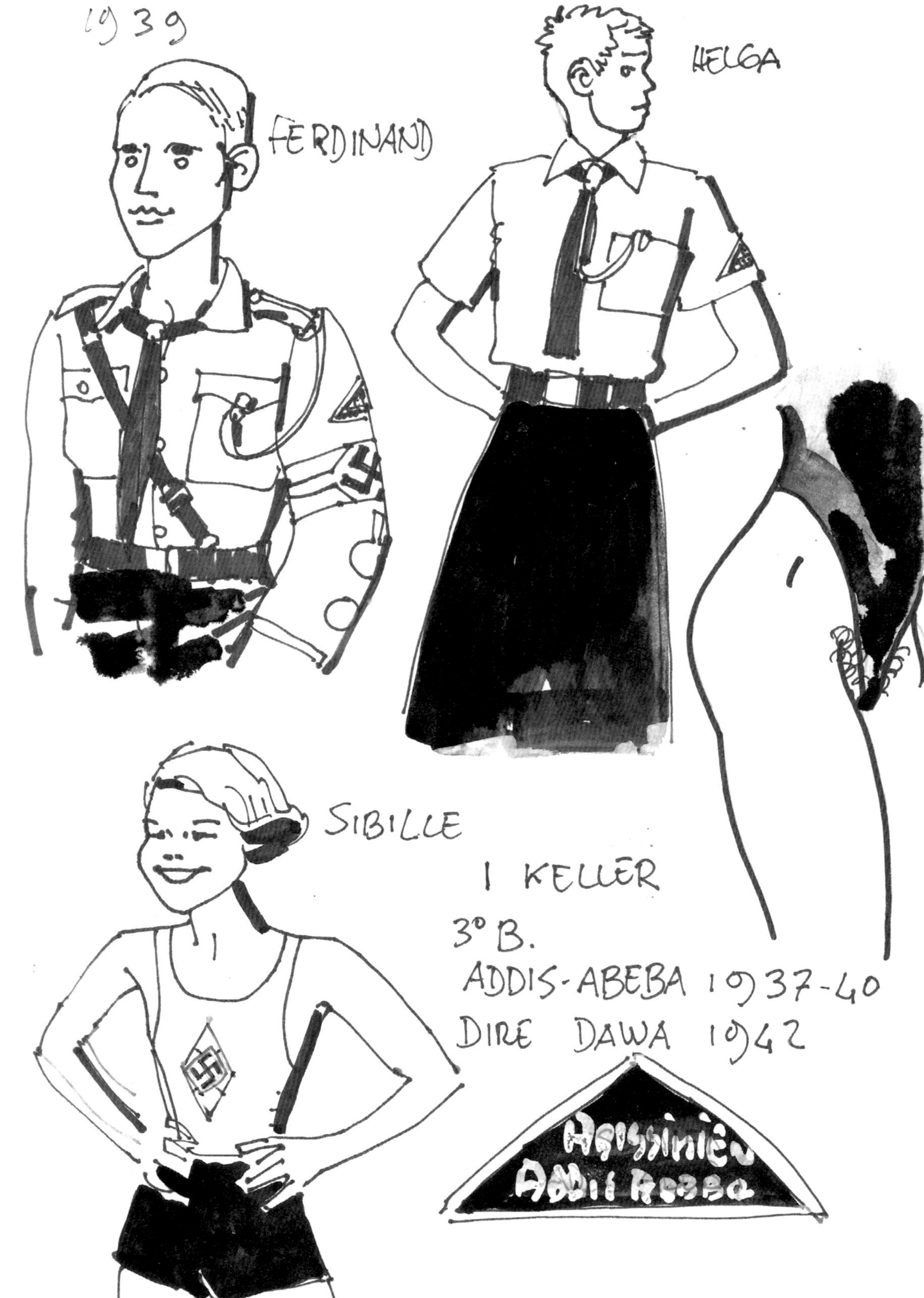
1939
FERDINAND
HELGA
SIBILLE
I KELLER
3° B.
ADDIS-ABEBA 1937-40
DIRE DAWA 1942
Abessinien
Addis Abeba

schnitt mir nicht die Haare und kämmte mir Löckchen. Als Mädchen war ich fürchterlich; schlug alle anderen und ruinierte die Puppen; die Tochter der Signora Aida drosch ich, bis sie blöd war. Als mein Onkel einmal von einer langen Fahrt auf einem Handelsschiff zurückkam und mich noch immer angezogen wie Achilles, der nicht in den Trojanischen Krieg ziehen will, vorfand, wurde ihm anders. Er schnappte mich und brachte mich zum Frisör. Dann kaufte er mir die ersten Hosen. Er nannte mich immer »Bucoli«.

Ich war zu Hause, als ich ihn auf der Straße rufen hörte: »Bucoli, Bucoli!«

Ich zeigte mich am Fenster und war erst ganz perplex, als ich diesen sportlichen Typen mit den Schuhen um den Hals sah.

»Los, Bucoli, mach die Tür auf, zum Henker!« Er hüpfte im Stand rum, als sei sein Problem, möglichst schnell reinzukommen und Pipi zu machen. Als er heraufkam umarmten wir uns. Und wir hatten uns so viel zu sagen, dass wir schwiegen und uns lächelnd ansahen.

»Alles aus, Bucoli« sagte er. Schwimmend hatte er sich abgesetzt. Und zu Fuß. »Jetzt haben wir auch noch die Japaner gegen uns, Bucoli.« Er erzählte mir, dass die Japaner nicht verstehen konnten, was wir am 8. September angestellt hatten. Das überstieg ihre Vorstellungskraft.

»Bucoli, die Marineinfanteristen des Bataillons San Marco in Tien Sin in China wurden von den Japanern gefangen genommen. Weißt du, was die gemacht haben? Die haben sie in ein Konzentrationslager mit Engländern gesperrt. Alle gegen uns, Bucoli.« Er erzählte mir, dass die Deutschen im Adriatischen Raum die Situation im Griff hätten. Er hatte gerade noch Leine ziehen können.

Er war mir immer sympathisch gewesen, der Onkel Ruggero, der Seemann. Wir hätten zusammen ganz gemütlich das Ende des Krieges abwarten können, wäre nicht mein Großvater gewesen. Sobald in Venedig wieder die Deutschen und die Faschisten Lebenszeichen von sich gaben, fühlte er sich gleich wieder als Gründer der ersten Kampfverbände. Er machte uns allen das Leben schwer. Mir und meiner Mutter erklärte er, dass es nicht seine Pflicht sei, uns durchzufüttern; kaum sagten wir einmal was, schon kam er mit dem Brot daher. Dem Onkel Ruggero hingegen verbot er, Radio London zu hören. Jede Epoche hat ihre Leidenschaften: Heute wollen die Leute am Sonntagnachmittag die Fußballresultate hören, damals waren alle verrückt nach Radio London. Aber mein Großvater nicht. Er schrie: »Das ist mein Haus, hier bestimme ich!« Und keine Kriegsmeldungen. Und so kam es dann zu dem Zwischenfall, dass mein Großvater mit dem Fuß nach dem Radio trat, mein Onkel das verhindern wollte, die Frauen, als sie meinen Großvater schreien hörten: »In meinem Wohnzimmer, in meinem Wohnzimmer...«, sich zwischen die beiden warfen und versuchten, meinen Onkel in die Küche zu drängen; ich kam dann noch scheinheilig dazu – in der Hoffnung, den Ausgang zu beeinflussen.

Nichts. Mein Großvater konnte seine Position behaupten. Er hatte gewonnen und wir durften uns nicht mehr im Wohnzimmer aufhalten; von nun an mussten wir in der Küche essen. Na schön, in Afrika hatte es mein Vater nicht mit dem Bürovorsteher Foresti ausgehalten und war in den Krieg gegangen, ich hielt es mit meinem Großvater nicht aus und ließ mich zum Bataillon Lupo mustern. Aber später bezahlte mein Großvater dafür.

Als ich ein und ein halbes Jahr später, nachdem ich die Seiten gewechselt hatte, mit den Engländern nach Venedig zurückkehrte, gekleidet wie ein Schotte mit allem Drum und Dran, schickte mein Onkel den Großvater in die Küche. Der arme Alte, jetzt war's aus mit dem Gründer der Kampfverbände. Mein Onkel sagte zu ihm: »Sie haben den Krieg verloren« – er sagte Sie zu ihm – »also ab in die Küche. Im Wohnzimmer essen jetzt wir. Frauen und Faschisten in die Küche.« Wir aßen und tranken und meine Mutter und meine Großmutter bedienten uns bei Tisch wie große Herren, während meinem Großvater in der Küche sogar das Schimpfen vergangen war.

Im Bataillon Lupo blieb ich nicht allzu lange. Meine Großmutter gebärdete sich wie eine Wahnsinnige und nahm mich mit nach Hause. Ich hatte mich unter all diesen Faschisten eigentlich nicht unwohl gefühlt: Jeden Abend Dynamitfischen; jeden Tag erwarteten wir, an die Front geschickt zu werden. Auch ich wartete, nämlich auf eine Gelegenheit, die Linien zu durchqueren und mich den Engländern anzuschließen.

Ich war in Jesolo stationiert, als Füsilier bei den Landtruppen und hatte darauf zu achten, dass niemand landete und da stand ich mit meinem Gewehr im Regen. Irgendwann sah ich, dass sich zwei Frauen näherten; ich erkannte sofort meine

Großmutter und meine Mutter. Ich wartete, bis sie herangekommen waren, dann rief ich drohend: »Halt! Wer da? Hände hoch und die Parole!«

Meine Großmutter war eine türkische Azim. Eine robuste Frau, nur nicht sehr feinsinnig: Sie schlug mit dem Regenschirm auf mich los. Sie schrie und haute und stach – eine entfesselte Kalifin. Nichts zu machen. Das ist, als ob du eine Kettensäge mit bloßen Händen aufhalten willst.

»Was hab' ich immer gesagt?« Pim, pum, pam mit dem Regenschirm. Ich mit dem Gewehr und dem Bajonett. Diese Alte ist mir über. Meine Mutter heult. Diese alte türkische Azim. Dann ein Kommando. Alle schauen. »Matrose Pratt, was geht hier vor?« Und ich werde mit dem Schirm verprügelt. Vor dem Maggiore. »Matrose Pratt...?« »Meine Großmutter, Signor Maggiore.« »Das also ist der Kommandant... Schöner Kommandant. Ich hab schon Söhne verloren, im Krieg, in Spanien, in Afrika, und die arme Frau da hat keinen Mann mehr und ihr sollt euch alle schämen und jetzt noch den da, nein, den nicht, den nehm' ich mit nach Hause, den Krieg könnt ihr mit anderen führen, euch die Eier kaputtmachen...« Die Seeleute starrten auf diese rasende Großmutter. Wenn sich einer näherte: »Signora...«, schon jagte sie ihn mit dem Schirm weg. »Alles Gerede, weg, ... verschwindet!« »Aber Signora...«, versuchte der Maggiore zu beginnen. »Was heißt da Signora... verschwindet!«

Der Maggiore brachte es nicht fertig, mehr zu sagen, als »Signora«, also lud er mich ein, mich auf die Beine zu machen und meine Sachen zusammenzupacken. Eine halbe Stunde später stand ich in Zivil im Regen von Jesolo und meine Großmutter fuchtelte noch immer mit dem Schirm herum: Sie konnte sich nicht beruhigen. In einem Café, wo wir auf den nächsten Bus warteten, fing sie wieder an zu keifen, diesmal mit den Partisanen. So ein Bauerntyp hatte sich ihr genähert und wollte eine Rede halten: »Das haben Sie gut gemacht, Signora, wissen Sie... wir haben auf alles ein wachsames Auge, wissen Sie... wir kennen die alle...«

»Geh zum Teufel, geh nach Haus zu deiner Mutter«, antwortete sie. »Was wollt ihr denn? Geht lieber was arbeiten. Das wär' besser.« Alles in allem erlaubte sie es einfach keinem mehr, Krieg zu führen. Die verlorenen Verwandten und der immer mehr in seine Ideen verrannte Mann – sie wollte einfach nichts mehr hören. Meine Großmutter hatte eine so klare Vorstellung von der Situation, dass sie nichts mehr hoffte und nichts mehr fürchtete. Sie beschränkte sich darauf, abzuwarten, wie alles ausging. Ich traf in Venedig mit dem festen Vorsatz ein, auch mir diese Einstellung zu eigen zu machen. Um möglichst wenig auf das Brot des Großvaters angewiesen zu sein, hatte ich mir ein System zurechtgelegt, das fast immer funktionierte: Ich sprach Mädchen auf der Straße an, wobei ich mich für einen südafrikanischen Piloten, der aus dem Konzentrationslager geflohen war, ausgab. Die nehmen dich gleich mit nach Hause und geben dir Brot und Butter, Wein und alles. Wenn du dann anfängst, ihnen in die Haare zu greifen, tun sie, als ob nichts wäre, denn vielleicht ist das im Ausland so Sitte. Monat für Monat verging und schon war der Herbst '44 gekommen. Es war schon kalt; ein Regentag. Als ich am Strand vor dem Hotel Excelsior am Lido herumlief, sah ich ein hübsches Mädchen aus dem Meer kommen: groß, gut gebaut, eine rassige Sportlerin. Sie fror, leicht bekleidet, wie sie war, an diesem Tag.

Ich versuchte sofort, ihre Bekanntschaft zu machen. Sie antwortete nicht, wirkte aber nicht feindselig. »Entweder ist sie taubstumm, oder sie versteht kein Italienisch« dachte ich mir. Dann beging ich eine Dummheit: Ich begann, Englisch mit ihr zu sprechen. Na wunderbar, jetzt verstand sie. Ich schlug einen Wettlauf vor, damit ihr nicht weiter kalt wäre. Ich ließ sie laufen, bis wir zu einem stillen und abgeschiedenen Platz gekommen waren. Alles lief wie geschmiert: gesehen und schon umgelegt. Das waren halt heroische Zeiten. Als wir dann langsam zum Hotel Excelsior zurückgingen, Hand in Hand, fragte sie mich, wo ich Englisch sprechen gelernt hatte. Ich fing gleich locker mit meiner üblichen Geschichte an: »Ich bin südafrikanischer Pilot, Kleines...« und den ganzen Rest vom Luftkampf, mein Flugzeug wird abgeschossen, Schießereien, die Flucht, so was zwischen dem Roten Baron und Robin Hood. Während ich dann vor dem Excelsior, wohin sie gegangen war, um sich anzuziehen, auf sie wartete, fragte ich mich, wo sie wohl ihr merkwürdiges Englisch gelernt hätte. Die Knie wurden mir weich, als sie wieder auftauchte: Sie trug die Uniform einer deutschen Fronthelferin. Wohin sollte ich laufen? Wie mein Onkel Ruggero hatte ich nur den Adriatischen Raum. Aber sie legte mir einen Arm um die Schulter und sagte, ich sollte ganz ruhig sein und mir keine Sorgen machen. Sie

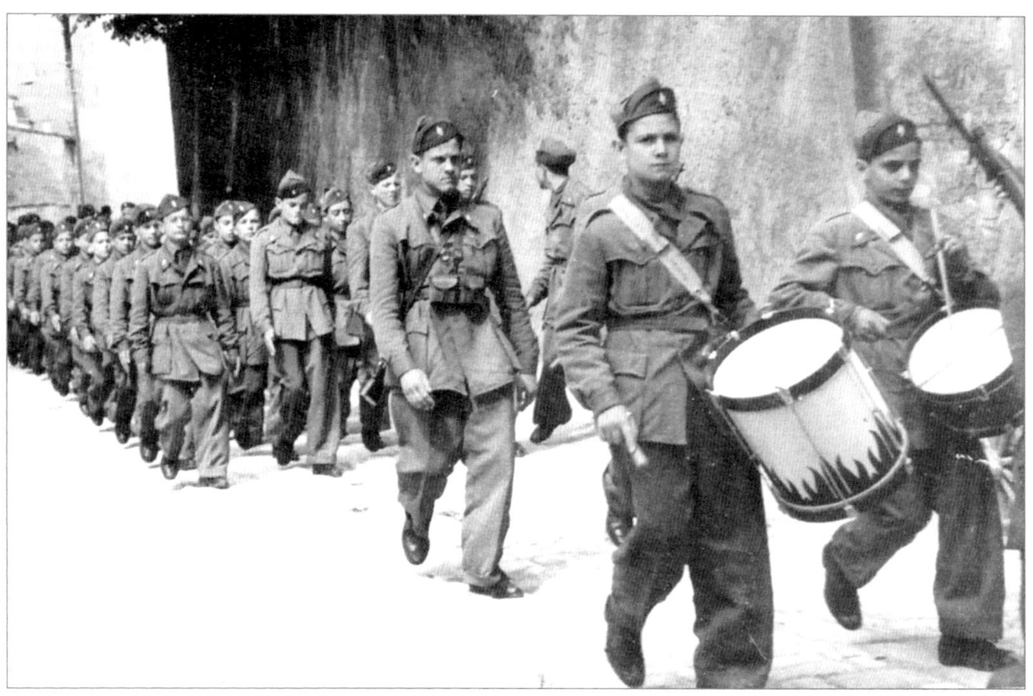

Hugo Pratt (Mitte) auf der vormilitärischen Schule von Città di Castello in Umbrien, 1943

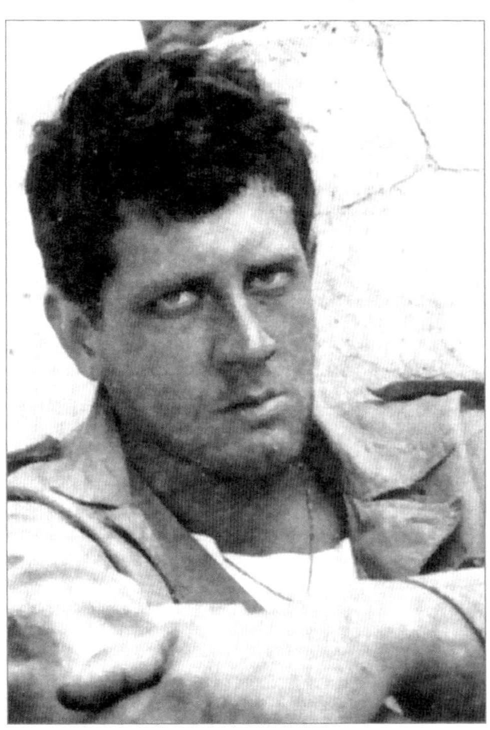

»Individual Soldier« Pratt, Venedig 1945

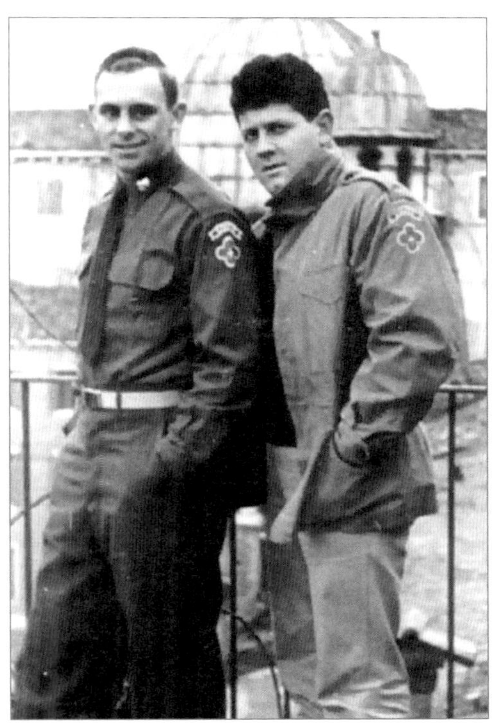

Hugo Pratt mit Corporal Jerry Planutis von der U.S. Army

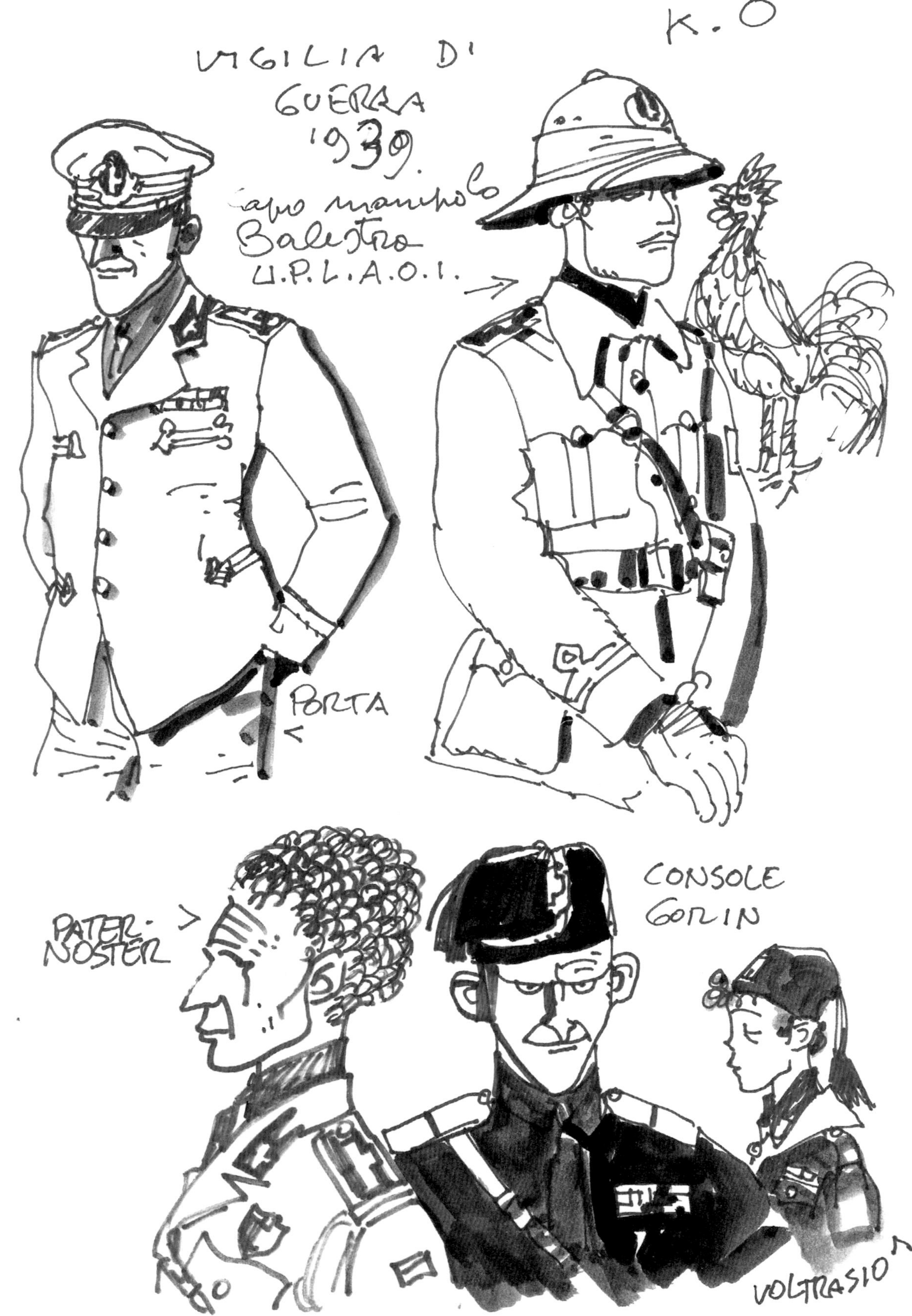
K.O
VIGILIA DI GUERRA 1939
Capo manipolo Balestro U.P.L.A.O.I.
PORTA
PATER-NOSTER
CONSOLE GORIN
VOLTRASIO

DUBAT della Guardia - ADDIS ABEBA 1939

l'albero di JUDAH

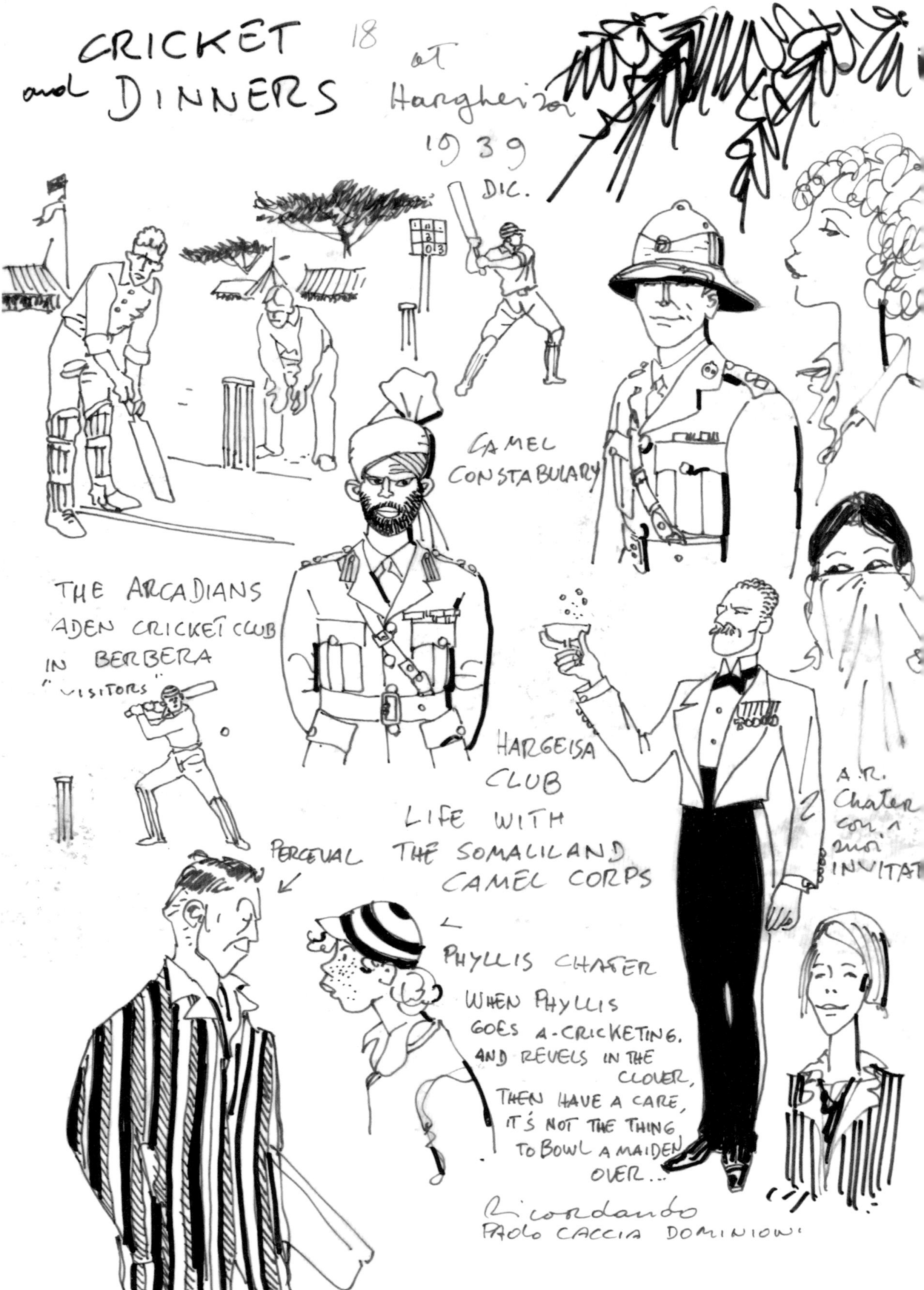

18

CRICKET and DINNERS at Harghei̇sa 1939 DIC.

CAMEL CONSTABULARY

THE ARCADIANS
ADEN CRICKET CLUB
IN BERBERA
"VISITORS"

HARGEISA CLUB

LIFE WITH THE SOMALILAND CAMEL CORPS

A.R. Chater Col. 2nd invitat

PERCEVAL

PHYLLIS CHATER

WHEN PHYLLIS
GOES A-CRICKETING,
AND REVELS IN THE
CLOVER,
THEN HAVE A CARE,
IT'S NOT THE THING
TO BOWL A MAIDEN
OVER...

Ricordando
PAOLO CACCIA DOMINIONI

würde sich schon um mich kümmern. Unsere Begegnung war zu einer richtigen Kriegsverlobung geworden; sie brachte mir Margarine, Brot, Konserven und einen Gürtel mit der Aufschrift: »Gott ist mit uns« und dann hielten mich drei Herren auf der Piazza San Marco an. Sie traten an mich heran und der in der Mitte sagte: »Wir sind von der Nationalen Befreiungsfront«.

»Was?«

»Nationale Befreiungsfront. Los. Komm dahin.«

»Na gut.« Und ich folgte ihnen.

Wir hielten uns von den herumspazierenden Deutschen fern und verließen die Piazza San Marco.

»Du weißt, dass dich die Deutschen beobachten?«

»Na schön. Und was willst du?«

»Gut. Auch wir beobachten dich. Auf welcher Seite stehst du?«

»Ich? Auf gar keiner Seite. Ich kümmere mich um meinen eigenen Schwanz.«

»Nein. So geht das nicht. Du musst mir sagen, was los ist.«

»Aber gar nichts. Ich hab dieses Mädchen und wir haben's hübsch miteinander. Wir sind zufrieden.«

»Zufrieden? Nein, mein Alter. Die Sache ist ernst. Du darfst dich mit Deutschen nicht sehen lassen. Die Sache ist ernst. Ernst...«

Der gesprochen hatte, war Rino Tarella, einer der Anführer der Garibaldi-Brigade, die am Cansiglio operierte. Es gibt ein Foto, das am Befreiungstag auf der Piazza San Marco geschossen wurde, da sind wir beide drauf. Ich bin wie ein Schotte gekleidet, er hat eine riesige Faschistenkappe auf und darauf statt des Adlers einen roten Stern; den größten roten Stern, der je auf eine Kappe genäht wurde. Auf dem Foto lacht er zufrieden, auch wenn sein Magen für immer ruiniert ist. Ein paar Monate zuvor hatten ihn die Faschisten gefangen genommen; zwei Brüder von den Schwarzen Brigaden setzten ihn vor einen Nachttopf voll Scheiße, drückten ihm einen Löffel in die Hand und zwangen ihn, das Zeug zu essen. Ihm gelang dann die Flucht und was er später mit den beiden Faschistenbrüdern machte, das kann man nicht erzählen. Wenn man einen Mann zwingt, so etwas zu erdulden, sollte man ihn nachher umbringen, denn wenn ihm die Flucht gelingt, kommt er eines Tages zurück und schneidet dir die Eier ab.

Na gut, ich nahm mir die Warnung der Nationalen Befreiungsfront zu Herzen und ließ mich mit der Helferin nicht mehr sehen. Und nachdem ich ihr eines Tages auf der Riva degli Schiavoni gegenübergestanden hatte und davongerannt war und sie in der deutschen Uniform englisch schimpfend hinterher, vermied ich es, mich allzu weit vom Haus zu entfernen. Ich ging bloß nach Santa Maria Formosa: Ein Eis, ein paar Comics tauschen, mal nach der Leonora Schena sehen und ab nach Hause.

Für Leonora Schena war ich Luft; ich wäre gerne um sie herumscharwenzelt und hätte sie gestellt wie ein Pointer, doch sie zog bloß eine Augenbraue hoch und plauderte weiter mit ihren Freundinnen.

Eines Tages, als ich an die Deutsche nicht einmal mehr dachte, ich war gerade in Santa Maria Formosa, um mit Bruno Fracassetti ein paar *Gordon*-Hefte zu tauschen, wobei ich die Brücke von Rugagiuffa im Auge behielt, um zu sehen, ob die Leonora Schena irgendwo auftauchte, da sehe ich plötzlich meinen Freund Lino Zavatta mit der Fronthelferin und vier Deutschen hinter sich auf mich zukommen. Ich schaue mich um und sehe sie von überall kommen; noch einmal vom Eis abgebissen, die Comics in die Tasche und ich renne in die Calle degli Orbi. Da waren auch zwei.

»Hands up!«, schreien die mit vorgehaltener Maschinenpistole. Sie verhaften mich, bringen mich auf den Platz. Dort war Lino Zavatta, der nicht wusste, wo er hinsehen sollte; er saß mit niedergeschlagenem Blick da und machte ein steinernes Gesicht. Einmal muss ihn die Deutsche gesehen haben und so hatte sie ihn gesucht, um mich zu finden. Lino Zavatta hatte sich sofort als Führer angeboten, um selbst keinen Ärger zu bekommen.

»Hast du gesehen? Ich hab dich verhaften lassen«, sagte die Helferin auf Englisch.

»Wen zum Teufel hast du verhaften lassen?«, antwortete ich auf Italienisch.

»Ich hab dich verhaften lassen, eh, Südafrikaner, hast du gesehen, ich hab dich verhaften lassen«, setzte sie auf Englisch fort.

»Lass mich! Was für ein Südafrikaner? Ich bin Italiener.«

»Spiel nicht den Schlauen und sprich Italienisch...«, sagte, noch immer auf Englisch, der Oberfeldwebel, der die Aktion leitete. Sie waren von der Seepolizei, fünfzehn Mann.

Gut, wenn ich ehrlich sein soll, muss ich sagen, dass ich in diesem Augenblick fast glücklich war. Ich fühlte eine merkwürdige Euphorie, ein bisschen wie besoffen. Vielleicht war ich unbewusst zu dem nicht existenten Südafrikaner geworden und sah nun alles als Außenstehender.

Bruno Fracassetti und Zanco waren unbeweglich stehen geblieben, mit den Heftchen in den Händen. Die Leute hielten sich auf Distanz. Ich wusste genau, was sie dachten. Ich war der Held eines Filmes, der für sie live gedreht wurde. Ich fühlte mich in Wirklichkeit wie ein Schauspieler, der versucht, seine Rolle gut zu spielen. Und so hielt ich, als wir in Richtung San Marco gingen, die Hände über dem Kopf, obwohl einer der Soldaten mir in allen Sprachen, die er kannte, gesagt hatte, ich sollte sie runternehmen. Und es war mein Glückstag: Als wir die die Brücke von Rugagiuffa hinabstiegen, begegneten wir der Leonora Schena. Wunderschön erschien sie mir. Und sie, die nie mehr als eine hochgezogene Augenbraue für mich übriggehabt hatte, legte eine Hand auf den Mund und sagte: »Ugo...«

Sehr theatralisch presste ich durch die Zähne: »Lass doch, Kleines...«

Als wir dann in der Nähe der Riva degli Schiavoni angekommen waren, blieben sie stehen, um zu beraten. Dann, als wir hinten rum bei Piombi angekommen waren, drängten sie mich in einen Hinterhof und stellten mich an die Mauer.

»Teufel, jetzt erschießen sie mich.« Ich fing an, mir vorzusagen: »Macht nichts, macht nichts, ich hab schon alles gehabt... ich hab alles gemacht, kann zufrieden sein, hab meinen Spaß gehabt.«

Die hatten mich bloß dorthin gebracht, damit uns die Leute nicht sahen, während wir auf das Kanonenboot warteten, das uns zum Lido bringen sollte.

»Draußen auf der Lagune schlagen sie mich tot«, war mein erster Gedanke. Als wir weit vom Ufer entfernt waren, sagte ich zum Oberfeldwebel: »Ihr bringt mich da raus, um mich zu erschlagen.« Ich sprach Englisch. Wenigstens antworteten sie mir nun. Er sah mich ganz überrascht an: »Warum sollen wir dich erschlagen? Reg dich nicht auf...«

»Eh, ich kenne euch doch«, sagte ich mir. Die Helferin, die bisher still gewesen war, fing jetzt wieder an: »Hast du gesehen? Ich hab dich verhaften lassen.« Der Oberfeldwebel schlug ihr mit der Maschinenpistole auf einen Fuß: Crasch!

»Aaaah«, schrie sie. Ich verstand gar nichts mehr; er nannte sie auf Deutsch einen Haufen Scheiße und fragte mich irritiert: »Was weißt du denn von uns?«

»Ich weiß, ich weiß, wie ihr seid. Jagt mir doch endlich eine Kugel in den Kopf und Schluss. Macht keine solchen Geschichten.« Ob der mich nun verstand oder nicht, ich sprach Italienisch.

»Nein, du bist ein Südafrikaner. Wir haben der SS gesagt, dass wir einen feindlichen Kriegsgefangenen erwischt haben und du bist der Südafrikaner. Wir sind mit großem Trara ausgerückt und jetzt wollen wir uns nicht blamieren. Darum musst du ein Südafrikaner sein. Als Italiener kommst du jetzt in ein Konzentrationslager in Deutschland.«

Sie brachten mich ins Excelsior, wo das Kommando der deutschen Seepolizei untergebracht war. Sie begannen eine Alibivernehmung, fragten mich, wo ich geboren wurde und als ich antwortete »Rimini« wurden sie so zornig, als ob ich sie persönlich angegriffen hätte. Ich sah ein, dass da nichts zu machen war. Noch an diesem Abend würden sie mir einen kompletten südafrikanischen Stammbaum verpasst haben.

Dann fand ich mich wieder am Schiff. Wir überquerten in der Dunkelheit die Lagune und der Mund wurde mir trocken. Ich dachte: »Jetzt, wo sie ihre Karten ausgespielt haben, bringen sie mich raus und schmeißen mich mit einer Kugel im Kopf ins Meer.« In der Nacht hat man immer mehr Angst.

Auf der Piazza San Marco warteten zwei SS-Angehörige auf mich; besonders fröhlich sahen die nicht aus in ihren langen, geteerten Regenmänteln. An der Richtung, in die sie mich führten, erkannte ich sofort, dass es zum Gefängnis in Santa Maria Maggiore ging.

Ich erinnere mich noch an die südländische Stimme der Wache in der Aufnahmestelle: »Wehrdienstverweigerer, eh?«

»Nein, nein, englischer Kriegsgefangener der Deutschen«, sagte einer von der SS.

»Ah, englischer Gefangener.« Ich weiß noch ganz bestimmt, dass der Wächter ein »Buona sera« anfügte. Ich verbrachte achtzehn lästige und gleichförmige Tage im Gefängnis. Die hatten mich als Südafrikaner in eine Zelle mit lauter echten Engländern gesteckt. Ich hatte denen gleich erzählt, was mir zugestoßen war, aber die glaubten mir meine Geschichte nicht. Die glaubten, man hätte mich zu ihnen geschickt, um ihre Gespräche

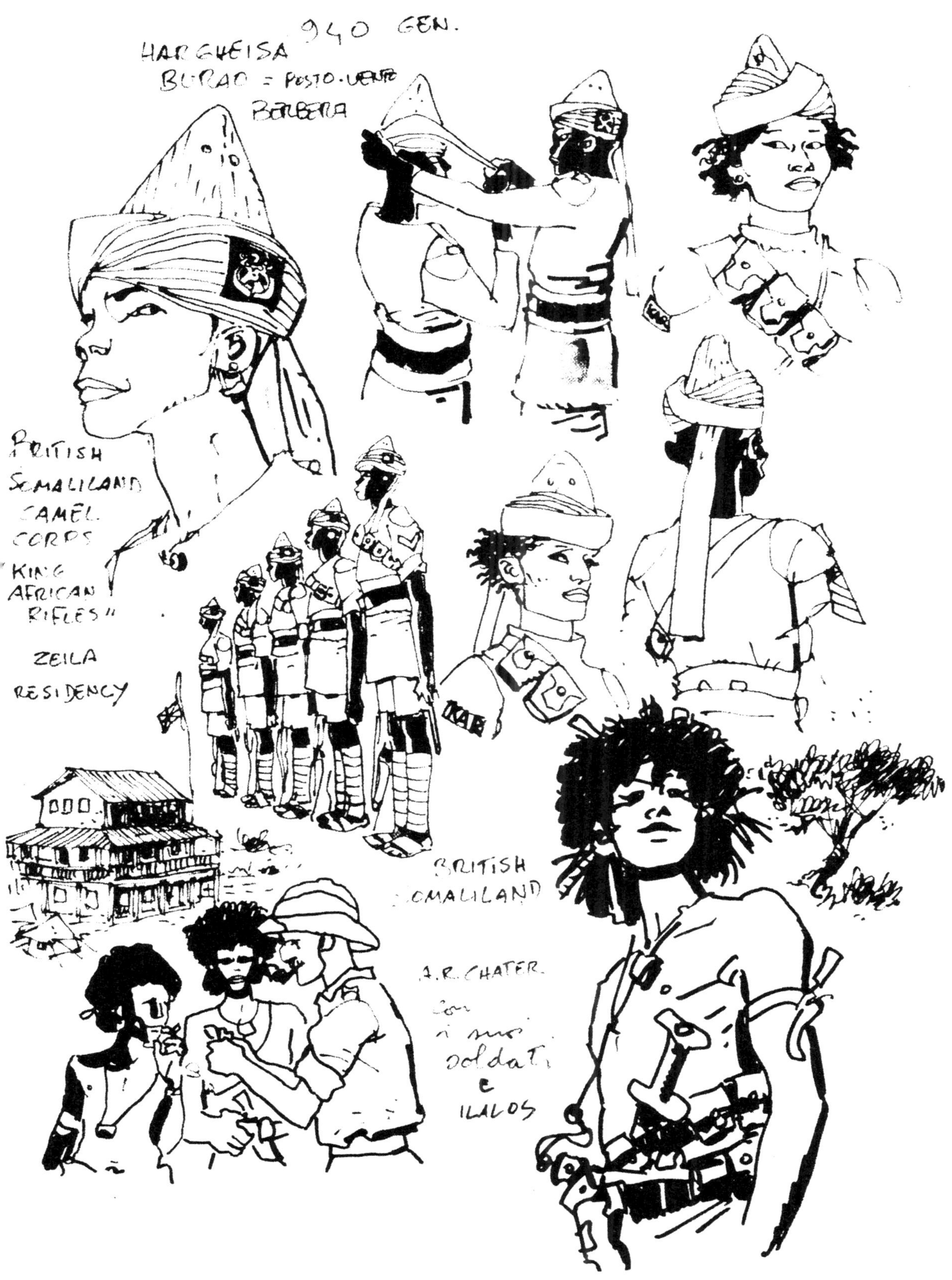
940 GEN.
HARGHEISA
BURAO = POSTO-VENTO
BERBERA
BRITISH SOMALILAND CAMEL CORPS
"KING AFRICAN RIFLES"
ZEILA RESIDENCY
KAR
BRITISH SOMALILAND
A.R. CHATER
con i suoi soldati e ILALOS

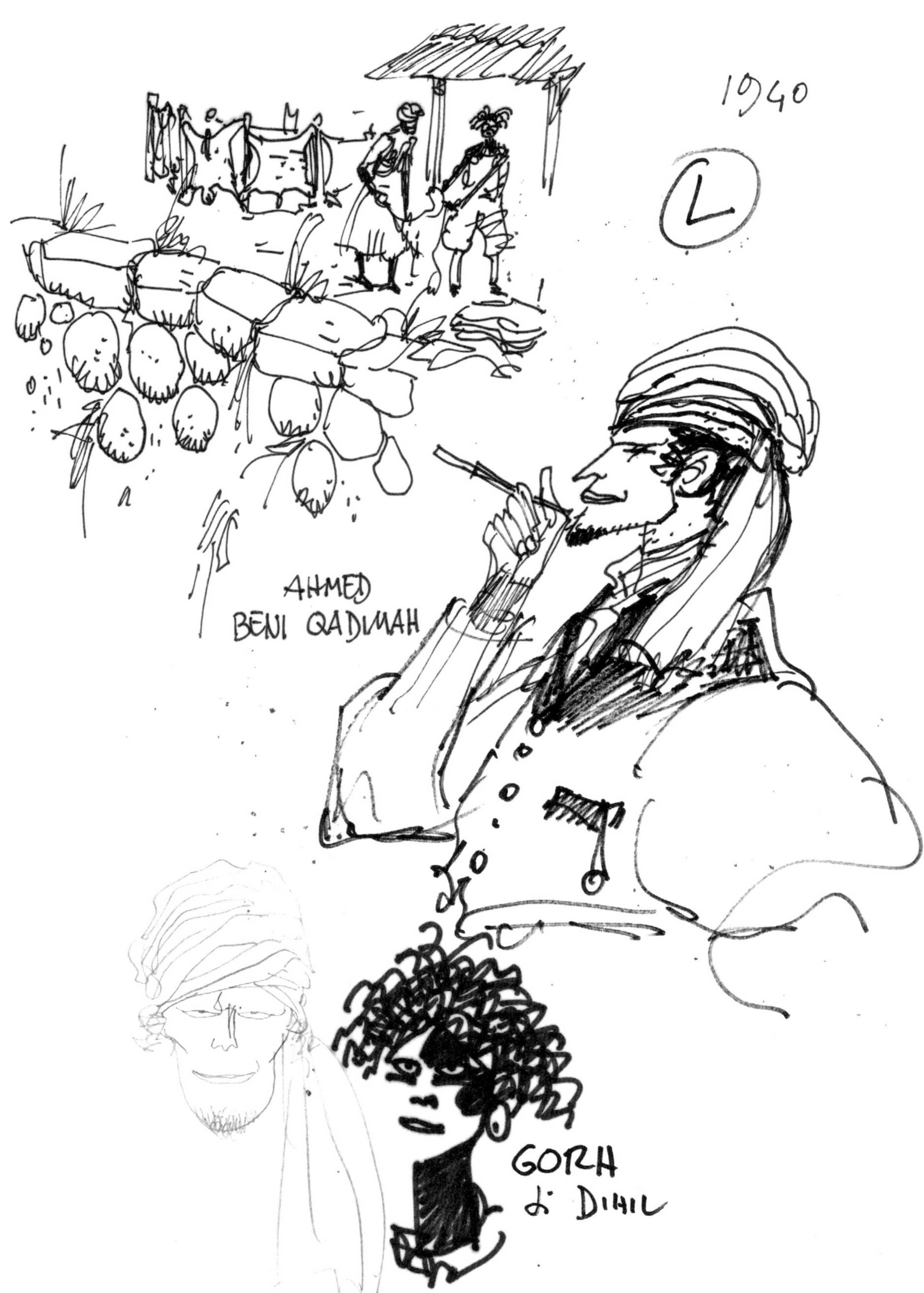
1940
L
AHMED
BENI QADIMAH
GORH
di DIHIL

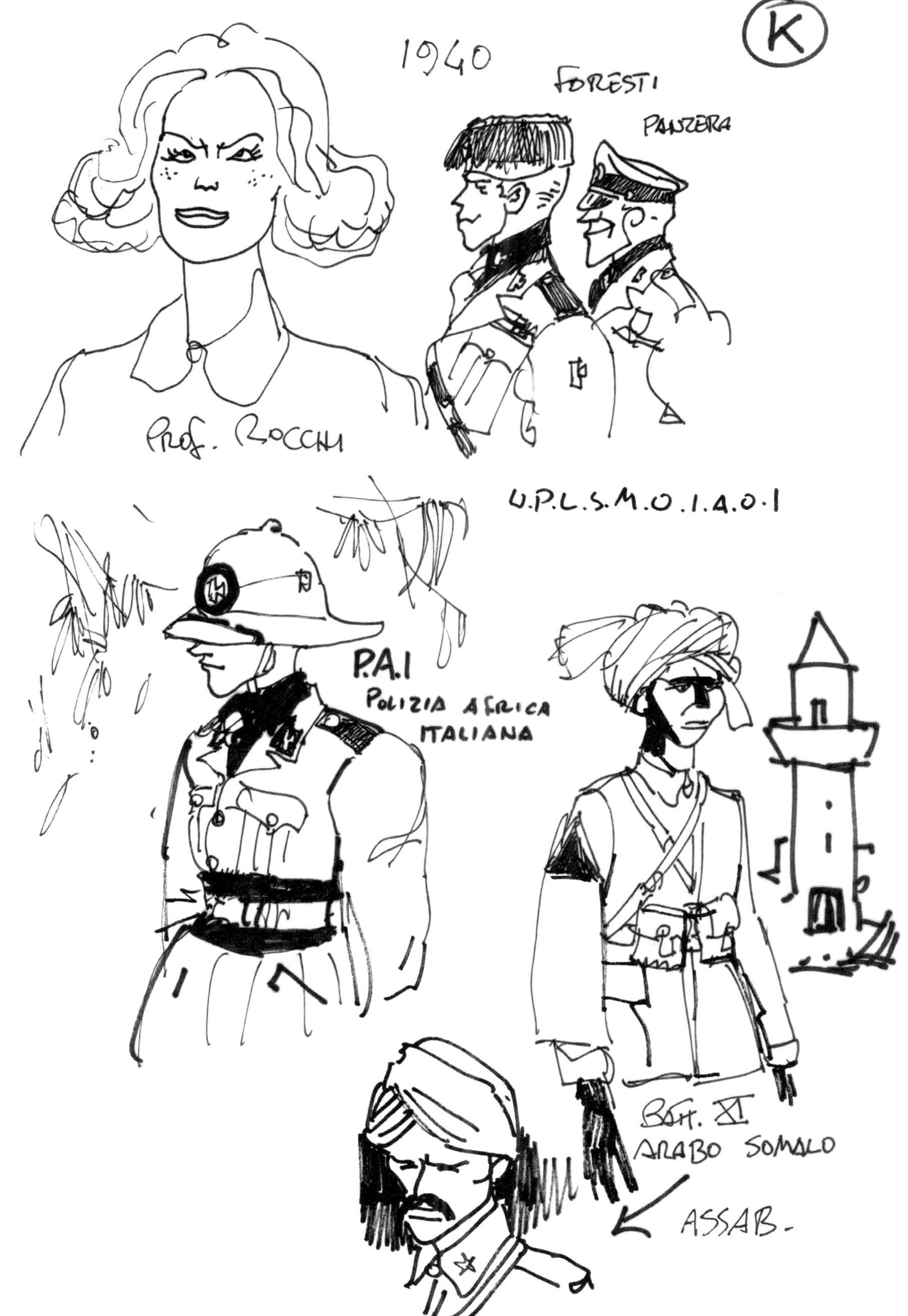
K
1940
FORESTI
PANZERA
PROF. ROCCHI
U.P.L.S.M.O.I.A.O.I
P.A.I
POLIZIA AFRICA
ITALIANA
BATT. XI
ARABO SOMALO
ASSAB.

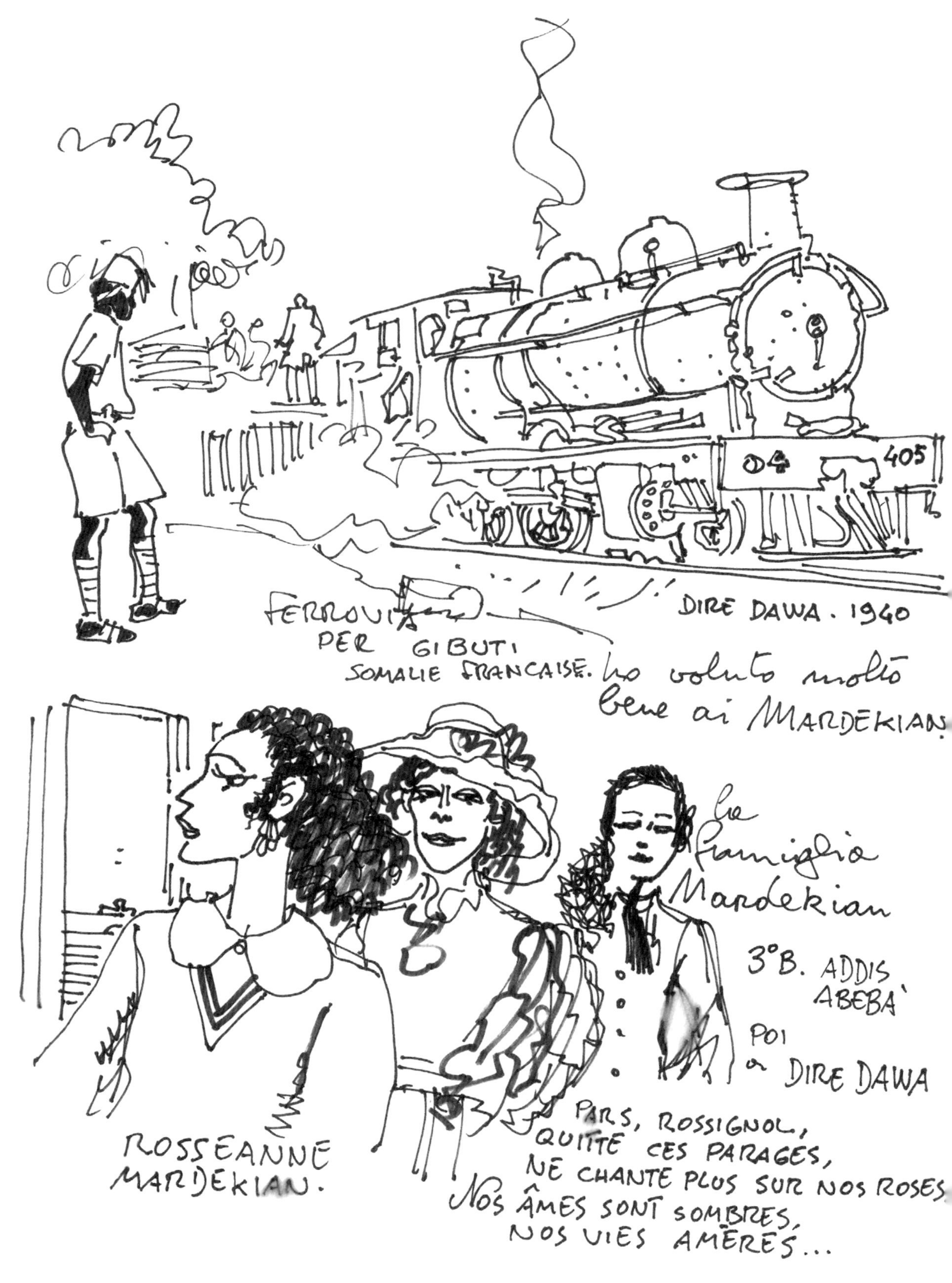

04 405
FERROVIA
PER GIBUTI
SOMALIE FRANCAISE.
DIRE DAWA . 1940
ho voluto molto
bene ai MARDEKIAN.
la
famiglia
Mardekian
3°B. ADDIS
ABEBA
POI
a DIRE DAWA
ROSSEANNE
MARDEKIAN.
PARS, ROSSIGNOL,
QUITTE CES PARAGES,
NE CHANTE PLUS SUR NOS ROSES.
NOS ÂMES SONT SOMBRES,
NOS VIES AMÈRES...

zu belauschen und sagten kein Wort mehr. Es war, als täten mir wirklich alle Unrecht. Das ist echte Einsamkeit.

Bis dann eines Tages einer kam, um mit mir zu sprechen. Hoch gewachsen, groß, mit einem Zucken im Gesicht. Er erzählte mir, was inzwischen draußen passiert war. Meine Mutter, von Lino Zavatta verständigt, war zum Kommando der SS gelaufen. Aber dort verstanden sie nicht; meine Mutter sagte, dass sie ihren Sohn verhaftet hätten und sie antworteten, dass sie keinen Italiener festgenommen hätten. Als dann Lino Zavatta erklärte, dass sie mich als Südafrikaner verhaftet hätten, verstand dann meine Mutter nichts mehr und als sie dann wieder zur SS kam, wurde sie sofort auch verhaftet als Mutter des Südafrikaners. Dieser Typ mit dem Zucken im Gesicht sagte mir, dass jetzt alles in Ordnung sei dank einer Intervention des Federale und des Patriarchen. Er erzählte mir, dass er für die Deutschen dolmetschte und dass der SS-Hauptmann Smuths mich sprechen wollte.

Bevor wir beim Hauptmann eintrafen, sagte er mir noch, er werde mir Zeichen geben, wann ich mit ja und wann mit nein antworten müsste.

Der Hauptmann Smuths war Dracula. Mager wie ein Eremit trug er eine eng anliegende Uniform, Haut und Haare gleich weiß, die Haut spannte sich über die Gesichtsknochen, die Haare ganz kurz, um die abstehenden Ohren zu zeigen, lange Oberlippe und ebensolche Zähne. Ich folgte den Instruktionen des Übersetzers, sagte ein paar Mal ja und ein paar Mal nein und unterschrieb ein paar Papiere.

Am nächsten Tag verließ ich das Gefängnis und erlebte eine neue Überraschung: Mit meinen Unterschriften hatte ich mich zur deutschen Seepolizei gemeldet. Und draußen wartete nicht nur meine Mutter mit ihrem »Herzchen, um Gottes Willen« und »Na, wie geht's dir denn?«, sondern auch zwei deutsche Matrosen auf mich.

Als der Oberfeldwebel mich sah, war das ein Schlag für ihn. Als Südafrikaner hatte er mich eingeliefert und nun kam ich als deutscher Matrose wieder raus. Dennoch befand ich mich in einer schwierigen Situation. Ich fuhr mit bestückten Salztransportern am Meer herum; vor und hinter Chioggia und zu den Tälern von Comacchio. Zwischen den Alliierten mit ihren Flugzeugen und den Partisanen mit ihren alten Flinten konnte es jeden Tag passieren, dass du umgebracht wirst oder gezwungen bist, einen anderen umzubringen. Ich hatte mir schon in Afrika eine Schussverletzung am Fuß geholt, also war ich nicht mehr auf so was neugierig. Vor allem befand ich mich auf der falschen Seite und in der falschen Uniform. Ich musste allerdings zwanzig Tage warten, bis sich die Gelegenheit zum Davonlaufen bot. Ich schlief dann eine Zeit lang unter den Brücken von Venedig in den Booten, dann in Mestre, wo ich Giorgio Bellavitis traf, der gerade irgendwo eine Brücke in die Luft gejagt hatte, mit irgendwem aus Osoppo; es zog mich dann zum Alto Tagliamento, wo ein Freund wohnte, Pemps Kellerman, ein Jude, der zu irgendeiner fünften Kolonne gehörte, die mit einem gewissen Major Schmit Kontakt hatte. Ich fand viele alte Freunde unter den Partisanen, aber ich blieb dort nicht lange, nicht einmal eine Woche: Die taten so, als würden sie das alles so furchtbar ernst nehmen. Eines Abends, als wir mit einem Anführer, den sie den »Lolli Bacco« nannten, auf Streife waren, er starb dann später durch eine Kosakenabteilung unter Befehl der Deutschen vom »Adriatischen Küstenland«, stießen wir auf einen schlafenden Wachposten. Dieser Typ, mit dem wir unterwegs waren, näherte sich dem armen Kerl, der da schlief, mit der Pistole in der Hand und setzte ihm den Lauf auf die Schläfe. Nein. Er wartete nur mit dem Abdrücken, bis der Mann die Augen geöffnet hatte. Die Augen traten aus den Höhlen.

Wenige Tage später überquerte ich die Front an einer Stelle, wo's keine Soldaten mehr gab: endlich bei den Siegern. Ich bot mich als Dolmetscher an und sie nahmen mich. Sie gaben mir eine Uniform, die ich von Tag zu Tag schöner gestaltete. Als ich dann auf einem kanadischen Panzer in Venedig ankam, war ich ein prächtiger Schotte geworden; fast so pittoresk wie der Cameronian, den ich vor acht Jahren auf der Halbinsel von Sinai gesehen hatte. Die Venezianer, die mich erkannten, unter ihnen der Maler Aldo Polato, wussten anfangs nicht, was sie denken sollten: Vor sechs Monaten hatten sie gesehen, wie die Deutschen mich wie einen ganz Wichtigen verhafteten, nun kam ich in diesem Aufzug mit den Siegern zurück.

Jetzt, wo der Krieg zu Ende ging, waren natürlich alle ganz ausgehungert nach Heroismus und Abenteuer; am Abend sprachen die Venezianer von mir und jeder tat so, als wisse er mehr, als er sagen könne. Die Leute orientierten sich in ihrer

Fantasie an einem Typen wie »Primula Rossa«, für Rino Tarella hingegen war ich ein Agent des Intelligence Service.

In diesen Tagen ließ ich mich im Hauptquartier der Partisanen in Marco Foscarini sehen. Dort saß Rino Tarella hinter einem Schreibtisch. Na schön, irgendwann landen wir alle hinter einem Schreibtisch.

Zuletzt hatten die Flugzeuge perfekte Abwürfe über Cansiglio durchgeführt. Es regnete Waffen und Medikamente vom Himmel, sodass man nur die Schürze aufhalten musste, um sie einzusammeln. Tarella war überzeugt, dass ich die genauen Standorte der Partisanengruppen angegeben hatte.

»Intelligence Service... eh, Hugo« sagte er zu mir.

»Aber geh, Rino, was soll die Geschichte?«

»Nicht einmal jetzt kannst du darüber sprechen, Hugo?«

Während wir uns unterhielten, erkannte ich in einer Gruppe von Gefangenen, die im Salon auf dem Boden saßen, den Dolmetscher, der mich damals aus dem Gefängnis gebracht hatte. Ich wusste noch seinen Namen und fragte so ganz nebenbei Rino Tarella nach ihm. Ich erklärte, dass die Neuseeländer diesen Mann verhören müssten. Tarella, froh, sich nützlich machen zu können, schenkte ihn mir; er wollte mir sogar eine Eskorte mitgeben.

Als wir in einer finsteren, kleinen Calle waren, fragte ich den Typen mit dem Zucken im Gesicht: »Weißt du, wer ich bin?«

»Ja, du bist der Sohn von Rolando Pratt.«

»Gut, einmal hast du mir rausgeholfen, jetzt helfe ich dir raus. Dann sind wir quitt. Gut?«

»Ja, gut«, antwortete er mit gesenktem Blick.

»Ich schreibe dich nicht in irgendeine Truppe ein... also geh nach Hause und tauche unter. Klar?«

Er befolgte meinen Rat. Ich habe ihn nie wieder gesehen.

Das waren Tage, an denen es fast nie Abend wurde, ohne dass irgendwas passiert wäre. Die Luft war voll von einer Energie, die den Lauf des Lebens zu beschleunigen schien. Und am Abend gab es dann wirklich historische Saufereien. Eines Tages machte ich mich gerade fertig, indem ich als Grundlage eine große Portion Pasta Fagioli in Carlos Trattoria zu mir nahm. Diese Trattoria war in den letzten Kriegstagen ein wichtiger Platz.

Abgesehen von einer Gruppe von Huren, die dort zu Abend aß, mischten sich dort Partisanen und Angehörige der Schwarzen Brigaden. Ich ging in dieser Zeit immer mit Gigi del Maschio dorthin, einem Preisringer, und seiner ganzen Gruppe von fröhlichen Abenteurern, albanischen Prinzen und englisch-venezianischen Mischlingen. Drin war nie etwas passiert, aber an diesen Tischen hatten viele Tragödien ihren Anfang genommen. Burschen, die neben mir gesessen hatten, schossen in der Nacht in dieser komplizierten Casbah-Geografie, die Venedig heißt, ihre Waffen aufeinander leer. Während ich aß, war mir aufgefallen, dass ein alter Mann mich nicht aus den Augen ließ. Als ich das Lokal verließ, wurde mir klar, dass er mich verfolgte. Das Glas der Türe spiegelte ihn wider, als er sich erhob und durch das Gewirr von Tischen und Stühlen drängte. Ich schlüpfte in eine Calle und wartete. Ich durchforstete mein Gedächtnis, war aber sicher, ihn noch nie gesehen zu haben. Er entdeckte mich sofort und baute sich vor mir auf. Wie alle Betrunkenen hielt er sein Gesicht nur eine Handbreit von meinem entfernt.

»Tust du mir einen Gefallen, Söhnchen?«, fragte er mich. Er hatte keinen einzigen Zahn mehr im Mund und sprach ein unverständliches Venezianisch. Er war stockbesoffen.

»Ja, Alter, zähl auf mich.« Ich hatte ihn untergehakt, um nicht seinen Atem ins Gesicht zu bekommen.

»Komm mit mir, komm...«, sagte er. Ich fragte ihn immer wieder, um welchen Gefallen es sich handle, aber er brabbelte nur unverständliches Zeug. Ich verstand nur, dass sie vor kurzem seinen Sohn umgebracht hatten und dass wir irgendwohin gingen, wo er sich gut auskannte.

Wir blieben vor einem Tor in einer dunklen und stillen Calle stehen; vor einem Haus, in das Herren gehen. Wir klopften und keiner antwortete. Der Alte trat mit den Füßen gegen die Türe, fiel dabei zu Boden. Dann zog er eine Pistole aus der Tasche und schoss auf das Schloss. Weder die Stille noch das Schloss brachen. Ich wusste, dass in den Häusern in der Gasse Menschen waren: Aber nicht in einem einzigen Fenster ging Licht an, nicht einer kam auf die Straße. In dem Augenblick fiel mir ein Abend in Afrika ein, als die Rebellen kamen, um Handgranaten auf das Haus eines italienischen Arbeiters zu werfen; eines verschrobenen Klempners, der allein lebte. Wir saßen

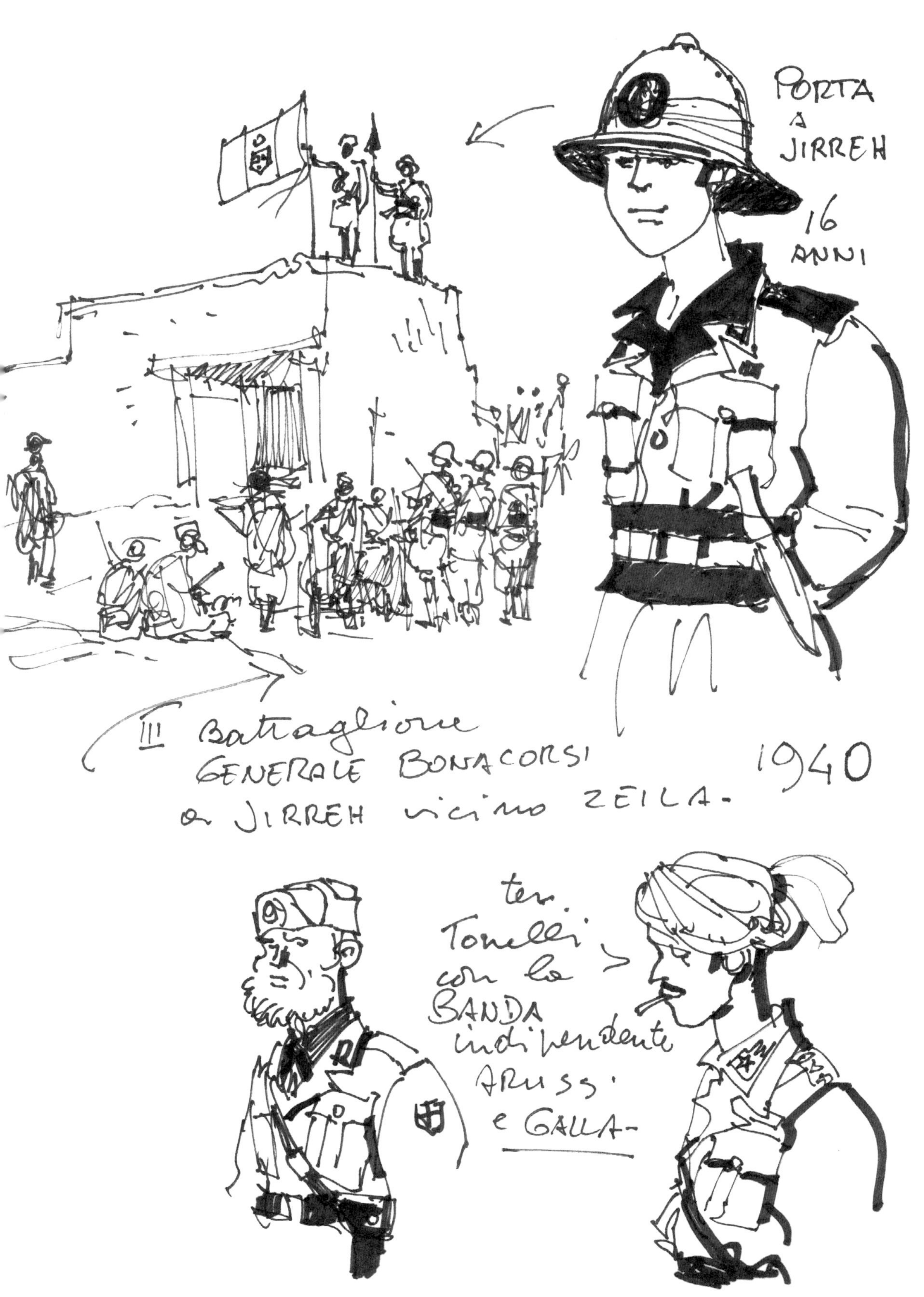
PORTA
A
JIRREH
16
ANNI
III Battaglione
GENERALE BONACORSI
a JIRREH vicino ZEILA -
1940
ten.
Tonelli
con la
BANDA
indipendente
ARUSSI
e GALLA -

01

Casa Tonelli.
Villaggio
Littorio
Fernanda.
Brancati
addis
Abeba
1940
1941

bei Tisch, um zu essen und wir hörten draußen die Explosionen und diesen Italiener, der schrie: »Hilfe! Sie bringen mich um.«

Ich erinnere mich, wie in meinem Haus alle auf ihre Teller mit der Minestra sahen und wie die Löffel vom Teller zum Mund, vom Teller zum Mund gingen, so, als ob nichts wäre.

Wir begannen, mit den Schultern an die Türe zu rennen. Der Alte wurde nicht nüchtern. Einmal ging er weg. Ich sah, wie er sich an eine Mauer lehnte und kotzte. Als er zurückkam, war sein Gesicht noch verzerrter als zuvor. Er wischte sich das von Schweiß und Tränen überströmte Gesicht mit dem Jackenärmel. Er hatte noch immer die Pistole in der Hand. Ich wusste nicht mehr, ob ich da war, um ihm einen Gefallen zu tun, oder um ihn und seine ganze Welt der Verzweiflung zu beschützen. Wir hatten uns auf die Schwelle gesetzt, als sich die Türe durch den bloßen Druck meines Rückens öffnete. Plötzlich lag ich am Boden mit den Füßen in der Luft, halb draußen und halb drin. Der Alte, beharrlich, wie Besoffene einmal sind, sprang auf die Füße und drängte an mir vorbei ins Haus. Ich holte ihn auf einer Stiege ein, die er, immer zwei Stufen auf einmal nehmend, hinaufeilte: Sein Gesichtsausdruck war der eines zufriedenen Irren. »Komm, Söhnchen, komm...«, sagte er zu mir.

Im Salon trafen wir auf eine Frau in mittleren Jahren. Sie war um Haltung bemüht, aber man sah, dass sie vor Angst gelähmt war; sie brachte den Mund nicht auf. Sie stand unbeweglich da.

Der Alte schrie: »Wo ist sie? Wo ist sie?« Er begann, hinter den Sofas und Lehnstühlen nachzusehen. Er näherte sich der Frau und schrie: »Hier wird niemand geschützt, hier wird niemand versteckt!«

Diese Worte schienen die Frau nicht zu beeindrucken; sie beruhigte sich etwas. Ich trat in den Salon und fragte den Alten: »Wen suchen wir eigentlich, Alter?«

»Eine Hure, Söhnchen, eine große Hure, die meinen Sohn hat erschießen lassen.«

Wir fanden sie bald. Sie war in einem der Schlafzimmer und zog sich das Laken bis zum Gesicht hoch. Ich machte das Licht an. Der Alte riss ihr die Decken und Laken weg. Sie war angezogen mit Schuhen und allem.

»Zieh dich aus. Sofort. Alles runter, du Hurenvieh!«, schrie der Alte.

»Was wollt ihr mir machen?«, fragte das Mädchen mit dünner Stimme. Sie hielt die Augen geschlossen.

»Soooo ein Arschloch, du Hure!«, schrie er ihr ins Gesicht.

»Nein, nein, nein«, wiederholte das Mädchen.

»Los. Aber schnell. Auch mein Sohn wird ›Nein‹ gerufen haben, als sie ihn an die Wand gestellt haben.« Er redete wie ein Krankenpfleger, der den Kranken dazu bringen muss, seine Medizin zu nehmen. Er hatte sich in den Kopf gesetzt, eine bestimmte Sache zu tun und jetzt wollte er sie auch durchziehen. Er war sicher, dass er sich dann besser fühlen würde. Das Mädchen sprang vom Bett, als wollte es davonlaufen. Er hielt sie an und stieß sie zu Boden. Da stand sie auf, wandte uns den Rücken zu und begann, sich auszuziehen. Instinktiv schloss ich die Türe hinter mir. Als sie nackt war legte sie sich aufs Bett wie auf eine Kanone.

»Los, Söhnchen, jetzt verpass ihr einen schönen Arschfick«, sagte der Alte und nickte mir zu.

Das war also der Gefallen, um den er mich gebeten hatte.

»Ich?«, fragte ich wie ein Idiot den Alten. Ich hatte mich nicht von der Türe fortbewegt.

Der Alte schien enttäuscht: »Du hast versprochen, du würdest mir einen Gefallen tun.«

Ich näherte mich dem Mädchen und kniete mich auf sie. Ich sah ihr Profil; es war ziemlich hässlich. Sie versteckte sich hinter verschlossenen Augen.

Ich weiß eigentlich nicht, wie ich's fertigbrachte, es ihr zu besorgen mit dem Alten, der danebenstand und zusah und der Mutter, die zur Türe gekommen war und flehte: »...tut ihr nicht weh, tut ihr nicht zu sehr weh.«

Der Alte lebt noch. Wenn wir uns in irgendeiner Osteria in Venedig sehen, will er mich immer zum Trinken einladen und über diese Nacht sprechen. Das Mädchen ist eine große Dame geworden mit einem Haufen Kinder. Sie grüßt mich nicht und wenn im Vaporetto nur ein Sitzplatz frei ist und das ist der neben mir, so bleibt sie stehen.

Kriege und Raufereien hören nicht so plötzlich auf, wie sie begonnen haben. Der Beginn eines Krieges ist ein Tag, aber das Ende ist eine Periode. Ich schlug mich in dieser Periode recht glücklich durch.

Wenige Tage nach dem Einmarsch in Venedig wechselte ich von den Kanadiern zu den Neuseeländern. Ich hatte mich bei General Freyberg vorgestellt, mit Maorischnörkeln, die ich mit Kopierstift fabriziert hatte, im Gesicht und ihm gesagt, dass mich die Schotten als Dolmetscher zu ihm geschickt hätten. Ich hatte schon in Afrika gesehen, was mit einem siegreichen Heer passiert; wenn die Spannung nachlässt, so sind alle locker. Mir war aufgefallen, dass es im englischen Heer tausende Distinktionen gibt, da ließ ich mir zu Hause eine ganz persönliche sticken: »Individual Soldier«. Diese absolute Neuheit nähte ich mir aufs Hemd; so qualifizierte ich mich, als erster in der Heeresgeschichte, als Soldat, der ohne Befehl etwas getan hat.

Ich lief im Hotel Danieli, wo die Engländer ihr Hauptquartier hatten, als der wichtigste und meistbeschäftigte Soldat herum. In Wirklichkeit war meine wichtigste Beschäftigung zwischen der eines Impresarios und der eines Kupplers angesiedelt. Ich hatte für die Truppen am Lido Veranstaltungen zu organisieren. Als Kuppler leistete ich brillante Arbeit; ich wühlte nicht einmal da und einmal dort herum, sondern es gelang mir, alle Arbeiterinnen aus der Baumwollfabrik, schöne, hässliche, junge und alte, en bloc anzuschleppen. Das Schauspiel an sich war eine absurde Sache, aber die Soldaten schienen sich wunderbar zu unterhalten. Ich hatte eine »Burleske«-Nummer und ich hatte auch einen Künstlernamen: »Ongaine«.

»Tonight and every night in thrilling performance«. Wenn sich der Vorhang hob, stand ich auf einem großen Behälter und brachte eine kombinierte Gesangs- und Tanzeinlage wie Al Johnson. Die Neuigkeit dabei war die: Der Behälter war voll Sägemehl und in den Behälter hatten wir große Löcher gemacht, sodass das Sägemehl langsam unter der Bühne auslief und nach und nach, während der Pegel sank, verschwand ich im Behälter. Die brachen vor Lachen fast auseinander: Ich musste den ganzen Abend immer wieder in der Tonne versinken, weil sie so viele Zugaben wollten.

Ich bin schon ein armer Hund; was hab ich in meinem Leben nicht schon getan, damit alle zufrieden sind. Diese Engländer haben eigentlich nie mitgekriegt, wer ich war. Ich glaube, sie haben sich das nicht einmal gefragt.

Einer, der sich das vielleicht noch heute fragt, ist Dracula, der Hauptmann Smuths. Ich war gerade mit neuseeländischen Kameraden auf der Strada Nova unterwegs, da sah ich eine Gruppe von deutschen Gefangenen in einer Reihe daherkommen. Es waren viele, aber ich erkannte sofort das Gesicht von Hauptmann Smuths. Ich bin zu ihm hingelaufen und habe gebrüllt: »Remember mi? Remember mi? I am Hugo Pratt. Remember mi, Mister Smuths?« Er erinnerte sich und erkannte mich, obwohl ich die Uniform gewechselt hatte.

Heute glaube ich, dass er sich wohl nie getraut hat, seinen Freunden in Deutschland zu erzählen, dass er einen südafrikanischen Piloten in die deutsche Seepolizei rekrutiert hat, aber irgendwem muss er sich einmal anvertrauen und ich stelle mir vor, wie er immer wieder zu seiner Frau sagt: »Was der Feind für eine Organisation hatte! Anders als wir. Einmal haben wir einen englischen Piloten in Venedig verhaftet; kaum hatten wir ihn eingesperrt, hatte er sich schon eine venezianische Mutter besorgt, einen Großvater, der Gründer der Kampfverbände war, einen Kollaborateur als Dolmetscher, alle bereit, für ihn zu schwören. Aber das ist noch gar nichts: Auch den Federale und den Patriarchen hat er eingespannt. Die Engländer, ja, die waren organisiert.«

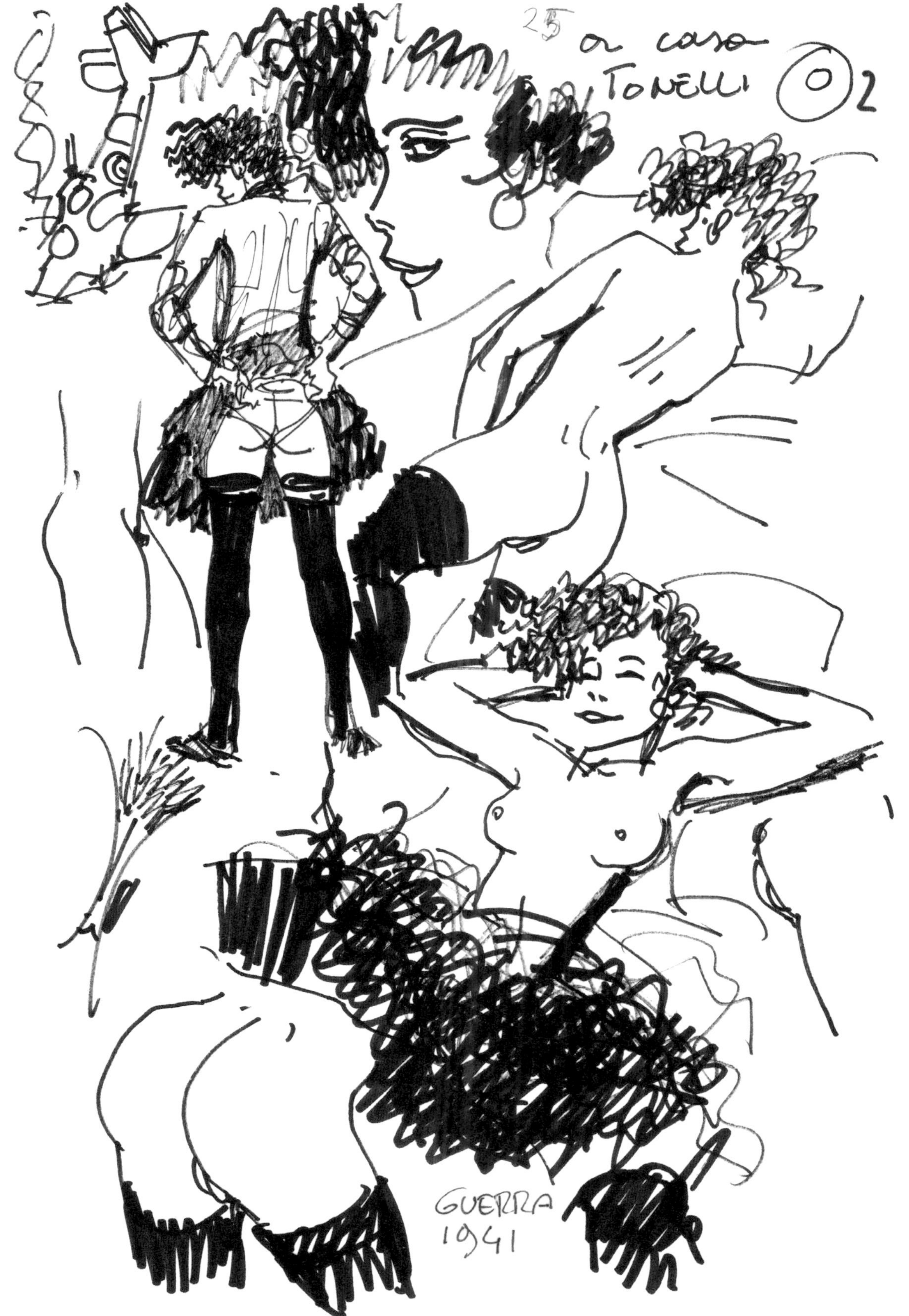
a casa
TONELLI
GUERRA
1941

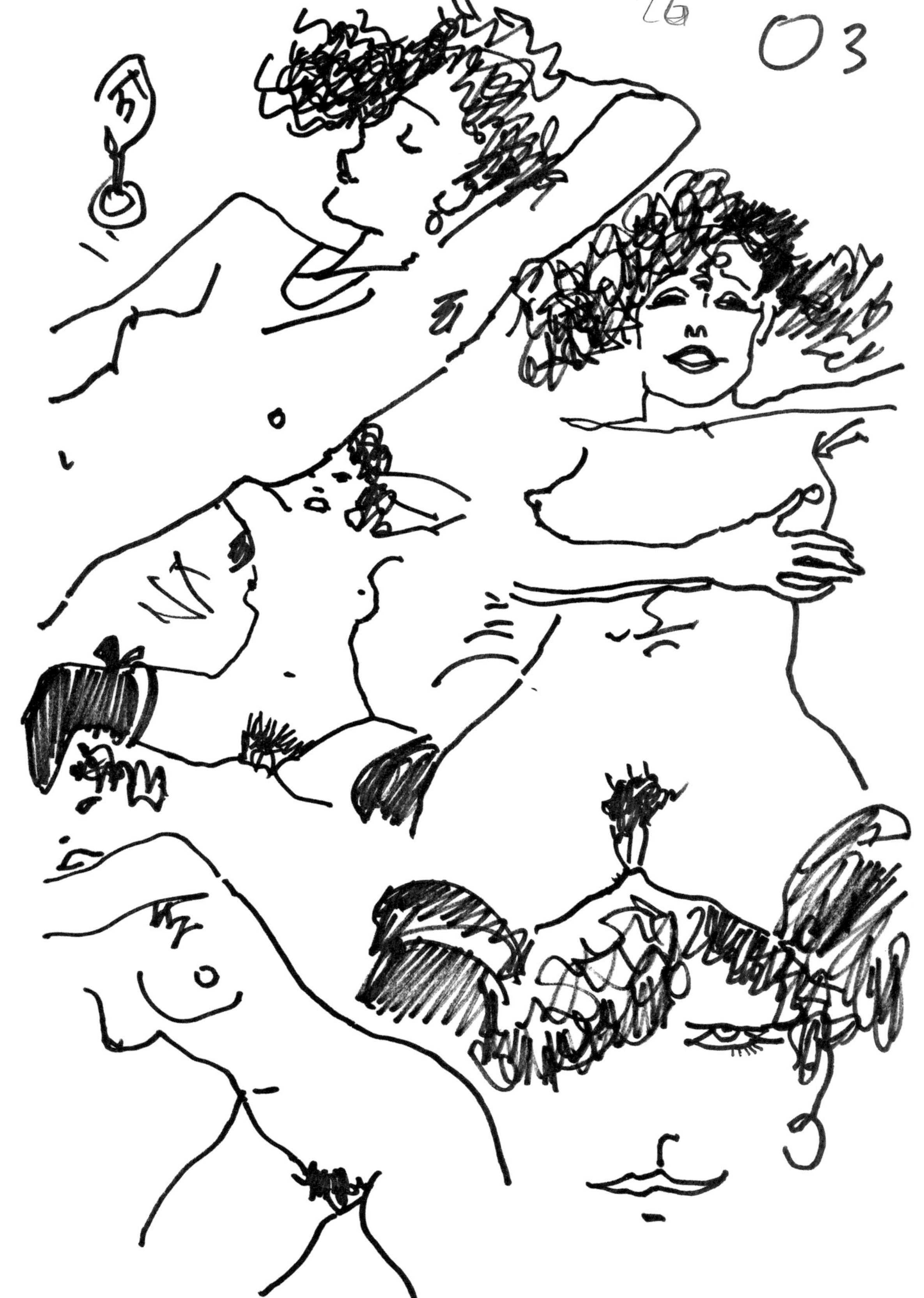

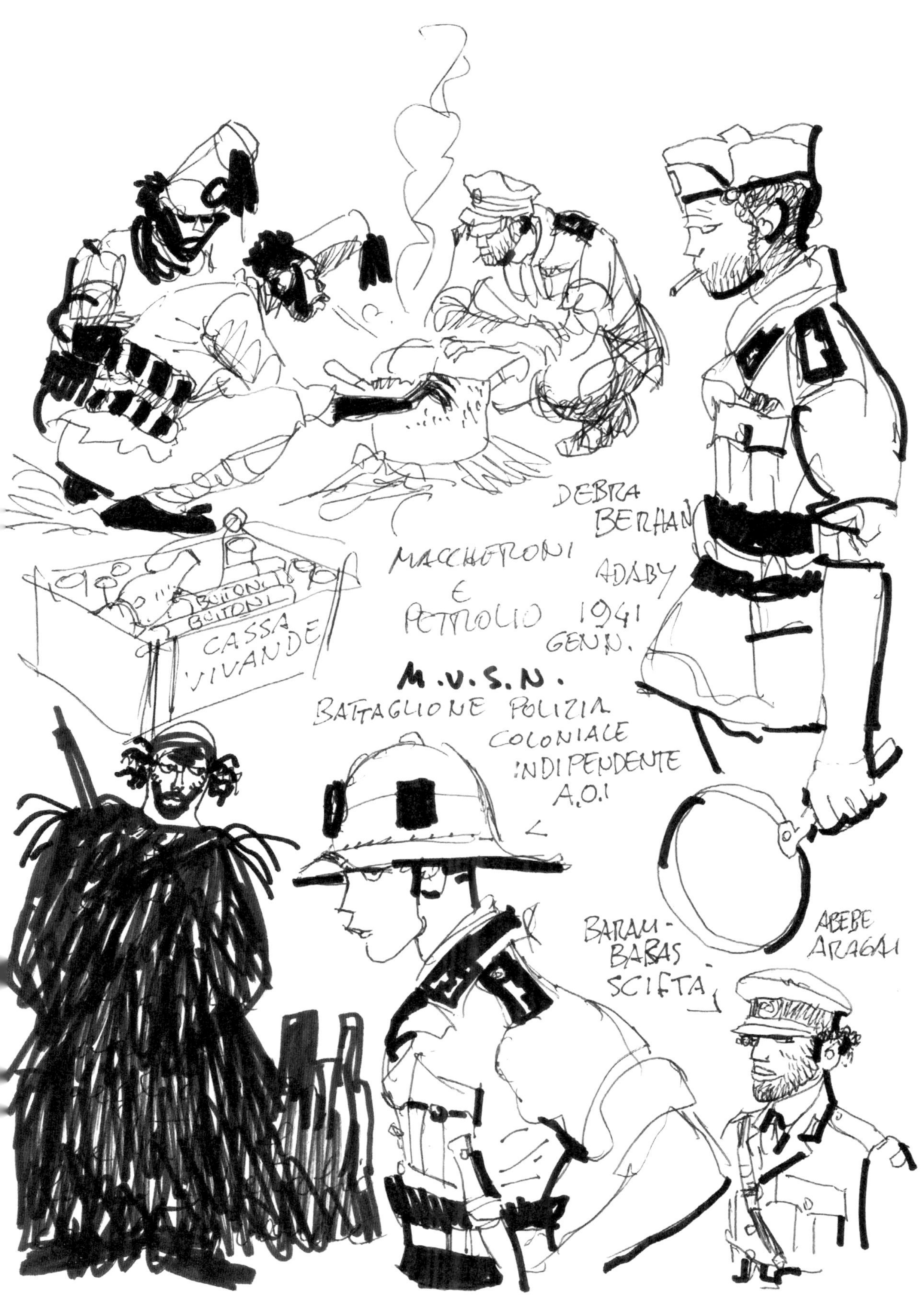

BUITONI
BUITONI
CASSA VIVANDE
DEBRA BERHAN
MACCHERONI E PETROLIO
ADABY 1941 GENN.
M.U.S.N.
BATTAGLIONE POLIZIA COLONIALE INDIPENDENTE A.O.I
BARAM-BARAS SCIFTA
ABEBE ARAGAI

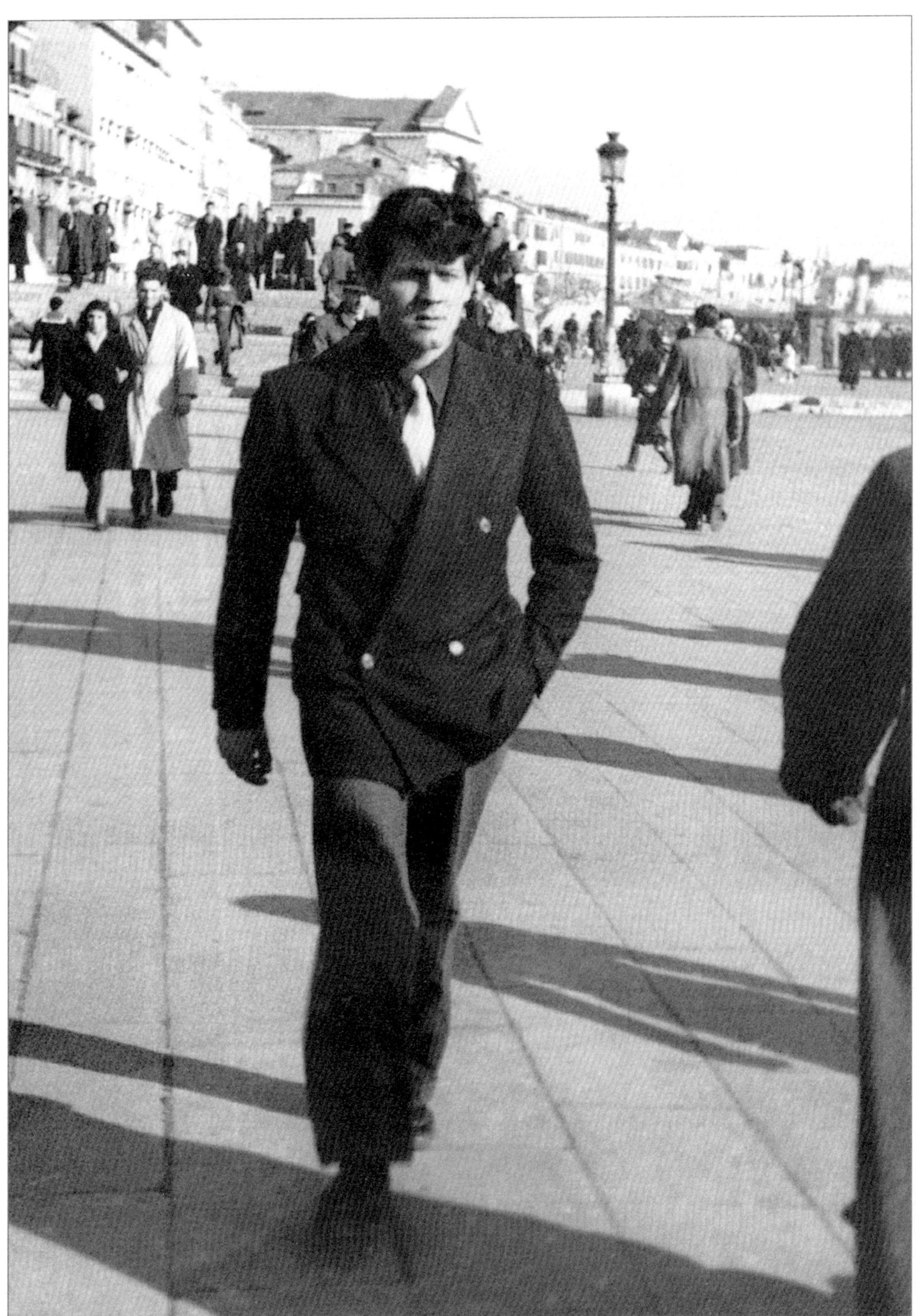

Hugo Pratt in Venedig, 1946

Kapitel 3

Stellt euch vor, ihr habt fünf Jahre lang von Amerika geträumt. Nicht von einem bestimmten Ort in Amerika, im Norden oder im Süden oder in der Mitte. Nein. Ihr habt von Amerika als Namen geträumt, als Situation, als Droge, als Aufschub, als Erweiterung, als Umweg, als Beginn, als Eldorado, als Abenteuer oder als Flucht. Stellt euch vor, ihr seid schon auf so viele Schiffe geklettert und so oft haben sie euch von der Reling gestoßen. Und eines Tages steht ihr dann auf einem Schiff mit der Fahrkarte und allem und mit dem Gepäck und mit einer Braut, die von der Mole her winkt, und das geliebte und gehasste Italien entfernt sich immer mehr und am Heck steigt der Horizont auf, während der Bug euch – Welle um Welle – das Tor zur Welt öffnet. Und ihr seid nur wenig älter als zwanzig Jahre. Auf dem Land, nachdem es euch noch einmal ein Panorama von Bergen, die ins Meer abfallen, gezeigt hat, lasst ihr eure Vergangenheit zurück und die unentwirrbaren Strähnen des Zufalles, der euch in diese ungewisse Zukunft in einem anderen Land gestoßen hat. Ich verlor jedes Zeitgefühl. Wenn die Gegenwart eine mentale Abstraktion ist, geschaffen, um die Vergangenheit von der Zukunft zu trennen, so fühlte ich mich schwebend, wie eine Möwe, die unbeweglich in der Luft steht; so fühlte ich den Rhythmus des Lebens.

Ich war unterwegs nach Argentinien mit einem Mann, dessen Namen ich lieber nicht nennen möchte. Bezahlte Fahrkarte und ein Vertrag mit Editorial Abril. Ich fragte mich: »Bist du ein Zeichner?« Seit diesem ersten Aufbruch nach Amerika sind nun zwanzig Jahre vergangen und ich habe noch immer keine Antwort. Ich glaube, in diesen zwanzig Jahren habe ich sechstausend Comicseiten gezeichnet. Oder waren es neuntausend?

Die Freundschaft mit dem, den ich lieber nicht nennen möchte, endete genau in dem Moment, als wir das Schiff betraten. Man könnte auch sagen, dass wir, an Bord gestiegen, entdeckten, dass wir keine Freunde mehr waren. Ich kann heute nicht mehr sagen, ob ich beschlossen hatte, mich zu emanzipieren, oder ob damals schon eine Phase des Antagonismus begonnen hatte: Tatsächlich wurde unser Verhältnis weder neutral, noch eine

Konkurrenz. Tatsache ist, dass wir auf demselben Schiff waren und keinen gesunden, männlichen, Streit austragen konnten, wenn wir einmal einen Grund zum Streiten gefunden hatten.

Jedenfalls hatten wir für Faustinelli *Asso di Picche* gemacht; dieses hübsche Heft, das nun seinen Platz in der Geschichte des italienischen Comics und in den Schubladen der Sammler hat. Ein verdienter Platz, denn es war mit Enthusiasmus und Liebe gemacht, von einer Gruppe junger Menschen, die mit einer starren Tradition gebrochen und versucht hatte, etwas Neues zu schaffen. Das war eine schöne Zeit. Wir arbeiteten als Freunde zusammen; Battaglia, Bionda, Damiani, Ongaro, Giorgio Bellavitis, Faustinelli und ich brachten es fertig, mit tausend Problemen, mit Unterbrechungen und Pleiten, vierzehn Nummern fertigzustellen. Ich glaube, für jeden in der Gruppe war das eine wichtige Erfahrung. Ich hatte die Gelegenheit, diesen »merkwürdigen« Beruf zu erlernen. Faustinelli riss mir das Blatt aus der Hand, sobald ich die Bleistiftzeichnung fertig hatte, um sie mit Chinatinte nachzuziehen. Er sagte, ich sei dazu nicht fähig und würde alles ruinieren, wenn ich nur mit Tusche arbeitete.

Tatsächlich nahm mich Faustinelli als das, was ich war: Eine Leihgabe. Auf mein Erscheinen war nicht viel Verlass. Jeden Moment brannte mir der Pfeffer im Hintern und ich haute irgendwohin ab.

Wenn ich versuchte, nach Amerika zu kommen, so war das immer schnell vorbei. Kaum war ich auf irgendein Schiff gestiegen, schmissen sie mich schon wieder runter, in Kleidern und die Schuhe um den Hals gebunden; ohne viel Getue. Am nettesten war noch ein finnischer Seemann, der mich fragte, ob ich schwimmen könne. Und ich sagte gleich ja, weil ich glaubte, das wäre vielleicht ein Grund, mich an Bord zu behalten...

Aber meine längsten Absenzen betrafen Europa. Sie gingen nicht viel anders aus als die Sache mit dem finnischen Seemann, aber das Ende kam etwas später. Da war die Reise nach Rom, um der Fremdenlegion beizutreten. Ich fand mich vor dem Schreibtisch eines alten Sergente. Ich zog das ganze Theater ab mit falschem Namen und einem Sack voll Lügen, aber der war so verdammt echt, wie die schwarze Binde, die er vor einem Auge trug und zog aus seiner Kassette das Telegramm, das meine Familie geschickt hatte und sprach mich mit meinem richtigen Namen an und fragte, warum ich zur Legion wollte. Und ich, der ich noch immer nicht mitgekriegt hatte, dass das Theater zu Ende war, sagte, dass ich noch nie gehört hätte, dass man in der Legion nach dem Grund für die Bewerbung fragt. Daraufhin wurde er ganz Sergente der Legion und fing an zu brüllen, so in der Art: »Sooo werd' ich dir den Arsch aufreißen.« Als er sich beruhigt hatte, erklärte er mir, es gebe ein Abkommen zwischen Frankreich und Italien und deshalb könnten sie hier im Land keinen aufnehmen und er sagte mir, wenn ich Legionär werden will, so muss ich bei Tenda über die Grenze und von dort werde ich nach Marseille gebracht. Aber ich hatte noch immer nicht kapiert, wie die Sache lief und darum fragte ich: »Und welches Beförderungsmittel stellen Sie mir zur Verfügung, um Tenda zu erreichen?«

Da verlor der Sergente die Geduld: »Zu Fuß geht's nach Tenda, du Arschloch. Zu Fuß, damit ein Legionär aus dir wird...«, schrie er. Das war meine Rettung. Er war ein braver Mann mit einem schrecklichen Raubvogelgesicht.

Ich war mit einem venezianischen Freund nach Rom gekommen. Ich war es gewesen, der ihm in Venedig eingeredet hatte, nach Rom zu gehen und zu versuchen, zur Legion zu kommen. Ich kehrte nach Hause zurück, er, ich weiß nicht, ob zu Fuß, erreichte Tenda und wurde gemustert. Bevor er dann in Indochina starb, schickte er mir eine Postkarte, auf der stand: »Vive la légion«.

Auch die Reise nach Linz endet damit, dass einer in Uniform mich anplärrte; diesmal war's ein Russe. Ich war gekommen, um eine Braut zu besuchen. Ich muss wohl keine konkreten Vorstellungen über den Besuch von Bräuten gehabt haben. Ich erinnere mich noch, dass es für mich am wichtigsten war, dort mit einem Fotoapparat anzukommen. Es gelang mir, einen von einem Armenier, der meiner Mutter den Hof machte, auszuborgen. Drei Fotos sind mir von dieser Reise geblieben: Verwackelt und verschwommen. Der Apparat war uralt und in schlechtem Zustand. Aber vielleicht war auch ich es, der nicht damit umgehen konnte. Die Reise wurde so wie die Fotos. Ich erinnere mich, dass in der Stadt eine Unmenge von Bäumen stand, alle voller Äpfel, und wir gingen herum und aßen die Äpfel. Das gefiel mir sehr und auch die Freundin gefiel mir sehr. Mir gefiel auch, dass sie quasi im Kostüm war und ein Gesicht hatte, das weiß und rot war, wie ein Apfel. Dann sagte sie, dass wir

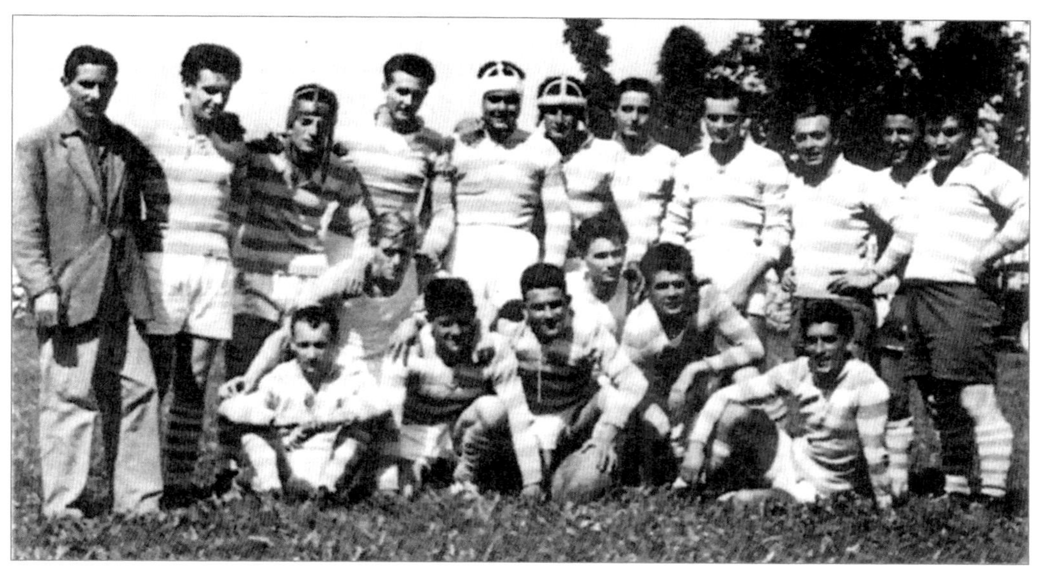

Das Venezia-Rugby-Team, Meister der Saison 1947–48. Hugo Pratt ist der Zweite von links, sitzend

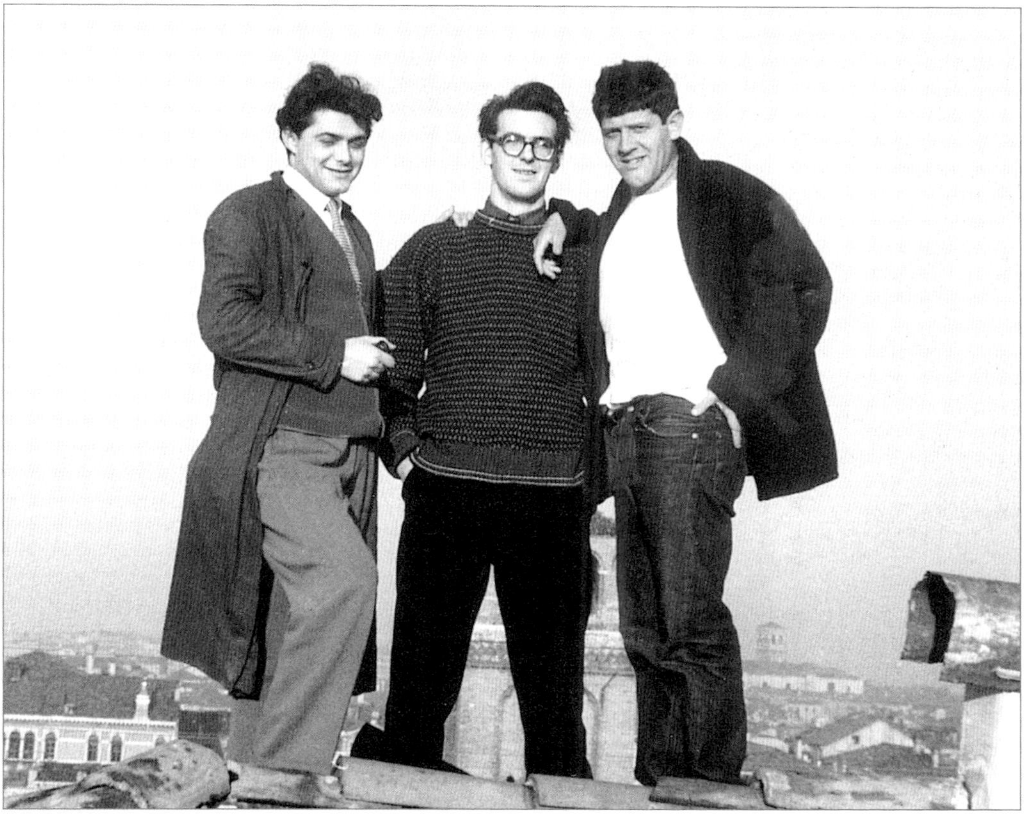

Giorgio Bellavitis, G. G. Guarda und Hugo Pratt (v. l. n. r.) über den Dächern von Venedig

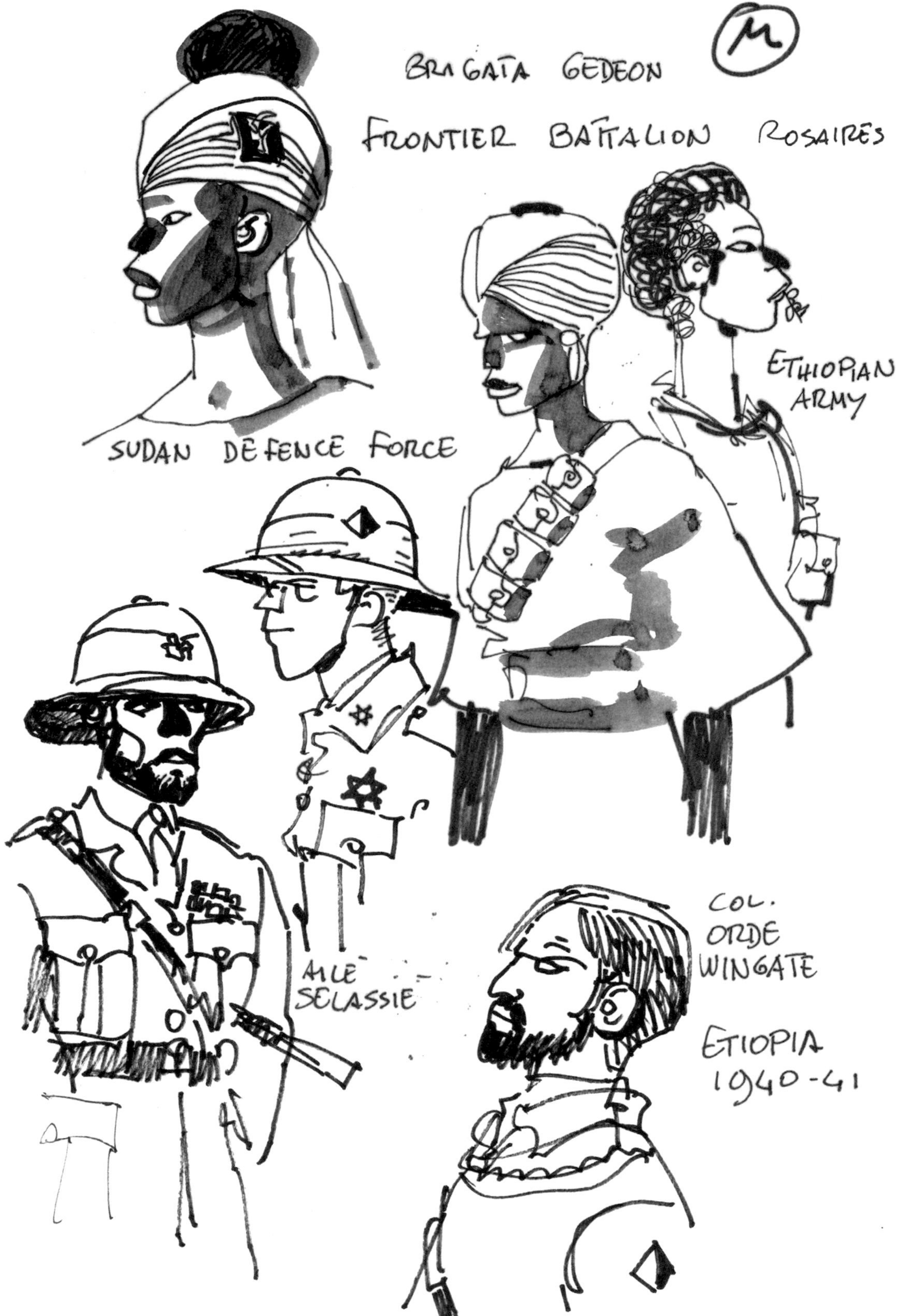
BRIGATA GEDEON
FRONTIER BATTALION ROSAIRES
SUDAN DEFENCE FORCE
ETHIOPIAN ARMY
AILE SELASSIE
COL. ORDE WINGATE
ETIOPIA 1940-41

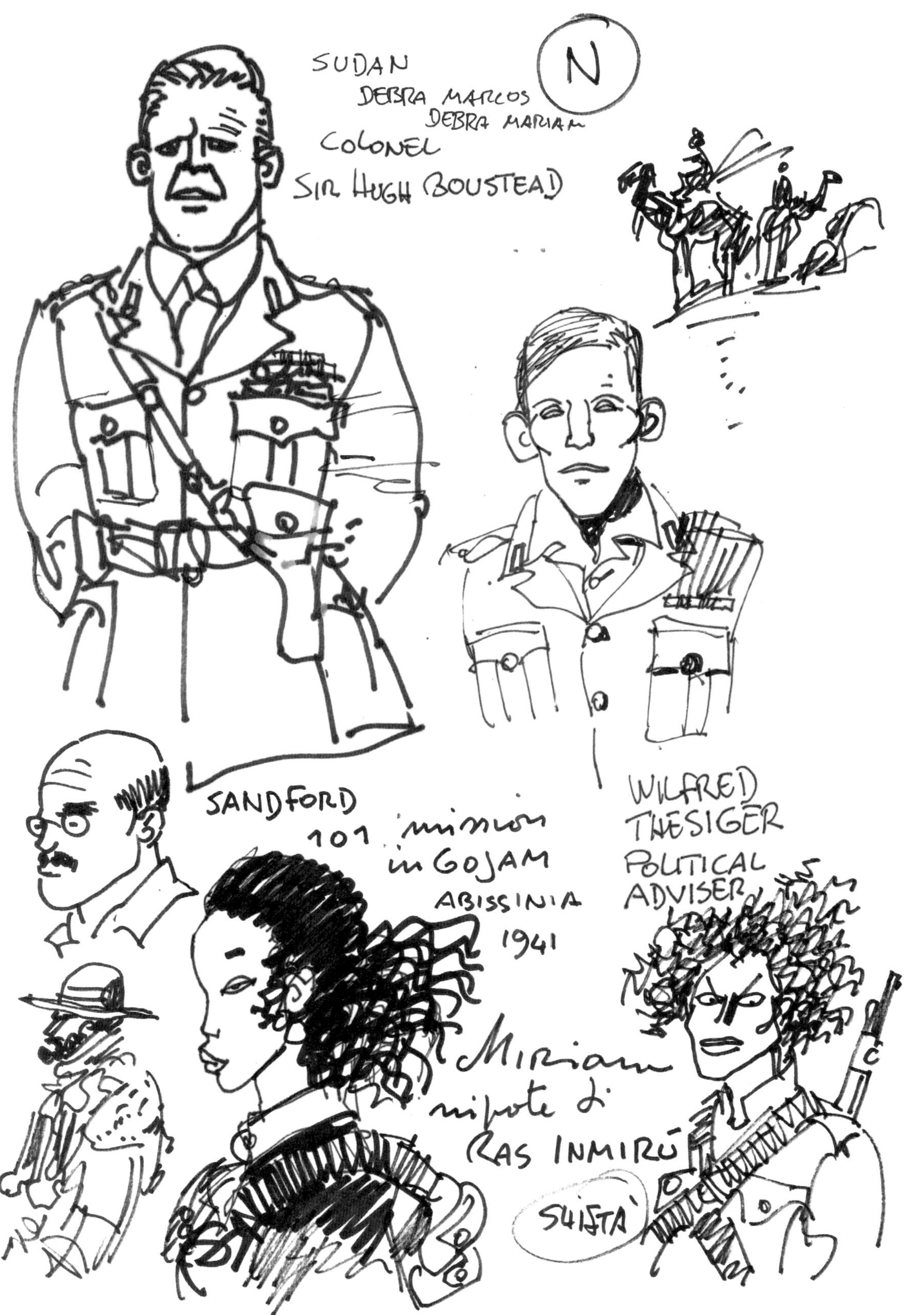
N
SUDAN
DEBRA MARCOS
DEBRA MARIAM
COLONEL
SIR HUGH BOUSTEAD
SANDFORD
101 mission
in GOJAM
ABISSINIA
1941
WILFRED
THESIGER
POLITICAL
ADVISER
Miriam
nipote di
RAS INMIRÙ
SHIFTÀ

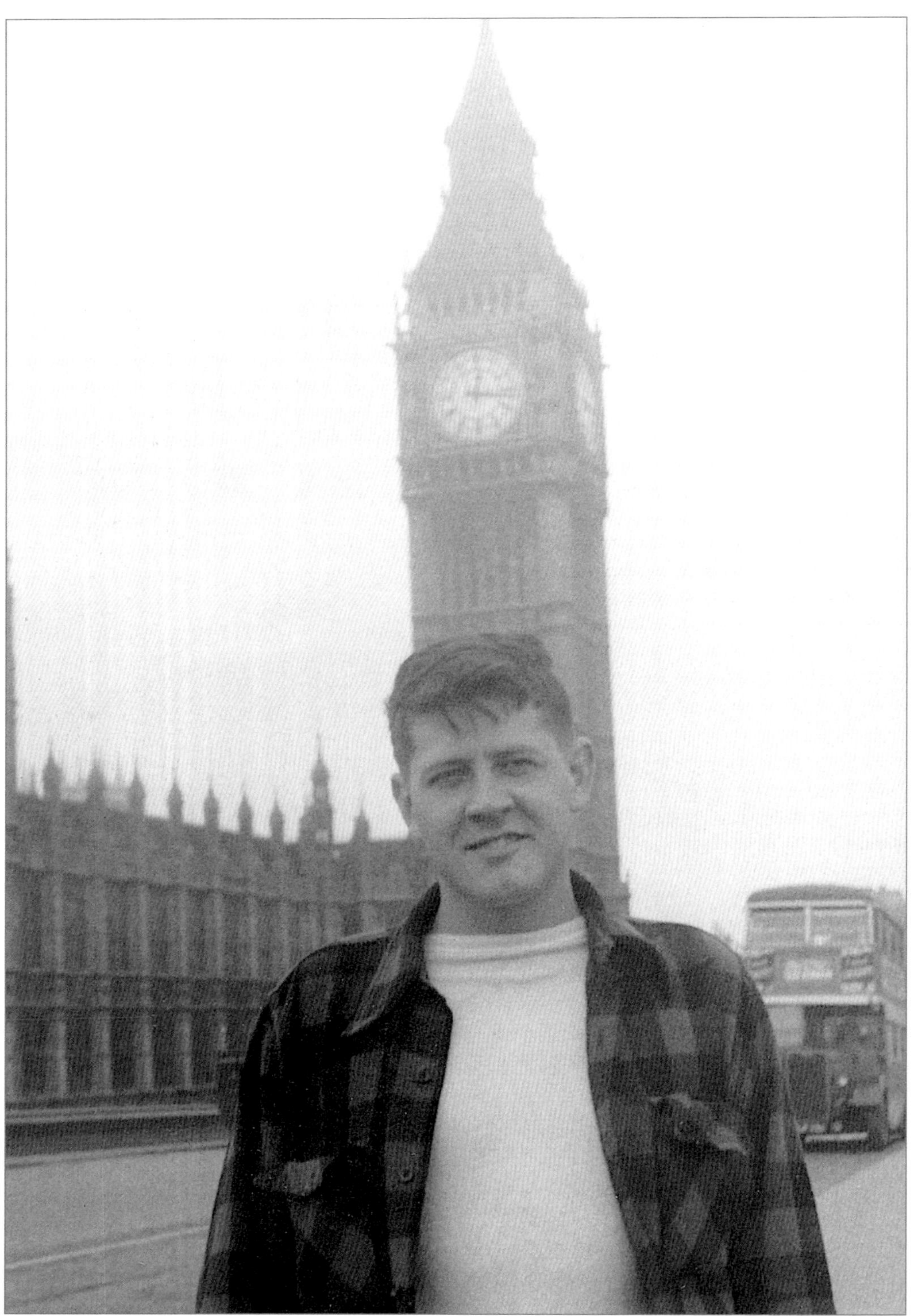

Hugo Pratt in London

gemeinsam in die Zwergengrotte fahren müssten, mit dem Zug in die Zwergengrotte. Wir durchquerten in der Straßenbahn fast die ganze Stadt. Als die Tram sich dann entleerte, sagte sie, dass wir, wenn wir schon einmal da wären, ihre Großmutter besuchen sollten. Die Alte entschied, dass ich ein amerikanischer Soldat sei und es war ihr nicht beizubringen, dass sie sich irrte. Tatsächlich trug ich Stiefel, Hosen, Hemd und Windjacke; alles aus amerikanischen Armeebeständen. Aber in diesen Zeiten war das mehr eine Lösung als eine Wahl: Sie kosteten wenig. Dann gingen wir in diese Grotte und ich fragte mich, ob diese Braut noch ganz dicht war: Groß und stark, wie wir waren, passten wir kaum in den Kinderzug. Drin gab's dann diese Gipszwerge zu sehen: So eine teutonische Sache – absolut schwachsinnig. Ich schwitzte vor Verlegenheit und war rot vor Scham. Die Grotte nahm kein Ende und überall waren die Zwerge, die ihre Hämmerchen bewegten. Auf dem Rückweg hielten die Russen die Tram auf einer Brücke an, um die Permits zu kontrollieren. Später erfuhr ich, dass sie sich darauf beschränkten, den Verkehr aus der Russenzone in die Zone der Alliierten zu kontrollieren und nicht vice versa. Die Einwohner von Linz hatten Passierscheine, die in vier Sprachen abgefasst waren, ich einen angelsächsischen Lappen. Auf Russisch weiß ich nur »Tovarich«, aber das nutzte mir nichts und ich wurde zum Kommandanten gebracht und hintennach kam die heulende Braut mit den Zwergen. Der russische Offizier sprach ein bisschen Englisch und verstand ein paar Worte Französisch. Ich wusste eigentlich nicht, was ich sagen sollte; ganz sicher konnte ich nicht sagen, dass wir gekommen waren, um uns eine Grotte mit Zwergen anzusehen. Mit Händen und Füßen erklärte ich ihm, dass ich in diese Braut verliebt sei und dass wir die Zonengrenze überschritten hätten, ohne es zu bemerken.

1934 schrieb dann die *Pravda* dem internationalen Kommunismus zum Trotz: »...unsere geliebte Heimat...« und autorisierte so ein Volk, nationalistisch zu sein.

Unser Offizier muss komplett nationalistisch gewesen sein und jedes Volk der Welt für sich ganz besonders gehasst haben. Ich glaube aber, dass sein Verhältnis zu den Italienern ein irrationales war: Die Italiener ließen ihn einfach die Ruhe verlieren. Ich konnte nicht genau verstehen, was er so brüllte. In seinen Sätzen kamen immer wieder die Worte »Mandolinen«, »Amore«, »Sole Mio« und »Frontiere« vor. Er unterschrieb mir ein Permit und wir hatten's eilig, wegzukommen. Das war mein erster Kontakt zu den Russen. Es sollte noch andere geben; dauerhafte und wichtige.

Aber zum Reisen braucht man nicht nur Pässe und Permits, man braucht auch Geld. Mit *Asso di Picche* wurde keiner reich; nicht einmal Faustinelli, der der Chef war; und so waren die Reisen, die ich damals machte, mit den Problemen des Hungers, des Nachtlagers und schließlich auch des Einschreitens der Polizei behaftet. In Frankreich gab es keine Polizisten, aber eine Million von Vögeln bedeckte mich mit kleinen Portiönchen von Kacke. Ich war in der Provence unterwegs; ich wollte das Land von Van Gogh sehen; vor allem suchte ich die Brücke von Arles. Ich aß, was ich kriegen konnte und schlief, wo sich's ergab.

Eines Abends legte ich den Kopf auf den Rucksack und streckte mich unter einem großen Baum aus, um »à la belle étoile« zu schlafen. Unter einer Wolke von Vögeln träumte ich von Van Gogh. Am Morgen, als die Sonne aufging, setzte explosionsartig ein Trillern, Flügelschlagen und Scheißen ein. Ich lief über die Felder und suchte einen Kanal. Ich fand was, wo ich mich waschen konnte, aber nicht die Brücke von Van Gogh. Darauf musste ich zwanzig Jahre warten.

Solange das mit *Asso di Picche* noch ging, konnte ich mir auch eine Reise nach England leisten; meine erste Station war London. Geld für ein Hotel gab's nicht und so musste ich es mir auf einer harten Bank bequem machen. So hielt ich gerade ein schönes Schläfchen auf der Victoria Station, als ein Polizist kam und mir eine Bastonade auf die Schuhsohlen verpasste. Auch die englischen Polizisten, die Bobbies, haben ihre Schlagstöcke; sie tragen sie in einer geheimen Tasche in der Hose.

Auf der Rückreise von London blieb ich mit venezianischen Freunden in Triest.

Also Triest war nicht italienisch, es war so eine Art freie Stadt, die von den Engländern besetzt war: Die freien Städte sind immer von irgendwem besetzt. Ich weiß nicht, welches Kriterium oder welche Hoffnung oder welche Information uns bewog zu denken, dass man in Triest ein Schiff nach Amerika kriegen konnte. Wenn man in dieser Zeit irgendwo hinging, so geschah das aus einem ganz bestimmten Grund, der bald zur uneingestandenen Entschuldigung wurde: In Wahrheit hatte das Kriegsende uns keinen inneren Frieden gebracht.

Die venezianischen Freunde, mit denen ich gekommen war, hatte ich unterwegs verloren, so fand ich mich zwar ganz allein und offen für alles, was geschehen konnte, aber völlig ausgehungert. In einer solchen Lage triffst du nie, aber auch wirklich nie, einen, der dich zum Mittagessen einlädt. Nein, du triffst einen, der so ausgehungert ist wie du. Ich traf Kramer. Ein Ungar, eine echte Persönlichkeit. Auch er hatte diesen Tick, nach Amerika zu kommen und keine genauere Vorstellung, wie man das bewerkstelligen sollte. Er war einer dieser wenigen Menschen, jetzt sind's nur noch ganz wenige, die keinen Platz haben, wohin sie zurückkehren können und für die das Leben ein komplettes Abenteuer ist. Er hatte in der ungarischen Armee an der Seite der Deutschen gekämpft. Als er sich den Russen gegenüber sah, rannte er davon. Er lief im wahrsten Sinne des Wortes davon: Er nahm die Beine in die Hand und riss sich die Uniform herunter, ohne anzuhalten. Aber, ob er nun im Kreis oder in die falsche Richtung gelaufen war – plötzlich war er unter Russen. Die hielten ihn für einen Bauern und er wurde sofort dazu herangezogen, Patronen oder Granaten zu einer Batterie zu bringen, die seine Kameraden unter Feuer hielt. Er war zu Fuß nach Triest gekommen, indem er den Flüssen folgte, den Menschen, den Heeren... allem, was sich auf's Meer zubewegte.

Als wir durch die Stadt streiften, bot man uns Arbeit an. Es näherte sich uns ein junger Slawe mit weißen Haaren, ein Albino, und sagte, dass er gerne Katzenfelle kaufen würde. Wir sollten die Katzen fangen, sie erschlagen, sie abhäuten, und er würde uns für die Felle bezahlen. Ich denke, er wollte so in den Pelzhandel einsteigen. Er zeigte uns gleich eine Beute, die ihn interessierte: einen großen, weißen, Kater, der auf dem Brett eines ebenerdigen Fensters ausgestreckt lag. Kramer ging die Sache sofort an. Dieser Kater hatte eine Eigenheit: Er lächelte. Mein ungarischer Freund streckte vertrauensvoll die Hand aus und der Kater verpasste ihm sofort einen ordentlichen Kratzer. Die ganze Hand blutete. Ich sah den Hass zwischen Kramer und dem Kater aufkommen: Der eine belauerte den anderen und der grinste. Ich sagte zu Kramer, so geht's nicht; wir brauchen einen Sack. Ich zog ihn fort und er folgte mir; dabei sah er ständig zurück, hypnotisiert vom Blick des Katers. Als wir mit einem Sack zurückkamen, war der Kater weg. Wir saßen auf der Gehsteigkante und der Hunger wurde immer schlimmer. Wir blieben stundenlang da sitzen und die Leute sahen uns misstrauisch an. Ein Polizist hielt mit seinem Fahrrad an und fragte uns, was wir da am Boden machten. Als dann der Kater wieder auftauchte, kam der Slawe, der uns vom Ende der Straße beobachtet hatte, hervor und sagte, dass er das jetzt übernehmen werde. Ihm tat der Kater nichts und die zwei waren ein Herz und eine Seele. Mit dem verzweifelt zappelnden und fauchenden Kater im Sack rannten wir zum Hafen. Kramer schlug vor, das Tier zu ersäufen aber der Slawe sagte, dann wäre das Fell ruiniert. Sie fingen an, zu diskutieren und dann hob der Slawe einen Stein auf und begann, auf den Sack einzuschlagen. Aus dem Sack kamen fürchterliche Schreie. Kramer hielt das nicht aus oder was weiß ich, was ihm eingefallen ist, jedenfalls stürzte er sich auf den Slawen und es gab eine Rauferei und alle brüllten durcheinander, bis es dann dem Kater gelang, aus dem Sack zu entkommen. Ein Auge hing ihm aus dem blutigen Schädel, abgebrochene Zähne klebten am Fell. Wir rannten davon und der Kater, taumelnd, sich immer wieder aufraffend, hintennach, um sich zu rächen. Ich, Kramer und der Slawe sprangen zuletzt auf ein Schiff, das im Hafen lag. Es war niemand an Bord und wir stiegen ins Steuerhaus. Wir versteckten uns und warteten darauf, dass etwas geschehen würde. Es geschah nichts und der Hunger wurde übermächtig. Als wir gerade dabei waren, dem Slawen einzureden, das Pelzgeschäft zu vergessen und mit uns nach Amerika zu kommen, hörten wir am Kai Stimmen, verließen unser Loch und gingen an Land.

Es war eine fröhliche Gesellschaft von Arbeitern und Arbeiterinnen; Burschen und Mädchen, die zu einem Tanzfest gingen.

Sie gingen in eine Tanzdiele, wo ein Marathontanzwettbewerb stattfand. Wir schlossen uns der Gruppe an. Die Jungen erzählten uns, dass wir mit dem Schiff nicht weit gekommen wären: Es wurde abgewrackt. Wir sahen genauer hin und erkannten, dass tatsächlich schon Teile fehlten. Na gut. Wie läufige Hunde folgten wir den strammen Hintern der Triestiner Mädchen und fanden uns im Dancing wieder. Da gab's endlich was zu essen. Das ging so: Auf der Tanzfläche lief dieser Marathonwettbewerb, während die

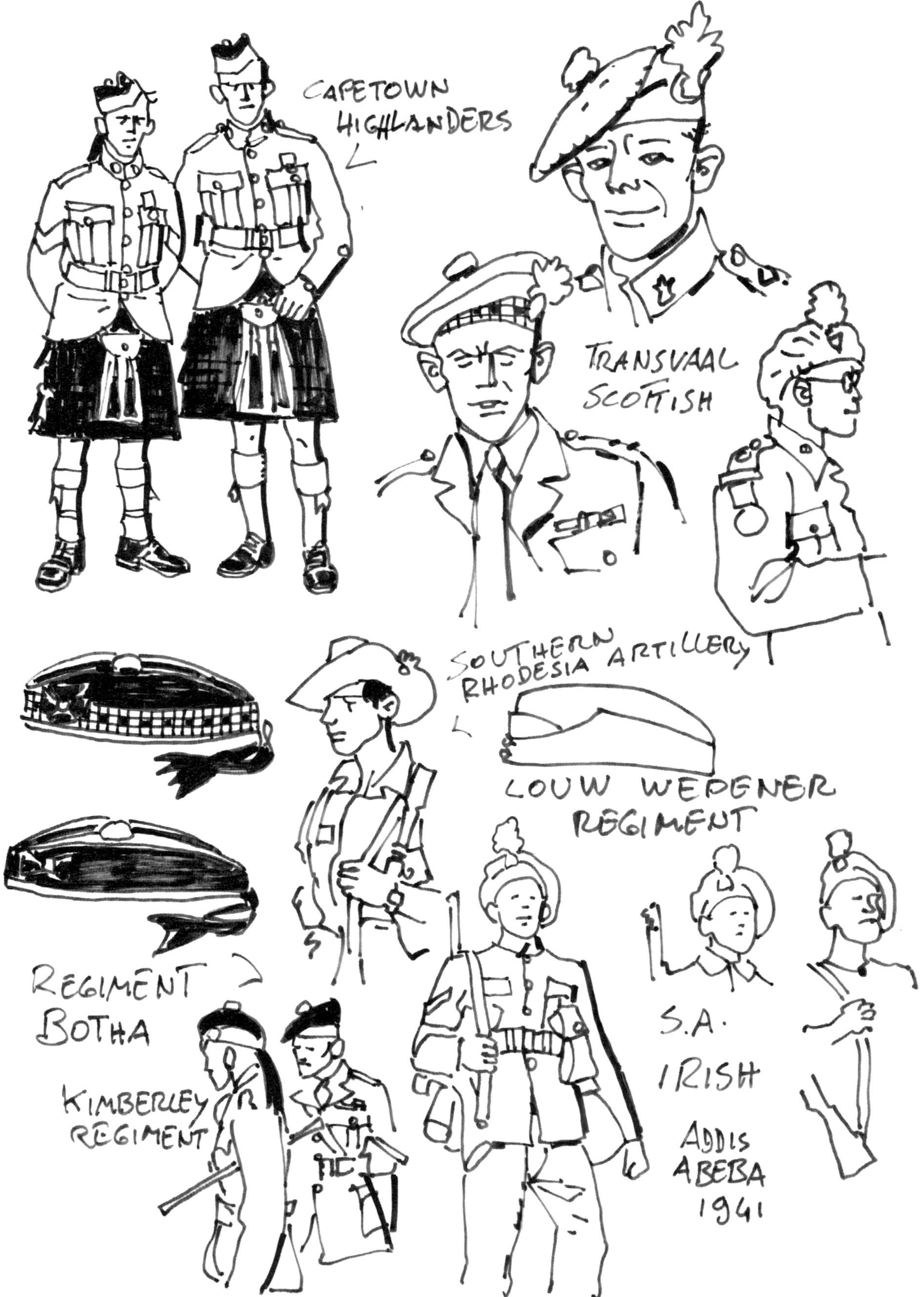

CAPETOWN HIGHLANDERS
TRANSVAAL SCOTTISH
SOUTHERN RHODESIA ARTILLERY
LOUW WEPENER REGIMENT
REGIMENT BOTHA
KIMBERLEY REGIMENT
S.A. IRISH
ADDIS ABEBA 1941

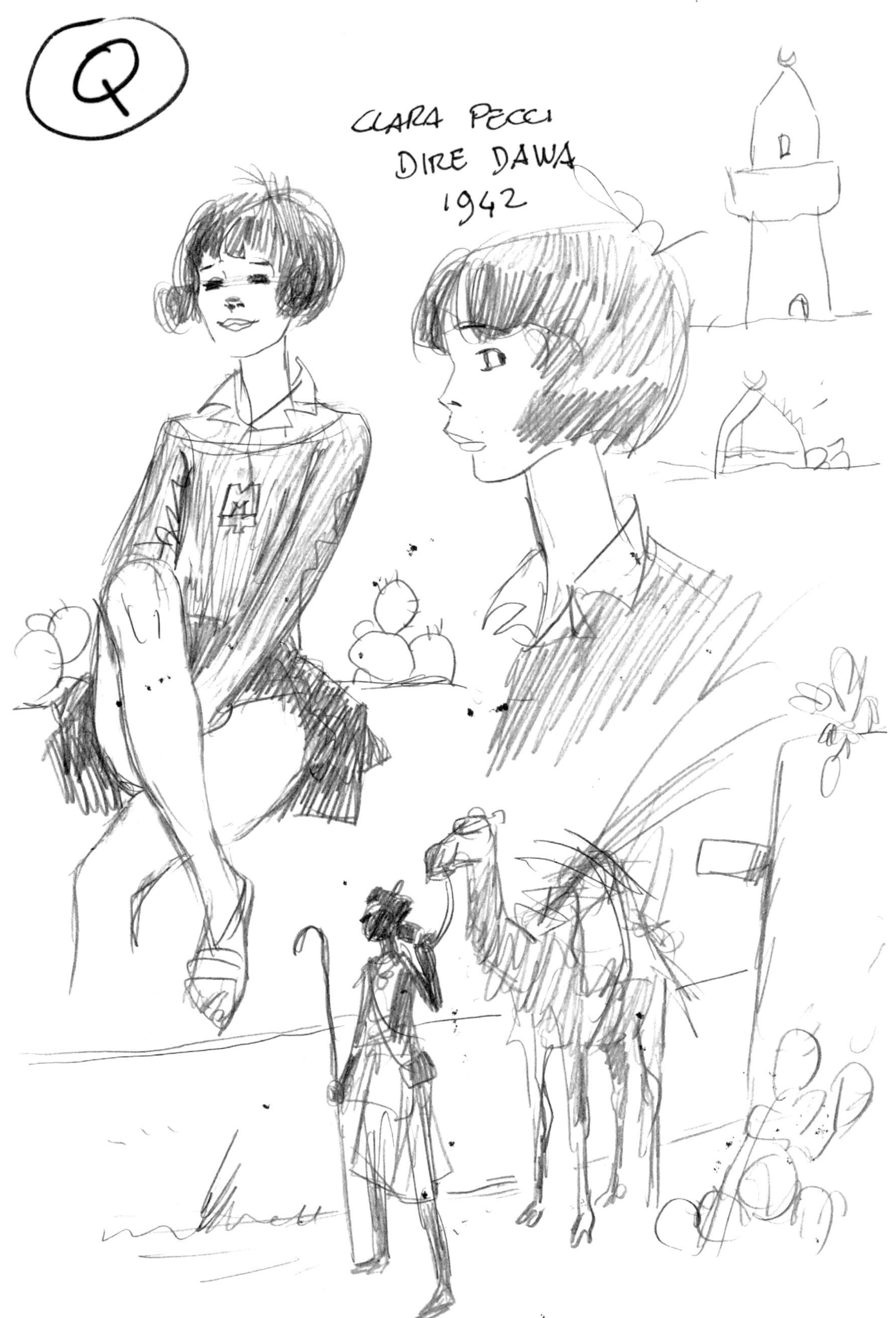
Q
CLARA PECCI
DIRE DAWA
1942

Zuschauer Wetten abschlossen und die Tänzer anfeuerten. Die Paare hatten ein Recht auf Stärkung. Ich gab mir jede Menge Panetti, fraß mir einen Bauch an. Und dabei tanzte ich wie ein Irrer den Guitar Boogie. Die Zuschauer dachten: »Der tanzt, als gäb's kein Morgen« und setzten auf mich. Als ich dann kein Brötchen mehr runterkriegen konnte, verließ ich die Tanzfläche und da gab's einen Mordsstunk. Sie schrien, ich hätte mich vollgefressen und sie hätten auf mich gewettet. Sie warfen mich und dann Kramer auf die Straße. Zu diesem Zeitpunkt hatten wir den Slawen verloren. Kurz darauf begegneten ich und Kramer in der Stadt einer anderen, feiernden, Gruppe und schlossen uns ihr an. Schnapsflaschen wurden in die Runde gereicht und es entstand diese dichte Atmosphäre, die überall herrscht, wo die Leute beschlossen haben, sich gemeinsam zu besaufen. Wir gingen in eine große Hütte, so eine Art verlassene Garage, da stießen viele hübsche Stuten zu uns und ein paar russische Offiziere, vielleicht militärische Beobachter, kamen beladen mit Wodkaflaschen. Das war ein Fest. Typen kamen, tranken und gingen wieder; andere, die gekommen waren, blieben, weil's ihnen gefiel, oder, so wie wir, sie keinen Platz hatten, wohin sie gehen konnten, oder, davon gab's viele, sie zu viel getrunken hatten, um noch irgend eine Entscheidung treffen zu können. Sie soffen harte Sachen, wie Wodka und Gin und Slibowitz und Cognac und Whisky. Man spürte förmlich in der Luft, dass von einem Moment zum anderen alles passieren könnte. Und wirklich machten die Russen plötzlich die Fensterläden dicht, fesselten einen und drückten ihm eine Pistole in die Hand.

Kramer konnte mir gerade noch zurufen: »Na also, schon wieder diese Russen mit ihren Hurereien«, und schon war's stockdunkel.

Man hörte eine Stimme: »Uuuh, uuuh, uuh«, und sofort antwortete ein Schuss. »Sbam.«

Alles klar?

Die Fensterläden waren zu und wer da war, war da. Die Schüsse aus dem Magazin nahmen kein Ende; ich rief kein einziges Mal »Uuh«. Ich war viel zu sehr damit beschäftigt, mich zu verstecken und wenn ich in dem Gewühl den weichen Körper eines Mädchens fand, so drückte ich mich dahinter und klammerte mich fest daran, klammerte mich an das Leben. Endlich konnten ich und Kramer uns verdrücken.

Wir schlugen in einem Eisenbahnwaggon unser Nachtquartier auf. Dort schliefen wir, besoffen und zufrieden, bis zum Morgen, wo dann natürlich die Polizei anrückte. Das sind doch Hurenkinder heutzutage, diese Polizisten in Triest. Die hofften, dass die Stadt so was wie ein Tanger an der Adria würde, und machten auf hart: »Wer seid ihr? Wo geht ihr hin? Was tut ihr hier? Permit? Pass?«

Zum Glück fiel mir ein alter Freund in Triest ein, Claudio Fabbro. Der war so nett und kam gleich auf die Kommandantur und bürgte für mich. Kramer kam in ein Flüchtlingslager und ich konnte nach Venedig zurück, wo Faustinelli mich mit Feder und Tusche erwartete. Kramer hatte ihn im ungarischen Zirkel in Buenos Aires getroffen; Claudio Fabbro wiederum hat ihn vor kurzem gesehen; er ist nach Mailand übersiedelt, beladen mit Mut und Problemen. Jetzt zeichnet auch er Comics.

Vor dem Aufbruch nach Argentinien gab's noch andere Reisen, kurze und lange, und so viele Mädchen, und Rugby, sodass ich mich heute frage, wie ich noch Zeit für *Asso di Picche* finden konnte. Bei meiner letzten Übersiedlung nach Malamocco hab ich eine Schachtel mit Fotografien gefunden und dabei kamen Bilder zutage, die Reisen, die ich fast vergessen hatte, bezeugten, und auch die Nummern von *Asso di Picche* mit meinen ersten Arbeiten. Und es müssen wohl gute Arbeiten gewesen sein, wenn ein großer Verlag in Argentinien, wie Editorial Abril, sich dafür interessierte und die Rechte kaufte. Wir in der Gruppe wussten das damals nicht, denn Faustinelli war ein sehr reservierter Chef. Er überraschte uns, als er mir und Ongaro sagte, dass der Europaagent von Editorial Abril in Venedig sei und so hatten wir mit dieser Finzi ein kurzes und wichtiges Treffen; sie war auf der Durchreise und sprach mit uns, im wörtlichen Sinne, vom Trittbrett ihres Zuges aus: Sie fragte uns, ob wir nach Buenos Aires kommen und dort arbeiten wollten. Einmal war sie sicher eine Schönheit gewesen. Sie trug eine rote Rose am Busen und ich fragte mit lauter Stimme: »Wo wohl der lange Stiel der Rose befestigt ist?« Sie muss es gehört haben, denn sie lachte. Mehr hab ich nicht gesagt und vielleicht war ich gerade deshalb jetzt mit Faustinelli auf dem Schiff nach Amerika.

Wir gingen in Genua an Bord und bis das Schiff ablegte, lief alles normal. Ich hatte die Reise von Venedig per Zug mit meiner Verlobten und Marios Vater unternommen. In der Nacht im Zug hatte ich die Tochter des Alten, wirklich hübsch, zweimal gebumst; ihre Zabaglioni coi Savoiardi und Raviolini di Ricotta hatten mich so fett werden lassen, dass ich Rugby aufgeben musste; aber ich hatte Angst, dass Faustinellis Vater aufwachen könnte.

Es ging also alles gut, bis das Schiff in See stach. Von dem Augenblick an schauten ich und Mario uns nicht mehr an und erreichten Amerika, ohne auch nur ein Wort gewechselt zu haben. Ich tat mich mit ein paar Kartenspielern zusammen und machte auf Lebemann. Ein griechischer Spieler namens Leonidas war meine Rettung.

Er hatte mir eine Zeit lang schweigend beim Spiel zugesehen, dann nahm er mich zur Seite und fragte mich, wie viel Geld ich wegschmeißen wollte. Er mischte die Karten und zeigte mir, wie man einem, der gut spielt, aber schlechter als die anderen, einen Poker serviert. Er sagte mir, diese Fähigkeit sei nicht genug. Man brauche auch einen Partner und man müsse aufpassen, dass der sich nicht mit dem Gegner zusammentut und du bist dann der Blöde. Er erzählte mir die Geschichte seines Lebens und da kam eine Flucht nach Konstantinopel vor und Messer und Gangster. Ich war ihm sympathisch und er brachte mir auf der Reise bei, was er in vielen Jahren in einer harten Schule gelernt hatte, ohne Bücher, ohne Lehrer, ohne Wiederholungsprüfungen.

Ich lernte auch noch etwas anderes, kaum, dass ich einen Fuß auf argentinischen Boden gesetzt hatte. Daran denke ich noch heute. Als das Schiff in Buenos Aires anlegte und alle Passagiere sich in Bewegung setzten, blieben ich und Mario auf der Brücke, um uns das Land anzusehen oder was weiß ich. Dann, als sich das Durcheinander gelegt hatte, gingen wir von Bord. Terni, einer der Besitzer von Editorial Abril, war gekommen, um uns abzuholen und empfing uns mit den Worten: »Ich war gekommen, um zu sehen, ob ihr als Erste oder als Letzte von Bord geht. Ihr wart die Letzten.«

Für mich war das eine kalte Dusche. Ich dachte: »Freund, von nun an musst du immer der Erste sein.« Na, jedenfalls waren wir jetzt in Amerika! Ich stand mit meinen Füßen auf dem Arsch der Welt.

Schön, ob mit dem Kopf nun nach unten, oder nach oben, meine Füße standen jedenfalls auf Amerika. Man konnte spüren, dass der Boden voll Erdöl war und dann gab's da so viele Palmen zu sehen und so sagte ich zu mir, während uns das Taxi zum Hotel brachte: »Ein reiches Land, fett vom Petroleum und mit schönen Palmen.« Das Petroleum kam aus einer defekten Tankstelle und die Palmen gehörten zu einem botanischen Garten.

Terni begleitete uns und brachte uns im Hotel Bristol, einer Luxusabsteige, unter. Und ich fühlte mich beschwingt und zufrieden. Ich dachte: »Das Leben ist leicht. Es genügt, wenn du Talent hast, dann lebst du im Grandhotel, wie ein großer Herr!«

Als ich am nächsten Morgen mit Faustinelli zum Editorial ging, um die Kollegen kennenzulernen und berufliche Kontakte aufzunehmen, erfuhr ich, dass wir auf eigene Kosten im Hotel Bristol wohnten. Ich zog sofort mit Faustinelli los, um eine Wohnung zu suchen! – Wir fanden ein Chalet in Acassuso, eine halbe Eisenbahnstunde von Buenos Aires entfernt. Das Chalet von Acassuso, dessen Erinnerung den Schriftsteller Alberto Ongaro noch heute verrückt vor Nostalgie macht.

Es begann eine tolle Zeit, reich an Neuem und an Entdeckungen. Aber ich und Mario sprachen nie miteinander. In Wahrheit sprachen wir von Kleiderbügeln. Wir hatten ein solches Maß an Gehässigkeit erreicht, dass es diese Diskussionen um Kleiderbügel gab. Das Chalet, das wir gemietet hatten, war schön möbliert, und so gab es in den Kleiderschränken diese Dinger aus Draht und die zählten wir, um gerecht zu teilen. Alberto Ongaro, der auch einen Vertrag mit dem Editorial hatte, sollte bald eintreffen. Ich wartete sehnsüchtig auf ihn, da ich hoffte, er würde alles ins Lot bringen. Auch Mario erwartete ihn vertrauensvoll; er hatte ihm einige Briefe geschickt und die Situation erklärt. Ich weiß nicht, wie er das gemacht hat. Ich glaube, er hat ihm nichts von den Kleiderbügeln geschrieben.

Dann kam Ongaro an und versuchte, die Situation in den Griff zu bekommen. Er sprach zu uns halb tadelnd, halb väterlich und sagte, er würde alles in Ordnung bringen. Aber er brachte überhaupt nichts in Ordnung, verstrickte sich bald in Diskussionen und begann, seinen Teil an Kleiderbügeln zu verlangen. Dann gab es noch das Problem mit Ivo Pavone. Ivo ist ein venezianischer Zeichner, ein Freund von mir, der auch nach

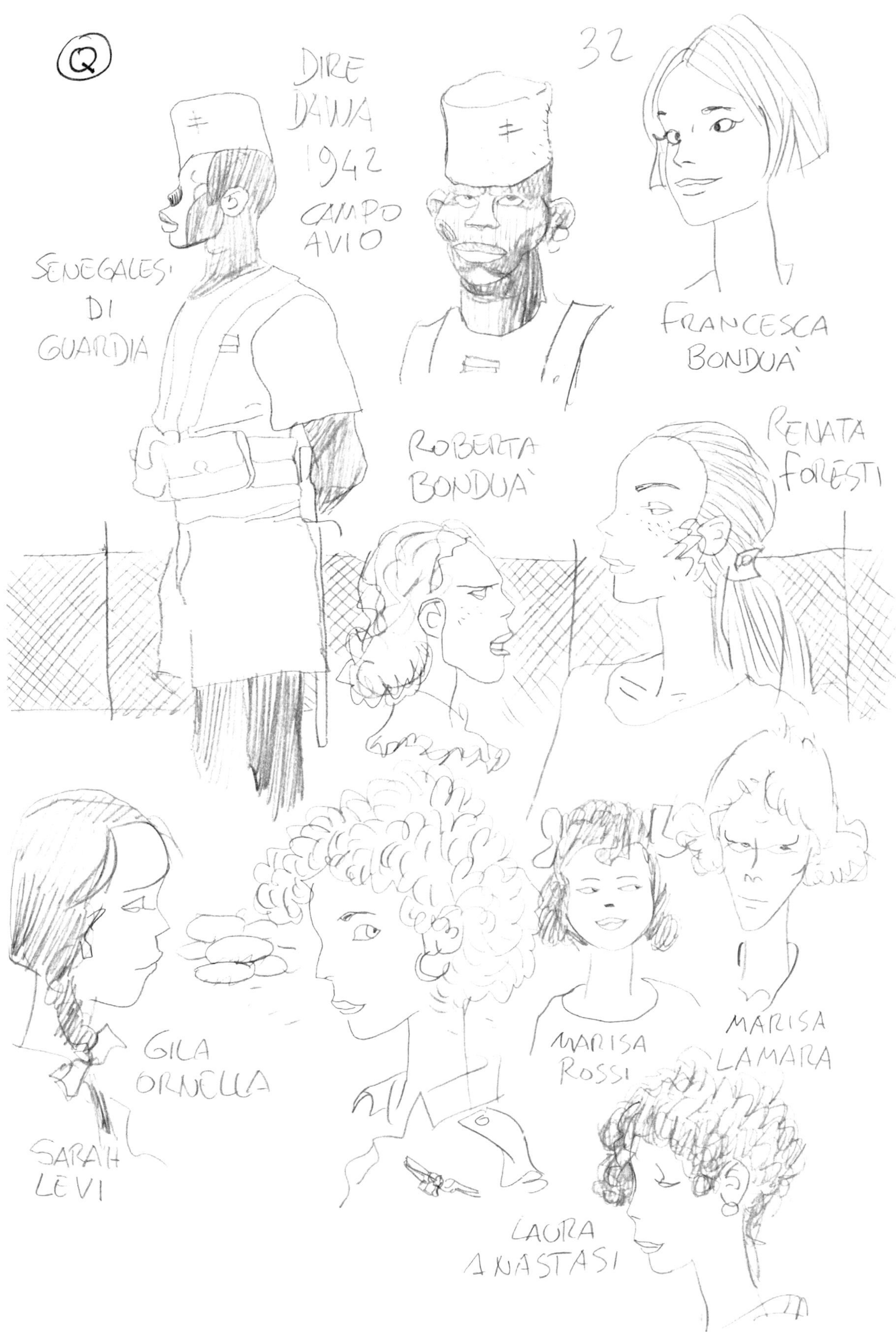

Q
DIRE DAWA 1942
CAMPO AVIO
32
SENEGALESI DI GUARDIA
FRANCESCA BONDUÀ
ROBERTA BONDUÀ
RENATA FORESTI
GILA ORNELLA
SARAH LEVI
MARISA ROSSI
MARISA LAMARA
LAURA ANASTASI

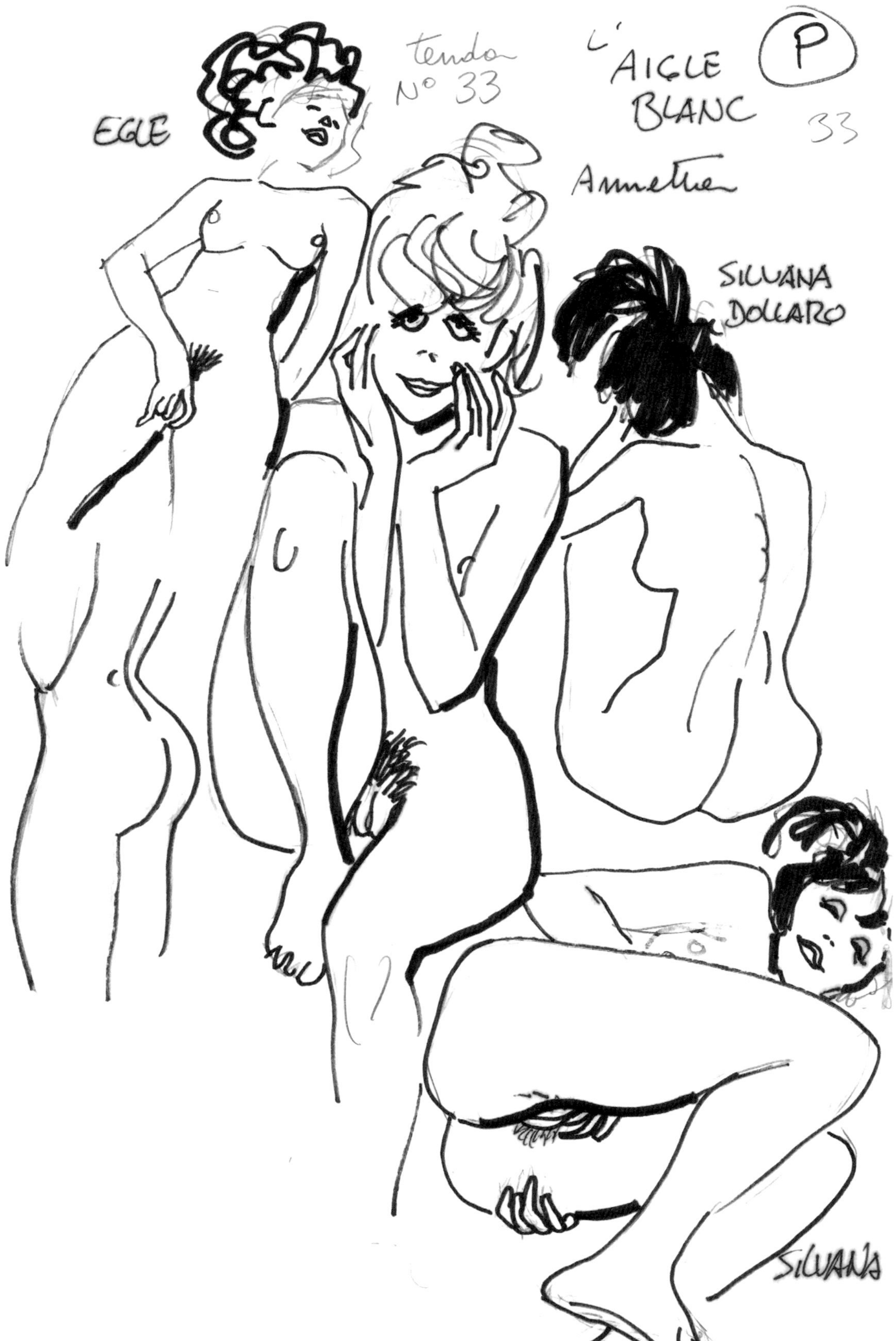

EGLE

tendor
N° 33

L'AIGLE
BLANC

P

33

Annette

SILVANA
DOLLARO

SILVANA

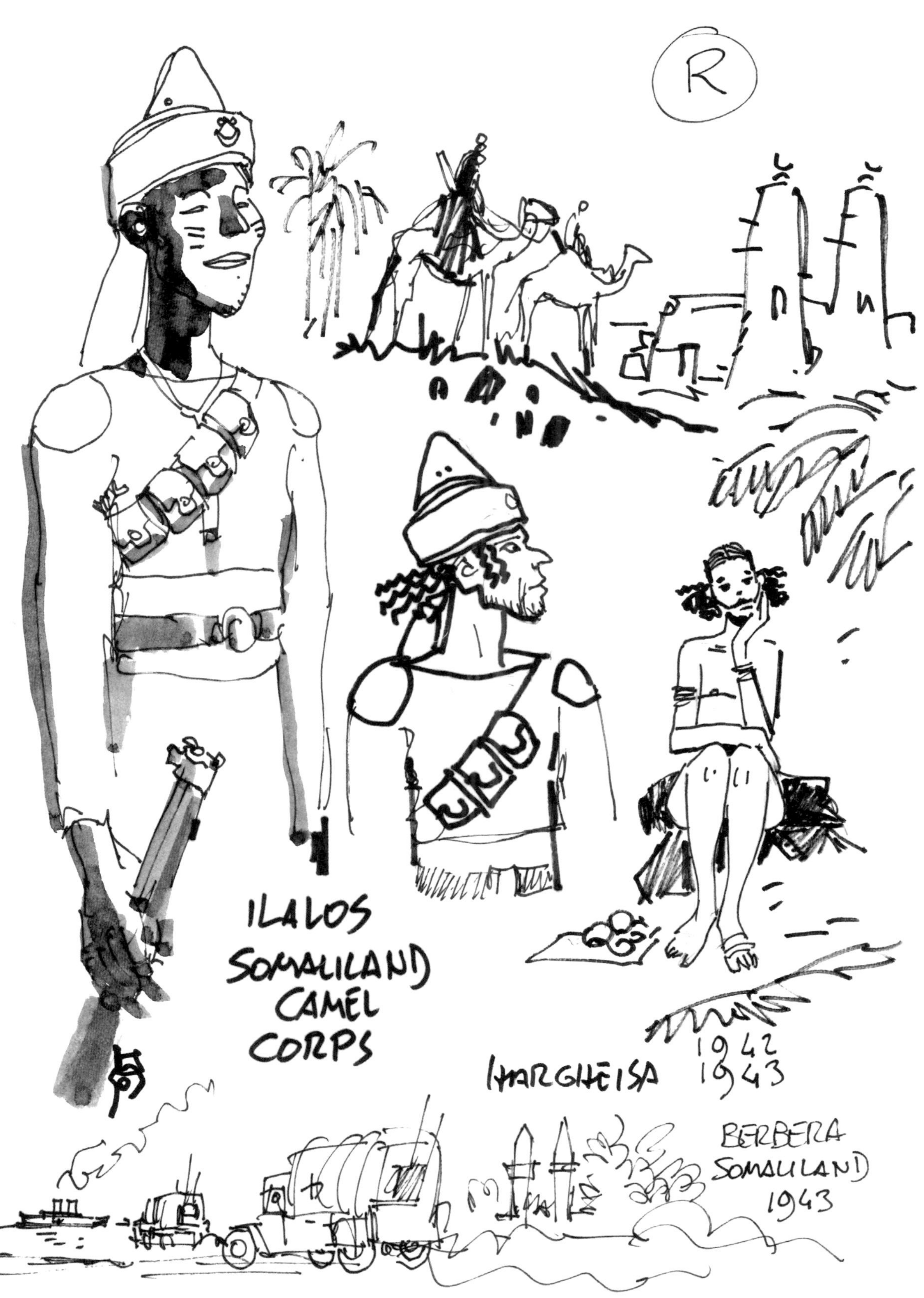
R
ILALOS
SOMALILAND
CAMEL
CORPS
HARGHEISA
1942
1943
BERBERA
SOMALILAND
1943

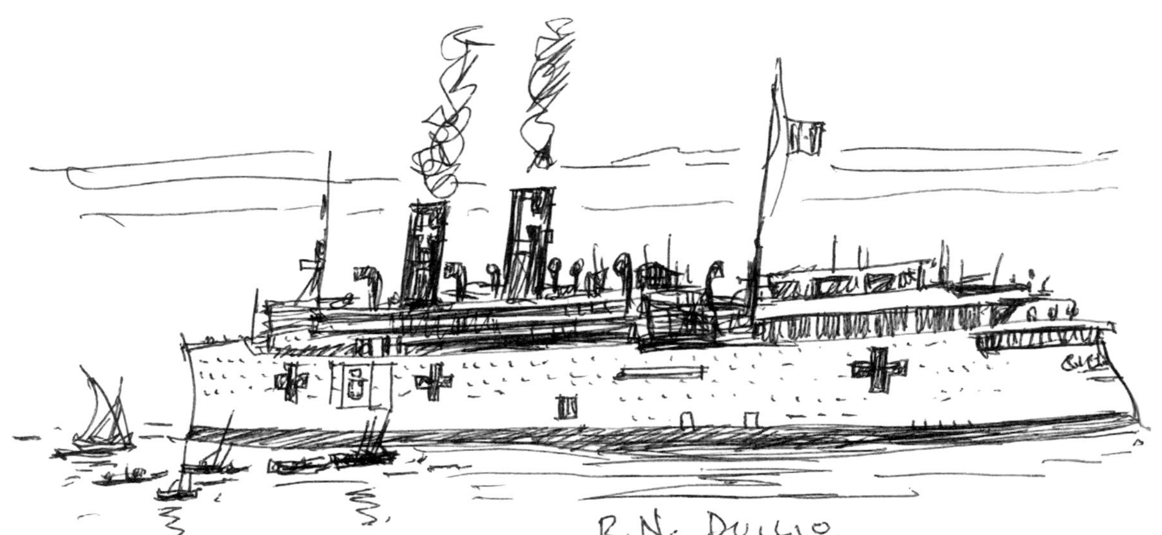
Rimpatrio profughi dall'A.O.I.
BERBERA 1943
R.N. DUILIO
R.N GIULIO CESARE
R.N. VULCANIA
R.N. SATURNIA

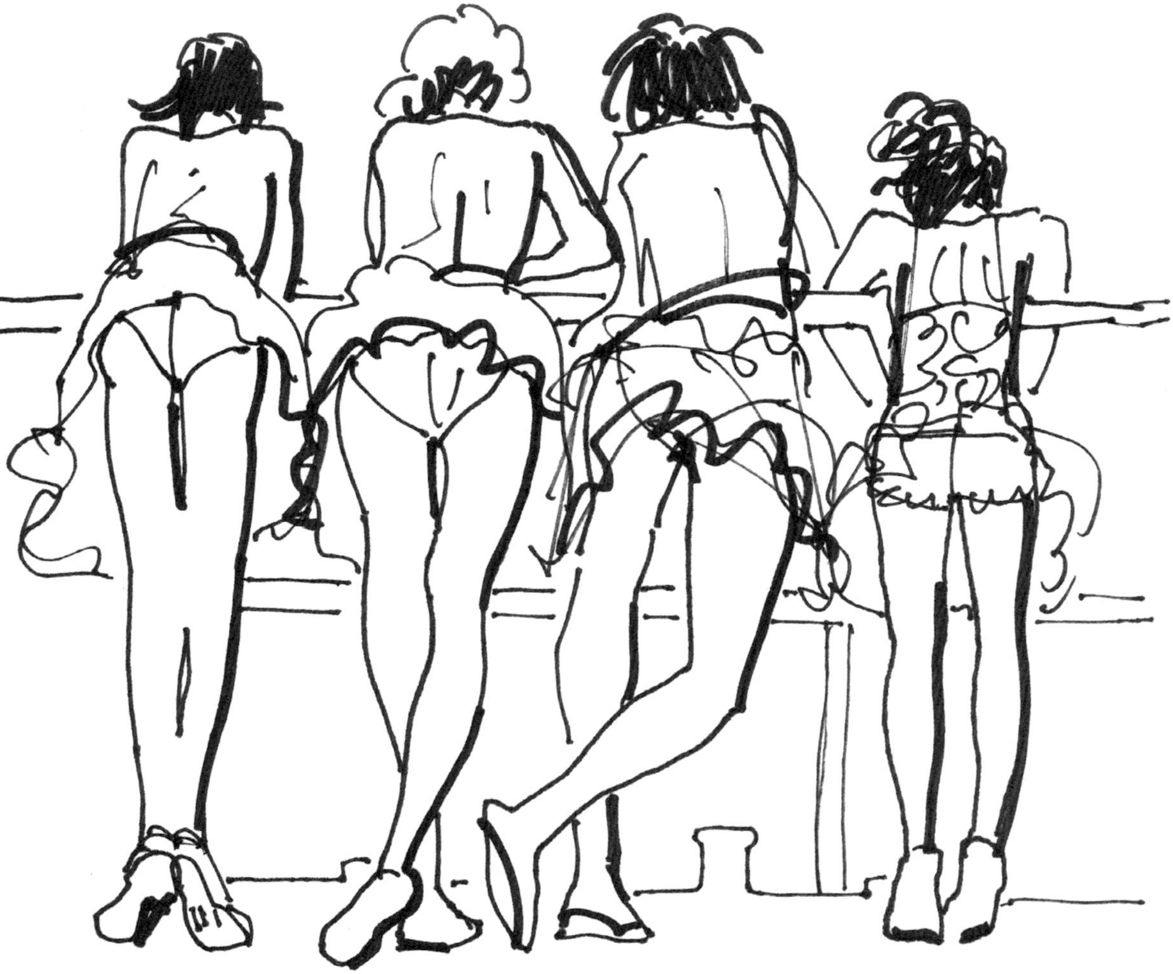

Argentinien kommen wollte. Mario und Alberto sagten, man übernehme eine große Verantwortung, wenn man jemanden nach Amerika holt. Sie fragten: »Und wer übernimmt die Verantwortung dafür, dass er nach Argentinien kommt?« Sie schienen zu befürchten, dass Ivo, in Amerika angekommen, alles im Sturm erobern könnte, also sagte ich, dass ich die Verantwortung übernehme und wir waren zu viert im Chalet von Acassuso. Gewissenlos genug, um uns keine Sorgen zu machen und zu jung, um zu verstehen, dass glücklich sein der Mühe wert ist.

Eines Tages drückte mir Faustinelli die acht Centavos für die Bahnkarte nach Buenos Aires in die Hand und ich entschloss mich zu übersiedeln. Wir nahmen immer den Zug, um von Acassuso nach Buenos Aires zu kommen. Üblicherweise ging einer von uns an den Schalter und besorgte die Karten für alle. Gut, wir waren inzwischen an einem solchen Maß an Gehässigkeit, Sticheleien, Formalismen und solchem Scheiß angelangt, dass Mario mir diese acht Centavos gab und ich dann zu Von der None ging, um zu sehen, was es mit der »Pension der ersten Kategorie« auf sich hatte.

Dieser Von der None war ein Russe deutscher Abstammung, der hinter der Eisenbahn einen Fotoladen betrieb. Zu dieser Zeit hatte ich begonnen, mich fürs Fotografieren zu interessieren und ging hin, um mir da Material dafür zu kaufen; er verkaufte mir die Rollei 3.5, die ich heute noch verwende. Er hatte mich schon öfter gefragt, wo ich wohnte, und sagte dann immer, falls ich Interesse hätte, er besäße eine Pension »prim categori«. Also ging ich zu ihm und fragte nach der Adresse seiner Pension »prim categori«. Das war Calle Italia 12. Ich ging hin, klopfte, und eine Frau machte auf, einen Meter achtzig groß, die hörte überhaupt nirgends auf. Ein fein geschnittenes Gesicht mit spitzem Kinn. Zwei helle Augen, wie zwei Seen, kalte Seen. Aber es lag auch Sanftheit in ihrem Ausdruck. Zinaida Von der None, eine Ukrainerin? Sie wandte sich an mich mit jener Mischung von Spanisch – Russisch – Deutsch, an die ich mich später noch gewöhnen sollte. Sie sagte mir, dass ihr Mann von mir erzählt hätte und ließ mich Platz nehmen. Als wir im Wohnzimmer waren, seufzte sie und sagte: »Ah, ustèd como Spartaque!«

»Was?« fragte ich.

»Como Spartaque, roman gladiator...«

»Das fängt ja gut an« dachte ich.

Ich ging nach oben und sah mir das Zimmer, das ich mit Ivo Pavone teilen sollte, an. (Mein venezianischer Freund sagte, er würde mit mir kommen, weil ich ihn ja nach Amerika geholt hatte.) Das Zimmer war in Ordnung; es lag am oberen Ende einer Stiege und damals bedachte ich noch nicht die künftigen Alkoholprobleme. Ich sagte, dass mir das Zimmer gefiele. Zinaida begann nun mit großer Würde, mir alles zu erklären, was ihr wichtig vorkam und das ich nicht wusste. Da, sie hätte was zu essen gemacht und wir würden alle zu Tisch gehen. Und sie zählte mir diese »alle« auf: In einem Zimmer im Erdgeschoss wohnte Viegener, ein Deutscher, Vincent Viegener, weil sein Vater Maler war und begeistert von Van Gogh. Im Wohnzimmer schlief Podgorny, der in Buenos Aires Landwirtschaft studierte. Seine Leute waren aus der Tschechoslowakei nach Argentinien ausgewandert, als Hitler begann, herumzuschreien, wie die Sudetenfrage geregelt würde; Podgorny war ein Sudete. Podgornys Eltern hatten große Besitzungen in Meißen, so wie viele Tschechoslowaken.

Dann waren da noch die Zinaida und ihr Mann und die Töchter Guña und Natascha, die alle ein Zimmer bewohnten.

Letztlich, wenn auch inoffiziell, kam dann in der Nacht auch Helmuth, ein Österreicher. Er hatte als Schlafplatz den Küchentisch gemietet, 80 x 70 Zentimeter. Unter diesem Tisch hatte Tana, die Boxerhündin der Familie, ihr Winterlager.

Das Milieu war vielschichtig und die Zinaida gestaltete es kosmopolitisch, indem sie einen kulturellen, mitteleuropäischen Salon unterhielt, mit Leuten von Litauen bis zur Ukraine, von Stalingrad bis Minsk. Lauter Halsabschneidergegenden.

Das oben gelegene Zimmer brachte den Vorteil einer gewissen Isolation, wenn man allein sein und arbeiten wollte. Hin und wieder war ich total besoffen und dann hob ich ab und flog die Stiege runter und landete draußen, nachdem ich durch das Fliegengitter am Haustor gestürzt war. Da war dieses Fliegengitter, damit die Mücken und die Moskitos draußen bleiben und ich flog ins Freie und machte es kaputt. Die Zinaida sprang auf mich los und sagte, ich sei verrückt: »Esta luoco; sempre borruacho!«. Aber sie gab sich damit zufrieden, dass ich ein neues Fliegengitter anbringen ließ. Viele Jahre lang überkam's mich immer wieder, dass ich fliegen wollte, wenn ich blau war. Ich wollte keinen Sprung machen; nein, ich fühlte in mir den Drang zum Fliegen. Vielleicht eine Berufskrankheit nach den Zeichnungen für *Asso di Picche*? Ich weiß es nicht. Tatsache ist, dass es mir nie gelang zu fliegen. Ich hob mit ausgebreiteten Armen ab und dann kam ich immer wieder runter und schlug alles unter mir kurz und klein. Aber nie meine Knochen.

Einmal, noch immer in Argentinien, hab ich mich mit dem guten Wein der Brüder eines Konvents am Rio Negro bis zum Irrsinn besoffen und überzeugt davon, dass ich eine Weile schweben würde, sprang ich mit geschlossenen Augen und ausgebreiteten Armen über eine Mauer. Unter der Mauer stand ein Tisch, an dem zwei alte Männer saßen und ihre Pasta asciutta aßen. Ich walzte alles platt. Ich war wahnsinnig enttäuscht und ein paar Freunde, die mit waren, luden mich in einen Jeep und brachten mich weg.

Als uns ein Auto überholte, begann ich, hinterherzuschießen. Meine Freunde warteten, bis das Magazin leer war, dann fielen sie über mich her und verschnürten mich wie eine Salami. Ein Stück weiter hielt uns die Polizei an und meine Freunde erklärten, sie hätten mich nicht gefesselt, weil ich böse oder kriminell sei, sondern weil ich getrunken hätte und sie fürchteten, ich könnte mich aus dem Auto stürzen. Sie sagten, sie wüssten nichts von Pistolenschüssen und die Polizisten taten so, als würden sie ihnen glauben. Überall lagen die Patronenhülsen herum.

Durch den Wein gelang es mir, mit Viegener Freundschaft zu schließen. Ich lebte nun schon zwei Monate bei der Zinaida und er spielte immer den Deutschen und redete mit niemandem. So kaufte ich eines Tages eine Flasche Wein, ging zu ihm und sagte: »Hör mal, wir leben hier zusammen, wir essen am selben Tisch und das kann noch Jahre dauern, trinken wir diese Flasche miteinander und hören wir auf damit.« Das mit dem gemeinsamen Trinken gefiel ihm und wir wurden Freunde. Richtige Freunde. Jahre später kam ich auf einer Europareise nach Deutschland und sein Vater, der Maler, machte mir Porträts und erklärte mir Dinge aus der Malerei. Er sprach gerne vom Rot und zeigte mir, wie ein Tropfen Grün das Rot stärker leuchten lässt.

Vincent Viegener war schon ein Typ. Wäre er nicht so massig gewesen, so hätte er an Robert Hossein erinnert. Er hatte Hände wie Stahl und konnte damit feine und zierliche Werke schaffen: ein Ziseleur. Wir wurden so gute Freunde, dass er mir auf die Knie patschte, während er seine Geschichten erzählte. Und jedes Mal spürte ich einen starken Schmerz und fürchtete, der Knochen hätte nachgegeben und mein Bein wäre gebrochen. Damals arbeitete ich oft in der Nacht. Wenn Viegener nach Hause kam, stieg er herauf, um mich zu begrüßen und ich nagelte ihn sofort mit einem Kaffee fest. Ich machte ihn extra stark und ganz dick. Viegener durchschaute meinen Trick nie und blieb ganze Nächte auf, um mir Gesellschaft zu leisten. So erfuhr ich, dass er einer der wenigen Deutschen war, die aus Stalingrad entkommen konnten. Er erzählte mir, dass sie sieben gewesen waren; im Schnee eingeschlossen und überall Russen. Sie beschlossen, alle Handgranaten zu werfen und alle Munition so schnell wie möglich zu verschießen. Sie veranstalteten ein riesiges Feuerwerk. Die Russen glaubten, eine Division vor sich zu haben und während sie noch überlegten, wo die herkäme, nahmen sie die Beine in die Hand. Ich dachte immer, das müsse etwas komplizierter gewesen sein, doch Vincent konnte es nie besser erklären. Er hatte es immer eilig, zum Schluss zu kommen. Jedenfalls erreichten sie alle die deutschen Linien und alle außer ihm kriegten das Eiserne Kreuz. Sie sagten ihm, dass sie's ihm nicht geben könnten, denn er hätte noch ein paar Tropfen jüdisches Blut; ihm könnten sie eine Decke geben. Ungeachtet seiner russischen Kriegserlebnisse wollte die Zinaida Vincent mit einer Ukrainerin verheiraten. Eigentlich hatte sie's schon mit mir probiert und mit Ivo Pavone. Ivo Pavone lebt jetzt in Venedig mit einer Russin, aber nicht mit der, die Zinaida für ihn gefunden hatte. Mit Viegener probierte sie wirklich alles; er hätte als Mitgift 20.000 Pesos bekommen, von einem Goldschmied, der glücklich gewesen wäre, eine seiner vielen Töchter mit einem aus dem Metier zu verheiraten. Zinaida verfolgte ihn richtiggehend und brachte ihn ins Haus dieser Russen. Die Töchter waren schon bei uns aus- und eingegangen. Immer wieder mal, wenn ich und Ivo nach Hause kamen, sahen wir eine mit einer anderen am Diwan sitzen und die Zinaida sagte, wir sollten einen Tee mittrinken. Es waren Mädchen mit Quadratschädeln und Gesichtern voll Sonne und Gesundheit, und wenn man was zu ihnen sagte, dann kicherten sie und sahen sich gegenseitig an, und wenn man eine ansah, wurde sie rot.

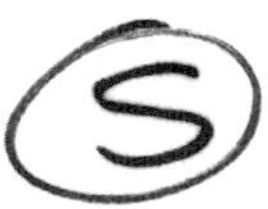

"TORNEREMO!"

1943

una
allegra
tristezza ...

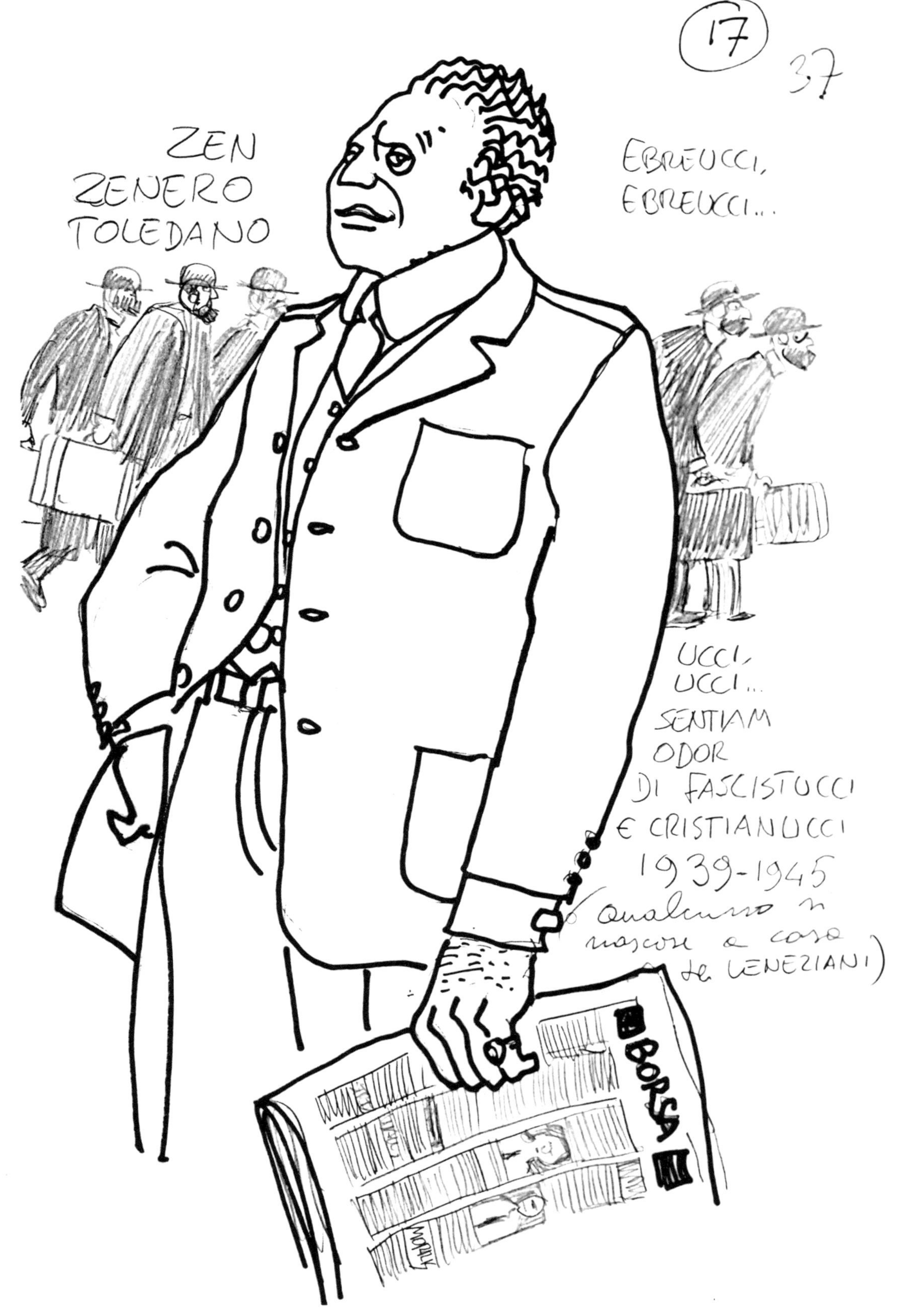
17
37
ZEN
ZENERO
TOLEDANO
EBREUCCI,
EBREUCCI...
UCCI,
UCCI...
SENTIAM
ODOR
DI FASCISTUCCI
E CRISTIANUCCI
1939-1945
(qualcuno si
nascose a casa
dei VENEZIANI)
BORSA

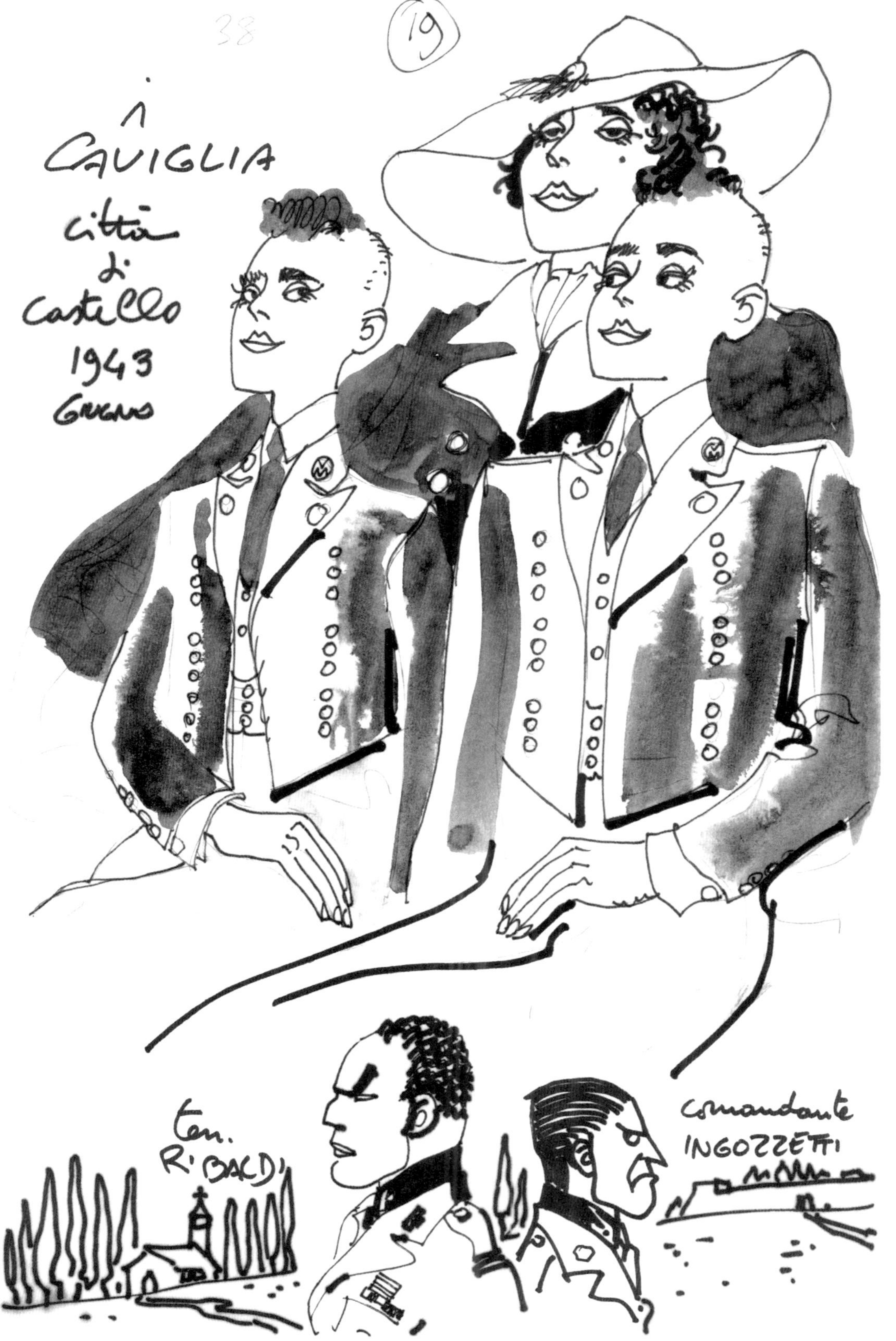
38
19
CAVIGLIA
città di Castello 1943 Giugno
ten. RIBALDI
comandante INGOZZETTI

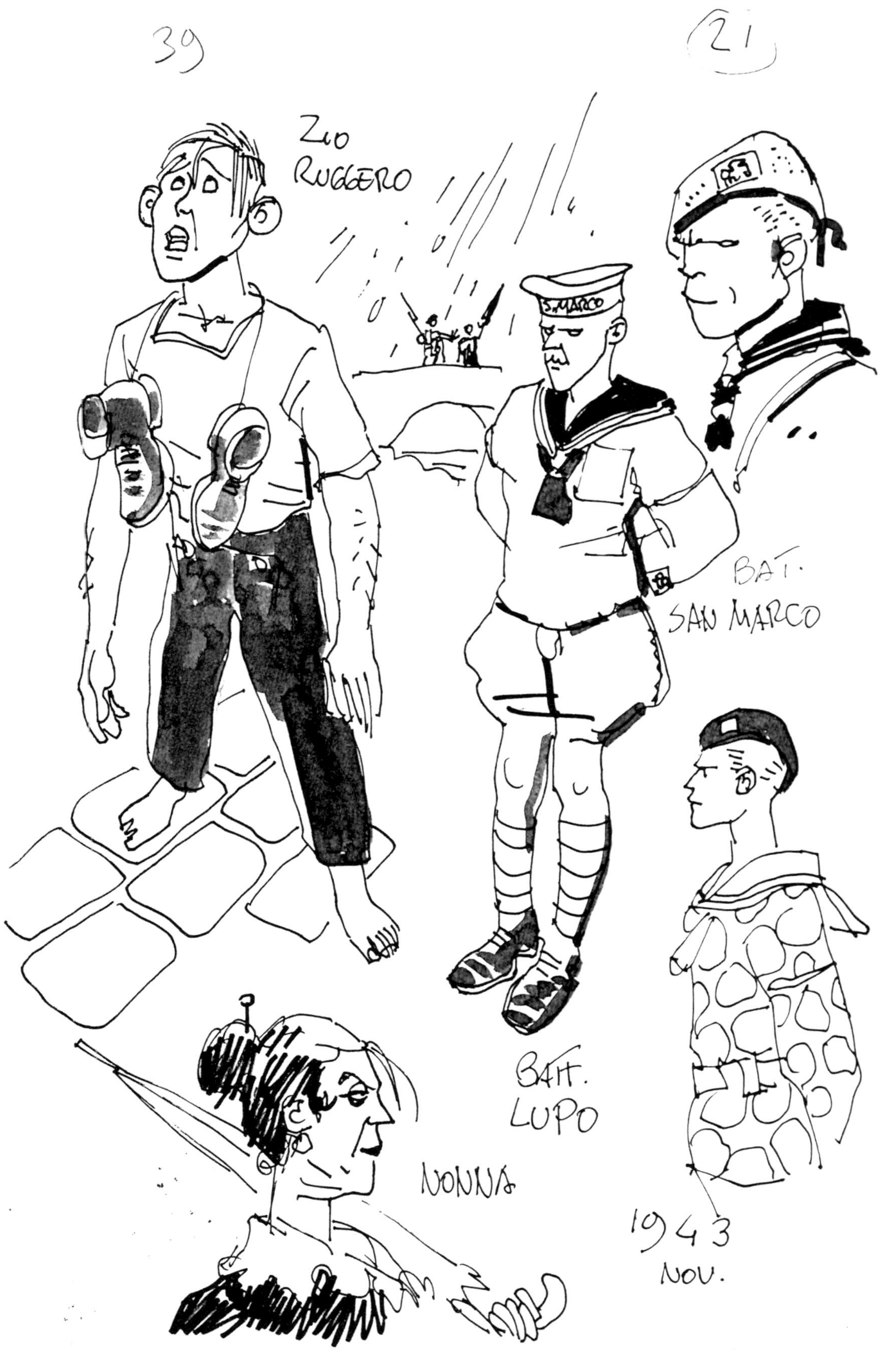

ZIO RUGGERO

S. MARCO

BAT. SAN MARCO

BATT. LUPO

NONNA

1943 NOV.

Dann, eines Abends, als ich noch auf war, um zu arbeiten, hörte ich einen »Alte Kameraden« singen und die Stiege raufkommen. In der Türe tauchte Viegener auf; torkelnd und mit rollenden Augen. Er war stockbesoffen. Es gab dann eine Diskussion, weil ich wollte, dass er meinen Kaffee trank, und er schlafen gehen wollte. Ich brachte ihn schließlich dazu, ihn runterzugießen und er ließ sich in einem Sessel nieder, verpasste mir einen seiner fürchterlichen Tatzenhiebe aufs Knie und begann zu lachen. Er konnte nicht mehr aufhören. Man merkte, dass er aufhören wollte und mit einer Erzählung beginnen, aber als er daran dachte, was er erzählen wollte, fing er wieder an. Das war passiert: Er hatte wieder einmal einen Abend bei dem russischen Goldschmied verbracht und plötzlich merkte er, dass er sich in einer schwierigen Situation befand. Der Goldschmied war ein kleiner Winzling und seine Ehegattin ein Pflock von einer Frau, ein Mastodon, und die redete immer direkter von der Ehe. Viegener erzählte mir, dass er eigentlich gar nicht wusste, welche der Töchter er nun heiraten sollte; er war aber überzeugt davon, dass dieses Detail nicht einmal die Eltern interessierte.

Jedenfalls hatte Viegener irgendwann während des Abendessens eine merkwürdige Idee. Er dachte: Wenn ich mich schlecht benehme, dann schmeißen sie mich raus und ich bin aus dem Schneider und die Zinaida kann da gar nichts sagen. Gut. Er fing an zu saufen wie ein Verrückter. Er bemerkte zwar, dass er ihnen verdächtig vorkam, aber es wurde ihm bald klar, dass das nicht genügte, um die Russen aus der Fassung zu bringen.

Da fing er an zu rülpsen und soff weiter, und nach einer Weile wusste er dann nicht mehr, ob er's absichtlich machte oder nicht. Nach und nach verlor er die Kontrolle und begann zu furzen, dann ließ er sich einfach ganz gehen und erzählte Kasernenwitze, aber solche, dass der Vater die Töchter aus dem Zimmer brachte, und als er wieder zurückkam, da hatte er alles vollgekotzt und konnte sich nicht mehr auf den Beinen halten und stürzte einmal dahin und einmal dorthin. Das Riesenweib sagte diesem Winzling von einem Mann, er sollte dieses besoffene Schwein rausschmeißen. Das, so erzählte mir Viegener, war das Letzte, das er in dem Haus mitbekam, bevor er sich auf der Straße wiederfand.

Zinaida war ein paar Tage richtig wütend. Sie sagte, die Russen von Buenos Aires würden ihr diesen Affront nie verzeihen. Sie fühlte sich für den Vorfall direkt verantwortlich. In Wahrheit waren es die verlorenen 20.000 Pesos, die sie so wütend machten.

Auf Helmuths Rat lud Vincent die Zinaida ins Kino ein. Sie gingen dann ganz offiziell. Ich erinnere mich, dass ich mit Von der None die übliche Partie Schach spielte, als die Türe mit einem Schlag aufging und Zinaida zurückkam, in ihrer ganzen Größe, mit blitzendem Auge und den großen Turban schief am Kopf: eine Furie. Sie ließ sich auf den Diwan fallen und sprang wieder auf. Sie war außer sich; von ihrer russischen Bedächtigkeit war nichts mehr zu merken. Im Krieg hatte Zinaida in einem weiblichen, sowjetischen Fallschirmjägerkorps gedient. Von der None, sonst eher unerschütterlich, war alarmiert. Wir verstanden nicht, was passiert war. Alles, was Zinaida schreiend wiederholte, war, dass sie kein Hund sei: »Io no soy un perro. Si tratta me como perro. Bau... Bau. Io no soy un perro...«

Kurz darauf kam auch Viegener. Er hatte seine Baskenmütze schief am Kopf und wirkte hilflos und traurig. Von ihm erfuhren wir, was passiert war. Alles hatte mit Zinaidas Turban angefangen. Kaum hatten sie ihre Sitze eingenommen, begann das Publikum, sich zu beklagen. Mit ihren Grenadiermaßen und der dreißig Zentimeter hohen Kopfbedeckung versperrte sie den hinter ihr sitzenden den Blick auf die Leinwand. Viegener erklärte uns, dass da nichts zu machen war. Zinaida versteifte sich darauf, dass eine Dame in der Öffentlichkeit nicht den Sombrero abnehmen könne. Der Film, eine höchst komplizierte Geschichte mit Gregory Peck und Ingrid Bergman, lief in englischer Originalfassung. Zinaida verstand überhaupt nichts und verlangte mit lauter Stimme von Vincent eine Übersetzung. Vincent antwortete mit leiser Stimme. Zinaida fragte noch lauter, weil sie Vincent nicht verstanden hatte. Vincent antwortete wieder leise und Zinaida beklagte sich und das Publikum beklagte sich auch. Also machte Viegener irgendwann »Uh, uh!«, um ihr zu sagen, dass sie die Stimme senken sollte. Aber Zinaida hatte »Bau, bau« verstanden, sprang auf die Füße, schrie, dass sie kein Hund sei und verpasste Vincent eine schallende Ohrfeige, ganz fest und von oben nach unten.

Eine ganze Reihe von Sitzen kippte um und sie unterbrachen die Vorführung und machten das Licht an, während Zinaida mit ihren langen Storchenbeinen durch die Verwüstung, die sie angerichtet hatte, stapfte und das Lokal verließ.

Die Beziehung Vincent Viegeners zu den Russen war eindeutig fatal. Er nahm sich das nie zu Herzen und solange er dort lebt, fand er, so, wie ich, das Haus der Zinaida mit allen mondän-kulturellen Verrücktheiten sehr unterhaltsam. Als einziger von uns Gästen spielte er in Helmuths Theaterstück mit; so einer »Rise and Fall«-Geschichte. Dieser Helmuth war total verliebt in Zinaida, drum schlief er auch auf dem Küchentisch. Oft hörte ich ihn nachts mit seinem honigsüßen österreichischen Akzent nach Zinaida rufen: »Sina, Sina…« Bloß, unter dem Tisch stand Tanas Körbchen und wenn er ein Bein herunterstreckte, begann die Boxerhündin zu knurren. Dann rief er nach der Zinaida und sagte ihr, dass er aufs Klo musste. Er hoffte immer, dass Von der None einmal nicht zu Hause sein würde. Er war ein sehr förmlicher Österreicher. Zu mir sagte er immer, dass wir Italiener das Schiff seines Vaters, die Santo Stefano, versenkt hätten. Ich entschuldigte mich und sagte, das sind Angelegenheiten unserer Großväter und dass uns das nichts anging und alles erledigt war.

Das war schon eine Type, der Österreicher, mit ungarischem Schnurrbart, sehr förmlich, ganz Hofknicks und Arschkriecherei, so richtig Wiener Kongress. Aus Liebe zu Zinaida hatte er dieses Theaterstück geschrieben, so auf die Art von »Lei e il signor Cimasa«, mit dem Titel »Immigrant Hotel«. Wie mir Viegener, der ins Theater ging, um was zu lachen zu haben, erklärte, war das Stück vage autobiographisch. Es handelte von einem Schriftsteller, einem großen, unbekannten, Schriftsteller, und einem Haufen von Leuten aus aller Welt, die sein Werk aus Spekulationsgründen kaufen wollten.

Am Ende der Proben und am Vorabend der Premiere gab Zinaida einen großen Empfang. Alle Schauspieler waren eingeladen, also die Freunde des Hauses: Letten, Esten, Litauer, Russen aus Kiew und Russen aus Minsk, lauter Gesindel, das die Rolle der Gäste des Immigrant Hotel, die das Manuskript des großen Schriftstellers erwerben wollen, spielte. Helmuth wollte auch einen Italiener dabei haben und hatte mir die Rolle angeboten. Ich hatte geantwortet, dass ich kein Interesse hätte, aber einen wüsste, der's macht.

Also erzählte ich Franzoni davon und fügte hinzu, dass die Hauptdarstellerin eine wunderschöne Litauerin wäre. Mir antwortete er, dass ihm das egal sei, aber dann ging er nachsehen, um wen es sich handelte und sagte: »Gut, also…« und nahm an. Und so spielte er die Rolle des italienischen Tenors. Er öffnete eine Tür, stimmte ein »Là, lallà, lalalà« an und machte die Türe wieder zu.

Es kamen viele Leute zu dem Empfang, Russen aus allen Breitengraden und mit allen möglichen Akzenten, vom Baltischen bis zum Schwarzen Meer. Auch der Pope kam und ließ mich nicht aus den Augen; er hatte einen langen, weißen, Bart, eine Hakennase und dunkle Augen. Er sah mich streng an. Auch Helmuth sah mich an und sagte: »Mira ela como mira el e mira el como mira ela.«[7]

Zina trug einen grünen Turban mit einer rosa Quaste, eine Jacke aus müdem Hermelin, darunter einen rosa Pullover mit grünen Pommeln, zum Turban passend, und um den Hals einen violetten Seidenschal mit Monden aus Metall darauf. Und sie rauchte. Sie rauchte eine extralange Zigarette in einer halbmeterlangen Zigarettenspitze. Sie blies den Rauch durch die Zähne und starrte Rimsky an. Dieser Rimsky war so ein Typ des bösen Russen, ein Litauer mit weißen Haaren, einer von denen, wie man sie holt, wenn der Zar an die Wand gestellt wird. Rimsky beobachtet Zina. Und Helmuth sagte zu mir: »Mira, Hugo, como el mira ela.« Von der None war im Haus, aber nicht dabei. Er spielte eine Partie Schach mit Viegener. Helmuth konnte nicht mehr unbeteiligt zusehen und erzählte mir von der menschlichen Undankbarkeit im Allgemeinen. Er sagte, dass er für sie dieses Kunstwerk geschrieben habe und nun starrte sie immerzu Rimsky an. Der Pope ließ mich nicht aus den Augen. Die Russen redeten in allen möglichen russischen Sprachen durcheinander, Kirgisen und Tscherkessen.

Plötzlich stieß mich Ivo Pavone mit dem Ellenbogen an und sagte, ich sollte mir die Titten der Zinaida ansehen. Die Zinaida hatte nie Titten gehabt; sie war flach, wie ein Brett. Aber an diesem Abend hatte sie sich was reingestopft und ließ die Pelzjacke über den zwei großen Dingern offen. Ivo war aufgefallen, dass eine Titte runtergerutscht war. Zina blies weiter Rauch durch die Zähne, Rimsky ins Gesicht, und eine Titte war weg. Ich näherte mich: »Zinaida…«

Sie fuhr verärgert herum: »Que quiere, usté?«

»Die Titte, Zina«, sagte ich leise.

[7] »Schau, wie sie ihn ansieht und wie er sie ansieht.«

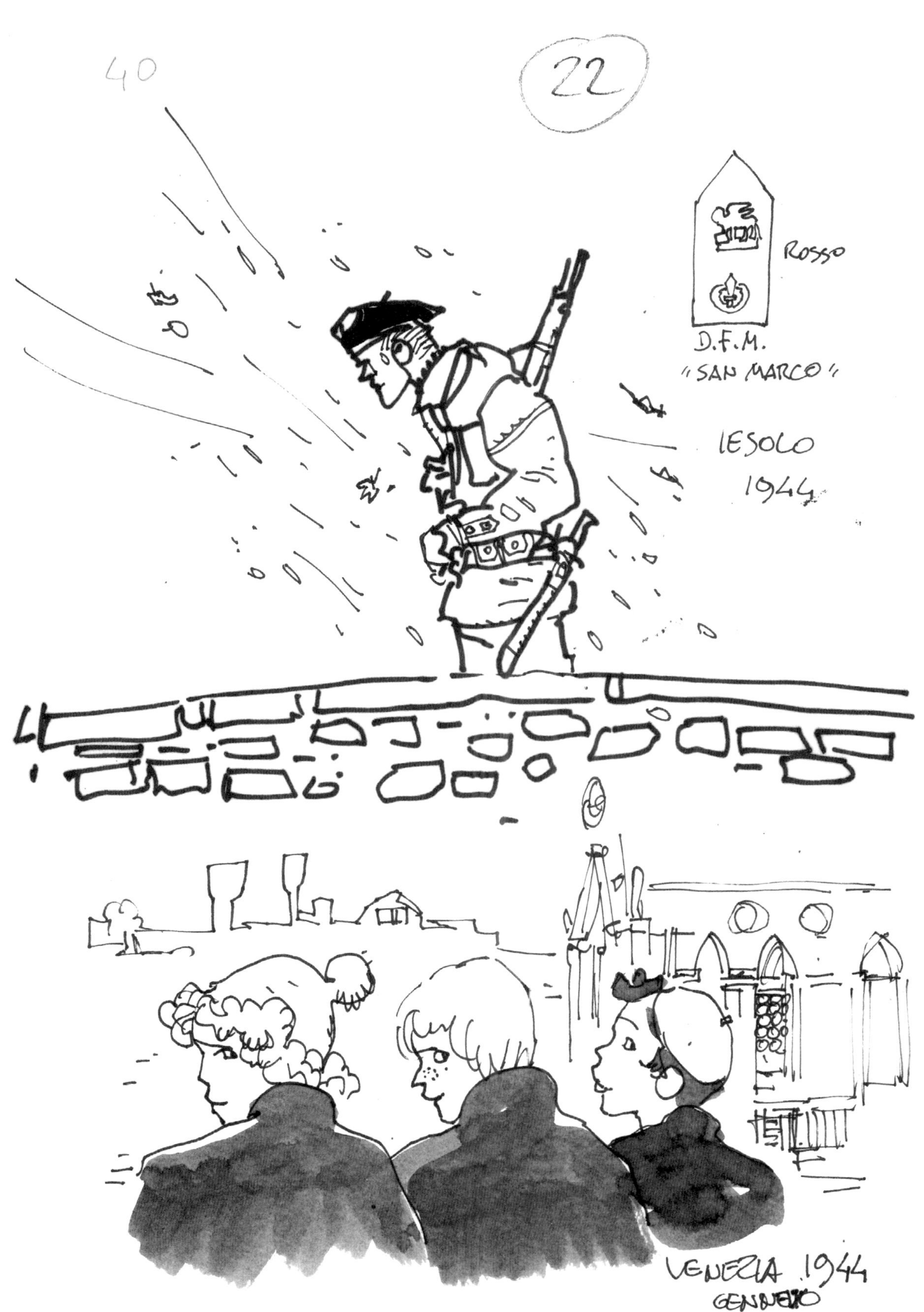
40
22
ROSSO
D.F.M.
"SAN MARCO"
IESOLO
1944
VENEZIA 1944
GENNAIO

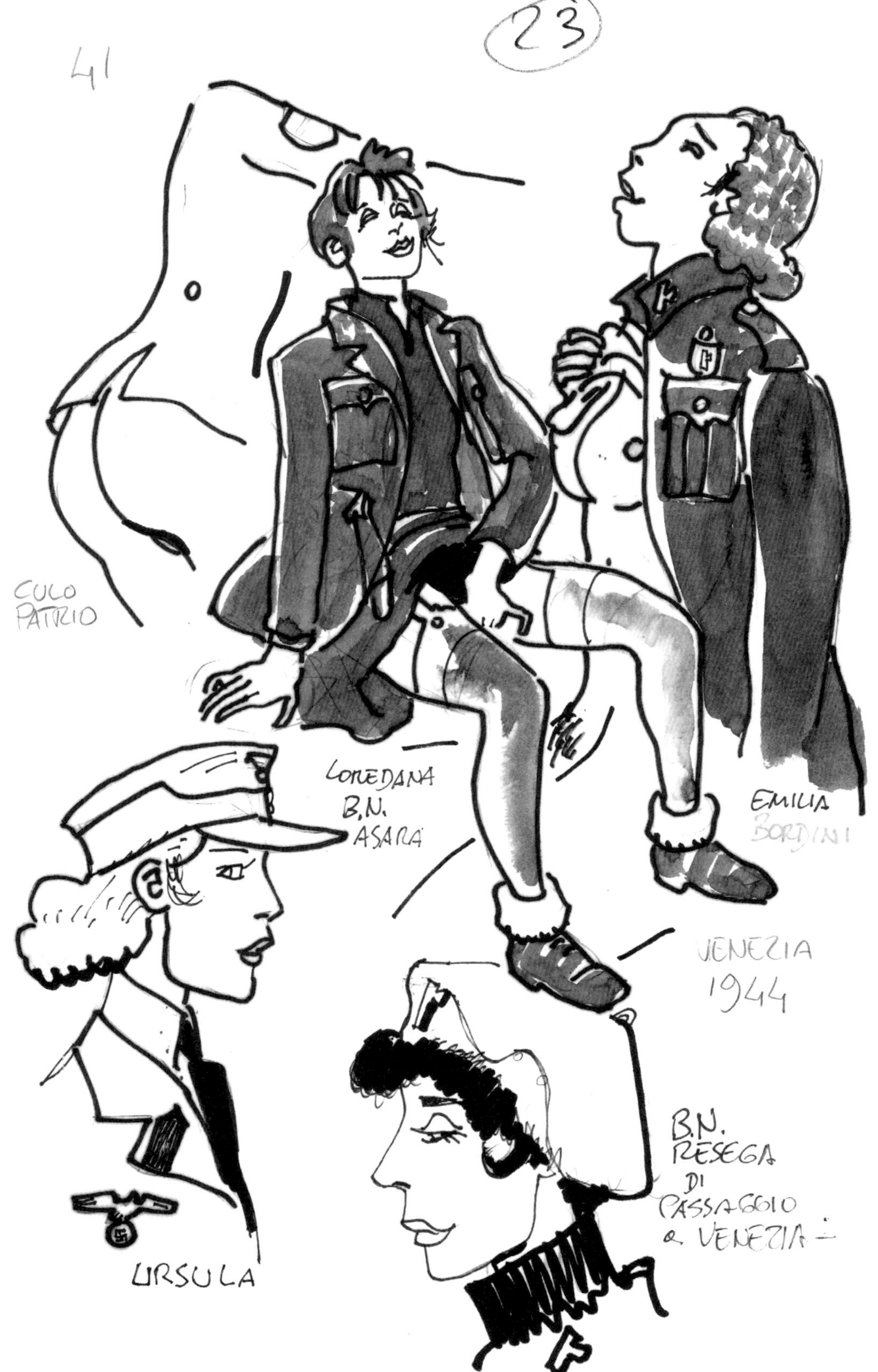
41
CULO
PATRIO
LOREDANA
B.N.
ASARA
EMILIA
BORDINI
VENEZIA
1944
URSULA
B.N.
RESEGA
DI
PASSAGGIO
a VENEZIA

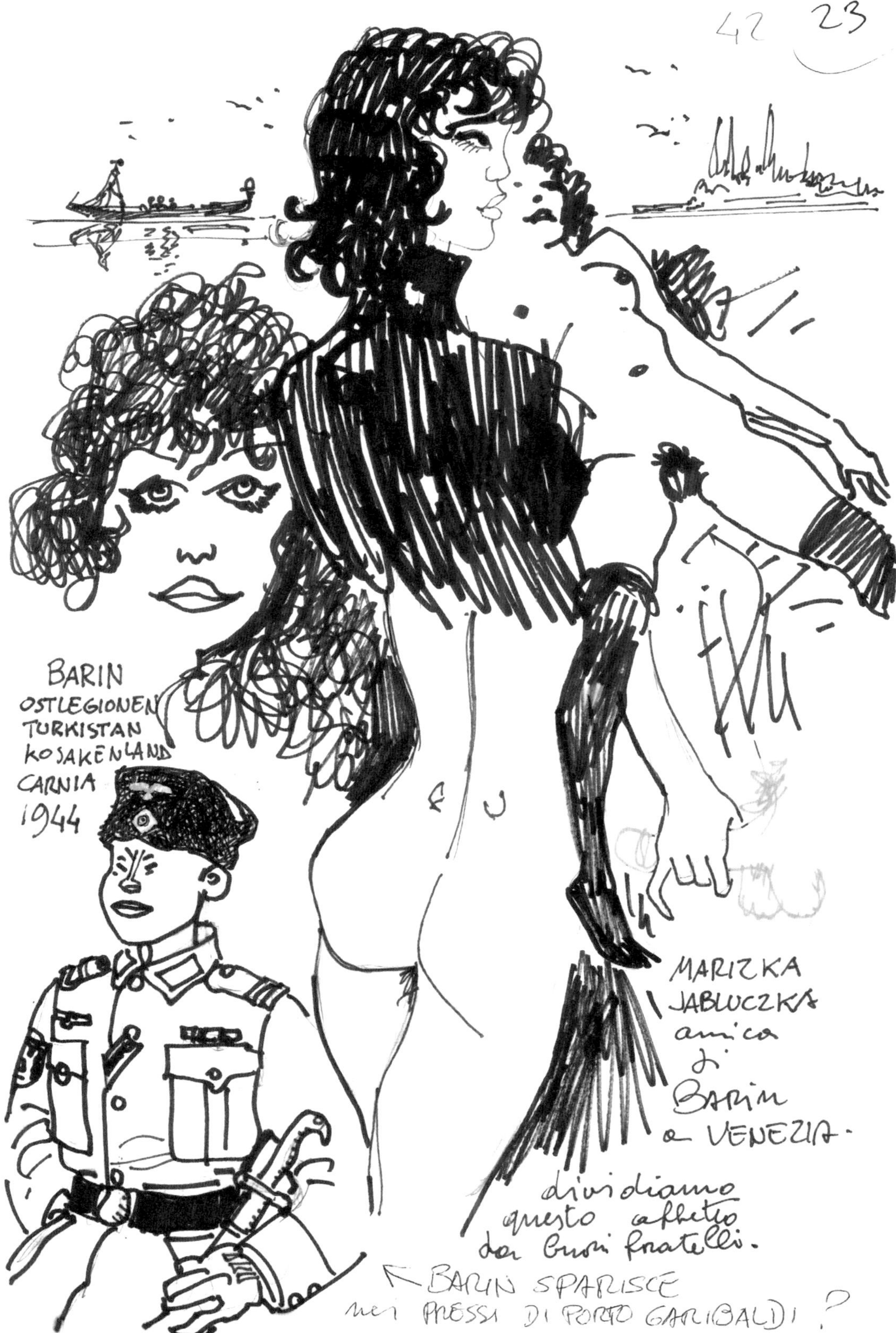
42 23
BARIN
OSTLEGIONEN
TURKISTAN
KOSAKENLAND
CARNIA
1944
MARIZKA
JABLUCZKA
amica
di
BARIN
a VENEZIA.
dividiamo
questo affetto
da buoni fratelli.
BARIN SPARISCE
nei PRESSI DI PORTO GARIBALDI ?

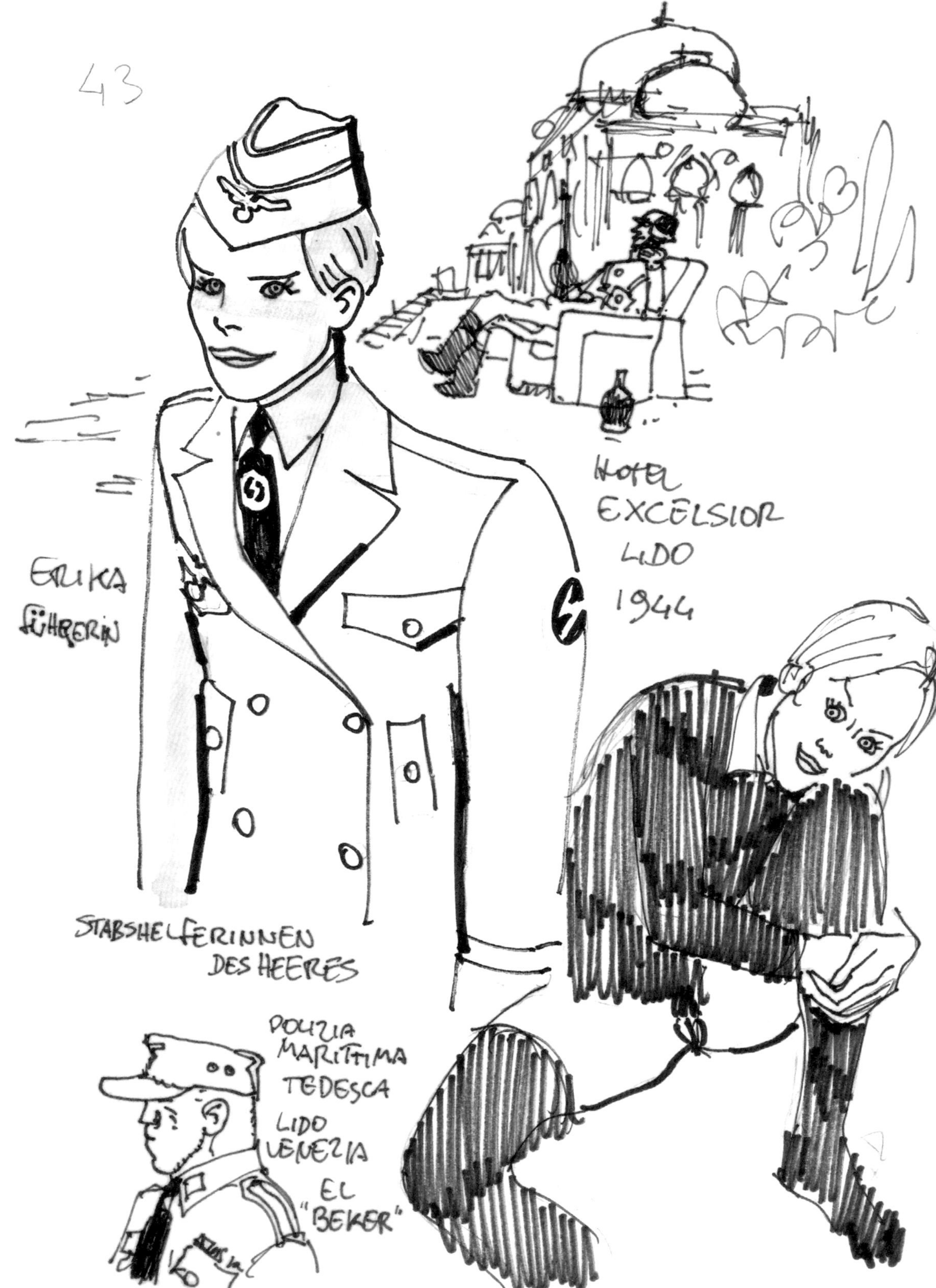
43
HOTEL
EXCELSIOR
LIDO
1944
ERIKA
FÜHRERIN
STABSHELFERINNEN
DES HEERES
POLIZIA
MARITTIMA
TEDESCA
LIDO
VENEZIA
EL
"BEKER"

»Que tetta, loco.«

»Eine Titte ist runtergerutscht...« Ich zeigte darauf.

»Ah...!«, seufzte sie.

Sie stand auf und verließ das Wohnzimmer. Mit dem Turban und der Zigarettenspitze fiel sie schon auf. Ich folgte ihr und sah, dass sie auch noch einen Schottenrock und russische Pelzstiefel angelegt hatte. Sie zog einen dünnen Gummischlauch hervor, blies hinein, rückte alles zurecht und brachte die Kleidung in Ordnung. Dann fragte sie mich zufrieden, ob sie nun gleich groß wären und kehrte zurück, um Rimsky diese Blicke zuzuwerfen, die Helmuth so leiden ließen.

Außer Helmuth waren alle zufrieden, Russen und Nichtrussen. Sie standen um die litauische Schauspielerin herum und aßen und tranken und machten Zinaida Komplimente, weil sie diesen russischen Imbiss so gut hergerichtet hatte. In Wirklichkeit war es eine Art Winterfritten mit russischem Salat und einer Mischung aus Zucker, kaltem Hammelfett und Honig. Das aßen die zwischen zwei Schlucken heißer Schokolade.

Sie machten der Zinaida weitschweifige Komplimente und die blies Rauch durch die Zähne und sagte: »Rimsky...«.

Zuletzt hörte der Pope auf, mich anzustarren. Er stand auf, sprach ein Gebet und einen Segen. Alle prosteten ihm zu und machten sich dann über den Rest der Fritten mit kaltem Hammelfett und Honig her. Am Abend der Premiere saß Von der None vor seinem Schachbrett.

»Siehst du dir das Drama nicht an?«, fragte ich ihn.

»Das ist was für Irre«, antwortete er.

»Na, das haben die Russen gemacht. Man wird so, wenn man mit Russen zusammen ist«, sagte ich, um etwas zu sagen.

Wir begannen, Schach zu spielen. Von der None war gar nicht so russisch. Katharina von Russland hatte seine Vorfahren geholt, um irgendeine Revolte niederzuschlagen oder irgendeinen Krieg zu führen.

Der Mann hatte ein hartes Leben. Tagsüber das Fotogeschäft, abends, wenn er sich nicht im Klo einschloss, um Filme zu entwickeln, zog er durch die Boites und spielt Violoncello. Er hatte in Heidelberg begonnen, öffentlich aufzutreten, hatte das Aldemar Trio gegründet, Violoncello, Pianoforte und Triangel. Von der None versuchte, aus allem Geld zu ziehen. Auch aus Tana, der Boxerhündin.

Er hatte einen Tierarzt gefunden, der Stammbäume besorgte. Ein Hurensohn von einem armenischen Tierarzt. Varassiuk, der meine Siamkatze umbrachte. Die Schwänze der Bastarde, die Tana zur Welt brachte, kriegte er auch nie ordentlich hin. Aber er schnitt sie immer ab und dann waren wir alle in der Küche und die Welpen schleppten ihre Bandagen hinter sich her und Tana war angebunden und knurrte und wollte uns zerfleischen. Später wollte er auch noch eine Fischhandlung betreiben. Er schaffte es, einen Italiener, Landini, der mit Swimming Pools ein Vermögen gemacht hat, für seine Verrücktheiten einzuspannen. Die Idee war, im Swimming Pool lebende Fische zu halten. Er stand in der Nacht auf und ging zum Rio Luján, um die Rückkehr der Fischer zu erwarten. Mich spannte er auch in sein Fischgeschäft ein. Wir hatten kein Telefon und in Argentinien ist es auch sehr schwer, eines zu bekommen, und so musste ich so eine Art Liebhaber der Tochter des Señor Villa, der eine Firma mit Telefon hatte, werden. Marta Villa machte zuletzt die Sekretärin für ihren Vater und Von der None. Aber dann hörte das Unternehmen so abrupt auf, wie es begonnen hatte. Von der None arbeitete ununterbrochen und ich glaube, dass er Geld beiseite gebracht hat. Jedenfalls, als er mir Jahre später das Haus überließ, tat er es, um ans Meer zu ziehen, wo er ein Restaurant »prim categori«, das Faro, eröffnet hatte.

Ein einziges Mal nahm ich ihn mit; er sollte mal ein bisschen herumkommen, und da brachte er mich fast um. Ich und Landini nahmen ihn auf die Jagd mit. Er präsentierte sich im grauen Doppelreiher. Um sportlich zu erscheinen, hatte er den offenen Hemdkragen über den Jackenkragen geschlagen und trug Tennisschuhe. Aber eine echte, plötzliche, Verwandlung ging in ihm vor, als wir ihm auf dem Land im Jeep ein Gewehr in die Hand gaben. Irgendwas muss in ihm vorgegangen sein; plötzlich auftauchende Erinnerungen oder was weiß ich. Sein Gesicht veränderte sich, er hielt den Kopf hoch erhoben, seine langen, weißen Locken flatterten im Wind. Er saß hinter mir. Immer, wenn ich mich umwandte, saß er da wie ein Entdecker zu Beginn des neunzehnten Jahrhunderts. Und dann, plötzlich, vielleicht, als der Jeep herumsprang, ging der Schuss los: Spamm. Ich spürte einen fürchterlichen Schmerz am Kopf, mehr wie ein Brennen. Dort, wo die Kugel mich gestreift hat, wachsen mir seither keine Haare mehr. Landini wollte, dass ich das

Feuer auf Von der None erwiderte. Er hatte den Jeep angehalten und sagte: »Schieß, Hugo, schieß. Eine Kugel in den Bauch. Sofort.« Ich konnte auf niemanden mehr schießen, weil die Kugel, die mir fast den Kopf zerschmettert hatte, auch den Lauf meines Gewehrs ruiniert hatte. Wir waren ausgefahren, um Enten zu jagen.

Landini war eine schöne Type; ein Toskaner voll Leben, dem es gelungen war, einen Haufen Geld zu machen. Er war mit einer very smarten Engländerin verheiratet und hatte ein schönes Leben, bis dann das Flugzeug, das ihn nach Afrika zurückbringen sollte, abstürzte. Und aus. Scheiße. Landini nahm mich immer gerne auf die Jagd mit, bis dann die Sache mit den Schweinen passierte: Ich erlegte alle Chanchos und er nichts.

Als wir zur Jagd auf Wildschweine, die in Argentinien so eine Art nationaler Plage sind, aufbrachen, kam mit uns der Doktor Livingston, ein wirklich großartiger Kerl.

Gezeichnet von der Poliomyelitis, die ihn als Kind befallen hatte, studierte er Medizin, um nicht nur mit den Mitteln der Wissenschaft, sondern auch mit seiner Persönlichkeit den Poliokranken beistehen zu können. Na gut, und als man dann eines Tages die Medizin für diese Krankheit entdeckt, wurde er Optiker.

»Endlich werde ich nicht mehr gebraucht«, sagte er. Und jetzt ist er Optiker. Na gut, als wir dann an dem Fluss angekommen waren, wo wir diese Wildschweine erwischen sollten, ging Livingston an seinen Krücken mit Landini, der sagte, er wisse einen guten Platz; ich, ein Paraguayer und ein Indio gingen einen Kilometer weiter in Stellung. Der Indio, der den Baqueano machte, zeigte mir ein paar Tümpel am Fluss, wo er seit einiger Zeit Salz ausgelegt hatte. Nach dem, was er mir so erzählte, waren die Chanchos ganz wild auf dieses salzige Wasser. Er schien alles über die Schweine zu wissen, dieser Indio.

Inzwischen war es Nacht geworden und wir standen unbeweglich unter dem Mond und warteten, mit dem selbstsicheren Indio-Baqueano, der uns das mit dem Salz in den Tümpeln erklärt hatte. Plötzlich bemerkte ich eine Veränderung in der Luft, einen neuen Geruch, einen süßen Geruch. Und ich fragte: »Ohè, riecht ihr nichts?« Die Luft war richtig verändert.

»Nada«, antwortete der Paraguayer.

»Nada«, antwortete der Indio.

Aber ich spürte ganz genau in der Nase, dass von irgendwo dieser süße Geruch kam.

»Aber riecht ihr wirklich nichts?«, fragte ich wieder. Nichts, sie rochen nichts. Aber ich fühlte genau diese Veränderung in der Luft.

Ich strengte meine Augen an und hatte den Eindruck, dass sich vor mir irgendwas bewegte, ein Gewimmel, eine unbestimmte, wellenförmige Bewegung. Und ich fragte wieder: »Vardé... vardé. Ich glaube, da hinten bewegt sich was...«

Und sie – nichts. Aber dann hörte ich ein richtiges Geräusch und flüsterte: »Verdammt, hört ihr wirklich nichts?« Der Indianer schaute hin. »Verdammt, die Chanchos«, schrie er.

»Verdammt... ihr seid Indianer! Man muss wohl Venezianer sein, um einen neuen Geruch zu bemerken...«, schrie ich. »Die Hure, die dich geboren hat, soll zu mir nach Venedig kommen, dann zeig ich ihr, was sich in der Nacht bewegt...«

Wir machten uns schussbereit. »Ganz ruhig«, sagte ich, »Warten wir, bis sie näher kommen. Ich konnte nicht fertig sprechen, schon stand einer vor mir. Auf zehn Meter.

Sbaam... vrgeeee. Ein Quieken und da lag er. Ich schoss mit einer 44er und die schlägt vorne rein und hinten raus. Ein Tumult brach los, ein Riesenkrach, ein Durcheinander, die ganze Schweineherde... Bam ba ra bam ba ra bam, ein Rumba.

Ich bemerkte, dass die Wildschweine in einem großen Bogen zwischen mir und einem etwa fünfzig Meter entfernten Baum dahingaloppierten. Also zielte ich auf den Fuß des Baumes und wenn ich das Ziel erfasst hatte, gab ich Feuer. *Sbaam... vrgeeee...* wieder ein Chancho.

Nach einer Weile war die Stampede der Schweine vorüber und Stille kehrte ein. Ich sah in die Runde und merkte, dass ich alleine war. Der Paraguayer und der Indio waren auf einen Baum geklettert, einen Dornenbaum, und hatten sich dabei ganz schön den Arsch aufgerissen.

Als sie dann, zerrissen und zerschunden, wieder heruntergekommen waren, standen sie eine Weile schweigend da und sahen mich an. Dann sagte der Paraguayer: »La gran puta... mitten unter den Chanchos, als ob nichts dabei wäre...«

Und der Indio: »Usted es macho, es un hombre...« Es war mir gar nicht bewusst gewesen, in welcher Gefahr ich mich befunden hatte, mitten in einer Stampede von Wildschweinen.

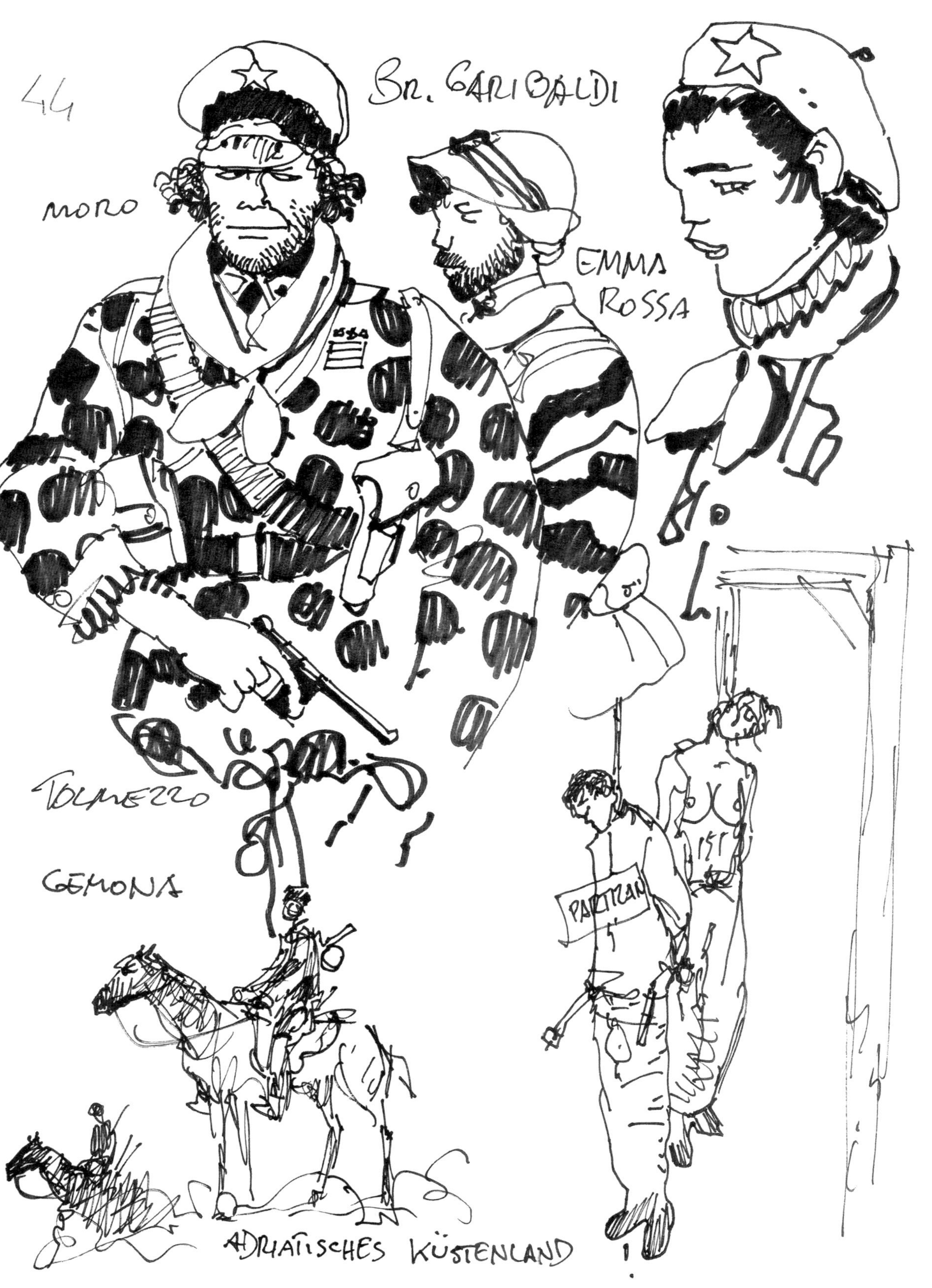
44
BR. GARIBALDI
MORO
EMMA
ROSSA
TOLMEZZO
GEMONA
PARTISAN
ADRIATISCHES KÜSTENLAND

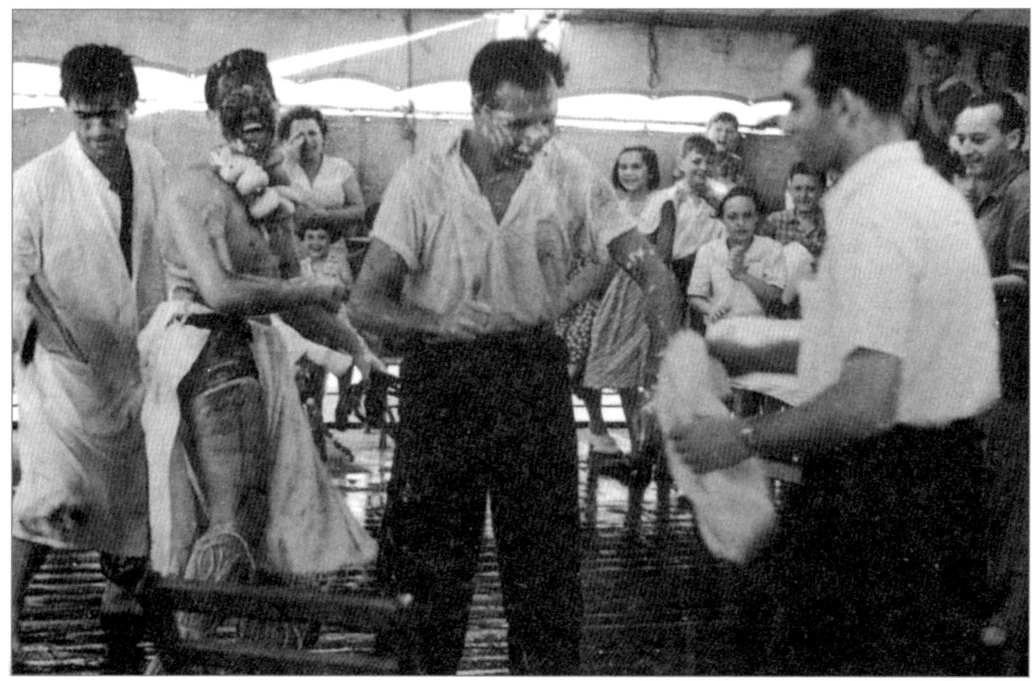

Äquatortaufe während der Überfahrt nach Argentinien, 1949.
Von links nach rechts: Mario Faustinelli, Hugo Pratt, Zeno und Leonidas

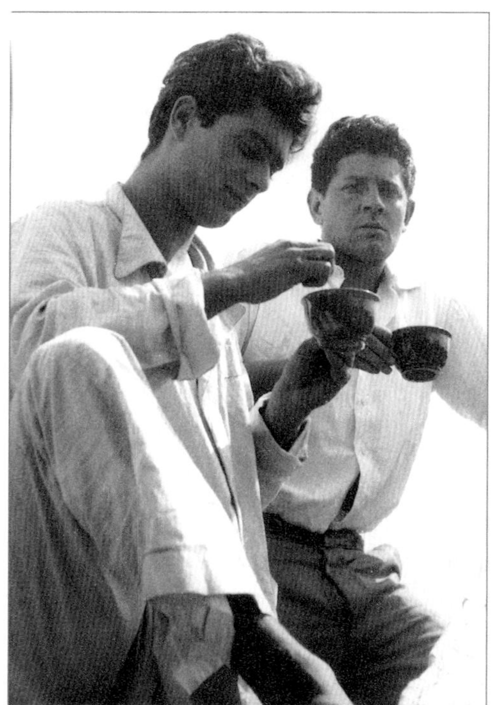

Ivo Pavone und Hugo Pratt in Acassuso

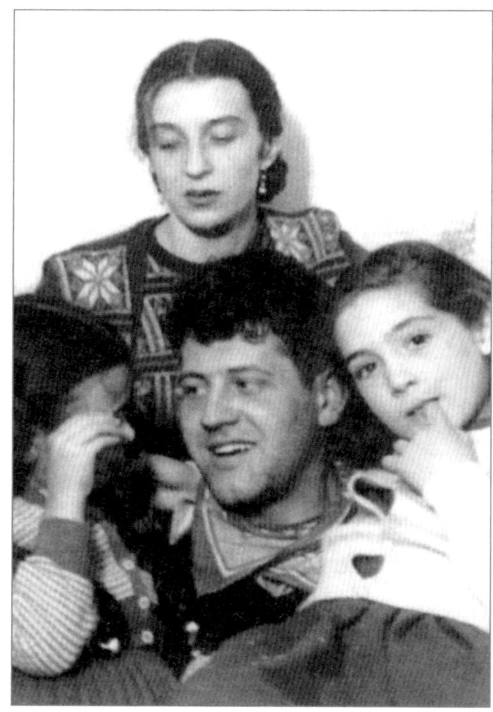

Hugo Pratt mit Zinaida Von der None und deren Töchtern

Inzwischen kam Landini angerannt: »Was ist passiert? Was ist passiert?«, fragte er. Als er dann die beiden erlegten Schweine sah, sagte er immer wieder: »Benissimo, benissimo.«

Er schlug vor, dass ich zu Livingston gehen sollte; er würde bei den Trepadores bleiben. (Nach der Sache mit dem Baum bezeichnete ich den Indio und den Paraguayer eher als Kletterer.) Aber das schien mir ungerecht, denn hierher würden keine Wildschweine mehr kommen. Er ließ sich überzeugen und ging zu Livingston zurück. Na schön, und nach fünf Minuten war wieder einer da.

Das hat wohl das Mondlicht ausgemacht, aber er schien groß wie ein Büffel zu sein. Ich dachte mir, wenn ich schieße, sollte ich nachher auf einen Baum flüchten. Wir berieten uns: »Schießen wir, oder nicht?« Der Paraguayer mit seiner Mauser und der Indio mit seinem Schießprügel wollen schießen. Also zielen wir alle drei. *Sbaam... sbaam... sbaam... sbaam... sbaam...* und endlich das Quieken, *vrgreeeeeeee*. Mit zwölf Kugeln hatten wir ihn getroffen; überall waren Einschüsse zu sehen. Was für ein Biest! Zweihundertfünfundvierzig Kilo schwer, achtzehn Zentimeter lange Colmillos, Hauer. Das war sicher der Padrillo, erklärte mir der Indianer.

Diesmal kam nicht nur Landini, sondern auch Livingston auf seinen Krücken. Er wollte nicht mehr bei Landini bleiben. »Bei dir passiert nichts... Ich bleibe bei Hugo«, sagte er.

Und so beschlossen wir, in der Nacht darauf alle beisammen zu bleiben. Wir suchten uns einen anderen Platz am Fluss und als der Abend kam, nahmen wir unsere Plätze ein. Wir hatten die Wachen verteilt; ich hatte die dritte und die letzte. Landini kam um zwei, um mich zu wecken. Ich nahm mich wirklich zusammen, aber war es, weil ich die vergangene Nacht nicht geschlafen hatte oder war es die Stille, ich konnte nicht wach bleiben. Ich hielt den Kopf hoch, als ob nichts wäre. Aber es war nichts zu machen; ich schlief ein. Es war nur ein leichter Schlaf; es genügte, dass Landini sich bewegte und ich riss die Augen auf, wie ein Uhu: rote, tränende Augen. Aber sie waren offen. »Nichts, eh«, sagte ich zu Landini, der sich im Schlaf herumwälzte.

Am Morgen hatten wir schon unser Zeug zusammengepackt, als wir beschlossen, das Gelände vor uns zu inspizieren, nur so aus Neugier...

Die ganze Nacht waren sie vor unserer Nase vorbeigezogen, da waren Hufabdrücke, Tatzenspuren, jede Art von Fährte; Strauß, Wildschwein, Armadillo, Puma; von allem was, bis auf Elefanten, denn die gibt's dort nicht.

Keiner sagte was, aber alle sahen mich so misstrauisch an...

Landini nahm mich dann noch ein paar Mal auf die Jagd mit, aber nach der Sache mit den Schweinen war's nicht mehr so wie früher. Diese drei Chanchos standen zwischen ihm und mir wie eine offene Rechnung. Es fiel mir viel leichter, Von der None den Schuss auf meinen Kopf zu verzeihen, als Landini, die beiden Nächte endgültig zu begraben.

Mit Von der None hatte ich nie Streit, nicht einmal, wenn er seine merkwürdigen, nächtlichen Sitzungen auf dem Klo abhielt, um Filme zu entwickeln und mich auf einem Bein vor der Türe warten ließ.

Es war Von der None, der mir das Schachspiel beigebracht hatte, und ich war gerade dabei, eine Partie zu gewinnen, als die alle vom Theater zurückkamen. Die erste war Zinaida, sehr nervös, irritiert und ruhelos. Sie irrte durchs Haus, sicher auf der Suche nach einer Flasche Cubana, einem harten Getränk, junger Rum, den dieser russische Storch runterkippte wie nichts. Sie sagte: »Oh, was für eine Sache! Was für eine Sache!«

Dann kam Viegener und er musste stundenlang gelacht haben, denn er hatte Tränen in den Augen und schluchzte. »Oh Hugo, Hugo«, sagte er zu mir, »Jetzt hast du was versäumt...« Ich glaube, der hatte in seinem ganzen Leben noch nicht so gelacht. »Hugo, Hugo, was hast du versäumt. Die absurdeste Sache, die's je gab. Unglaublich. Da waren siebzehn geladene Gäste.« Er konnte nicht weitererzählen; die Tränen erstickten ihn.

Die Gemeinschaft der ukrainischen Russen hatte von der Gemeinschaft der ukrainischen Juden dieses Theater an der Calle Corrientes gemietet, dem Broadway von Buenos Aires, so richtig für eine seriöse Vorstellung, und nach dem, was Viegener zu erzählen versuchte, waren nicht mehr als siebzehn Personen gekommen.

Als Letzter kam Helmuth. Zu seinem abgeflöhten Kamelhaarmantel trug er zu dem Anlass eine Schärpe aus weißem Atlas und auf dem Kopf hatte er ein riesiges Ding; einen weißen, breitkrempigen Hut, den ihm ein Tangosänger geborgt hatte. Er kam zu mir und sagte: »La gente de Buenos Aires, Hugo, non intiende esta obra de arte« und schlief dann auf seinem Tisch ein, mit dem Hut auf dem Kopf, der diente ihm als Decke, und unten knurrte die Tana.

Nicht einen einzigen Abend wurde sie wiederholt, seine Komödie. Jetzt denke ich, wenn Helmuth etwas ernsthafter Autobiographisches inszeniert hätte, dann hätte er sicher Glück gehabt: Stellt euch vor, der Vorhang hebt sich, ein Mann schläft auf einem Tisch, unten knurrt ein Hund, und der ganze Rest... Nach und nach gingen sie alle, diese ersten Freunde, und als Zinaida und Von der None in ihr Hotel übersiedelten, das Faro, wurde die Pension »prim categori« mein Haus. Das ging so nach und nach vor sich; zwischendurch kehrte ich zum ersten Mal nach Europa zurück, nahm meine erste Ehefrau; wir hatten zwei schöne Kinder, ich ließ mich scheiden und tausend andere Dinge. Jedenfalls wurde dieses Haus, auch ohne Zinaida, von den sympathischsten, verrücktesten und unberechenbarsten Typen der Welt frequentiert.

Auch Kramer lebte da. Als uns die Polizei in Triest getrennt hatte, war das ein Abschied mit »addio« gewesen. Wir hätten nie gewagt, zu hoffen oder uns vorzustellen, dass wir uns eines Tages auf der anderen Seite der Welt wiedersehen würden. Eines Abends nahm mich ein befreundeter Zeichner, Horvath, mit auf ein Fest des ungarischen Zirkels und da, mitten unter den Zigeunergesichtern, erkannte ich Kramer. Armer Kramer, so viele Jahre waren vergangen und sein Problem war noch immer, nach Amerika zu kommen, zu den Wolkenkratzern und dem Big Business, in die Staaten. Er war schon sehr nahe dran. In Ungarn war die Revolution gewesen und die Repression der Russen; Kramer hatte sich die Papiere besorgt, um als Flüchtling der letzten Stunde zu gelten: Die Vereinigten Staaten sammelten ja überall die Opfer des sowjetischen Imperialismus ein. So nennt man das.

Er war bei der Zinaida mit seiner Freundin eingezogen, einer Ballerina. Ballerina nennt man das. Sie war eine Argentinierin, die aus Spanien stammte und die Manie hatte, trac trac trac traché trà zu tanzen. Sie hatte sich ein Bänkchen bauen lassen und ständig stieg sie da rauf und tanzte Flamenco. Aber sie tanzte schlecht, schwerfällig, wirr und vulgär. Kramer sagte immer, er würde sie nach Amerika bringen, aber dann ging er allein. Als er aufbrach, gab es Umarmungen und Gefühlsausbrüche.

In der Zeit, die Kramer bei mir lebte, hatte er mich mit seinem slawischen Freund Duchan bekanntgemacht.

Das war ein blonder Gigant mit einem Gesicht voll Narben und Abenteuer. Er war bei der Allianza gewesen, der Privatpolizei von Peron. Mir war aufgefallen, dass er das Haus mit großer Beharrlichkeit besuchte; er tauchte völlig unerwartet auf und blieb fünf Minuten oder die ganze Nacht. Nach Kramers Abreise wurde mir das Motiv seiner Besuche klar. Ihm gefiel die Ballerina und er wartete, bis der Freund abreiste, um seinen Platz einzunehmen.

Gleich nach Kramers Abreise kam die Spanierin in mein Zimmer und fragte mich: »Hugo, was meinst du...?«

»Wozu?«

»Hugo, que te paresse Duchan?«

»Ohé, was geht mich Duchan an.«

»Es un tipo muy bonito.«

»Hör zu«, sagte ich ihr, »Kramer ist weg. Mach, was du willst.«

Schließlich wollte sie, dass Duchan das Zimmer bekam, das Kramer verlassen hatte. Als dann Duchan kam, sagte ich ihm, jetzt soll nicht auch noch er mit »que te paresse« anfangen. Ich nannte ihm den Preis, den Zinaida für das Zimmer verlangt hatte und dann fragte ich: »Que te paresse?«

So nahm Duchan Kramers Platz ein. Sie stieg wieder auf ihr Bänkchen und trampelte ihr trac trac trac traché trà, er trank seine harten Wodkas und schaute skeptisch. Dann, wenn er richtig voll war, stand er auf, packte sie, warf sie sich über die Schulter und dann muss er richtig brutal mit ihr Liebe gemacht haben, denn im ganzen Haus hörte man Schreie und Gejammere.

Ich hatte mich nie gefragt, welcher Beschäftigung Duchan nachging; er sah eigentlich nicht aus, wie einer, der arbeitet. Aber eines Tages sagte er zu mir: »Los, Hugo, komm mit mir.« Er brachte mich, wenn ich mich richtig erinnere, in die Gegend von Mattanza und in einer Calle angekommen, nahm er den Deckel von einem Straßenschacht und zwängte sich hinein. Eine Stimme drang heraus: »Ohé, Duchan, bist du der Senkgrubenwärter?« Ich sah, dass unten Licht brannte. Duchan sagte mir, ich soll runter gehen. Ich stieg eine kleine Eisenstiege herunter und fand mich in einer Werkstatt wieder. Da unten waren fünf oder sechs Jungen, die Taschen aus kleinen Perlen herstellten. Es gab elektrisches Licht und Tische und Sessel; eine richtige Werkstatt alles in allem; das ganze unten, in dem Schacht. Ich stellte Duchan keine Fragen. Wenn ich's mir recht überlege, so, wie er war, hätte er sagen können, es war ein Geheimversteck der Peron-Polizei.

Duchan verschwand plötzlich aus dem Haus der Zinaida. Eines Abends; er hatte vor Kurzem das Wohnzimmer mit meinem Freund Tessarolo verlassen. Ich war in mein Zimmer raufgegangen, um ein paar Zeichnungen zu ordnen, als ich einen Krach, das unverwechselbare Geräusch von zersplitterndem Glas, hörte. Ich rannte hinunter. Duchan hatte sich durch das Fenster in die Nacht gestürzt. Tessarolo schaute auf mich und auf das zerbrochene Fenster. »Hast du viele solche Freunde?«, fragte er mich. Ich sah Duchan wieder; es war eine schnelle und überraschende Begegnung, ein paar Jahre nach meiner Rückkehr von meinem Aufenthalt in England. Ich war aus dem Caffè Florida gekommen und fand mich, ganz in der Nähe, vor einer Boite für die Reichen, La Maison Dorée, als eine Scheibe regelrecht explodierte; im Zentrum der Explosion ein großes Bündel Regenmäntel und zwei Beine, die unten herausschossen. Darin war Duchan.

»Ehi Hugo...« Er hatte den Kopf aus dem Mantel befreit.

»Ohè, Duchan.«

»Wohnst du noch immer dort? Ich schau vorbei.« Und weg war er, wie ein Pfeil. Aus dem Lokal kamen große, ungeschlachte Männer im Smoking: Matones.

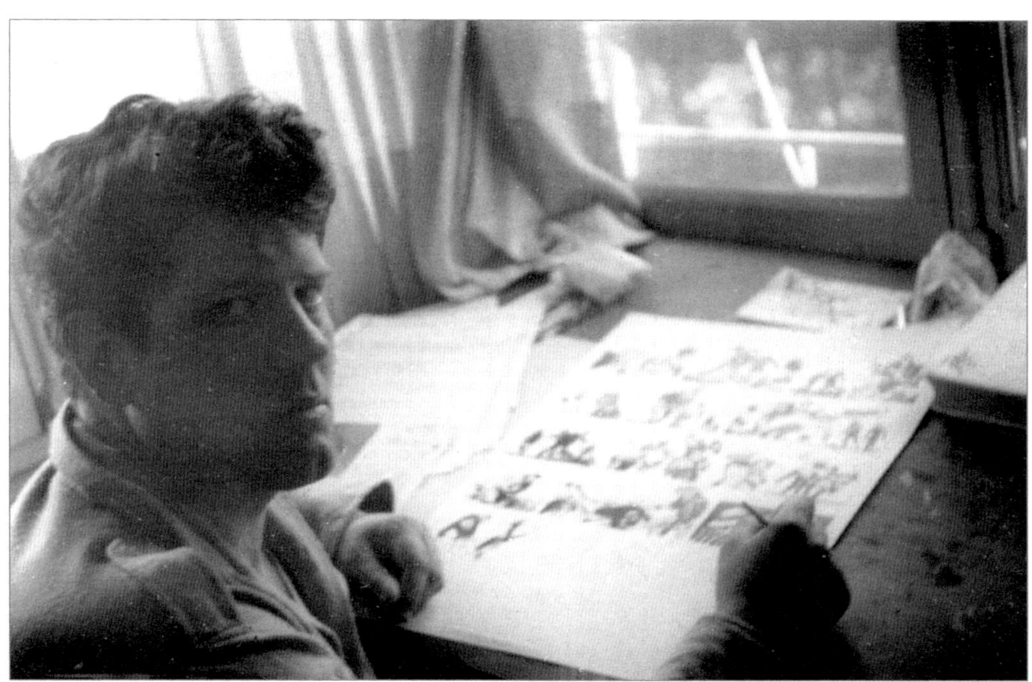

Hugo Pratt an seinem Zeichentisch in Argentinien, ca. 1950

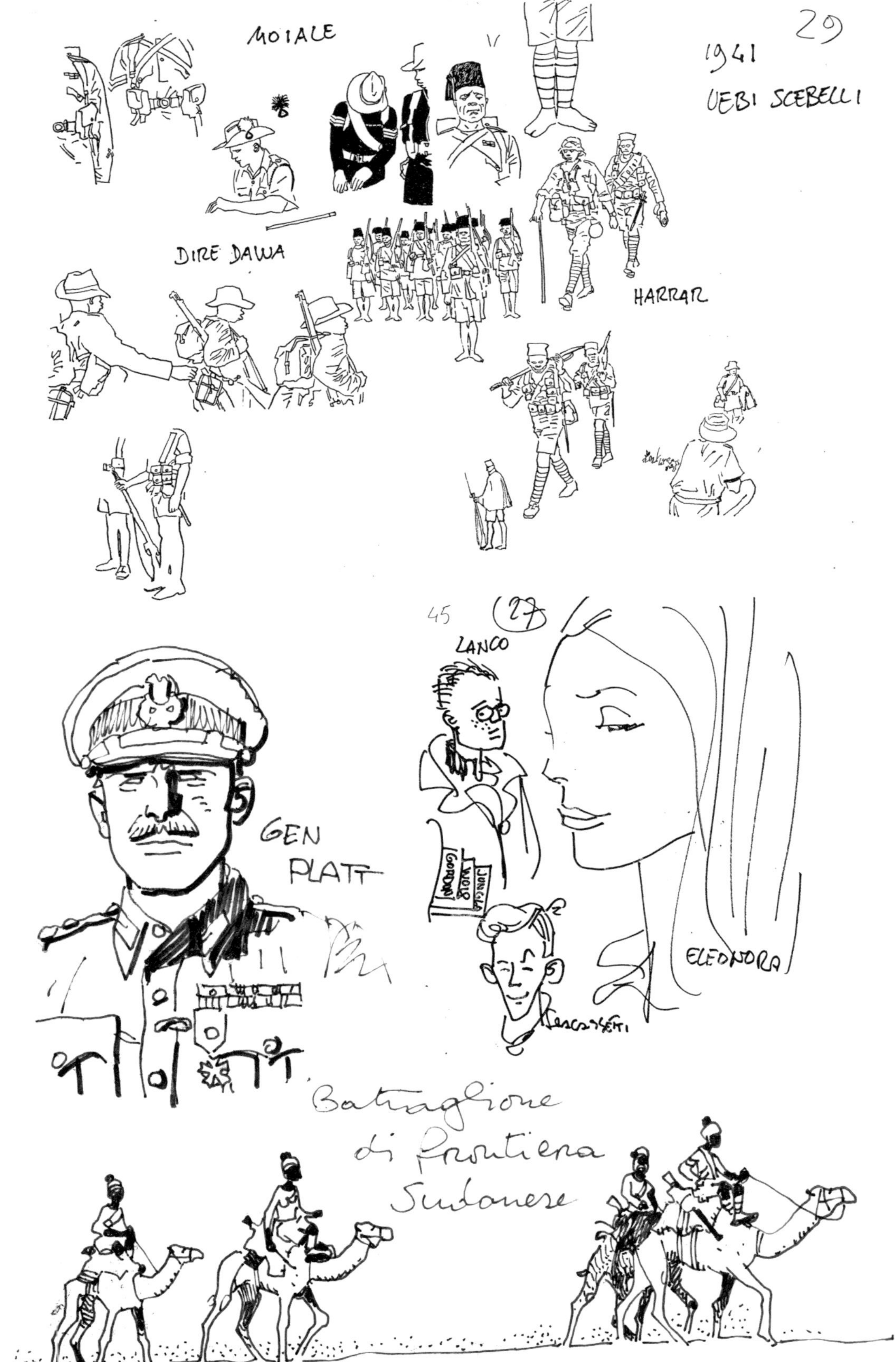

MOIALE
29
1941
UEBI SCEBELLI
DIRE DAWA
HARRAR
45
27
LANCO
GEN PLATT
ELEONORA
Battaglione
di frontiera
Sudanese

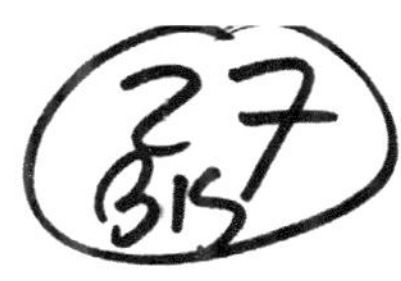

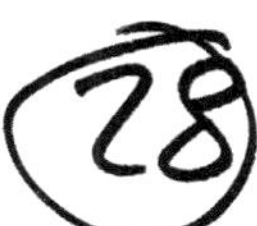

MARINE - KUSTEN POLIZEI
ADRIATICO
MALAMOCCO
VENEZIA
1944-45

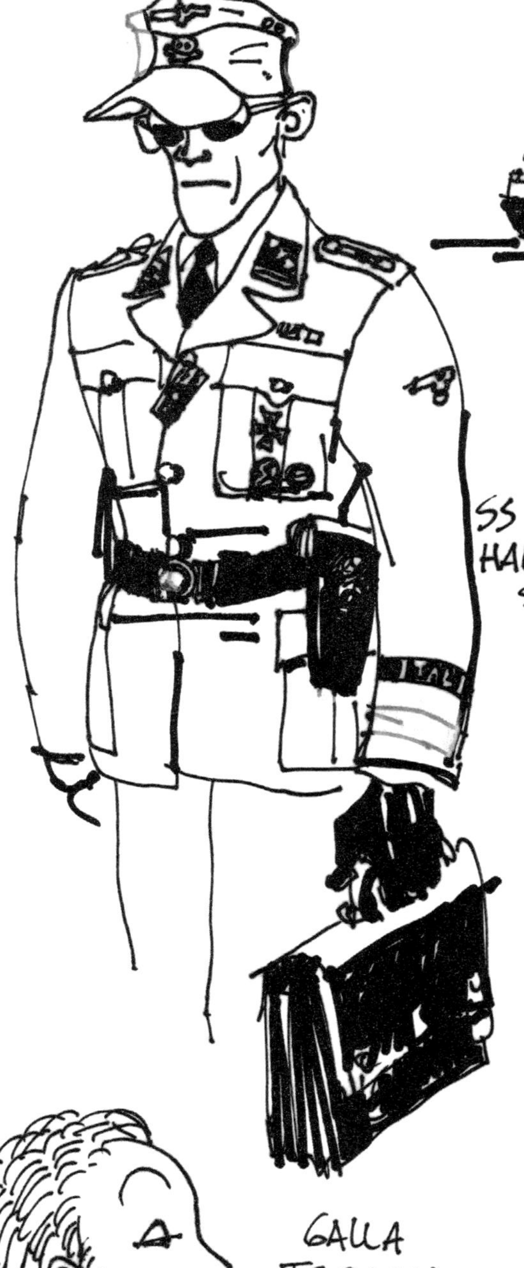

SS
HAUPTSTURMFÜHRER
SMUTHS

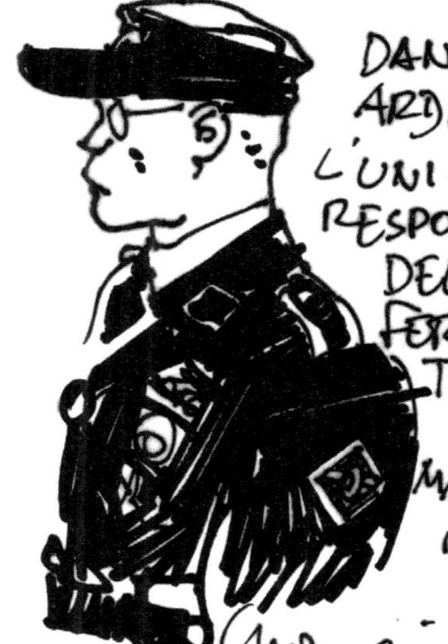

DANILO
ARDIT
L'UNICO
RESPONSABILE
DELLE
FERROVIE
TEDESCHE
DI
MALAMOCCO
1944-45
(non si è mai
capito il
perché...)

GALLA
TROION
ALBERONI

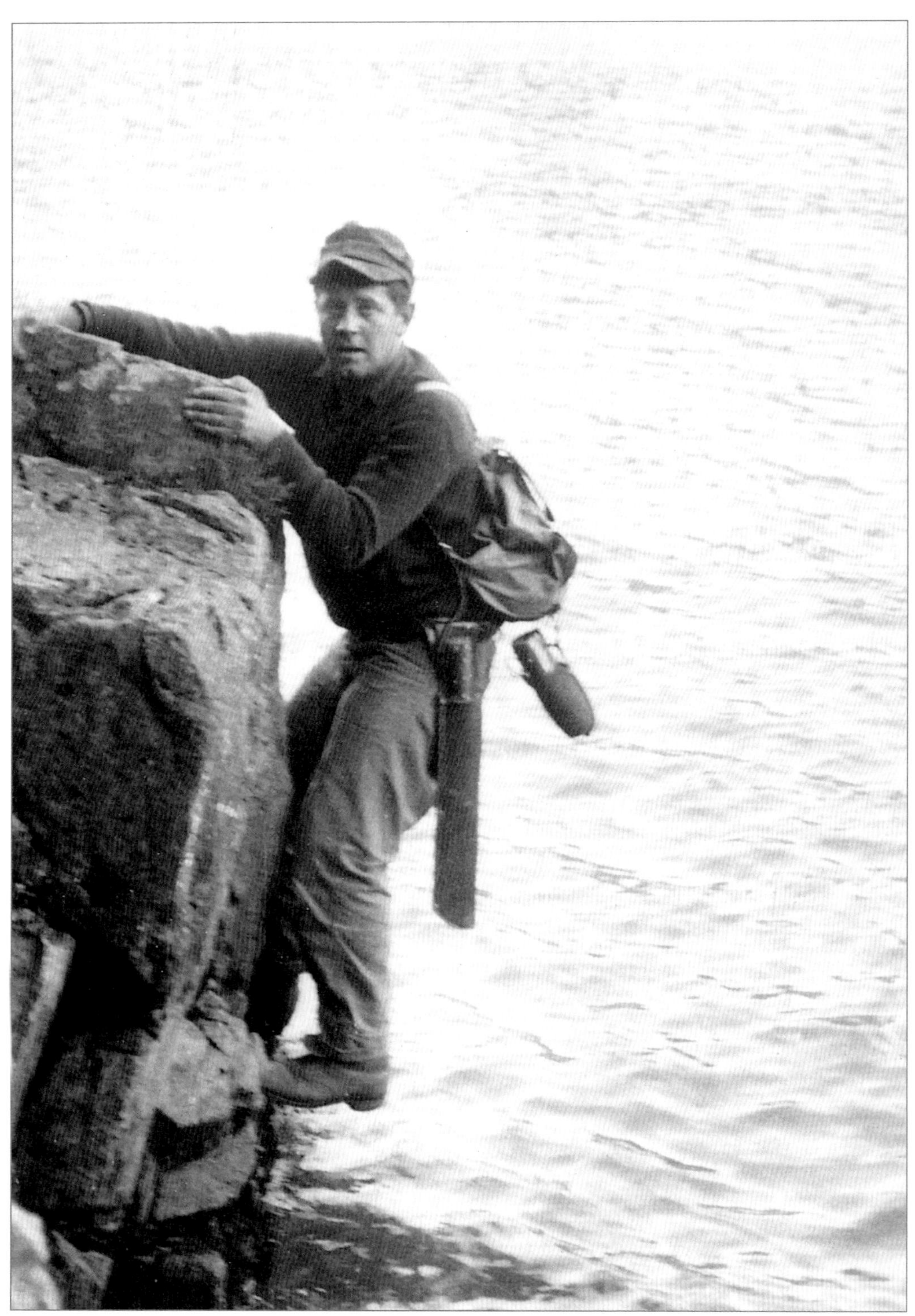

Kletterpartie für Hugo Pratt während eines seiner Ausflüge nach Patagonien

Kapitel 4

Während Duchan Scheiben zerbrach, um seinen Abgang zu machen, trat Viszinsky durch die Fenster in meine Nächte ein – mit seiner Gefolgschaft von Hexen.

Nicht früh, nicht spät. Sie kamen im rechten Moment. Ich war die Wege der Freiheit bis zum Ende gegangen und war in der Lage, sie zu verstehen; ich war bereit, sie zu akzeptieren. Sie kamen ungeladen ins Haus und sie blieben, indem sie den Platz von den anderen nahmen, die sie fortgeschickt hatten. Sie versammelten sich in meinem Leben wie in einem Land: Da ist Guerrino, der verzweifelte Frankenstein, der die Bolzen an den Schläfen verloren hatte. Da ist Olga, die Uhren mit ihrem Blick anhalten kann und mit einem Seufzer Telefone ruiniert; da ist Christina, die Bandolera mit dem sanften Blick eines Kaninchens, da ist Renée, die davon träumt, mit einem Kameraobjektiv gefickt zu werden, da ist Viszinsky, mit dem abwesenden Blick, der in seinem Schädel die andere Seite der Dinge sieht – in einem weißen Land mit vergessenen Steppen. Und all die anderen. Sie kamen im rechten Moment.

Ich hatte in meinem Haus ein Fest organisiert. Zinaida, Von der None und Helmuth waren endgültig in die Villa Gessel übersiedelt, im Hotel Faro. Da ich dabei war, Editorial Abril zu verlassen, hatte ich dieses Zusammensein mit den Kollegen von so vielen Jahren Arbeit organisiert: So eine Art Verabschiedung. Sie waren wunderbare Gefährten gewesen. Ich war in Argentinien mit meinen Erfahrungen aus Afrika angekommen, die sehr wichtig waren. Ich hatte schon einen Sinn für richtige und kluge Entscheidungen entwickelt, aber in der Gruppe der Zeichner von Editorial Abril fand ich nicht nur Brot für meine Zähne, sondern auch die Butter und die Beilagen. Wir bildeten eine politische Zelle der Intelligenz und der Freiheit, ohne irgendeine Anmaßung von bürgerlicher Zensur. Es gab hier keine blöde Konkurrenz, um sich gegenseitig bei der Arbeit aufzureiben, es bildeten sich keine Gruppen und Interessengemeinschaften: Jeder versuchte, in der Arbeit des Anderen die Liebe und die Mühe zu finden, mit der sie getan worden war. Ganz das Gegenteil von dem, was ich Jahre später in Italien vorfinden sollte. Ich verließ Editorial Abril, weil ich fühlte, dass für mich der Moment gekommen war, etwas Neues in absoluter Freiheit zu schaffen. Deshalb gründete ich mit den Brüdern Oesterheld die Zeitschrift *Frontera*, in der *Ann y Dan* (*Ann & Dan*)[8] und die Serien von *Ernie Pike* und

[8] Tatsächlich erschien erst die dritte Episode von *Ann y Dan* 1960 in *Frontera Extra*. Das Debüt erfolgte bereits ein Jahr zuvor in dem Magazin *Super Totem* von Editorial Fascinación.

Sergente Kirk das Licht der Welt erblicken sollten. Wegen dieser Arbeit sollte ich später nach England berufen werden.

Für die Reunion an diesem Abend hatte ich die Hausschlüssel bei Portas gelassen, da ich wusste, dass ich mit meiner Arbeit erst spät fertig sein würde. Aber als ich nach Hause kam, sah ich weder Portas noch irgendeinen befreundeten Zeichner. Die Zimmer waren überfüllt mit unbekannten und sehr merkwürdigen Leuten, Rassen und Rassenmischungen, die ich nie gesehen hatte. Ich ging durch das Haus, ohne dass mich irgendjemand beachtete. Ich erreichte die Küche. Hier war ein Mädchen, das sich zwischen den Kochstellen hin- und herbewegte. Sie mischte und kochte irgendwelche Schnäpse und anderes. Sie bereitete irgend so eine Art Menjunje di Gualicho. Blond, mit sehr hellen Augen, hatte sie einen klar geschnittenen Mund, der in eine straffe, vorstehende, Oberlippe und eine große, volle Unterlippe geteilt war. Abgesehen von ihrem Kaninchengesicht war sie schön. Ich sagte zu ihr: »Buona Sera«. Sie lächelte, lächelte mich an und sagte nichts. Ich verließ die Küche und drehte meine Runden auf der Suche nach einem einzigen bekannten Gesicht. Die Stimmung war angeheizt; viele Leute. Leute auf der Stiege bis zu meinem Zimmer und in meinem Zimmer. Einzelne Paare hatten sich schon gebildet, ineinander verschlungen auf den Divanen und am Boden; andere bildeten sich noch, aber unter gewalttätigen Zeremonien und Vorbereitungen: Halb nackte Männer rannten ohne zu lachen aufgeregten Mädchen nach.

Die Männer, die allein geblieben waren, hatten die Gesellschaft des Alkohols gewählt. Ich baute mich vor einem auf – stockbesoffen: Die maiskolbenblonden Haare kurz geschnitten, kindlicher Mund, rauchige Augen und ein Blick wie Feuer; mehr auf seine Gedanken gerichtet als auf Objekte.

»Und du, wer bist du?«, fragte ich ihn.

»Und du?«, antwortete er.

»Was soll das heißen, wer ich bin? Der Hausherr.«

»Und was für eine Scheiße soll das heißen, dass du der Hausherr bist?«, sagte er.

»Was soll das heißen?«

Ich wollte diese harten Antworten schon als Aufforderung zu einer Rauferei nehmen, aber dann hab ich gedacht, was soll das wirklich heißen, dass ich der Hausherr bin und habe gesagt: »Ja, du hast recht. Was soll das heißen, dass ich der Hausherr bin? Aber wer bist du?«

»Ich bin Viszinsky«, antwortete er mir. »Ah, du bist ein Freund von Portas?«, fragte ich. »Nie diesen Portas in den Arsch gefickt.«[9] Dazu machte er das Zeichen für nein mit dem Kopf. »Hör mal, Amigo, ich hatte hierher meine Freunde, die Zeichner, eingeladen. Ich hatte die Schlüssel bei Portas gelassen und jetzt sehe ich hier niemanden, den ich kenne. Ich bin Hugo Pratt.«

»Du bist Pratt. Renée hat mir von dir erzählt. Renée hat mir gesagt, ich soll heute Abend herkommen.«

Jetzt begann ich zu verstehen. Ich verkehrte seit einiger Zeit im Caffè Florida, einem Treffpunkt für junge Leute, die Bilder machten oder Literatur oder Philosophie studierten. Studentinnen ohne Geld biwakierten dort in Erwartung eines Herren, mit dem sie herumhuren konnten. Hier hatte ich Renée kennengelernt. Halb Singhalesin, halb Araberin, war sie eine umwerfende Schönheit. Als ich herausfand, dass sie Bilder liebte, hatte ich sie zu meinem Fest eingeladen.

»Hör mal, Viszinsky«, fragte ich ihn, »und wer ist das Mädchen in der Küche?«

»Das ist Christina«, antwortete er.

»Ah, das ist Christina.«

»Ja, das ist Christina Peary, die Poetin.«

So erfuhr ich, dass das Mädchen in der Küche die Nichte von diesem Peary war, der mit dem Schiff zum Nordpol gefahren war. (Oder zum Südpol.)

Extravagant, lesbisch, ein bisschen Bandolera, war sie eine große Dichterin.

Die Königin der Bar Florida war Renées große Liebe.

Ich ging in die Küche zurück. Sie war noch immer da und mischte Sachen zusammen. Ich hab mich hingesetzt und sie gefragt: »Was machst da?« »Eine Brujeria, so eine Hexensache«, antwortete sie und lächelte, als sie mich ansah. »Aber ist das auch gut?«, fragte ich. »Ich bereite es gerade zu. Dann wird man schon sehen.«

Aus dem Living Room kam Renées Stimme. Ich ließ Christina bei ihren Brujerias zurück und begab mich in das chaotische Durcheinander.

[9] Italienisches Wortspiel: »incontrare« (ital. kennenlernen) wird zu »inculare« (ital. Bezeichnung für Analverkehr).

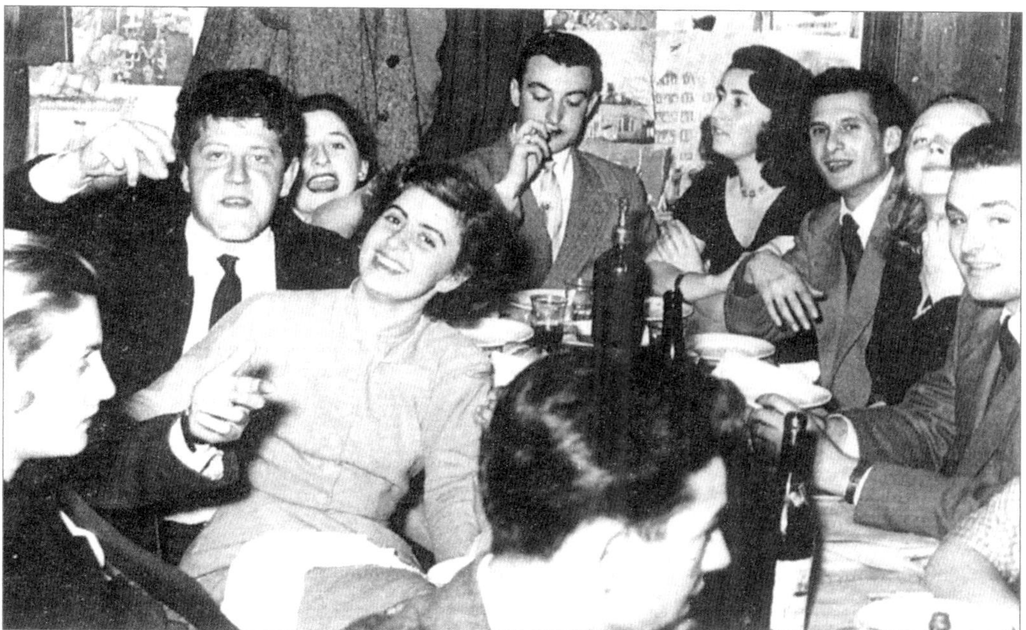

Hugo Pratt in fröhlicher Freundesrunde in Argentinien

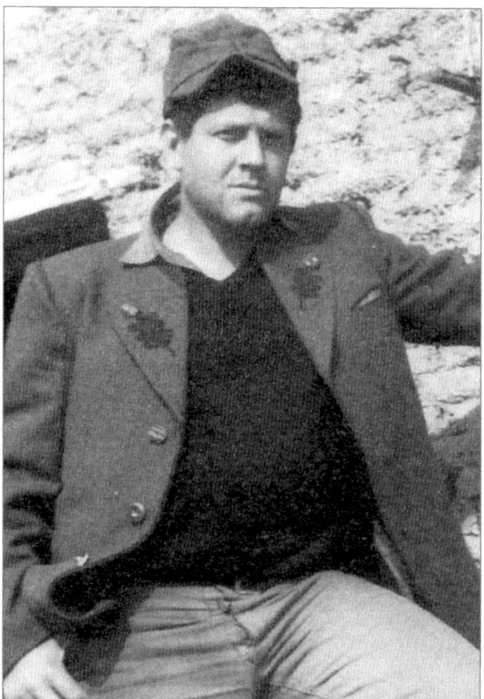

Hugo Pratt während einer seiner vielen Reisen in den Süden von Argentinien

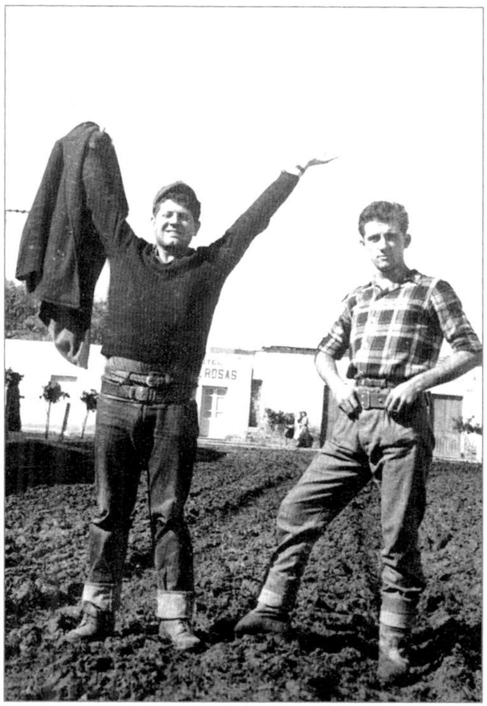

Hugo Pratt und Ivo Pavone in Acassuso

47

28

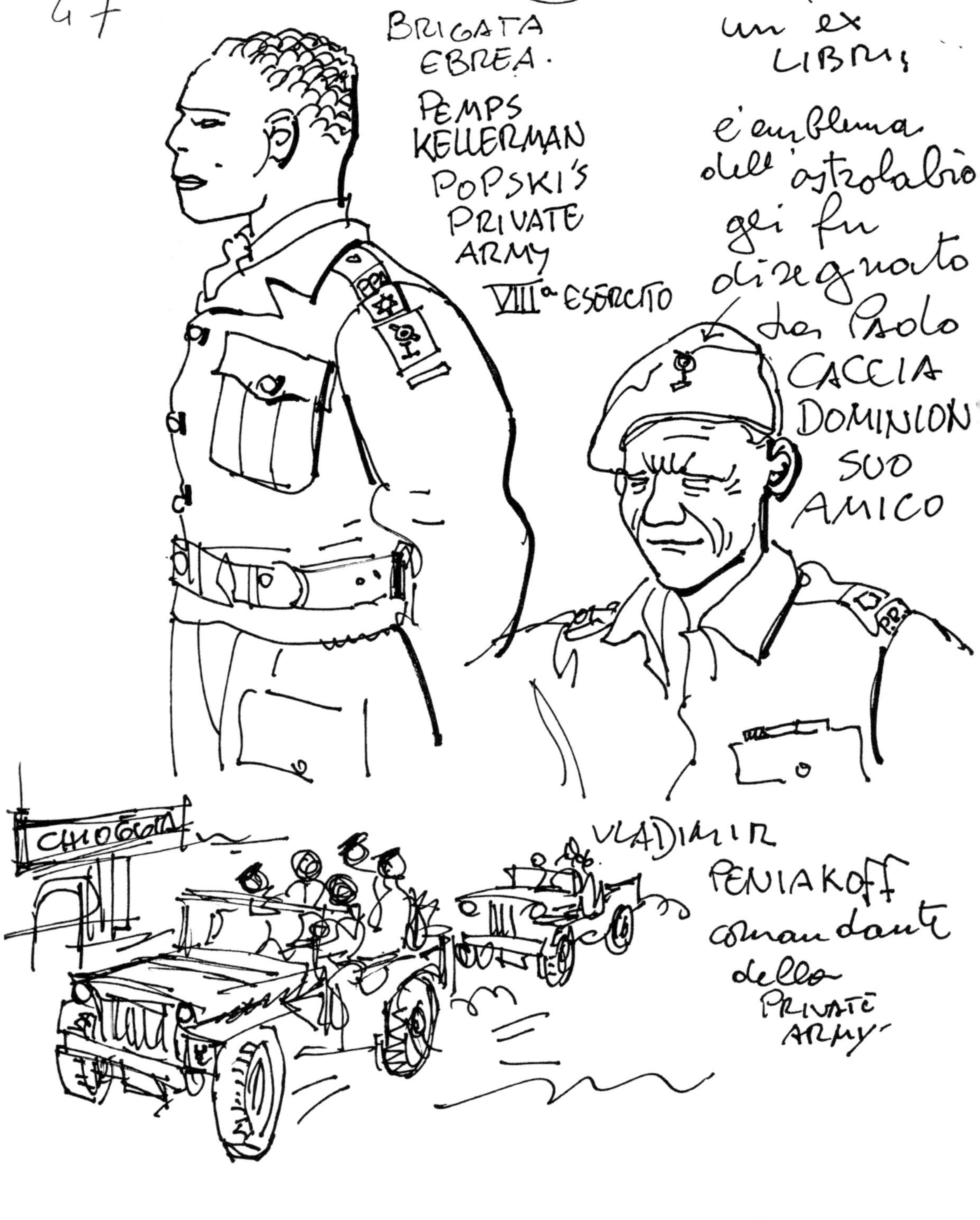

BRIGATA
EBREA.

PEMPS
KELLERMAN
POPSKI'S
PRIVATE
ARMY

VIII^a ESERCITO

un "ex
LIBRIS"

è emblema
dell'astrolabio
gli fu
disegnato
da Paolo
CACCIA
DOMINION
suo
AMICO

P.P.

P.P.

CHIOGGIA

VLADIMIR
PENIAKOFF
comandante
della
PRIVATE
ARMY.

Renée war gekommen, schöner denn je; sie bewegte sich sicher in der Menge, spielte die Gastgeberin, ein echter weiblicher Chaperon.

»Renée, wo sind meine Freunde?«, fragte ich sie.

»Weggeschickt.«

»Und Portas?«, fragte ich weiter. »Ich hab ihm die Schlüssel abgenommen. Gefallen dir diese Freunde nicht?«

»Ja, Renée, sie gefallen mir. Aber konnten die anderen nicht auch dableiben? – Wir hätten doch alle gemeinsam feiern können.«

»Nein, Hugo. Unmöglich. Die passen mit denen nicht zusammen«, antwortete sie. »Hast du was dagegen, Hugo?«, fügte sie hinzu.

Und so verging die Nacht mit Cante Hondo, Fickereien, Schnäpsen, die einen für immer besoffen machen, und Leuten, die kamen und gingen, wie auf einer Bühne.

Es kam auch Juan Carlos Casares, der Posaunist, mit dem ich sofort Freundschaft schloss und der mich deshalb dann, später, als er die Band der Jesters gründete, als Sänger aufnahm, mit dem Namen »Fabulous Sbrindolin«. Als Kostüm hatte ich einen Staubmantel aus schwarzen Rabenfedern und einen Schnabel aus rotem Filz. Ich baute mir dann noch ein Megafon, wie der Steuermann eines Achterbootes, und befestigte das Ding mit Gummibändern um die Ohren; so konnte ich mit den Händen in den Taschen singen. Wir spielten vor allem in den Zügen auf. Es kamen dann Torres Aguero und jede Menge neue, sympathische, Leute. Es tauchten auch Kroaten auf, Klötze von Männern, groß und stark, Ustaschaleute, die gerade noch rechtzeitig mit Ante Pavelic aus Jugoslawien entkommen waren und in Perons Argentinien ihre Arbeit als Gorillas fortsetzten, als Killer.

Als sie dann am Morgen alle gegangen waren, kam Guerrino an, setzte sich in einen Lehnstuhl und starrte mich an. – Ich hatte gerade in diesen Tagen gemeinsame Freunde von ihm erzählen gehört; sie hatten mir diesen Zeichner als außergewöhnlichen Typen beschrieben, als Gentleman und großen Herren, exzentrisch und verzweifelt.

Und da war er und starrte mich an, saß im Lehnstuhl in seinem weißen Regenmantel, wie ihn die Engländer haben. Ein zerwühltes Gesicht; es fehlten ihm nur zwei Bolzen seitlich an der Stirn, um wie ein drohender Frankenstein auszusehen. Er lächelte mich an, mit starren, glitzernden, Augen – mörderisch, wie zwei Pistolenmündungen. Ich fragte ihn: »Bist du Guerrino?« – Es war eine unnötige Frage, aber man konnte nicht weiter schweigen.

»Ja, ich bin Guerrino.« Und er lächelte.

»Willst du was trinken?« Und wir begannen, Wein zu trinken.

Dann fragte er mich: »...und die Renée?« Ich wusste, dass er der Liebhaber der Renée war: »Die Renée war da...«

»Ja, ich weiß. Ging's ihr gut?«, fragte er mich.

»Ja, es ging ihr gut.«

»Gut, ja... und ein wenig besoffen?«, fragte er mich.

»Nein, nein, nur gut drauf. Sie ist mit einem weggegangen, der Saxophon spielt.«

An diesem Abend begann er, mir seine Geschichte mit Renée zu erzählen. Eine wechselvolle Geschichte, die Jahre gedauert hatte und die ich von einem Freund her kannte, und von Renées Erzählungen.

Jedenfalls fing Guerrino an zu erzählen, wie sie sich kennengelernt hatten, als sie gemeinsam Bühnenhintergründe für ein Theater von Indipendentisti entworfen hatten. Guerrino war ein guter Zeichner, ein unbequemer Humorist; Renée war verrückt nach Formen und Farben und sie wollten gemeinsam etwas Neues schaffen; ich weiß nicht, was dabei herauskam, aber es war sicher ein engagiertes Werk junger Kräfte; anmaßend, aber intelligent.

Jedenfalls trat am Abend auf eben jener Bühne, auf der diese Leidenschaft entstanden war, Nicola Paone auf... Blu blublu la cafetera... Dieser Amerikaner aus Brooklyn gab sich als Italiener aus und hatte einen Riesenerfolg, der nie aufhörte. Alle kamen, um zu hören, wie er Blu blublu la cafetera sang, die Italiener loco vor Heimweh und die anderen wegen des schönen, italienischen Liedes. Er trat im Frack auf, mit gestreiften Hosen, so eine Art Jules Berry in *Alba Tragica* (dt. *Der Tag bricht an*). Jahrelang, jedes Mal wenn ich zugeben musste, Italiener zu sein, kam der Nicola Paone.

»Ah, usté italiano. Nicola Paone, eh, blu blublu blublublu la cafetera...«, sangen sie mir vor. Eine Schande.

Na schön, eines Tages überzeugte Guerrino, den Kopf in den Wolken vor lauter Liebe, Renée, die Bühnenbildnerei sein zu lassen und das Theater und alles und mit ihm wegzulaufen. Renée, mit ihrer Söldnermentalität, wollte, dass er die Fotoapparate kauft. Sie war verrückt nach Fotoapparaten. Sie wählten Córdoba, ich weiß nicht, was es in Córdoba in Argentinien zu fotografieren gibt, aber sie fuhren eben hin.

Und das war das erste Mal, dass Renée Guerrino sitzen ließ. Er blieb ohne Fotoapparate und ohne nichts zurück. Halb Singhalesin, halb Araberin, kupferrot die Haare, einfach wunderschöne Augen, aber halt immer eine Söldnerin; die brachte dich dazu, dein Geld auszugeben, Fotoapparate zu kaufen, und dann ließ sie dich irgendwo sitzen.

Guerrino lebte in einer Familie und hatte den großen Wunsch, sich zu emanzipieren, seinen eigenen Platz zu finden.

Und da traf er dann Olga und heiratete sie. Na, und das war erst wieder eine Type! Renée hatte dich um Fotoapparate beschissen, die ruinierte dafür Uhren.

Sie sagte zu dir: »Oh, was für eine schöne Uhr du da hast, Hugo...« Ein Blick von ihr und die Uhr war hin. Blieb sofort stehen. Das gleiche passierte mit den Telefonen.

Aber schön war sie. Wirklich schön: Mit ihren schwarz ummalten Augen à la Königin Nofretete; aber viele Jahre, bevor Elisabeth Taylor die Cleopatra gespielt hatte. Als Ballerina in einem modernen Ballett hatte sie tolle Schenkel, stark, schlanke Taille, einen festen Hintern und alles.

Er lernte sie kennen, fasste sich ein Herz und ab auf Hochzeitsreise nach Mar del Plata. Diesmal war es Guerrino, der weglief; schnappte sich seine Sachen und zog Leine. Das war am dreizehnten Tag ihrer Ehe. – Nach dieser Heirat kam Guerrino oft, um bei mir zu arbeiten. Auch wenn ich damals noch nicht völlig wegen Gisela durchgedreht hatte, so war ich doch für meinen Teil schon ziemlich verrückt. Er leistete mir Gesellschaft und zwischen seinen einzelnen Comics machte er mir beunruhigende Zeichnungen von Personen aus meinen Geschichten. Wenn er mich einmal nicht mehr verkraften konnte, schmiss er die Bleistifte weg, warf Zeichenblätter und Tusche in die Luft und haute ab. »Hugo esta loco... Esta loco...« und verschwand für eine Weile.

Er kam dann später wieder und fing an zu erzählen, dass er eine Europareise brauchte. Immer wieder mal hatte ich einen Haufen Geld mit meinen Zeichnungen verdient und schlug ihm vor, es ihm zu borgen, damit er diese Reise nach Europa machen kann. Er ließ sich das nach einer Weile einreden. Dann passierte eine verwirrende Sache. Er sagte mir: »Du hast recht, Hugo. Ich muss diese Reise nach Europa machen. Du hast recht.« Er machte eine Pause. »Gib mir nur das Geld.« Er wollte es sofort und ich bin ihm mehr als einmal auf den Leim gegangen. Wenn er das Geld im Sack hatte, raus durch die Tür und weg war er. Er ging hin, um alles zu versaufen und zu verhuren. Bis er dann ohne eine Lira dasaß, verzweifelt und benommen; in irgendeiner Herberge des Typs »I tre Sergenti«.

Einmal, als ich ihn länger nicht gesehen hatte und er hatte schon die Runde durch seine schönen Plätze gemacht, erfuhr ich, dass er geradewegs in einem Conventigio gelandet war: Dem Conventigio de la Paloma, einem alptraumhaften Ort, geleitet von einem Rumänen.

Wirklich ein Wahnsinn, was ihm passiert war: Guerrino ging die Calle Florida entlang, als ihn eine Stimme erreichte: »Guerrino.« Eine starke, laute, schroffe Stimme. Er sah hinauf und sah Olga. Auf einem Balkon. Sie wiederholte: »Guerrino.« Wie ein Ruf von der Kanzel. Lamm Gottes, Cordero de Dios. Und er ging rauf. Vor mehr als einem Jahr war er in Mar del Plata davongelaufen und jetzt führte ihn das Schicksal in ein Zimmer in einer Pension in der Calle Florida – und wieder mit Olga.

Daraufhin packte ihn gleich ein starkes Fieber; Olga musste ihn ins Bett packen und beginnen, ihn zu betreuen. Das Fieber verging ihm nie und Olga, die jetzt als Prima Ballerina im Ballett der Nora Soyer arbeitete, musste am Ende der Vorstellung in die Pension zu Guerrino rennen und ihn in seinem tobenden Fieber beruhigen. Olga arbeitete dann nicht mehr lange für die Nora Soyer, denn es kam bald zum Kampf der Persönlichkeiten, zu Kraftproben, und die Deutsche konnte es nicht verwinden, wenn sie dabei besiegt wurde. Wohlgemerkt, das Problem war nicht ein künstlerisches. Nora Soyer war diese große Lesbierin und wollte um jeden Preis diese Uhrenzerstörerin aufreißen, aber als sie dann zur Sache kamen, war es die Olga, die sie aufs Kreuz legte und sie mit der Klitoris oder was weiß ich womit in den Arsch fickte.

Kaum, dass er den Schock überwunden hatte, wurde Guerrino wieder gesund; er entschied, dass sie zusammen leben sollten und da war jetzt das

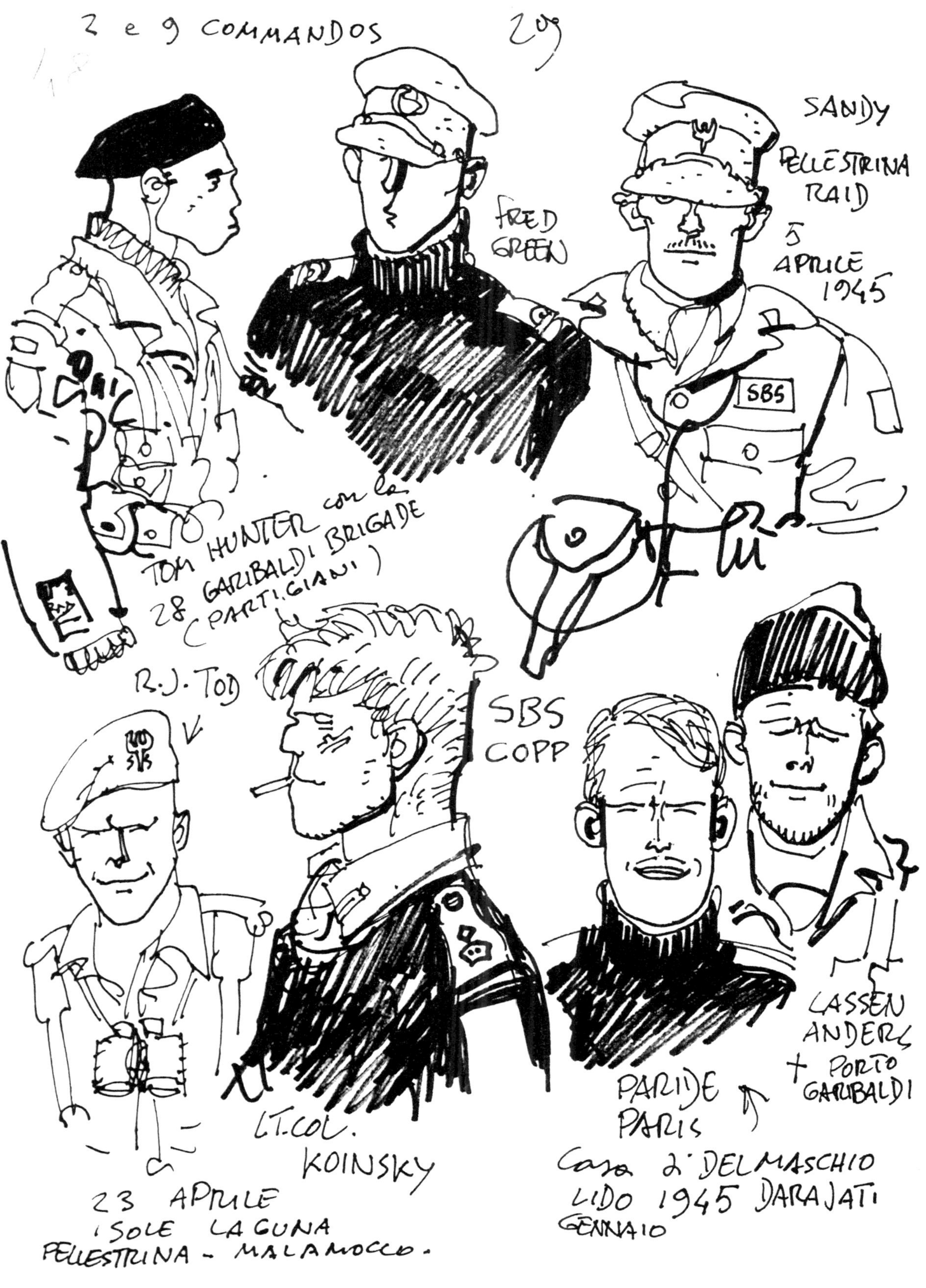
2 e 9 COMMANDOS
209
SANDY
PELLESTRINA RAID
5 APRILE 1945
FRED GREEN
SBS
TOM HUNTER con la 28 GARIBALDI BRIGADE (PARTIGIANI)
R.J. TOD
SBS
SBS COPP
LASSEN ANDERS
+ PORTO GARIBALDI
PARIDE PARIS
LT.COL. KOINSKY
Casa di DELMASCHIO LIDO 1945 DARAJATI
GENNAIO
23 APRILE
ISOLE LAGUNA
PELLESTRINA - MALAMOCCO.

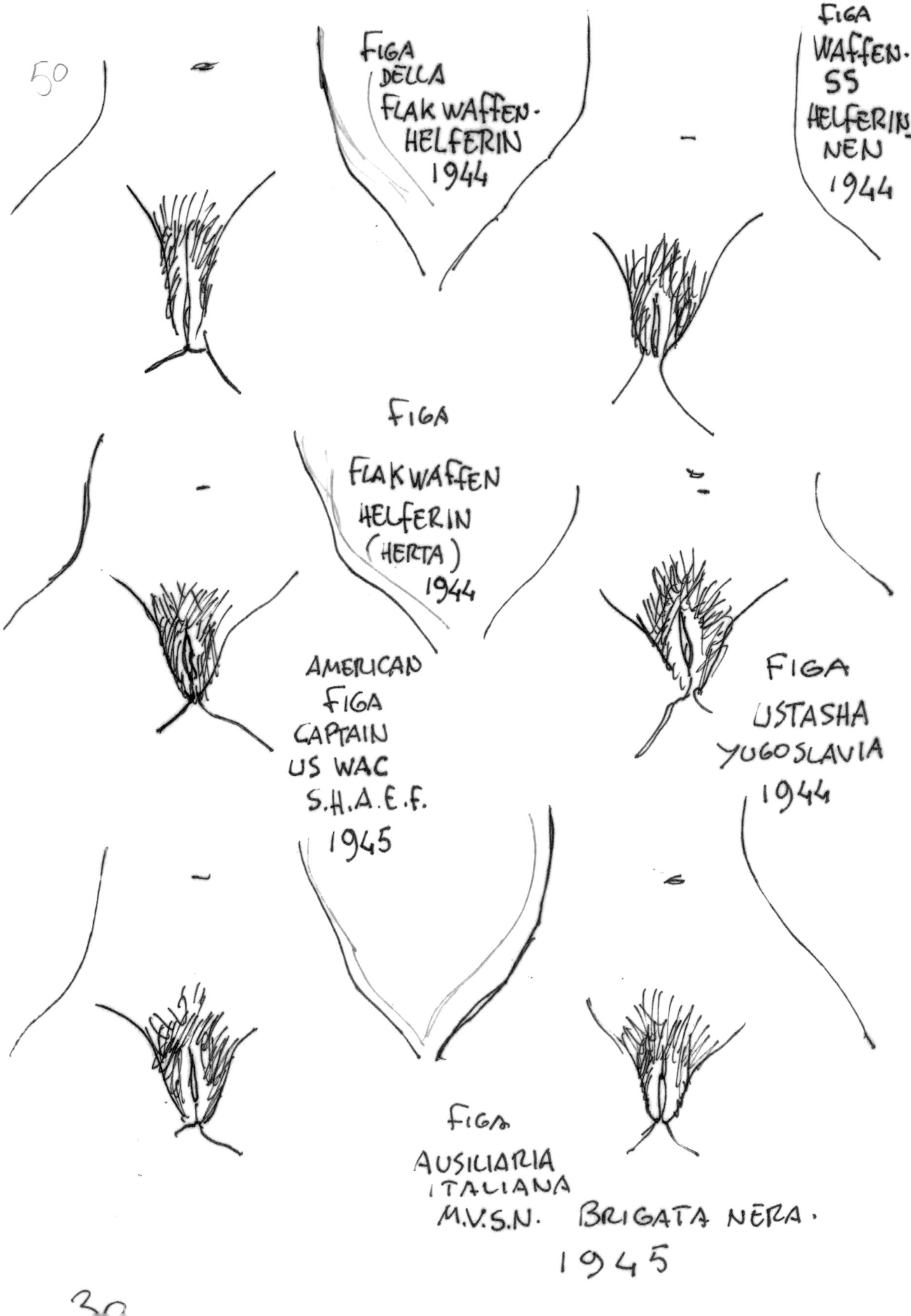

50

FIGA DELLA FLAKWAFFEN-HELFERIN 1944

FIGA WAFFEN-SS HELFERINNEN 1944

FIGA FLAKWAFFEN HELFERIN (HERTA) 1944

AMERICAN FIGA CAPTAIN US WAC S.H.A.E.F. 1945

FIGA USTASHA YUGOSLAVIA 1944

FIGA AUSILIARIA ITALIANA M.V.S.N. BRIGATA NERA. 1945

30

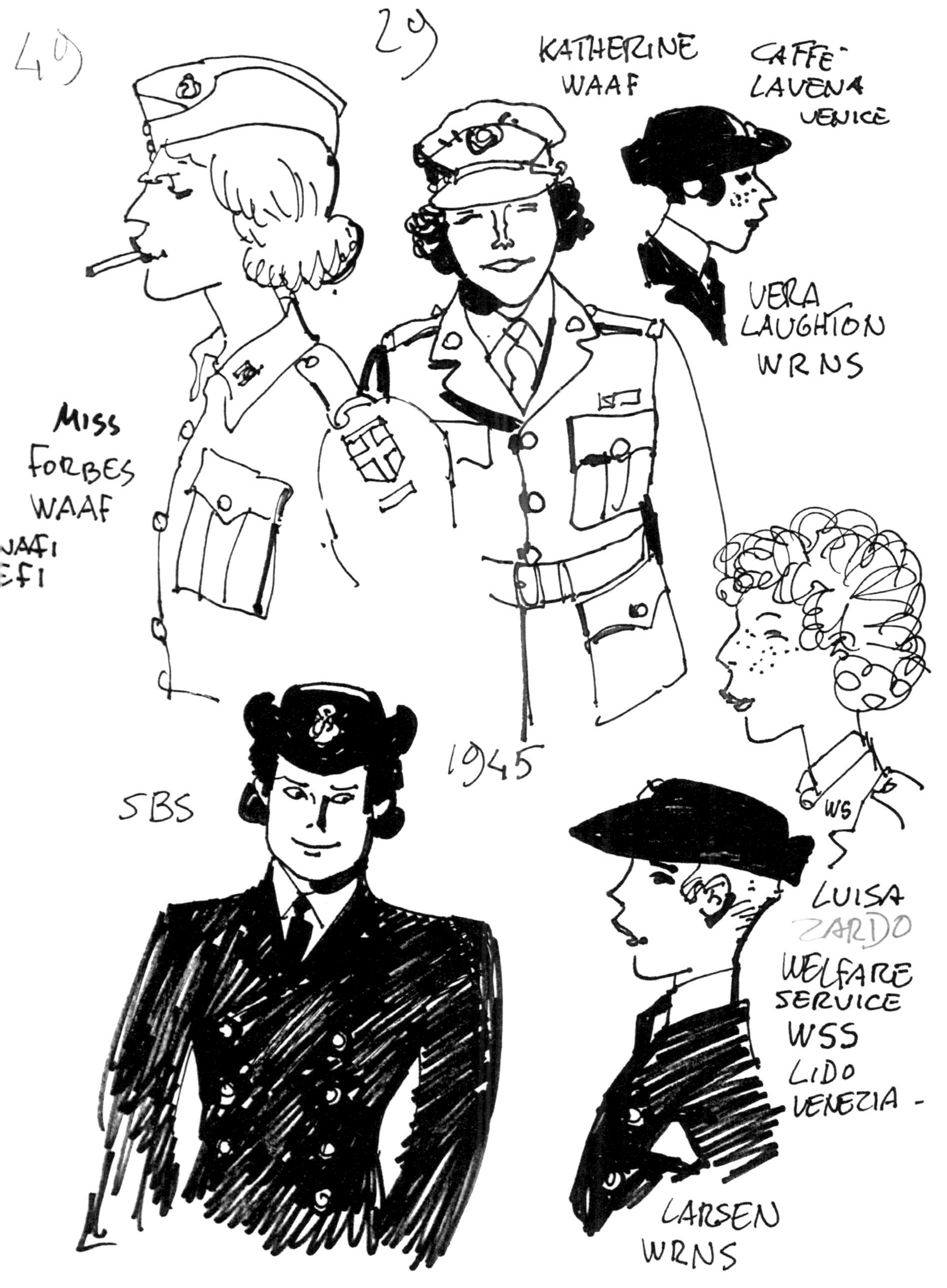
29)
KATHERINE
WAAF
CAFFE
LAVENA
VENICE
VERA
LAUGHTON
WRNS
MISS
FORBES
WAAF
NAAFI
EFI
1945
SBS
WS
LUISA
ZARDO
WELFARE
SERVICE
WSS
LIDO
VENEZIA -
LARSEN
WRNS

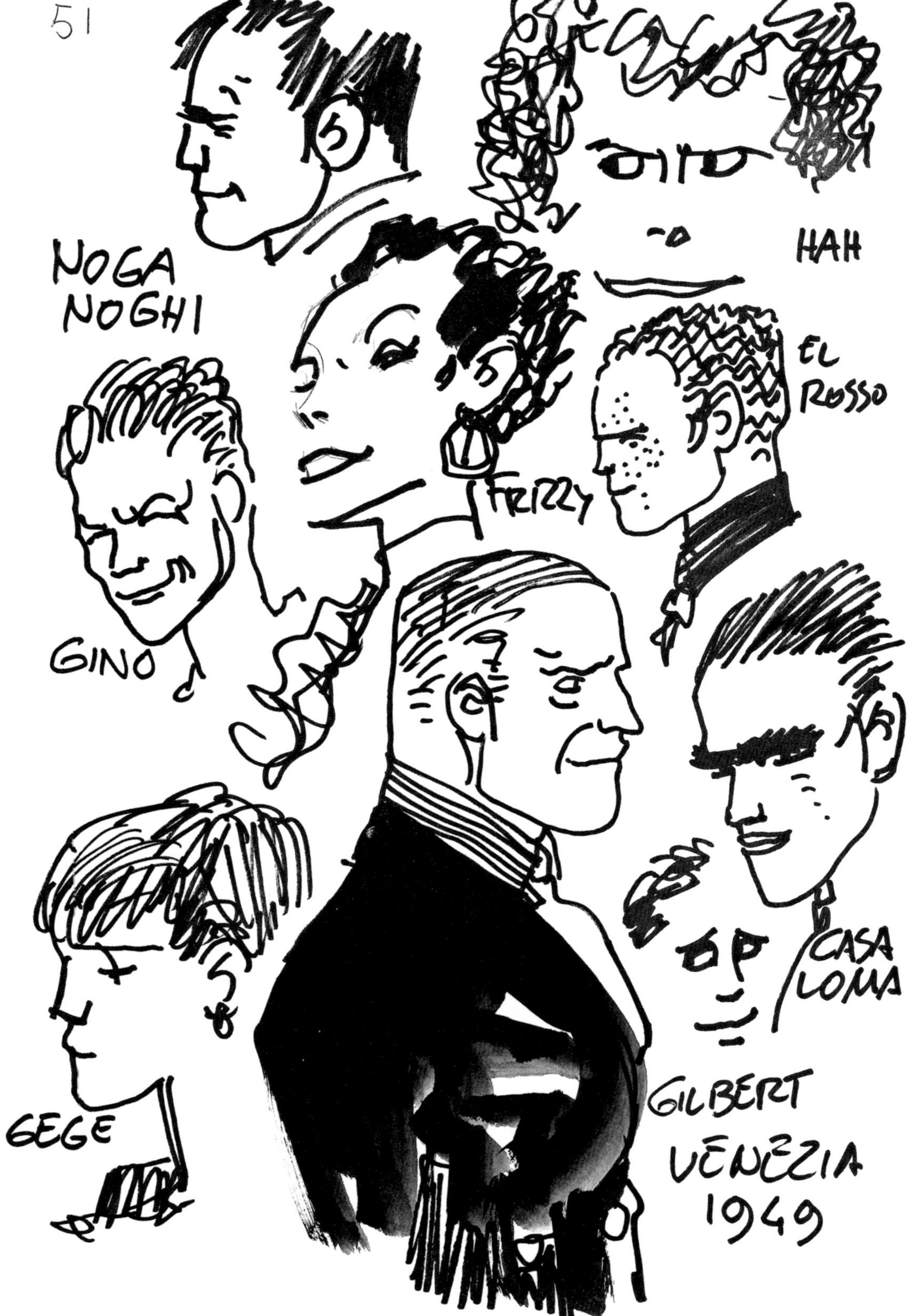
NOGA
NOGHI
HAH
EL
ROSSO
FRIZZY
GINO
CASA
LOMA
GILBERT
GEGE
VENEZIA
1949

Wohnungsproblem. Man machte sich auf die Suche und Guerrino fand eine Garage.

Es war ihm ein Freund eingefallen, ein Mechaniker, der mit seiner Frau und zwei Kindern an der extremen Peripherie von Buenos Aires lebte, in der Gegend von Mattanza. Die hatten ein Chalet mit Büro und Garage, wo er die Autos reparierte. Franzose, Mechaniker, Compagnero... er war natürlich gerne behilflich, den Freund und seine Gefährtin unterzubringen. Und so trafen an einem verregneten Abend Guerrino, der verzweifelte Frankenstein, immer auf der Suche nach Liebe, und Olga, die wandernde Hexe, immer auf der Suche nach ihrem Gomora, in dem Büro ein, wo sie gemeinsam die Scherben ihrer Ehe kitten wollten.

Am selben Abend wollte Guerrino, Grandseigneur, zum Abendessen einladen; Regen oder Sintflut, er entschied sich, auszugehen und einzukaufen. »La gran puta, vo in zò mi a torme do polsatri, vin da bever... la gran puta...«

Er warf sich also seinen weißen Regenmantel, wie ihn die Engländer tragen, um und lief bei strömendem Regen in Mattanza herum, um eine Rosticceria zu suchen. Er war schon, beladen mit Päckchen und Paketen, auf dem Rückweg, als eine Stimme zu ihm drang: »Guerrino, Guerrino...«, weich und flehend. Er drehte sich um und in einer Tornische stand Renée. Umwerfend, wie immer, die nassen Haare klebten ihr im Gesicht. »Guerrino, queridito...«, sagte sie.

»Zum Henker, die Renée...« Er ist am Boden zerstört; sie war ihm in Córdoba davongelaufen und jetzt steht sie ihm gegenüber, heruntergekommen, in einem Hauseingang in Mattanza.

»Was machst du da, im Regen, in Mattanza?«

»Queridito, ich hab solchen Hunger...«

»Zum Teufel, bleib doch da nicht stehen. Komm mit mir. Steh da nicht so herum. Komm mit mir...«

Plötzlich war seine große Liebe wieder da. Er nahm sie in den Arm und brachte auch sie zur Garage. Dort warteten der Franzose, seine Ehefrau, die Kinder in der Wiege und die Olga, um das Essen zuzubereiten und dann kommt er mit der Singhalesin. Sie sahen sich an und fragten sich, was passiert war, aber Guerrino ließ sich nicht beirren. »La gran puta, es una compañera, no se como es, bajo la lluvia, la compañera... wir bleiben alle zusammen.« Na gut, sie teilten die Hühner und setzten sich brav zum Essen hin.

Guerrino konnte es nicht glauben; auf der einen Seite die Ehefrau, Olga, auf der anderen die Geliebte, und alle zufrieden. Von seiner arabischen Abstammung her hatte dieser Frankenstein einen ausgeprägten Hang zur Großzügigkeit, einen Sinn für Gastfreundschaft und auch für den Harem. Eine Umarmung da, eine Umarmung dort, bis sich dann der Franzose dazwischen drängte. Er musste wohl mit irgendeiner Piratenbande nach Frankreich gekommen sein, ich weiß nicht, vielleicht im Gefolge Linièrs. Jedenfalls begann er, seine ganze französische Galanterie auszupacken, immer beharrlicher und unverblümter; es war eine gewisse Pedanterie in seiner Galanterie und Guerrino wurde langsam nervös, wenn er sah, wie dieser Mechaniker Renée mit seiner Aufmerksamkeit bedrängte. »Teufel auch«, dachte er. Es fiel ihm nichts Geniales ein. Ein Hin und Her, das nie aufhörte.

Bis dann Guerrino mit einem Messer in der Hand aufsprang. Vielleicht hatte sich der Franzose einmal zu weit vorgewagt.

Gleich gab's einen Tumult: Der Franzose, ein Riesenkerl von einem Mechaniker, warf sich auf ihn, Olga, blitzschnell, riss Guerrino das Messer aus der Hand, der geriet in eine Nervenkrise und schrie und schlug um sich und basta. Daraufhin schnappte sich die Renée einen Engländer und *sock* haute ihn dem Franzosen auf den Kopf und der fiel auf den Boden. Es plärrten die Kinder in der Wiege, es weinte die Frau des Franzosen; die beiden Frauen warfen den Regenmantel um die Schultern Guerrinos, der sich nicht beruhigen konnte und zerrten ihn hinaus in den Regen.

»Denen zeig ich's, denen zeig ich's...«, wiederholte er unaufhörlich. Aber der zeigte niemandem etwas, denn das Messer hatte ihm Olga weggenommen und den Engländer hatte Renée dem Mechaniker über den Kopf gezogen.

Sie beschlossen dann, zum Bahnhof von Retiro oder Constitución zu gehen, um sich zu sammeln. Guerrino wollte sich nicht beruhigen und die beiden Frauen umgaben ihn mit einer doppelten Umarmung und trösteten ihn: »Coco mio, sei ruhig, alles ist in Ordnung...«

Die Leute schauten: Dieser Frankenstein zwischen den beiden Schönheiten, wie zwei Erinnyen in einer Erzählung von Quiroga, sehr beunruhigend.

»Ich bringe euch nach Pergamino... wir fahren alle nach Pergamino...«, sagte Guerrino. Die beiden Frauen fügten sich und stiegen in den Zug.

»Wir fahren nach Pergamino«, sagte Guerrino. Also fanden sie sich alle drei in einem Zug auf der Pampa, bei strömendem Regen wieder.

Aber dann, die übliche tote Kuh auf den Geleisen, blieb der Zug stehen: Vor dem Fenster ist Nacht, Regen, die Pampa und eine Tapera. Alle drei sind sich einig, aus dem Zug zu steigen und in die Tapera zu gehen, einem Unterstand für Gauchos, zusammengepappt aus Stroh und Schlamm. Sie springen vom Zug und rennen über die Pampa, verfolgt von Regen und Wind.

Als sie dann unter dem Strohdach angekommen sind, sind sie durch und durch nass, das Wasser rinnt an ihnen runter, wie an einer Dachtraufe. Guerrino sagt, er kümmert sich um ein Feuer, aber da geht's ihm wie mit dem Franzosen. Die Frauen übernehmen das; eine Frage von Minuten für diese Hexen, Guerrino ist wieder zufrieden, der Boden ist aus gestampfter Erde, in einer Ecke hat er einen Tisch gefunden, der nützlich sein kann; er hat seine Frauen und das Feuer gibt Licht und Wärme.

Olga hat dann noch ein kleines Radio aus der Tasche gezogen und so haben sie auch noch Musik und während er stocksteif dasteht, wie Frankenstein, fangen die Mädchen an, sich vor den Flammen zu bewegen. Es ist Olga, die die ersten Tanzschritte ausführt; sie biegt sich, sie berührt das Feuer, sie spielt damit. Als sie, noch immer tanzend, beginnt, die nassen Kleider abzustreifen, tut es Renée ihr nach.

Nackt und wunderschön sind sie; ihre prachtvollen Körper wirken im Licht der zuckenden Flammen noch aufreizender, sie tanzen wie verrückt, die Funken sprühen zwischen ihnen. Guerrino kann sein plötzliches Glück kaum fassen: Allein in der Nacht der Pampa mit seinen beiden Frauen.

Und dann passierte es: Die beiden Frauen stürzten sich plötzlich aufeinander; sie wurden immer erregter und drängten sich aneinander und küssten sich und leckten sich gegenseitig ab und sie wälzten sich auf dem Boden und steckten sich die Zunge in die Muschi und das alles passierte zwischen ihnen. Und Guerrino, mit hervorquellenden Augen, total fertig...

Er rannte davon, wie in einem Albtraum, flüchtet in die Nacht hinaus, in den Regen, ins Gewitter. Allein, ohne Ehefrau, ohne Geliebte, mit seinem weißen Regenmantel, wie ihn die Engländer tragen. Und vernebelt von seinen Pillen verkroch er sich in einem Conventillo, um zu vergessen. Das waren die Plätze, wo die verzweifeltsten und verrücktesten Typen endeten. Alte Klöster in Pensionen für ein paar Centavos umgewandelt; lange Reihen von Zellen auf endlosen Balkonen.

Als ich erfuhr, dass Guerrino in den von Paloma eingezogen war, suchte ich ihn auf und wollte ihn zu mir nach Hause nehmen, um ihn wieder auf die Beine zu bringen. Ich fand ihn in einer Nische, starr, stumm, er schmollte, wie eine Spinne im Netz, und da blieb auch ich, so zirka zwei Monate.

Geleitet wurde das Ganze von einer alten Rumänin; die war so richtig dreckig, wie das Haus. In diesem Ambiente von Irrsinn waren die Schändung, das Messer, der Selbstmord und die Selbstverstümmelung an der Tagesordnung.

Da war zum Beispiel ein Maler, genannt L'Andaluz, der es mit dem Mythos von Van Gogh hatte und jeden Monat versuchte, sich mit dem Rasiermesser das Ohr abzuschneiden. Dann hörte man schreien: »L'Andaluz se gà sbregà de novo...« und alle rannten mit Polstern los, um das Blut zu stillen. Er machte fürchterliche Bilder, die in nichts an die von Van Gogh erinnerten. Einmal kriegte ich eine Türe nicht auf, weil auf der anderen Seite ein Herr mit gebrochenem Hals hing. Er hatte eine Schärpe an den äußeren Türgriff gebunden, sie über den Türpfosten gedreht und es so geschafft, sich ganz alleine aufzuhängen. Am Ende brachte mich Guerrino von dort weg und wir gingen in mein Haus, um zu arbeiten.

Mit der Zeit hätte auch er seinen Weg gefunden, sein Heim, sein Ziel, seine Ordnung, durch seriöse und beständige Arbeit als Zeichner. Und auch dank einer ernsthaften Frau; einer Heiligen namens Estella. Lehrerin von Beruf, war sie darauf spezialisiert, Coca-Kinder zu unterrichten; etwas zurückgeblieben eben, und war daher von einer unendlichen Geduld und Güte. Die richtige Frau für ihn.

Ich weiß nicht, wo er sie kennengelernt hat, aber sicher nicht in den Kinderheimen, in denen ich und er als Spielmänner auftraten. Hier waren die Kinder gesund, robust und intelligent, Kinder von gesunden und reichen amerikanischen Ölmagnaten, Kinder von starken Schweden, Kinder von schlauen Armeniern, Kinder von viereckigen Holländern, Kinder mit viel Geld also.

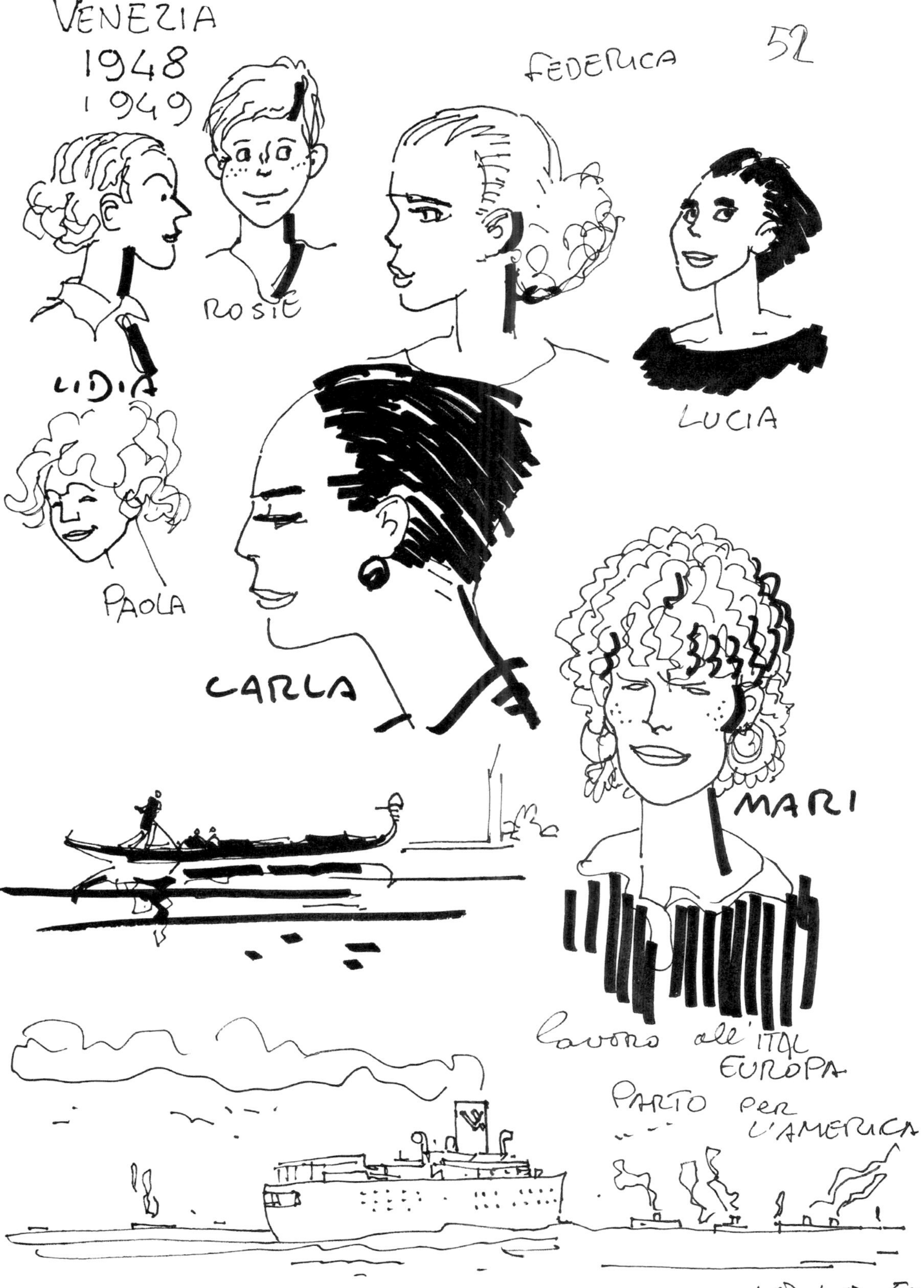
VENEZIA
1948
1949
52
FEDERICA
ROSIE
LIDIA
LUCIA
PAOLA
CARLA
MARI
lavoro all'ITAL
EUROPA
PARTO per
L'AMERICA
1949-50

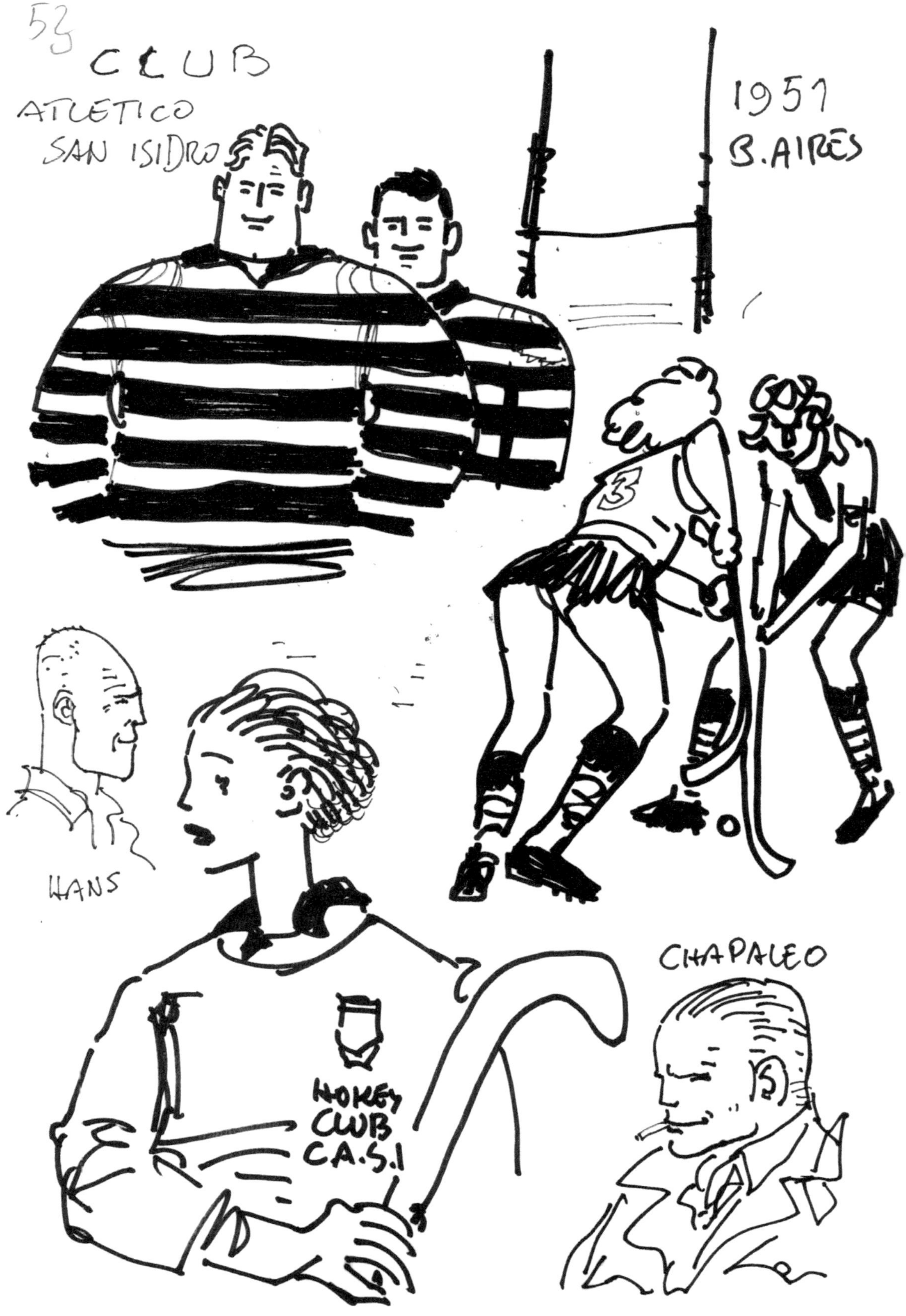

CLUB
ATLETICO
SAN ISIDRO

1951
B. AIRES

3

HANS

HOKEY
CLUB
C.A.S.I

CHAPALEO

Die von Esso, Texaco und den anderen fünf Schwestern und auch von Coca Cola.

Zwischen diese Kinder quetschten ich und Guerrino uns rein mit der Idee von der »Tranquerita«. – Die Tranquerita ist das Gatter, das Holzgitter, das den Corral schließt, das Gehege für das Vieh. Jedenfalls gefiel die Idee Guerrino riesig; wir bastelten sofort die Tranquerita: Wir bastelten ein Gatter, das nur bis an die Knie reichte und polierten es mit Öl.

Dann setzte ich mich mit allen Mädchen, die ich in Buenos Aires del Norte (Acassuso, Martinez, Vincente, Lopez) kannte, in Verbindung, um ihnen dieses Spiel »Open the Tranquerita, please« vorzuschlagen. Diese Mädchen hatten das Saint Patrick's College, das Saint Andrew's College, das Saint Word's College besucht; sie wollten irgendwas tun und gründeten diese »Kindergärten« und »Kinderheime«, wo man die Putei (Bälger) der Damen, die mit Esso, Standard Motor Oil, Texaco California, Gulf verheiratet waren, ablegen konnte; alles Frauen, die mit ihren Männern im Öl- und Petroleumgeschäft bei Tisch sein mussten, um Bridge zu spielen, oder im Wald, um Croquet zu spielen, oder auf der Wiese fürs Cricket oder auf den Feldern fürs Picknick.

Diese Mädchen mit der Kultur, die sie sich im St. Patrick's College angeeignet hatten, suchten immer was Neues, um die Kinder zu unterhalten, sie abzulenken, sie zum Spielen zu bringen, und dass sie sich gut benahmen: Ringelreigen, Blinde Kuh, Blumen, Die Welt, Räuber und Gendarm, Vier Lieder. Schön, zu diesen Mädchen, die diese Kinderheime für die superreichen Kinder führten, ging ich hin und stellte ihnen unsere Neuigkeit vor: »Open, open the Tranquerita, please.« Zweisprachige Spiele, gesungen, animiert und vorgeführt.

Also, wir verankerten unser Gatter fest in der Wiese, während die Putei sich in einer Reihe aufstellten; dann setzte ich mich auf einen Sessel auf der einen Seite, die Gitarre im Arm, Guerrino auf der anderen Seite mit der Hand am Gatter. Und darin bestand das Spiel: Die Kinder durften durchs Gatter gehen, das dieser Frankenstein offen hielt, solange ich sang und auf der Gitarre spielte: »Open, open the Tranquerita, please... open, open the Tranquerita, please. Open, open the Tranquerita, please...«

Ein Riesenerfolg! Wir hatten eine ganze Kette von Kinderheimen; kaum waren wir mit einer Vorstellung fertig, mussten wir rennen und die Tranquerita woanders aufbauen. Ein Riesenerfolg: Manchmal kamen auch die Mütter, um uns zu sehen und zu hören. Keine Reklamation. Das ging eine ganze Zeit so und als wir uns entschieden, aufzuhören, verkauften wir die Tranquerita, das Motiv, die Adressen und alle Rechte an ein libanesisches Ehepaar. Die zahlten ganz schön dafür. Aber bei ihnen lief's nicht gut; sie hatten Gesichter, die den Kindern Angst machten; schwarz und schnurrbärtig. Mit dem Geld der Libanesen wollte Guerrino natürlich seine Europareise machen. Er arbeitete immer wieder mal mit mir im Studio und wie er dann längere Zeit kein Lebenszeichen gab, dachte ich, endlich hat er sich entschlossen.

Aber eines Tages stehe ich ihm gegenüber: Er strahlt; er hat Renée wieder getroffen.

Er hatte sie in der Calle Corrientes gesehen, wunderschön und voller Leben, und sie hatte ihn gefragt: »Guerrino, queridito, como va?« – Sie hatten sich seit der Nacht in der Tapera nicht mehr gesehen... Guerrino, Grandseigneur wie immer, hatte sie zum Trinken eingeladen und so hatten sie jede Menge Zeit gehabt, sich auszusprechen. Renée frequentierte jetzt das Studio einer Psychoanalytikerin, wo sie Gruppenexperimente machten: Malerei unter Meskalineinfluss.

Als sie sich verabschiedeten, hatte Renée darauf bestanden, dass Guerrino sie besuchen sollte und Guerrino hatte die Adresse aufgeschrieben und versprochen: »Ja, ich komme bei dir vorbei. Ich komme sicher...« Gut, und als er dann seiner selbst sicher war, ging er hin. Im Vorzimmer packte er einen großen, bronzenen Schirmständer, stülpte ihn ihr über den Kopf, trat ihn ihr bis zu den Ellenbogen über den Rücken und drauf mit einem Stock. Zwei oder drei Minuten Herumgestampfe und dann warf er sie in der Bronzevase die Stiegen runter: Vram, don, baradon, baradin, baradon... Sie zogen sie raus mit geplatztem Trommelfell. Sie war taub.

Arme Renée, wie viele Nächte hatte ich mich taub gestellt, wenn sie klopfte und mit den Nägeln kratzte und mich rief und mir sagte: »Ich bin's, ich bin Renée...« Und ich antwortete nicht und machte nicht auf, weil ich's nicht mehr schaffte, mein Leben tagsüber und ihren Irrsinn in der Nacht zu ertragen. Und dann, am Morgen, fand ich eine Rose an der Türe. Eine Blume. Eine Hippiebotschaft, aber vor so vielen Jahren; damals war noch viel mehr verboten als jetzt.

Tagsüber hatte ich meine Beschäftigung als Zeichner und ich wollte die Dinge nicht vermischen, also erlaubte ich allen diesen Vampiren, allen diesen Geschöpfen der Nacht, nicht, mich vor zehn Uhr abends heimzusuchen und um sechs Uhr morgens mussten sie das Feld räumen.

Die Sache lief eine ganze Zeit so und ich zeigte Ermüdungserscheinungen; also schloss ich mich ein und machte keinem mehr auf. Im Dunkel meines Zimmers konnte ich fühlen, wie sie sich vor der Türe bewegten.

»Hugo, Hugo... Soy jo... Soy Christina...« Aber ich, nix da. Rührte mich nicht in meinem Bett; blieb standhaft. Ich wurde langsam zum Alkoholiker; alle diese Nächte mit den harten Getränken; Caña, Aguardiente. Ich verbrachte die Tage mit Gisela; wir arbeiteten abends zusammen. Ich liebte sie immer mehr und auch deshalb wollte ich die Dinge nicht vermischen.

Eine schöne Liebe, wunderschön. Aber schon voll Sorgen; mit ihrer Familie, die unserer Beziehung so feindlich gegenüberstand. Harte Deutsche. Sachsen. Sie tolerierten mich als Arbeitgeber ihrer Tochter, aber nicht mehr. Sie waren Deutsche so von der Art: »Ordnung, Ordnung, ich liebe dich; Ordnung, Ordnung, ich liebe dich...« Wenn ich bei Bosch-Zündkerzen gewesen wäre, oder auch nur in einer Bolzenfabrik secretary von einem Herrn Direktor, hätten sie mich in die Familie aufgenommen, damit wir gemeinsam singen: »Ordnung, Ordnung, ich liebe dich...« Aber ich war Zeichner, geschieden und auch noch Italiener. Die Mutter kriegte Krämpfe bei der Idee, dass sich die Tochter mit mir einlassen könnte. Ich dagegen hoffte immer noch. Wir verbrachten alle Tage gemeinsam bei der Arbeit und ich wartete immer darauf, dass sie letztlich ihre Sachen packt und von der Familie wegläuft, um mit mir zu leben. Ich wartete immer darauf, wie auf eine Sache, die jeden Tag passieren kann.

Ich wartete immer darauf. Auch in London, später dann. Ich hatte für sie einen Hausstand gegründet und erwartete sie. Zuletzt kam dann ein Brief mit einer blonden Haarsträhne. Ich saß in London, mit einem Brief, der mich zerstörte.

Es war auch wegen Gisela, dass ich mich am Abend einsperrte und keinem aufmachte; ich tat so, als wäre ich nicht da. Ich war todmüde, ich hatte Blutstauungen vom Alkohol und es war mir völlig egal, ob die mit dem Wind oder mit dem Regen kommen. Ich versuchte, mich vor diesen nächtlichen Halluzinationen, diesen Vampiren, diesen wahnsinnigen Murcielagos, zu schützen.

Ich hörte sie unten rufen, aber ich tat so, als würde ich sie nicht hören. »Basta, ihr Hurenpack, basta...«, sagte ich.

Bis dann, eines Nachts, als ich schon zu Bett gegangen war, noch müder als sonst, wegen einer Rauferei, die ich am Tag gehabt hatte, ich sie unten höre, aus dem Garten, wohin die Küchentüre führt: Ein Durcheinander, Schritte, Stimmen; ich erkenne die von Christina und dann auch Viszinsky.

Ich weiß, dass ich auch diese Türe gut verschlossen habe und liege unbeweglich im Bett. Draußen scheint der Mond und im Zimmer ist es halbdunkel; ein leichter Wind bewegt die Blätter der Bäume. »Geht mich nichts an«, sage ich mir. Ich hörte sie unten lachen. Dann hörte ich ein Geräusch in der Küche. Und wenig später ein Scharren direkt im Zimmer. Frf – frr – frrr. Neben dem Bett. »Scheiße, das ist nicht der Wind...« – Ich spürte eine Präsenz, sah einen Schatten, aber der war nur vier Spannen hoch. »Ein Zwerg?«, fragte ich mich. Ich verstand erst nicht; ich hielt es für eine kleine Statue. Ich handelte blitzschnell.

Ich nehme die Taschenlampe, die ich neben dem Bett liegen hatte, und streckte sie ihr ins Gesicht. Was ich vor mir habe ist eine Putea von vier Jahren; die Augen verdreht, schielend, die mich anschaut, die atmet, mich anlächelt.

Mir rutschte das Herz in den Arsch. Es war die Tochter der Christina.

Was hatten diese Wahnsinnigen getan? Als sie auch die Türe an der Rückseite des Hauses verschlossen fanden, hatten sie das Kind durch die Gitterstäbe des Fensters geschoben, in der Hoffnung, wenn es einmal drin wäre, würde es ihnen öffnen. Sie aber war im Haus herumgewandert.

Ich hatte damals viel für Waffen übrig; ich hatte fast eine Sammlung von Gewehren; einige hatte ich geschenkt bekommen, einige hatte ich gekauft. Ich nahm eine Winchester aus dem Jahr 1897, langer Lauf, dreizehn Schuss; eine wunderschöne Waffe.

Ich gehe mit bloßen Füßen die Stiege runter, damit sie mich nicht hören und schleiche mich ungesehen in die Küche.

Ich sehe, dass auch Viszinsky reinkommt; er müht sich ab, windet sich durch die Gitterstäbe wie eine Schlange...

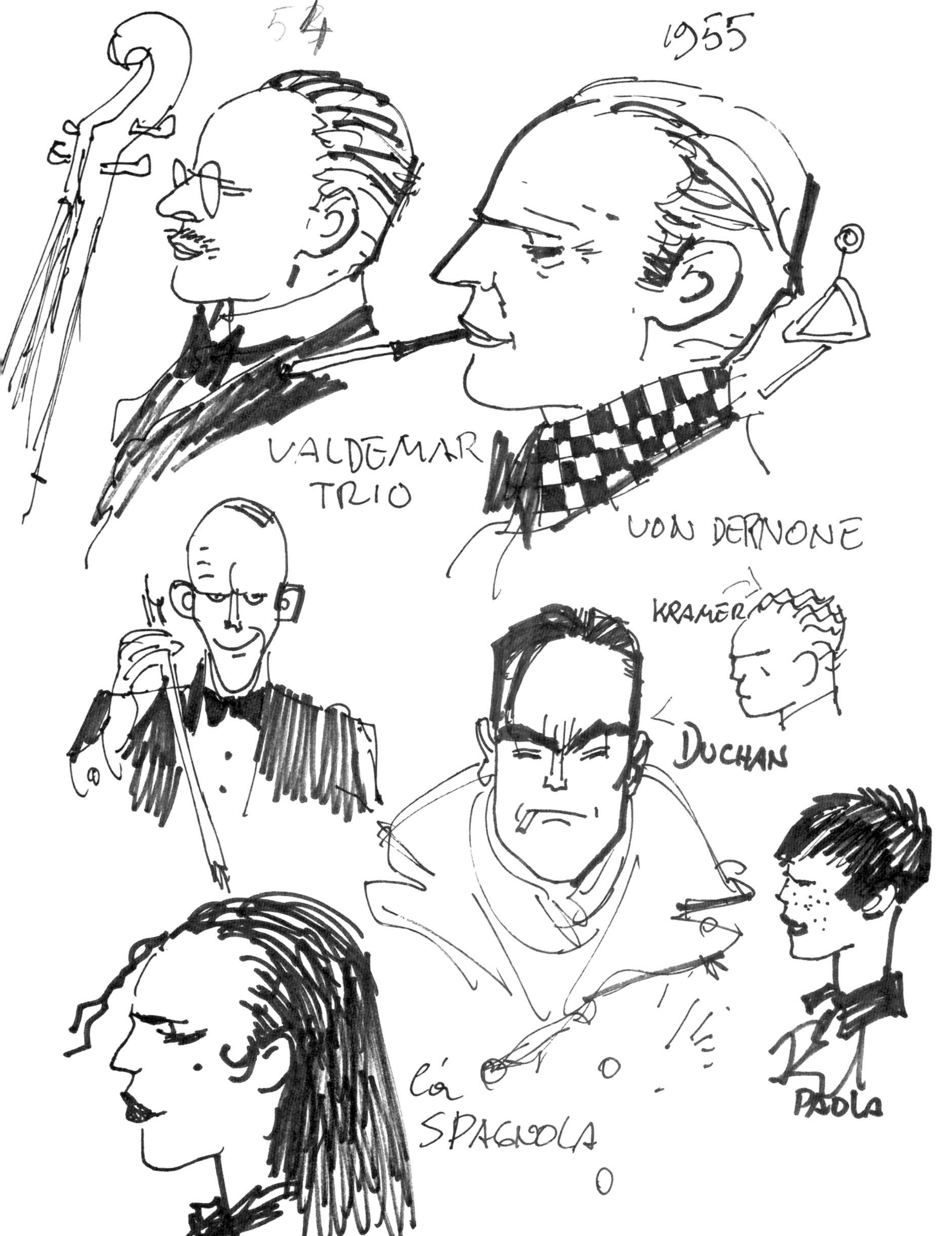
54
1955
VALDEMAR TRIO
VON DERNONE
KRAMER
DUCHAN
PAOLA
la SPAGNOLA

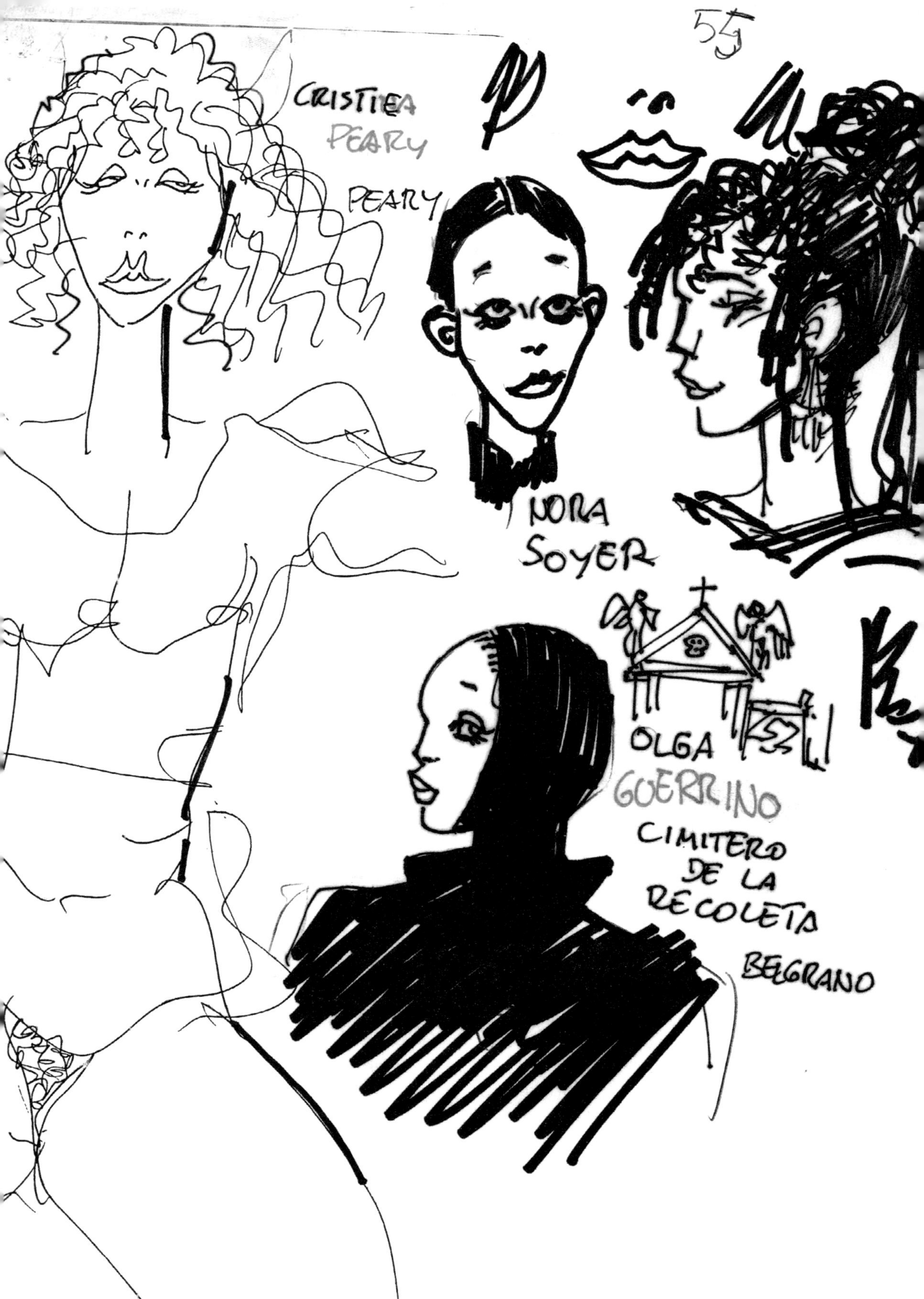
CRISTIEA
PEARY
PEARY
NORA
SOYER
OLGA
GUERRINO
CIMITERO
DE LA
RECOLETA
BELGRANO

Ich wartete, bis er die Beine in der Luft hatte, den Kopf drin und die Eier am Fenster, dann stecke ich ihm den Lauf des Gewehrs in den Mund.

Er flüsterte: »Hugo, Hugo, ich bin Roberto...«

»Nie einen Roberto in den Arsch gefickt...«

»Ich bin Viszinsky, Hugo...«

»Ich kenn' dich nicht. Ich schieß' dich tot...«

»Hugo, Hugo, ich bin mit Christina da. Wir sind da. Wir...«

Ich gab ihm was zu beißen, dass ihm ein paar Tage schlecht war. Ich ließ ihn eine Weile halb drin und halb draußen, mit dem Gewehr im Mund. Zuletzt, also gut, ließ ich ihn eintreten.

Die hatten eine Poetin mit, tüchtige Frau, aber sauhässlich. Ein jüdisches Mädchen; eine Russin. Sie nannte sich Pusternek, nicht Pasternak: Pusternek. Gute Dichterin, aber hässlich. Schwarz, wollig. Die hatte so viel Wolle auf sich, dass man bei der besser ein Polohemd anzog, als eine Ciavada. Nachdem wir die Tochter der Christina schlafen gelegt hatten, setzten wir uns ins Living und fingen an zu erzählen. Wir tranken und hörten zu und sprachen und an einem bestimmten Punkt, ich weiß selbst nicht, wieso, stand ich auf, packte die Pusternek, streichelte sie zweimal, riss ihr die Kniehosen runter, zog ihr die Kleider aus und besorgte es ihr. Einfach so. Viszinsky und Christina sahen mir entgeistert zu; sie wussten nicht, was sie tun sollten. Die wussten nicht, was los war, sahen einfach nur zu. Und dann plötzlich packt es auch sie und es kam zu einem dieser Vierer... Alle zusammen. Ein großes russisch-venezianisches Gedicht.

Ich weiß nicht, warum: Hässlich und haarig, wie sie war. Sie kam mir vor wie Rintintin.

Zum Schluss dann, ich war auf den Beinen und die wälzten sich noch herum, hab ich gesagt: »Na gut. So geht man mit der russischen Poesie um!«

Pasternak war damals sehr in und alle redeten von der russischen Poesie und was da alles drin war.

Am Vormittag, es war am Sonntag, kam dann Renée. Wir schickten die Pusternek weg mit der Entschuldigung, dass wir Christinas Tochter nach Hause bringen mussten. Sie ging ganz zufrieden weg. Es war Viszinsky, der noch immer nicht kapierte, was vorgefallen war und mir sagte, als wir durch Buenos Aires gingen: »Also, Hugo, wie du die Pusternek behandelt hast... Was für eine Art...«

Mager und stockbesoffen flanierte Roberto durch Buenos Aires, mit der Christina Peary in Shorts...

Bevor sie ging, hatte Christina ein Paar von meinen Jeans angezogen und sie dann sehr kurz unter dem Hintern abgeschnitten und die Fransen hingen runter.

In dieser Aufmachung wollte sie nicht die Brathühner in der Rosticceria zahlen; ich wollte zahlen, aber sie hielt mich am Ärmel zurück und dann draußen sagte sie, dass es doch viel schöner wäre, weil wir sie nicht bezahlt hatten: ins Gefängnis wegen zwei Brathühnern.

Nach der Rosticceria suchten wir eine Drogerie, die geöffnet hatte; wir hatten alle Kopfweh von dem Zeug, das wir getrunken hatten: Caña, Aguardiente. Wir fanden eine große, voll mit Drogisten und auch mit Leuten.

Während wir darauf warteten, bedient zu werden, merkten wir, wie die Drogisten auf die nackten Beine der Christina schauten und unter sich Bemerkungen über ihren hübschen Arsch machten und die üblichen Schweinereien. Die Sache war ungut und ich wollte schon eine Rauferei anfangen. Viszinsky nicht: Als Russe sah er alles über die weiten Steppen; ein Duckmäuser; mit seinen hellen Augen lächelte er, immer ein bisschen in den Wolken, von der großen Mutter Russland träumend.

Bis dann, in einem bestimmten Moment, sich die Christina Peary ganz ruhig vor dem ältesten Drogisten aufbaute; dem Chef sozusagen, und zu ihm sagte: »Por favor, dàme un profilatico.«[10] Aber mit lauter Stimme. Damit es auch alle hörten.

Jetzt hatten wir die Scheiße. Alle verstummten. Schweigen im Geschäft. Die Renée lachte, aber Viszinsky nahm mich zur Seite und sagte: »Die spinnt, esta loca, was fällt ihr ein? Was soll die Scheiße?«

Jedenfalls gab ihr der alte Drogist das Ding, diesen Goldon des Dr. Condom. Sie hat's genommen, hat's bezahlt. Sie ging vor allen das Verkaufspult entlang und als sie vor dem jüngsten Drogisten angekommen war, einem Typ mit kleinem Schnurrbart, der lachte, sagte sie zu ihm: »Tome, esto para non bagnarse los pantalones.«[11]

[10] »Bitte geben Sie mir ein Kondom.«

[11] »Das ist, damit man sich nicht die Hosen nass macht.«

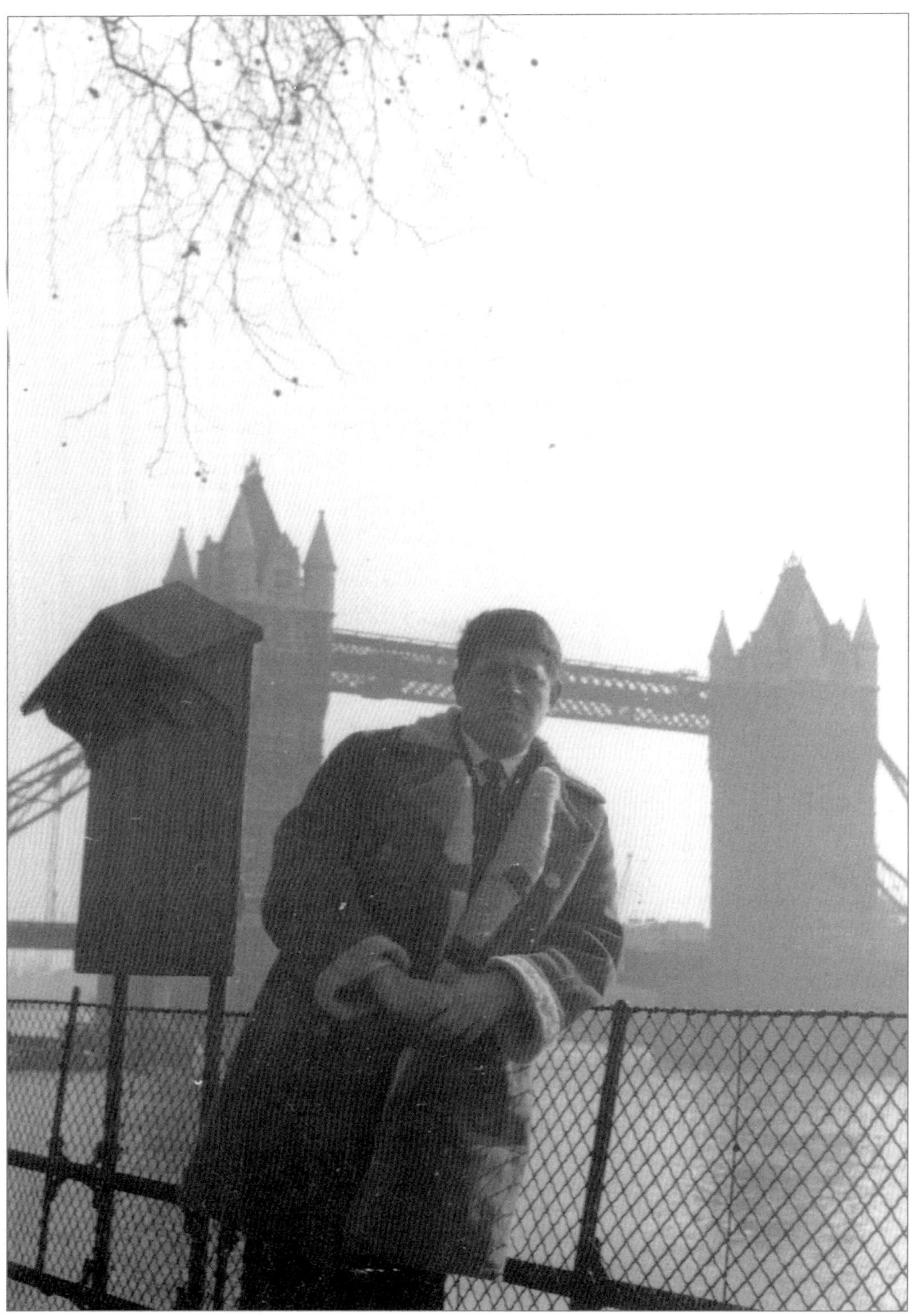

Hugo Pratt in London, ca. 1960

Kapitel 5

Na, jedenfalls konnte ich auch in Argentinien gut schlafen: unter dem Wagen der Valenzuelas – mit Garibaldi, ihrem Hund.

Diese sympathischen Leute, Quateros, Viehdiebe, traf ich ganz zufällig. Das hatte sich aus einem Streit während eines Ausfluges zum Lago Puelo, an der chilenischen Grenze, mit den Bergères, Landini und einer ganzen Gruppe von Franzosen, so ergeben: Kaum waren wir angekommen, schnappte ich mir die Tochter des Dr. Bergère, Marie France, und schleppte sie zum anderen Ufer eines Wildbaches. Ich hatte so eine Art Flirt mit ihr und wir mussten allein sein, um ein paar Dinge in Ordnung zu bringen. Verdammt noch mal, dieser Scheißbach schwillt an und wir wurden ein ganzes Stück abwärts getrieben. Überall Wasser, die Furt war weg; ich mit dem Gewehr und dem Rucksack und der Machete und der Marie France im Arm und finster wurde es auch noch. Am anderen Ufer rannten die Franzosen herum, suchten uns und gestikulierten: Einer kam mir entgegen, dem langte ich eine und trat ihm in die Eier.

Na schön, dann waren sie alle sauer auf mich. Keiner redete mit mir, nicht einmal Landini. Also dachte ich mir, ich werde nicht dableiben und warten, bis diese französischen Vichy-Faschisten mir die Eier kaputtschlagen; ich klaubte wieder Gewehr, Machete und Taschen auf und machte mich auf den Weg. Und noch einmal durch den Wildbach. Nur weg von Dr. Bergère, dem Kollaborateur, dem Faschisten, dem Leibarzt von Pétain!

Gleich geriet ich in ein Dornengestrüpp. Na schön, sagte ich mir, ich nehme halt die Machete. Als ich mich in der ersten Nacht zum Schlafen niederlegte, hatte ich gerade zweihundert Meter geschafft. Am nächsten Tag ging es weiter und weiter, bis zum Gipfel eines Berges. Mit der Machete hatte ich einen Tunnel geöffnet, der von unten bis oben führte. Vor mir lag ein anderer Berg, der sehr nahe schien.

Und dann steigst du in ein Tal hinunter und kannst schon wieder mit dem Aufstieg beginnen. Und wenn du dann in das nächste Tal absteigst und dann wieder aufsteigst, so hast du immer einen noch größeren Berg vor dir. Als ich dann endlich den Gipfel erreicht hatte, sah ich unten ein paar kleine Häuser. Gut, dachte ich mir, und begann den Abstieg mit der Machete. Unten war

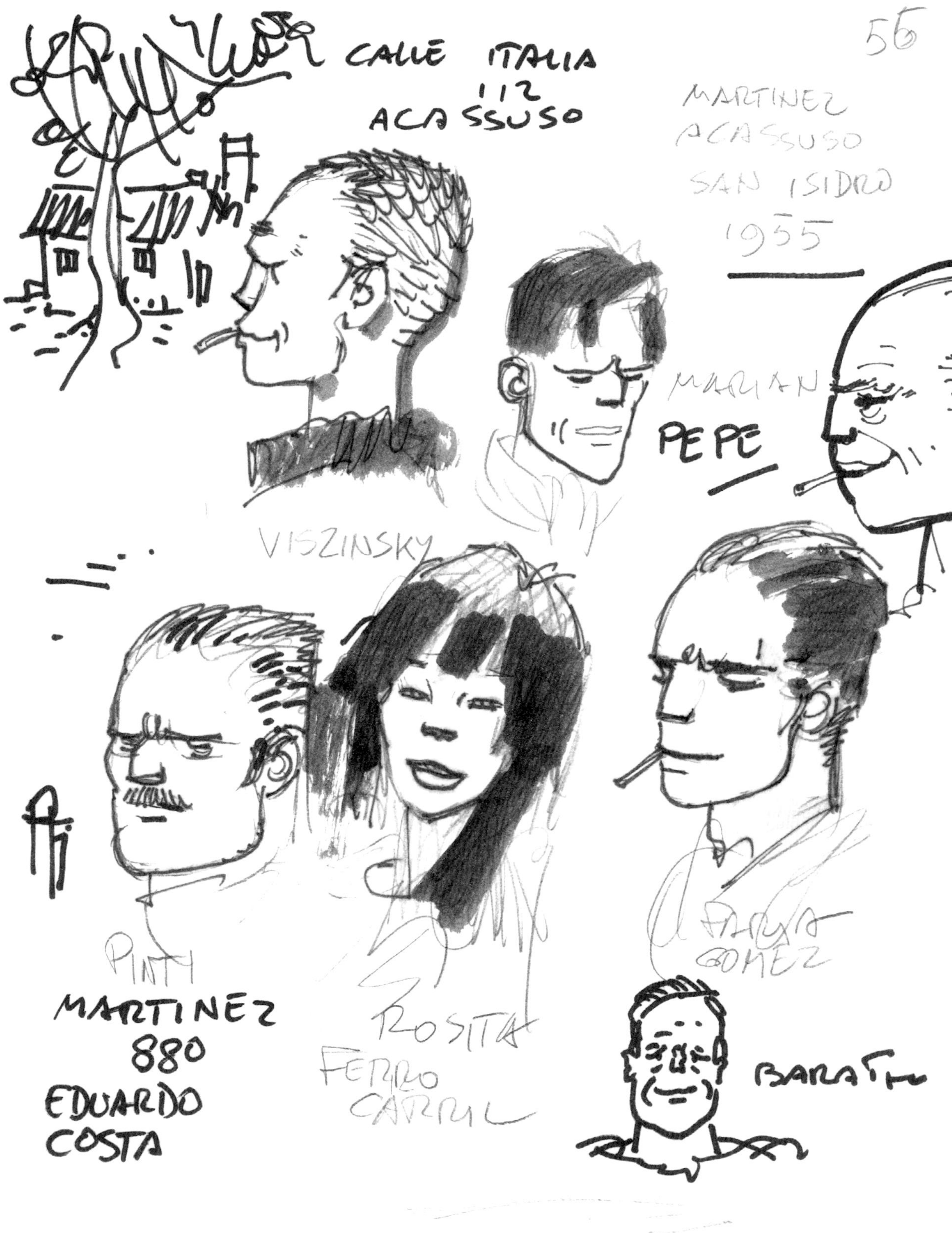

CALLE ITALIA
112
ACASSUSO
56
MARTINEZ
ACASSUSO
SAN ISIDRO
1955
MARIAN
PEPE
VISZINSKY
PINTY
MARTINEZ
880
EDUARDO
COSTA
ROSITA
FERRO
CARRIL
GOMEZ
BARAT

ein schöner Fluss mit kaltem und sauberem Wasser. Ich stürzte mich hinein. Ich erfrischte mich und säuberte mich und dann hörte ich Leute und sah zum anderen Ufer.

»Que pasa, señor?«

Da war eine ganze Gruppe von Typen, mit diesen Schnurrbärten, diesen Verbrechergesichtern. Das waren die Valenzuelas. Ich tat, als ob nichts wäre und antwortete: »Nada, ich ging nur spazieren, sah mich bloß um… ein Spaziergang…«

»Diablo«, sagten sie. »Ein Spaziergang. Seit gestern sehen wir dir zu, wie du vom Berg runterkommst.«

Und ein anderer sagte: »Warum hast du nicht den Viehweg genommen? Du wärst im Handumdrehen unten angekommen.«

Gut, sie holten mich mit einem Boot und gaben mir ein Pferd und wir begaben uns zu ihrem Haus; dort gaben sie mir zu Ehren ein großes Fest und die Töchter der Valenzuelas kochten mir alles Mögliche und bereiteten mir Mate, so eine Art Tee, ein Aufguss von Kräutern.

Die gaben mir den ganzen Tag zu trinken: Ich musste an dem Tag so an die sechzig trinken und so pinkelte dann auch ich grün.

Nette Leute, sehr gastfreundlich. Die wollten, dass ich da drin bei ihnen schlafe. Aber ich wirklich nicht. Immer draußen, unter dem Karren mit Garibaldi, der mir die anderen fünfzig Hunde vom Leib hielt: Kein anderer sollte in meiner Nähe sein.

Garibaldi war eines der letzten Exemplare des Perro Leonero, Cane Puma: Die Spanier hatten sie gezüchtet und zur Jagd auf Indianer abgerichtet. Jetzt gibt es fast keine mehr.

Garibaldi war ein Prachtexemplar. Auch mit den Wildschweinen wurde er fertig. Einmal hatte er einen riesigen Keiler ganz alleine getötet. Aber er hatte keinen Schwanz.

Die anderen Hunde wollte er nie fressen lassen; er biss sie immer. Einmal wollte Fernando ihm mit der flachen Machete eins überziehen, um ihm Angst zu machen, doch er haute daneben und hackte ihm glatt den Schwanz ab. Fernando, der älteste der Valenzuelabrüder, musste mit seiner Frau, den Kindern und seinen Sachen das Haus verlassen. Die Familie hatte vor der Wahl gestanden, Garbaldi zu töten oder Fernando wegzuschicken.

Nette Leute also. Ich habe sie später noch oft besucht. Einmal, als mich die Federales umlegen wollten, begleiteten mich die Söhne der Valenzuelas auf der langen Flucht zu Pferd bis in den Süden, wo es Eis auf den Seen gibt.

Bei meinen Besuchen entdeckte ich, dass sie das Recht, auf ihrem Land zu bleiben, mit Arbeitsleistungen bezahlen mussten. Ich wusste aber, dass man in Argentinien Land, auf dem man mehr als dreißig Jahre gelebt und gearbeitet hat, ersitzt.

Das war bei den Valenzuelas der Fall und so ließ ich ihnen, auch aufgrund meiner guten Beziehungen zu den Ministerien, das Land überschreiben. Teufel, das sprach sich herum. Als ich am Morgen unter dem Karren hervorkam, sah ich in lauter Mestizen- und Indiogesichter und jeder erzählte mir seine Geschichte und wollte wissen, ob er ein Recht auf sein Land hätte.

So wurde ich in kurzer Zeit in den Augen der Großgrundbesitzer zu einem Aufrührer. Einem, der bis dorthin gekommen war, nur um ihnen in die Eier zu treten. Eines Abends, ich erinnere mich noch, ritt ich gerade zu neuen Freunden, Ukrainern, als ein Gaucho, halb chilenisch, halb nach Pampaart gekleidet, vor mir sein Pferd parierte. Dieses Gaunergesicht sagte: »Usted es el Gringo di Valenzuela?« Gut, er erklärte mir, ich sollte mich da nicht herumtreiben. Sie hatten ihn geschickt, um mir zu sagen, dass die Gendarmerie mich suchte.

Also bin ich zurück und hab's den Valenzuelas gesagt. Die gaben mir sofort ein Pferd, la Cirola, und begleiteten mich mit ihren ältesten Söhnen, Hugo, Sabato, Tapilio, Villaroël, Sante Ceneri, und anderen Leuten, es müssen etwa zwanzig gewesen sein, zwanzig Tage lang nach Süden, die Gendarmerie immer hinter uns.

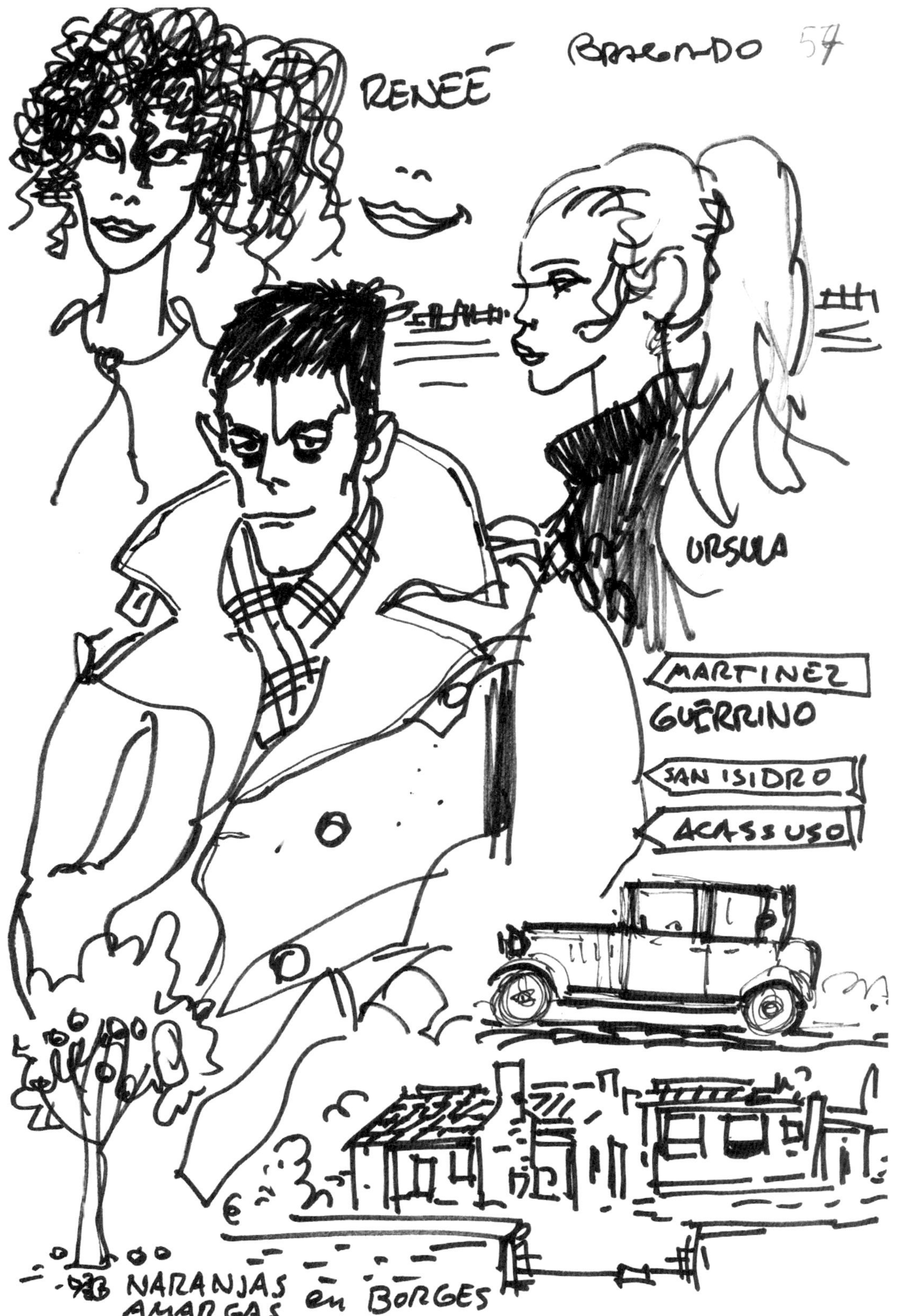
57
RENEÉ
URSULA
MARTINEZ
GUERRINO
SAN ISIDRO
ACASSUSO
NARANJAS AMARGAS en BORGES

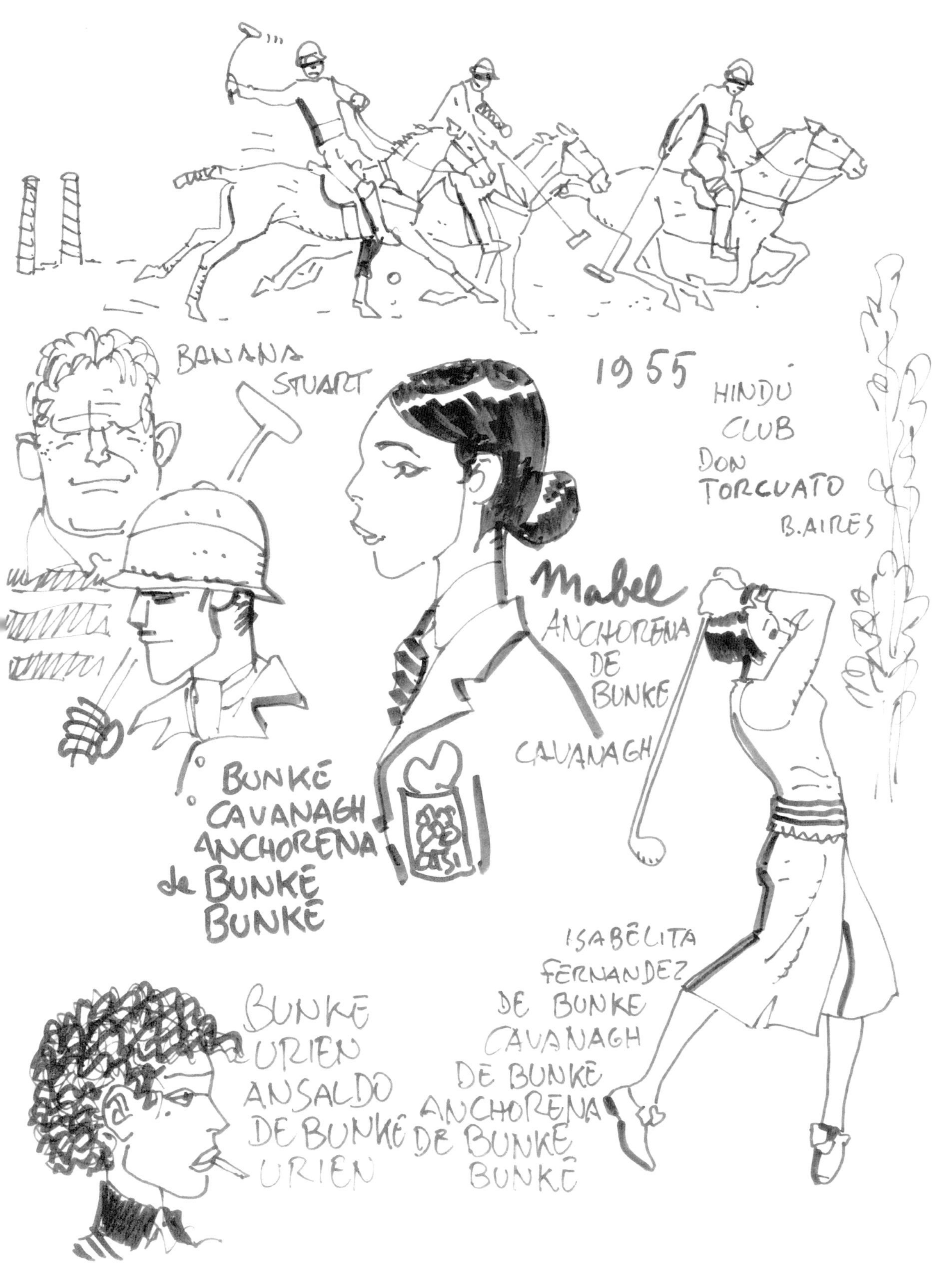
BANANA
STUART
1955
HINDU
CLUB
DON
TORCUATO
B.AIRES
Mabel
ANCHORENA
DE
BUNKE
CAVANAGH
BUNKE
CAVANAGH
ANCHORENA
de BUNKE
BUNKE
ISABELITA
FERNANDEZ
DE BUNKE
CAVANAGH
DE BUNKE
ANCHORENA
DE BUNKE
BUNKE
BUNKE
URIEN
ANSALDO
DE BUNKE
URIEN

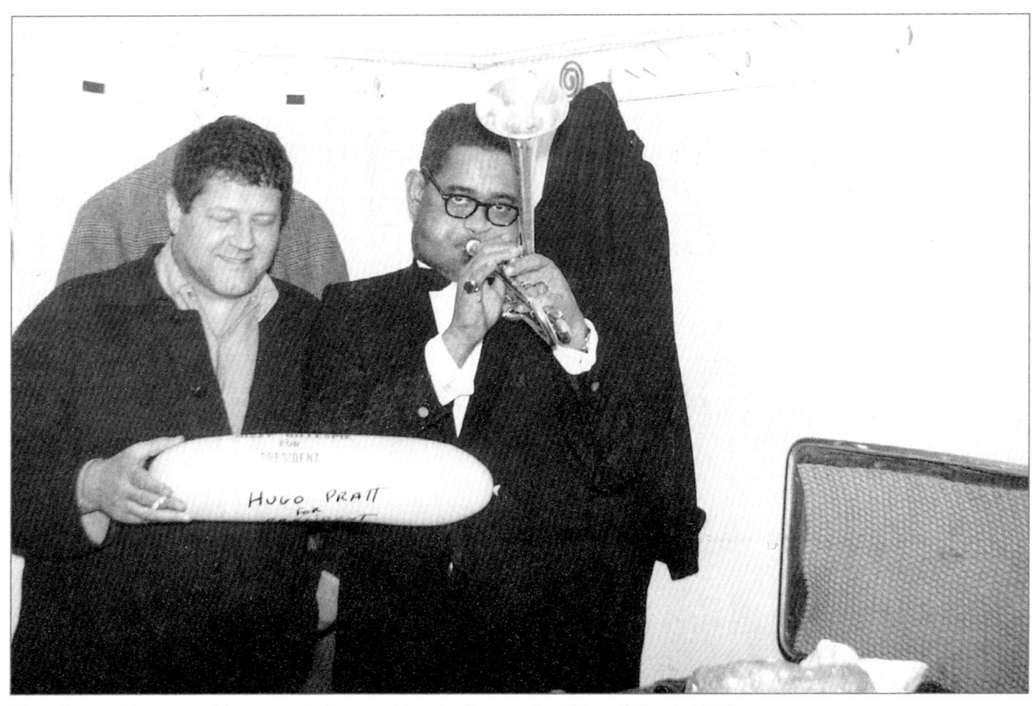

Hugo Pratt trifft in einem Restaurant in Buenos Aires den Jazzmusiker Dizzy Gillespie, 1955

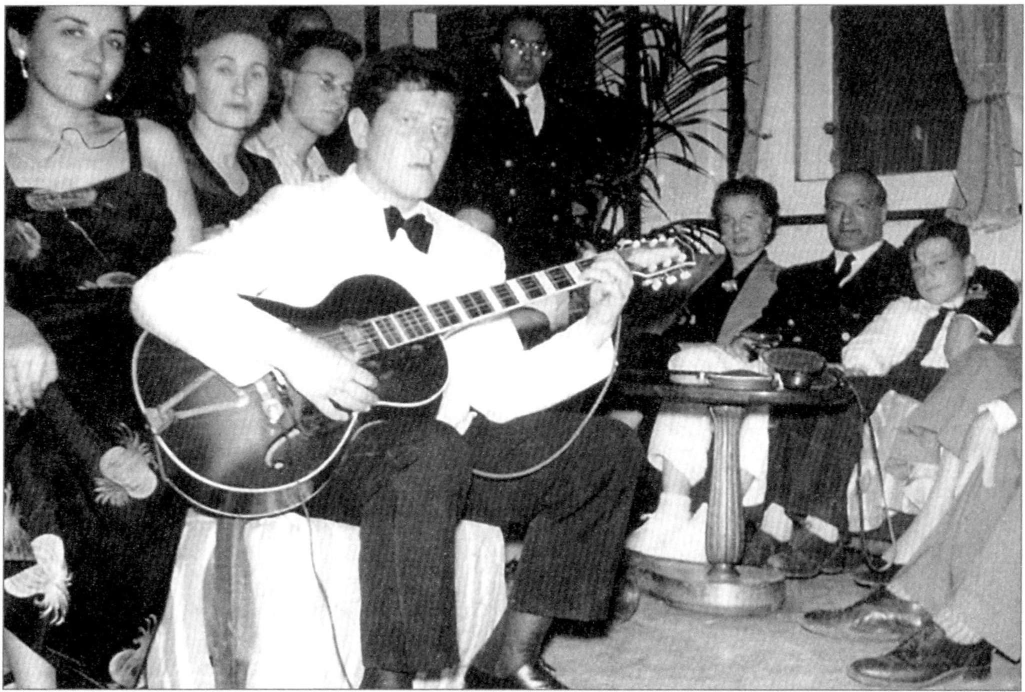

Während einer seiner Reisen von Argentinien nach Europa spielt Hugo Pratt Gitarre für die Schiffspassagiere

Kapitel 6

Wenn ich in Amerika ankomme, rufe ich immer Viszinsky an. Er ist nie überrascht, wenn ich am Telefon bin.

Ich sage zu ihm: »Hei, Roberto...«

Und er sagt: »Du bist wieder da, Hugo.«

Immer mit derselben Ruhe, nach zwei Jahren, nach drei Jahren. Das letzte Mal fand ich ihn etwas müde. Ich fragte: »Wie geht's, Viszinsky?« Und er hielt mir eine verschrobene Rede, wie das alle tun, wenn sie alt geworden sind. »Leute wie uns gibt's nicht mehr... das ist aus. Die Jugend von heute verstehe ich nicht. Die sind ganz anders als wir.« Ich weiß nicht, ob das zutrifft oder nicht. Ich glaube, dass immer nur die Alten solche Reden halten. Und er fängt jetzt auch so an. Das letzte Mal sagte er zu mir: »Ich habe zu Hause eine wunderschöne Frau. Willst du sie dir ansehen?«

»Was – ich soll sie mir ansehen?«

»Sie ist wunderschön, Hugo. Sie mag mich, aber mich lässt sie kalt. Sie ist leer, hart. Dumm, aber schön.«

Wir verbrachten den ganzen Tag gemeinsam. Erst in der Nacht kamen wir, stockbesoffen, nach Hause.

Die Türe öffnete uns Geraldine Chaplin. Genau gleich. Die zweite Hälfte des Apfels.

»Hugo, hast du gesehen? Sie sieht aus wie Geraldine.«

Die hat uns angesehen und gesagt: »Roberto, ich bin aufs Klo gegangen und habe an der Kette gezogen und da ist der ganze Wassertank runtergekommen und jetzt ist das Klo hin...«

»Da siehst du, Hugo, welche Abenteuer ich jetzt mit Frauen habe. Die da hat Blei geschissen und alles kaputt gemacht.«

Dann zu ihr: »Geh weg, geh schlafen, geh...« Traurig ist er geworden, der Roberto. Alt geworden. Sehr einsam. Lüftungsingenieur bei Marelli; ohne Christina; läuft besoffen herum mit einem Rudel alter Huren. Außer mir trifft er von der alten Gruppe nur noch Renée, auch wenn sie ihm immer die Kameras klaut.

Auch sie suche ich auf, wenn ich unten bin. Das letzte Mal sah ich, dass sie mit einem Burattino lebte, immer in Schwierigkeiten, an Orten in der Art wie Conventillo de Malamorte, Conventillo de la Paloma, Conventillo de la Moracha.

Und das letzte Mal habe ich herausgefunden,

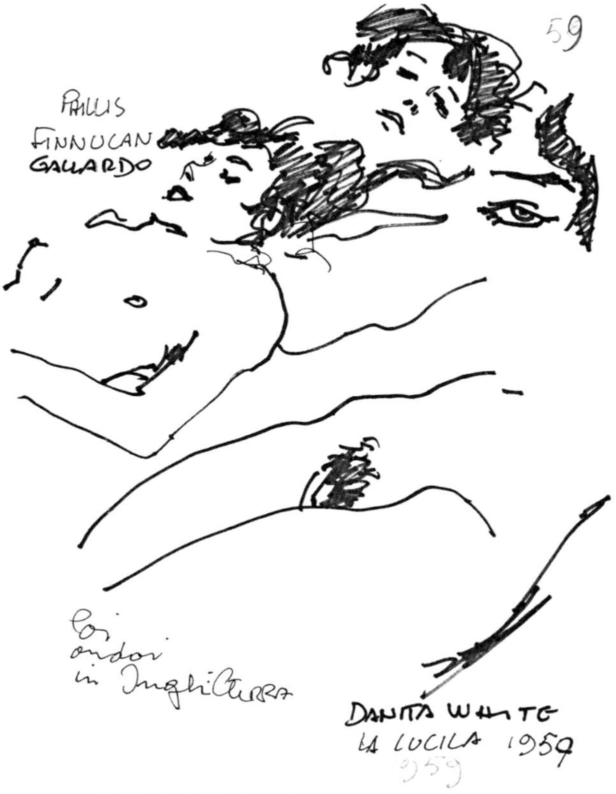

59

60

PHILLIS
FINNUCAN
GALLARDO

AURELIANA
GLORIANA
GALLARDO
LA
LUCILA
B. AIRES
1959
Hasta
siempre
[illegible]...
H.P.

Poi
andai
in Inghilterra

DANITA WHITE
LA LUCILA 1959
1959

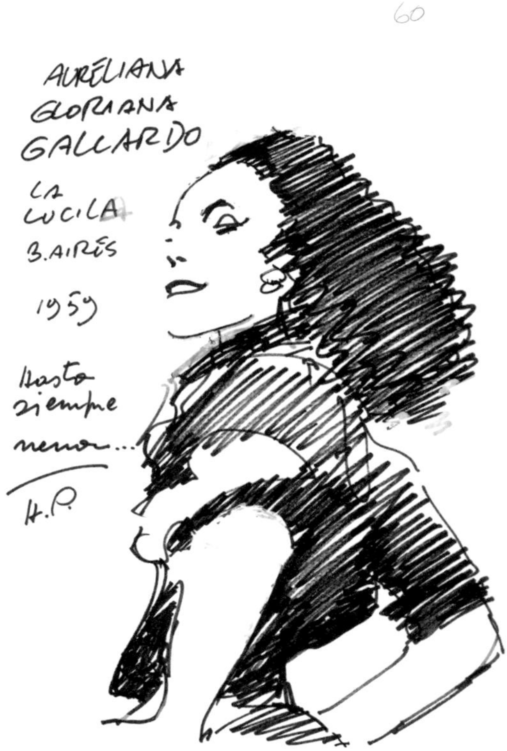

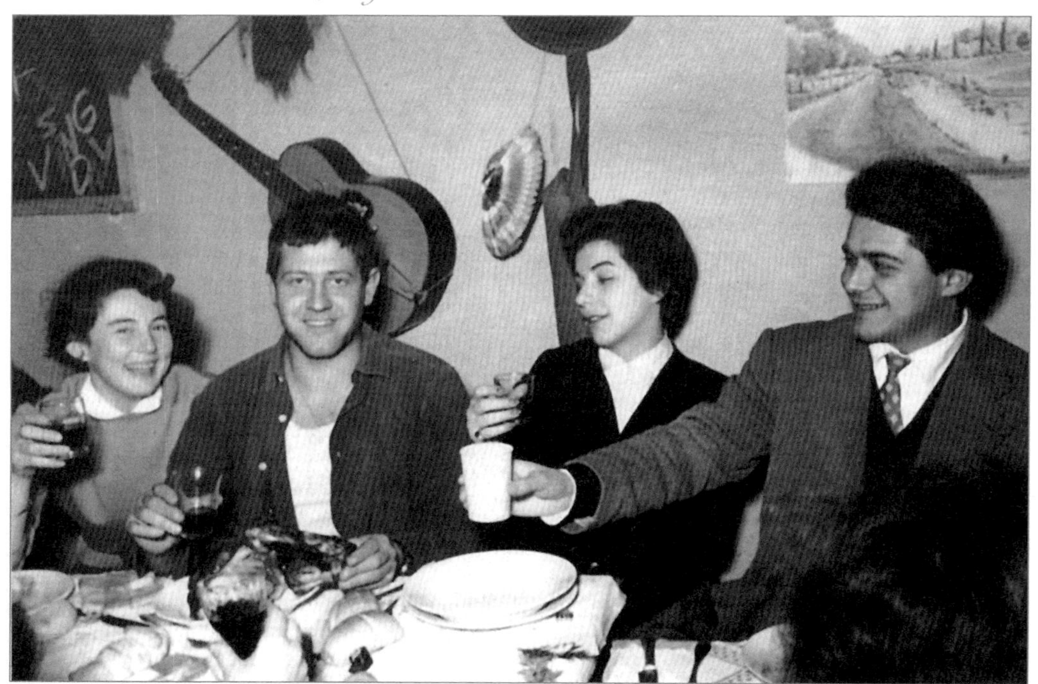
Hochzeitsfeier im Januar 1953: (v. l. n. r.) Gucky Wogerer, Hugo Pratt, Luisa Vascon und Giorgio Bellavitis

dass sie mit einem Muñeco lebt, einer Puppe; aber normal groß, wie ein Mensch, und bekleidet. Und mit Viszinskys Gesicht in Plastilin; aber mit echten Sachen, echten Wimpern und Zähnen. Roberto war einmal sehr in Mode gewesen und Renée hatte ihn gern gemocht, auch wenn sie ihm immer die Fotoapparate klaute. Darum hatte sie sich von einem Bildhauer den Muñeco machen lassen.

Viszinsky hatte mir ihre Adresse gegeben. Ich kam ganz in schwarz, wie ein großer Herr, gekämmt und geschniegelt, in einem großen, schwarzen Leihwagen. Und die Leute sahen aus den Fenstern und sagten: »Da kommt ihr Liebhaber, der Milliardär...«

Ich rief sie durch die Fensterläden und sie, die mich in meinem Aufzug nicht erkannte, fragt: »Wer ist da?«

»Ich bin Hugo.«

»Oh, Hugo.«

Und sie kam herunter und machte mir auf.

Sie öffnete mir in so einer Art schwarzem, durchsichtigem Staubmantel à la Tutanchamun mit einem schwarzen Höschen darunter. Das Gesicht verwelkt, aber noch immer atemberaubend.

In ihrem Zimmer fand ich Viszinsky. In einem Lehnstuhl vor dem Bett. Ich war wie vom Donner gerührt, bis ich merkte, dass es eine Puppe war...

»Machen wir uns Kaffee?«, fragte sie mich. Sie begann mir Kaffee zu kochen, in diesem düsteren Zimmer... die schmutzigen Leintücher, die nach allem Möglichen stanken, dem Mief von alten Sachen; das schmutzige Geschirr, das über Monate angehäuft worden war. Und sie mitten in diesem verwahrlosten Haus... immer noch wunderschön, aber schrecklich, eine Erinnye.

»Was ist das, Renée?«, fragte ich sie.

»Roberto«, antwortete sie.

»Ich sehe, dass das Roberto ist... Aber was tut er hier?«

»Nichts. Er leistet mir Gesellschaft. Ich lebe hier mit Viszinsky...«

Sie erklärte mir, dass sie ihn auch ins Bett nahm. Und so saßen ich und sie und tranken Kaffee neben Roberto Viszinsky. Wir waren alle drei zusammen.

Mir kam der Gedanke zu sagen: »Ehi, Roberto, wie geht's?«

Sie wusste alles von mir, die Renée. Im Zimmer hatte sie Prospekte von meinen Ausstellungen. Sie zog sie hervor und zeigte sie mir. Ich war ein Freund und sie hatte alles getan, um meine Sachen zu bekommen; sie folgte dem Gesetz, das uns zusammenhält, immer, auch im Chaos, Schicksalsschlägen, Tragödien: Als ob wir noch immer zusammenlebten.

Vielleicht bewahrheitet sich die Prophezeiung von Renée und Christina und eines Tages sehen wir uns alle in Gomora wieder, dem Land der Hexen in Südspanien.

Während wir dasaßen und uns unsere Sachen erzählten, kam eine Jüdin herein. Eine fette Jüdin.

Als sie merkte, dass ich auch da war, sagte sie: »Ah, du bist in Gesellschaft, Renée...«

»Ja, Hugo ist da.«

»Ah... es ist Hugo.« Und dann fragte sie: »Hör mal, kann ich mir Roberto ein bisschen nehmen?«

»Na gut, aber behalte ihn nicht zu lange«, sagte Renée.

Die fette Jüdin hob Roberto auf und ging.

»Was ist das für eine Sache, Renée?«, fragte ich.

»Ja, ich borge ihn ihr ab und zu. Auch sie ist gerne mit Roberto zusammen. Jetzt setzt sie ihn an den Tisch, dann ist sie nicht allein beim Essen«, sagte sie mir.

Hugo Pratt: Zeittafel

1927 Am 15. Juni wird Hugo Eugenio Pratt in Rimini (Italien) als Sohn von Rolando Pratt und Evelina Genero geboren.

1937 Hugo Pratt besucht das Marco-Foscarini-Gymnasium in Venedig. Sein Vater kehrt von einem einjährigen Arbeitsaufenthalt in Äthiopien, wo er u. a. im Straßenbau gearbeitet hat, nach Italien zurück und organisiert hastig den Umzug seiner Familie in das afrikanische Land. Die Pratts lassen sich in einem neu errichteten Dorf bei Entotto nieder, nur wenige Kilometer von Addis Abeba entfernt.

1940 Im Juni wird Hugo auf Empfehlung seines Vaters in das italienisch-afrikanische Polizeikorps aufgenommen und nimmt an den Feldzügen der italienischen Armee teil.

1942 Die Briten verhaften Rolando Pratt und internieren ihn in einem Gefangenenlager. Er stirbt Ende des Jahres an Leberkrebs. Zur selben Zeit bringt ein Frachter des Roten Kreuzes Hugo und seine Mutter nach Italien zurück.

1943 Anfang Januar kommt der Frachter mit den Flüchtlingen aus Äthiopien in Neapel an. Hugo will nach Venedig gehen, wird aber auf die vormilitärische Schule in Città di Castello, Umbrien, geschickt. Erst im September, nach Unterzeichnung des Waffenstillstandes, kehrt Pratt nach Venedig zurück. Wenige Wochen später tritt er in die Armee der faschistischen Sozialrepublik Italiens ein. Daraufhin holt seine Großmutter ihn in der Kaserne ab und zwingt ihn, nach Hause zurückzukehren.

1945 Im Februar überquert Hugo Pratt die Frontlinie, um sich den alliierten Truppen anzuschließen. Am 24. April kehrt er nach Venedig zurück und erlebt den Einzug der alliierten Truppen in die Stadt. Er arbeitet eine Weile im Danieli Hotel in Venedig. Die erste Ausgabe von *Asso di Picche* erscheint.

1949 Im November geht Hugo Pratt zusammen mit Mario Faustinelli nach Argentinien und lässt sich in Acassuso nieder, einem nördlichen Vorort von Buenos Aires. Seine erste argentinische Serie *Junglemen!* erscheint.

1952 Pratt lernt Anne Frognier kennen, eine Nachbarin in Acassuso. Ende des Jahres kehrt er nach Venedig zurück, wo er Maria »Gucky« Wogerer trifft.

1953 Im Januar heiratet Pratt Gucky Wogerer und kehrt nach Argentinien zurück. Seine Frau folgt ihm sechs Monate später. Die erste Folge von *El Sargento Kirk* erscheint.

1954 Am 23. August wird Lucas Pratt als Sohn von Gucky und Hugo in Buenos Aires geboren.

1955 Am 23. November wird Marina als erste Tochter der Pratts geboren. In einem Restaurant in Buenos Aires trifft Pratt auf den Jazzmusiker Dizzy Gillespie.

1956 Hugo Pratt lernt Gisela Dester kennen und trennt sich von Gucky Wogerer.

1957 In Héctor Germán Oesterhelds Magazinen erscheinen mit *Ticonderoga* und *Ernie Pike* zwei neue von Pratt gezeichnete Comicserien, bei denen ihm Gisela Dester assistiert.

1959 Die ersten Folgen von *Ann y Dan* erscheinen. Im Herbst reist Hugo Pratt nach England und bezieht in London eine Wohnung. Er beginnt seine Arbeit für die Fleetway-Magazine, u. a. *War Picture Library*.

1960 Pratt lernt Patricia Frawley kennen, eine Amerikanerin aus Wheeling, West Virginia. Im September erfolgt die Rückkehr nach Argentinien.

1962 Mit *Capitan Cormorant* und *Wheeling* erscheinen seine letzten in Argentinien geschaffenen Serien. Im September bricht Pratt seine Zelte in Argentinien ab und kehrt nach Europa zurück. In Venedig zieht er zusammen mit Anne Frognier in eine Wohnung in der Strada Nuova, kurz darauf heiraten sie kirchlich und Pratt bleibt amtlich mit Gucky Wogerer verheiratet. Pratt beginnt seine Zusammenarbeit mit dem italienischen Magazin *Corriere dei Piccoli*.

1963 Zusammen mit seiner neuen Frau beschließt Pratt, nach Argentinien zurückzukehren. Im September segelt Anne Frognier nach Buenos Aires.

1964 Am 23. Januar folgt Hugo Pratt ihr, und am 1. Februar wird in Buenos Aires ihre gemeinsame Tochter Silvina geboren. Ende des Jahres kehrt Pratt nach Italien zurück und mietet ein Haus am Lido in Venedig.

1965 Am 23. April wird Sohn Jonas in Buenos Aires geboren. Im Juli kehrt Anne Frognier mit Jonas und Silvina nach Italien zurück; Pratt folgt ihr einige Zeit später, begibt sich aber gleich auf eine

Reise nach Brasilien. Dort wird Tebocua geboren, Sohn von Pratt und einer Indianerin aus dem Stamm der Xavante. Pratt erkennt außerdem Victoriana Aureliana Gloriana dos Santos als seine Tochter an.

1967 Im Juli erscheint die erste Corto Maltese-Geschichte *Una ballata del mare salato* (*Die Südseeballade*) in Ivaldis neu gegründetem Magazin *Sgt. Kirk*.

1969 Im Februar reist Pratt nach Äthiopien, um das Grab seines Vaters zu finden. Im September zieht die Familie Pratt nach Paris in die Rue de Lancry. In *Sgt. Kirk* erscheinen die ersten Seiten von *Gli Scorpioni del Deserto* (*Die Wüstenskorpione)*.

1970 Zusammen mit dem befreundeten Comiczeichner Antonio de Rosa (auf dem Foto rechts) unternimmt Pratt eine Reise nach Marokko, in deren Verlauf er seine Lebenserinnerungen schildert, die im Jahr darauf in seiner Autobiographie *Le Pulci Penetranti* erscheinen, der Originalvorlage für *Warten auf Corto*. Im April beginnt Pratt seine Zusammenarbeit mit dem französischen Magazin *Pif Gadget* und setzt hier seine *Corto Maltese*-Serie fort.

1974 Die amerikanische Stadt Wheeling ernennt Pratt zum Ehrenbürger. Neue Abenteuer von *Corto Maltese* erscheinen fortan im italienischen Magazin *Linus*. Die Pratts ziehen von Paris nach Saint-Germain-en-Laye.

1979 Im Mai reist Pratt nach Argentinien. Nach seiner Rückkehr wohnt er sowohl in Frankreich, in Malamocco in der Lagune von Venedig, Mailand und Rom.

1980 *La Maison dorée de Samarkand* (*Das goldene Haus von Samarkand*) erscheint parallel in Italien im Magazin *Linus* und in Frankreich im Magazin *(A Suivre)*.

1981 Pratt trennt sich von Anne Frognier und zieht nach Paris auf die Île Saint-Louis.

1983 Im März begibt sich Pratt mit Patrizia Zanotti, die die Kolorierung seiner Comics übernimmt, und dem Journalisten Vincenzo Mollica auf eine lange Reise nach Irland, in die USA und Kanada. Im Oktober gründet er die Firma Cong S.A., die seine Rechte bis heute verwaltet. In Italien erscheint zum ersten Mal das Magazin *Corto Maltese*, in dem fortan neue Comics von Pratt veröffentlicht werden, darunter auch die von ihm geschriebene und von Milo Manara gezeichnete Geschichte *Tutto ricominciò con un'estate indiana* (*Ein indianischer Sommer*).

1984 Pratt lässt sich in der Schweiz nieder und zieht nach Grandvaux bei Lausanne.

1986 Am 1. November stirbt Pratts Mutter Evelina Genero in Venedig.

1988 Im Magazin *Corto Maltese* erscheint *Mû*, das letzte *Corto-Maltese*-Abenteuer.

1994 Zusammen mit Patrizia Zanotti, seiner Assistentin und Koloristin seit vielen Jahren, gründet Pratt in Rom den Verlag Lizard.

1995 *Morgan*, Pratts letzte Comicgeschichte, erscheint im italienischen Magazin *Comic Art*. Hugo Pratt stirbt am 20. August in einer Klinik in Pully bei Lausanne (Schweiz).

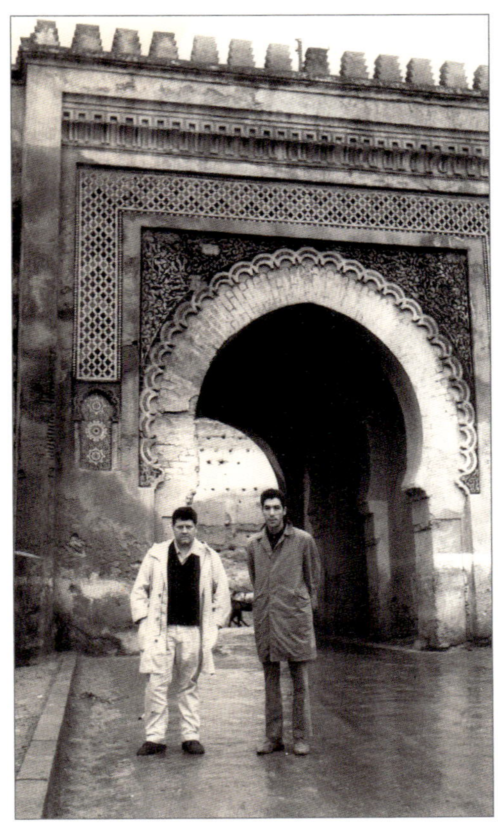

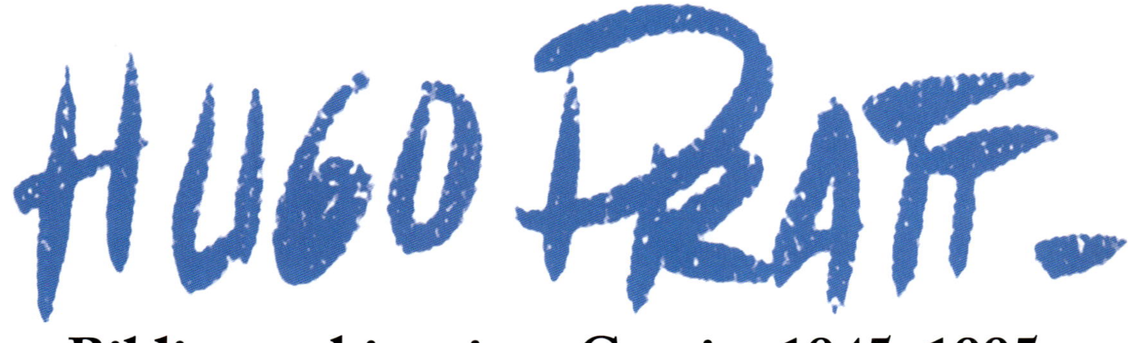

Bibliographie seiner Comics 1945–1995

von Volker Hamann

Enthalten sind Erstveröffentlichungen aller Comics von Hugo Pratt sowie deren italienischer oder französischer Veröffentlichungen in Alben- bzw. Buchform, sofern sie wichtige Änderungen und Ergänzungen beinhalten. Vervollständigt werden diese Angaben mit allen Publikationen in deutscher Übersetzung.
Innerhalb von Serientiteln (z. B. *Corto Maltese*) gilt die chronologische Ordnung nach Ersterscheinungsdaten.
Nicht aufgenommen sind reine Illustrationsarbeiten (z. B. verschiedene Arbeiten für den *Corriere dei Piccoli*, *Sgt. Kirk*, *Le Monde* und *Il Messaggero* oder die Aquarellillustrationen z. B. zu den Texten von Wilbur Smith [1989], Arthur Rimbaud [1991] oder Rudyard Kipling [1993]), Bebilderung von Vorworten zu Albumausgaben, Gestaltungen von Magazintitelblättern, Portfolios, Siebdrucke, Werbearbeiten, Schallplattencover, Plakate, autorisierte und nicht autorisierte Merchandisingprodukte u. s. w.
Sämtliche Comics von Pratt wurden, sofern drucktechnisch verfügbar, 2014 in einer 40-bändigen Reihe unter dem Titel *Tutto Pratt* von Rizzoli Lizard veröffentlicht.

Asso di Picche

Zeichnungen. Mario Faustinelli und Hugo Pratt
Szenario: Mario Faustinelli; Alberto Ongaro; Hugo Pratt; »Oscar Bionda«
Episoden 1 bis 18 mit insgesamt 158 Seiten s/w in *Albo Uragano – Asso Di Picche-Comics* Nr. 1, 1. Serie (Dezember 1945) bis Nr. 5, 3. Serie (1949). Nachdruck (argent.), ummontiert auf 134 Seiten s/w in *Salgari* Nr. 62 (August 1948) bis Nr. 115 (September 1949). Nachdruck in *Sgt. Kirk* Nr. 5, 6, 7, 11, 12, 15, 20 und 29 bis 36 (1967–1974) sowie *Asso Di Picche* Nr. 1 und Nr. 2 (1969). Nachdruck von Episode 1 bis 6 in *Eureka Pocket* Nr. 35/1976. Nachdruck im Album (frz.) *L'As de Pique*, Éd. Humanoïdes Associés 1982.
Episode 19 mit 5 Seiten s/w in *Salgari* Nr. 115 bis Nr. 117 (September 1949). Nachdruck (ital.), ummontiert auf 8 Seiten s/w in *Sgt. Kirk* Nr. 37 (1974). Nachdruck im Album (frz.) *L'As de Pique*, Éd. Humanoïdes Associés 1982.
Episoden 20 bis 23 mit 105 Seiten s/w in *Salgari* Nr. 117 (September 1949) bis Nr. 169 (September 1950); unvollendet abgebrochen.
Episode 23 mit 122 Seiten s/w in *Cinemisterio* Nr. 1 (Oktober 1950) bis Nr. 50 (September 1951). Fortsetzung der Publikation aus *Salgari*.

Ray e Roy

Zeichnungen. Mario Faustinelli und Hugo Pratt
Szenario: Mario Faustinelli; Hugo Pratt
11 Episoden in *Albo Uragano – Asso Di Picche-Comics* Nr. 3, 1. Serie (1946); Zuschreibung unsicher, möglicherweise handelt es sich um eine Arbeit von Faustinelli nach Bleistiftvorzeichnungen von Pratt.

Sloogan e i piani scomparsi

1 Seite s/w in *Fuori Cattedra* Nr. 1 (1946, Ed. Petternella). Nachdruck in *Sgt. Kirk* Nr. 23 (1969).

Indian Lore

2 Seiten s/w in *Indian Lore* Nr. 1 (Februar 1947, Ed. Mollesch). Nachdruck in *Sgt. Kirk* 13 (1968).

Silver-Pan

Zeichnungen. Mario Faustinelli und Hugo Pratt
Szenario: Mario Faustinelli und Hugo Pratt
7 Seiten s/w in *Albo Uragano – Asso Di Picche-Comics* Nr. 1, 2. Serie (1947) bis Nr. 7, 2. Serie (Dezember 1948); unvollendet abgebrochen.

Alan delle stelle

Zeichnungen: Geo Ussardi und Hugo Pratt
Szenario: Alberto Ongaro

1. Alan delle stelle

96 (?) Seiten s/w in *Albo Costellazione - Serie Alan* Nr. 1 (1948, Editrice Stampa Artistiche). Nachdruck Luigi F. Bona, 1977.

2. Il segno di Alan

16 Seiten s/w in der gleichnamigen Broschüre, ANAFI 1984. Erstveröffentlichung eines unvollendeten (?) zweiten Teils, der in den 1940er Jahren unveröffentlicht geblieben war.

Indian River

Szenario: Mario Faustinelli und Hugo Pratt
15 Seiten s/w in *Albo Uragano – Asso Di Picche-Comics* Nr. 7, 2. Serie (Dezember 1948) bis Nr. 5, 3. Serie (1949); nach 15 Seiten abgebrochen und unvollendet geblieben. Nachdruck in *Sgt. Kirk* Nr. 3 (September 1967).

Un allegro Natale

Szenario: Hugo Pratt; Mario Faustinelli; Alberto Ongaro; Dino Battaglia
2 Seiten s/w in *Albo Uragano – Asso Di Picche-Comics* Nr. 7, 2. Serie (Dezember 1948). Nachdruck in *Sgt. Kirk* Nr. 6 (1967).

April e il fantasma

Zeichnungen. Mario Faustinelli und Hugo Pratt
Szenario: Mario Faustinelli und Hugo Pratt
5 Seiten s/w in *Albo Uragano – Asso Di Picche-Comics* Nr. 1, 3. Serie (1949) bis Nr. 5, 3. Serie (1949). Nach Pratts Bleistiftvorzeichnungen von Faustinelli gezeichnet und unvollendet geblieben.

Junglemen / Hombres de la Jungla I

Szenario: Alberto Ongaro
Zeichnungen. Dino Battaglia
26 Seiten s/w in *Albo Uragano – Asso Di Picche-Comics* Nr. 1 bis Nr. 5, 3.Serie (1949).
Zeichnungen. Hugo Pratt
155 Seiten s/w unter dem Titel »Hombres de la Jungla« in *Salgari* Nr. 121 (Oktober 1949) bis Nr. 160 (Juli 1950). Die ersten 20 Seiten sind ein ummontierter Nachdruck der Seiten aus *Albo Uragano*; ab Seite 21 übernahm Hugo Pratt. Nachdruck der Seiten von Pratt in *Misterix* Nr. 727 (1962) bis Nr. 754 (1963). Nachdruck (ital.) unter dem Titel »Junglemen«, ummontiert auf 258 Seiten, in *Sgt. Kirk* Nr. 5 (1967) bis Nr. 14 (1968) und Nr. 16 (1968) bis Nr. 28 (1969). Albumausgabe (frz.) *Jungle-Men*, Éd. Glènat 1979. Albumausgabe (ital.) in *Junglemen! Prime Volume* und *Junglemen! L'Ultimo Assalto Volume Secondo*, Fabbri Edizioni Milan 1980.

Junglemen / Hombres de la Jungla II

Szenario: Alberto Ongaro
8 Seiten s/w unter dem Titel »Hombres de la Jungla« in *Salgari* Nr. 161 (Juli 1950) bis Nr. 163 (August 1950); unvollendet abgebrochen. Fortsetzung mit neuer Paginierung

von 135 Seiten zweifarbig in *Cinemisterio* Nr. 1 (Oktober 1950) bis Nr. 56 (Oktober 1951). Nachdruck s/w in *Misterix* Nr. 755 bis Nr. 781 (1963). Nachdruck in *Magica America – Hugo Pratt e non solo*, Edizioni ANAFI 2004.

Ray Kitt

Szenario: Héctor Germán Oesterheld

1. Muerte en las tumbas

10 Seiten s/w in *Cinemisterio* Nr. 33 (Mai 1951) bis Nr. 37 (Juni 1951). Nachdruck im Album *El Libro de Fierro 1*, Ed. de la Urraca 1985. Nachdruck im Album *Ray Kitt*, Edizioni ANAFI 2016.

2. El crimen de La Maldita

8 Seiten s/w in *Cinemisterio* Nr. 39 (Juni 1951) bis Nr. 42 (Juli 1951). Nachdruck im Album *Ray Kitt*, Edizioni ANAFI 2016.

El Cacique Blanco

Szenario: Alberto Ongaro

168 Seiten s/w in *Misterix* Nr. 167 (November 1951) bis Nr. 205 (August 1952). Nachdruck im Album *El Cacique Blanco*, Edizioni ANAFI/ Rizzoli Lizard 2014.

El Sargento Kirk

Szenario: Héctor G. Oesterheld und Hugo Pratt 1954 und 1955 zeichnet Ivo Pavone einige Seiten der Serie.

1. La caza del comanche

21 Halbseiten s/w in *Misterix* Nr. 225 (9. Januar 1953) bis Nr. 227 (23. Januar 1953). Nachdruck (ital.) in *Sgt. Kirk* Nr. 1 (1967).

2. Hermano de sangre

11 Halbseiten s/w in *Misterix* Nr. 228 (30. Januar 1953) bis Nr. 229 (6. Februar 1953). Nachdruck (ital.) in *Sgt. Kirk* Nr. 2 (1967).

3. Sendero de guerra

25 Halbseiten s/w in *Misterix* Nr. 230 (13. Februar 1953) bis Nr. 234 (13. März 1953). Nachdruck (ital.) in *Sgt. Kirk* Nr. 3 (Sept. 1967).

4. Las rocas malditas

9 Halbseiten s/w in *Misterix* Nr. 235 (20. März 1953) bis Nr. 236 (27. März 1953). Nachdruck (ital.) in *Sgt. Kirk* Nr. 4 (1967).

5. Rastros de fuego

8 Halbseiten s/w in *Misterix* Nr. 237 (3. April 1953) bis Nr. 238 (10. April 1953). Nachdruck (ital.) in *Sgt. Kirk* Nr. 5 (1967).

6. El brujo blanco

8 Halbseiten s/w in *Misterix* Nr. 239 (17. April 1953). Nachdruck (ital.) in *Sgt. Kirk* Nr. 5 (1967).

7. El ataque de los carapálida

10 Halbseiten s/w in *Misterix* Nr. 241 (1. Mai 1953) bis Nr. 242 (8. Mai 1953). Nachdruck (ital.) in *Sgt. Kirk* Nr. 6 (1967).

8. Traición

7 Halbseiten s/w in *Misterix* Nr. 244 (23. Mai 1953) bis Nr. 245 (30. Mai 1953). Nachdruck (ital.) in *Sgt. Kirk* Nr. 7 (1968).

9. Deuda de sangre

34 Halbseiten s/w in *Misterix* Nr. 247 (12. Juni 1953) bis Nr. 253 (24. Juli 1953). Nachdruck (ital.) in *Sgt. Kirk* Nr. 7 bis Nr. 10 (1968).

10. Misión para valientes

8 Halbseiten s/w in *Misterix* Nr. 254 (31. Juli 1953). Nachdruck (ital.) in *Sgt. Kirk* Nr. 10 (1968).

11. El cañón del águila muerta

11 Halbseiten s/w in *Misterix* Nr. 255 (7. August 1953) bis Nr. 256 (14. August 1953). Nachdruck (ital.) in *Sgt. Kirk* Nr. 11/12 (Juni 1968).

12. El manantial de la muerte

10 Halbseiten s/w in *Misterix* Nr. 257 (21. August 1953) bis Nr. 258 (28. August 1953). Nachdruck (ital.) in *Sgt. Kirk* Nr. 11/12 (Juni 1968).

13. El desafío

9 Halbseiten s/w in *Misterix* Nr. 259 (4. September 1953) bis Nr. 260 (11. September 1953). Nachdruck (ital.) in *Sgt. Kirk* Nr. 13 (1968).

14. El heroico artillero

9 Halbseiten s/w in *Misterix* Nr. 261 (18. September 1953) bis Nr. 262 (25. September 1953). Nachdruck (ital.) in *Sgt. Kirk* Nr. 14 (1968).

15. El desertor

17 Halbseiten s/w in *Misterix* Nr. 263 (2. Oktober 1953) bis Nr. 265 (16. Oktober 1953). Nachdruck (ital.) in *Sgt. Kirk* Nr. 14 und Nr. 15 (1968).

16. La maldición del tomahawk

11 Halbseiten s/w in *Misterix* Nr. 266 (23. Oktober 1953) bis Nr. 267 (30. Oktober 1953). Nachdruck (ital.) in *Sgt. Kirk* Nr. 16 (1968).

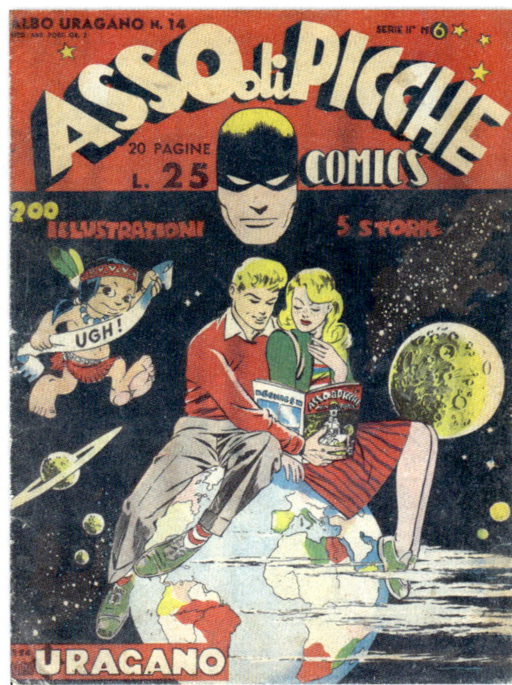

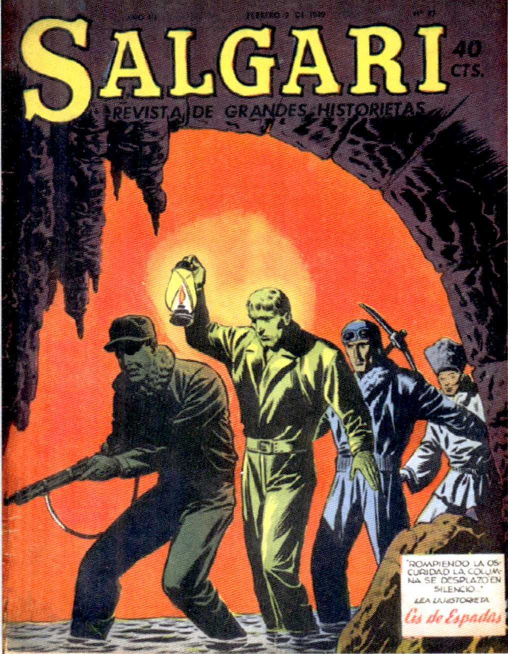

17. El traficante de muerte
11 Halbseiten s/w in *Misterix* Nr. 268 (6. November 1953) bis Nr. 269 (13. November 1953). Nachdruck in *Sgt. Kirk* Nr. 17 (1968).

18. El ataque comanche
41 Halbseiten s/w in *Misterix* Nr. 270 (20. November 1953) bis Nr. 277 (8. Januar 1954). Nachdruck (ital.) in *Sgt. Kirk* Nr. 18 (1968) bis Nr. 20 (1969).

19. Captura recomendada
22 Halbseiten s/w in *Misterix* Nr. 278 (15. Januar 1954) bis Nr. 280 (29. Januar 1954). Nachdruck (ital.) in *Sgt. Kirk* Nr. 21 (1969).

20. La fuga
17 Halbseiten s/w in *Misterix* Nr. 281 (5. Februar 1954) bis Nr. 282 (12. Februar 1954). Nachdruck (ital.) in *Sgt. Kirk* Nr. 22 (1969).

21. La maldición de Fort Vance
5 Halbseiten s/w in *Misterix* Nr. 283 (19. Februar 1954). Nachdruck (ital.) in *Sgt. Kirk* Nr. 22 (1969).

22. Túnica Blanca, El cruel
14 Halbseiten s/w in *Misterix* Nr. 284 (26. Februar 1954) bis Nr. 286 (12. März 1954).

23. La ciudad de los espíritus
35 Halbseiten s/w in *Misterix* Nr. 287 (19. März 1954) bis Nr. 291 (16. April 1954).

24. Regreso sangriento
6 Halbseiten s/w in *Misterix* Nr. 292 (23. April 1954). Nachdruck (ital.) in *Rintintin* Nr. 78 (1975).

25. La muerte silba en las balas
31 Halbseiten s/w in *Misterix* Nr. 293 (30. April 1954) bis Nr. 296 (21. Mai 1954). Nachdruck (ital.) in *Rintintin* Nr. 78 (1975).

26. Cerco de muerte
114 Halbseiten s/w in *Misterix* Nr. 297 (28. Mai 1954) bis Nr. 319 (29. Oktober 1954). Nachdruck (ital.) in *Sgt. Kirk* Nr. 23 bis Nr. 26 (1969).

27. El más justo
21 Seiten s/w in *SuperMisterix* (Juni 1954). Nachdruck (ital.) in *Sgt. Kirk* Nr. 56 (1978).

28. El gran juego
28 Seiten s/w in *SuperMisterix* (Oktober 1954). Nachdruck in *Magica America – Hugo Pratt e non solo*, Edizioni ANAFI 2004.

29. Tierra enemiga
115 Halbseiten s/w in *Misterix* Nr. 320 (5. November 1954) bis Nr. 347 (20. Mai 1955). Nachdruck (ital.) in *Sgt. Kirk* Nr. 26 bis Nr. 30 (1969).

30. La justicia de Wahtee
22 Seiten s/w in *SuperMisterix* (Mai 1955).

31. El país de los mungos
120 Halbseiten s/w in *Misterix* Nr. 348 (27. Mai 1955) bis Nr. 377 (23. Dezember 1955). Nachdruck (ital.) unter dem Titel »Il rifugio della montagna« in *Sgt. Kirk* Nr. 31 (Juli 1973) bis Nr. 37 (1974).

32. La balada de los tres hombres muertos
22 Seiten s/w in *SuperMisterix* (Dezember 1955).

33. La cobardía de Wahtee
26 Halbseiten s/w in *Misterix* Nr. 378 (30. Dezember 1955) bis Nr. 383 (3. Februar 1956). Nachdruck (ital.) unter dem Titel »La codardia de Wahtee« in *Sgt. Kirk* Nr. 43 (Mai 1975) bis Nr. 45 (1975).

34. El espantado
29 Halbseiten s/w in *Misterix* Nr. 384 (10. Februar 1956) bis Nr. 390 (23. März 1956).

35. Las caras falsas
31 Halbseiten s/w in *Misterix* Nr. 391 (30. März 1956) bis Nr. 398 (18. Mai 1956). Nachdruck (ital.) in *Sgt. Kirk* Nr. 46 bis Nr. 48 (1976).

36. Blanca sombra
26 Halbseiten s/w in *Misterix* Nr. 399 (25. Mai 1956) bis Nr. 404 (29. Juni 1956). Nachdruck (ital.) in *Sgt. Kirk* Nr. 49 bis Nr. 50 (1976).

37. Sobre la frontera
23 Halbseiten s/w in *Misterix* Nr. 405 (6. Juli 1956) bis Nr. 410 (10. August 1956).

38. La tumba dorada
26 Halbseiten s/w in *Misterix* Nr. 411 (17. August 1956) bis Nr. 416 (21. September 1956).

39. Ruta de sangre
119 Halbseiten s/w in *Misterix* Nr. 417 (28. September 1956) bis Nr. 445 (24. Mai 1957). Nachdruck (ital.) der ersten zehn Seiten unter dem Titel »Sentiero di sangue« in *Sgt. Kirk* Nr. 61 (Mai 1979).

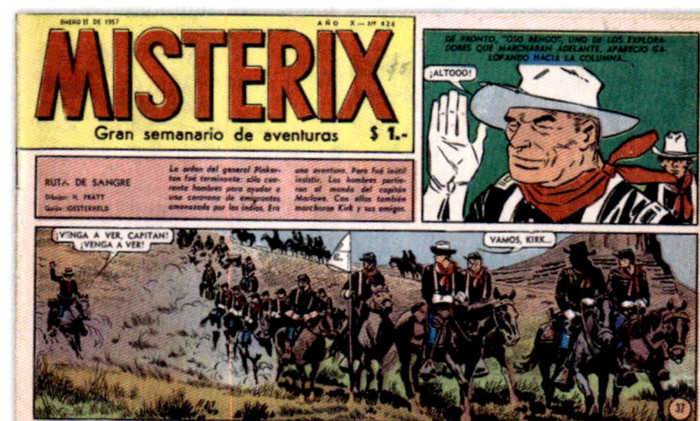

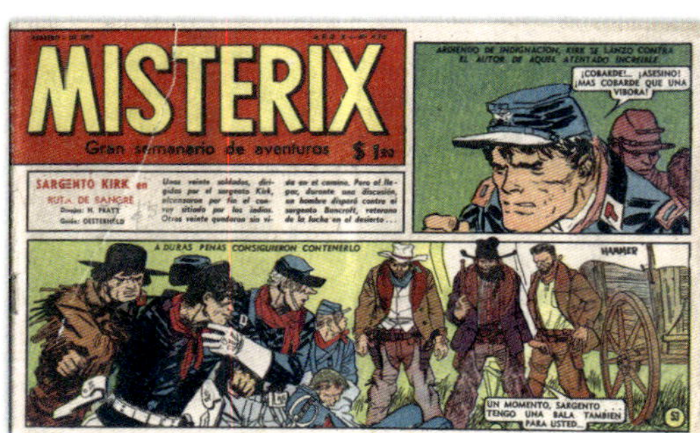

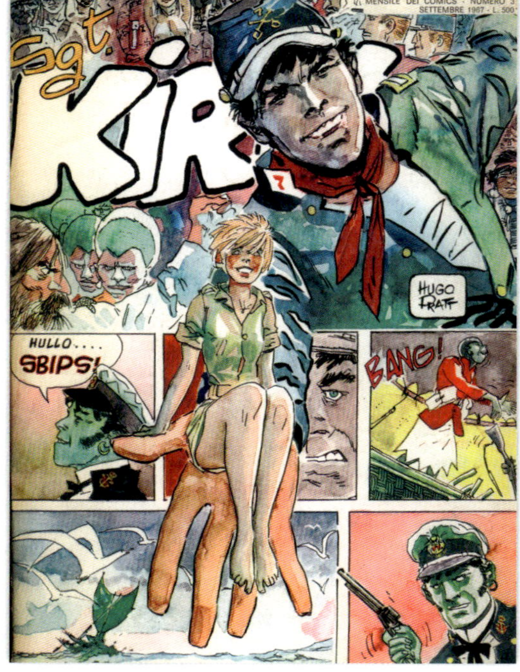

40. Sucedió en Tucson
28 Seiten s/w in *SuperMisterix* (Januar 1957).

41. La boda de Walpi
29 Halbseiten s/w in *Misterix* Nr. 446 (31. Mai 1957) bis Nr. 452 (12. Juli 1957). Nachdruck (ital.) in *Sgt. Kirk* Nr. 38 bis Nr. 40 (1974).

42. Los caballos de Wahtee
18 Seiten s/w in *SuperMisterix* (Juni 1957).

43. La mina de los demonios
31 Halbseiten s/w in *Misterix* Nr. 453 (19. Juli 1957) bis Nr. 460 (6. September 1957).

44. Los Jinetes de la Venganza
23 Halbseiten s/w in *Misterix* Nr. 461 (13. September 1957) bis Nr. 465 (11. Oktober 1957).

45. El »Shaman« Forbes
29 Halbseiten s/w in *Misterix* Nr. 466 (18. Oktober 1957) bis Nr. 471 (22. November 1957). Nachdruck (ital.) in *Sgt. Kirk* Nr. 53 (1976) bis Nr. 55 (1977).

46. Plata navaja
20 Halbseiten s/w in *Misterix* Nr. 472 (29. November 1957) bis Nr. 475 (20. Dezember 1957). Nachdruck (ital.) in *Sgt. Kirk* Nr. 51 bis Nr. 52 (1976).

47. (Ohne Titel)
67 Seiten s/w in *Hora Cero Semanal* Nr. 37 (14. Mai 1958) bis Nr. 58 (8. Oktober 1958).

48. (Ohne Titel)
17 Seiten s/w in *Hora Cero Semanal* Nr. 59 (15. Oktober 1958) bis Nr. 63 (12. November 1958). Nachdruck (ital.) in *Sgt. Kirk* Nr. 41 (1974) bis Nr. 42 (1975).

49. (Ohne Titel)
81 Seiten s/w in *Hora Cero Semanal* Nr. 64 (19. November 1958) bis Nr. 90 (20. Mai 1959).

50. (Ohne Titel)
9 Seiten s/w in *Frontera Extra* Nr. 1 (Juli 1958). Nachdruck (ital.) in *Sgt. Kirk* Nr. 59 (1979).

51. (Ohne Titel)
11 Seiten s/w in *Frontera Extra* Nr. 2 (September 1958). Nachdruck (ital.) in *Sgt. Kirk* Nr. 60 (1979).

52. (Ohne Titel)
11 Seiten s/w in *Frontera Extra* Nr. 3 (November 1958). Nachdruck (ital.) unter dem Titel »La bimba rapita« in *Sgt. Kirk* Nr. 58 (November 1978).

53. (Ohne Titel)
13 Seiten s/w in *Frontera Extra* Nr. 4 (Januar 1959). Nachdruck (ital.), ummontiert auf 11 Seiten in *Corriere dei Ragazzi* Nr. 16 (1972).

54. (Ohne Titel)
6 Seiten s/w in *Frontera Extra* Nr. 5 (März 1959). Nachdruck (ital.) in *Corriere dei Ragazzi* Nr. 15 (1972).

55. El odio de »Corazón« Sutton
9 Seiten s/w in *Frontera Extra* Nr. 25 (November 1960). Nachdruck (ital.) unter dem Titel »L´odio di Corazón Sutton« in *Sgt. Kirk* Nr. 62 (Juli 1997).

56. (Ohne Titel)
8 Seiten s/w in *Frontera Extra* Nr. 27 (Januar 1961). Nachdruck (ital.) in *Rintintin* Nr. 78 (1975). Nachdruck (ital.) in *Sgt. Kirk* Nr. 57 (1978).

Insgesamt zeichnete Hugo Pratt 1.522 Seiten für *Sgt. Kirk*. Nachdruck von 520 durchnummerierten Seiten in *Sgt. Kirk* Nr. 1 (1967) bis Nr. 30 (1969). Nachdruck von weiteren 380 Seiten in *Sgt. Kirk* Nr. 31 (1973) bis Nr. 61 (1979). Nachdruck von 9 neu montierten Seiten (Episode 55) auch in der letzten Ausgabe von *Sgt. Kirk*, Nr. 62 (1997).
In Frankreich und Italien kamen im Magazin *Rintintin* diverse Episoden zum Nachdruck. Daraufhin publizierte der französische Verlag Sagédition zwischen 1975 und 1977 eine Reihe von Albumausgaben. Etliche Episoden wurden auch in fünf Albumausgaben zwischen 1984 und 1987 von Éd. Glènat nachgedruckt. Nachdruck sämtlicher Episoden in der vierbändigen Albumausgabe *Sgt. Kirk* (frz.), Éd. Futuropolis 2008 bis 2010, in der dreibändigen Albumausgabe *Sgt. Kirk* (ital.), Ed. Rizzoli Lizard 2009 bis 2011 und in den Bänden 20 bis 24 von *Tutto Pratt* (2014).

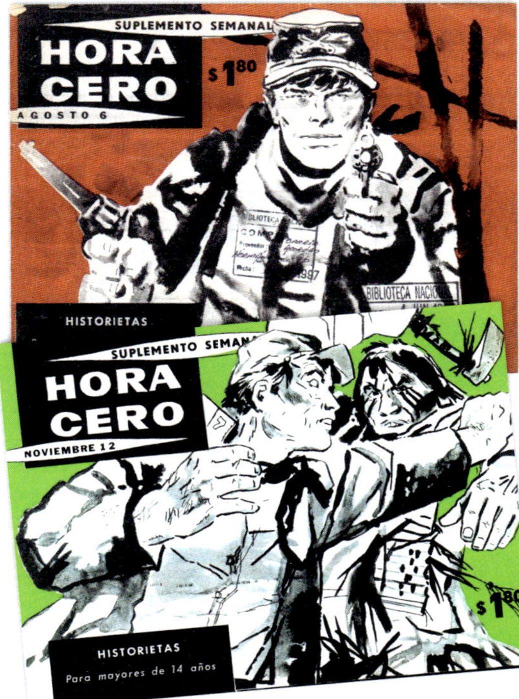

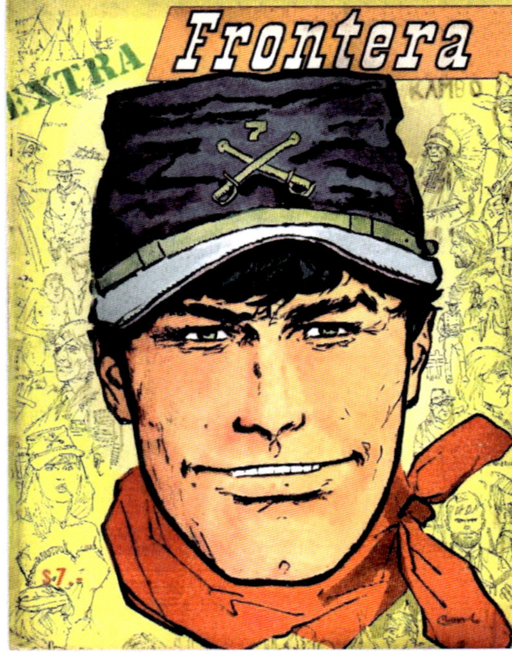

Legión Extranjera

Szenario: Alberto Ongaro

513 Seiten s/w im Piccoloformat in *Rayo Rojo* Nr. 226 (Februar 1954) bis Nr. 271 (Dezember 1954). Nachdruck im Album *Legione Straniera*, Edizioni ANAFI 2006.

Ticonderoga

Zeichnungen: Hugo Pratt und Gisela Dester
Szenario: Héctor G. Oesterheld und Hugo Pratt

165 Seiten mit je 2 Streifen s/w in *Frontera* Nr. 1 (April 1957) bis Nr. 14 (Mai 1958); Fortsetzung mit 51 Seiten zu je 4 Streifen s/w in *Frontera Extra* Nr. 1 (Juli 1958) bis Nr. 4 (Januar 1959), Nr. 6 (April 1959) und 8 (Juni 1959).

Nachdruck (teilweise) in *Sgt. Kirk* Nr. 1, 2 und Nr. 22 bis Nr. 30 (1967–1969) sowie Nr. 60 und 61 (1979). Fortsetzung der Serie auf 222 Seiten mit Zeichnungen von Gisela Dester in *Frontera* Nr. 39 (Juni 1960) bis Nr. 53 (August 1961), mit Auslassungen in Nr. 47 und Nr. 51, sowie in *Frontera Extra* Nr. 18 (April 1960) bis Nr. 39 (Februar 1962), mit Auslassungen in Nr. 28, 30–34 und 36–37.

Albumausgabe unter dem Titel *Ticonderoga*, Rizzoli Lizard (ital.), 2017 und Éd. Casterman (frz.), 2018. Nachdruck in zwei Bänden (Quer- und Hochformat) im Schuber.

Ticonderoga, avant-verlag 2019 [dt. Ausgabe der zweibändigen Version im Schuber von 2018].

Ernie Pike

Szenario: Héctor Germán Oesterheld

Francotiradores

24 Seiten s/w in *Hora Cero Mensual* Nr. 1 (Mai 1957). Nachdruck (ital.) in *Sgt. Kirk* Nr. 2 (1967). Nachdruck (frz.) s/w und ummontiert auf 12 Seiten in *Circus* Nr. 26 (1980). Albumausgabe (frz.) in der von Patrizia Zanotti kolorierten Fassung in *Ernie Pike Tome 1*, Éd. Casterman 2004.

Misterio en Burma

18 Seiten s/w in *Hora Cero Mensual* Nr. 2 (Juni 1957). Nachdruck (ital.) in *Asso di Picche* Nr. 1 (1969). Albumausgabe (frz.) in der von Laura Battaglia kolorierten Fassung in *Ernie Pike Tome 1*, Éd. Casterman 2004.

Un teniente alemán...

19 Seiten s/w in *Hora Cero Mensual* Nr. 3 (Juli 1957). Nachdruck (ital.) in *Sgt. Kirk* Nr. 4 (1967). Albumausgabe (frz.) in der von Laura Battaglia kolorierten Fassung in *Ernie Pike Tome 1*, Éd. Casterman 2004.

El arma secreta de Judas O´Leary

13 Seiten s/w in *Hora Cero Mensual* Nr. 4 (August 1957). Nachdruck (ital.) unter dem Titel »L´arma segreta di Judas O'Leary« in *Sgt. Kirk* Nr. 35 (Januar 1974). Albumausgabe (frz.) in *Ernie Pike T.3, Chroniques de Guerre*, Éd. Glènat 1981. Nachdruck (frz.), gekürzt auf 8 Seiten in *Bodoï* Hors Série Nr. 5 (2002).

Desencuentro

21 Seiten s/w in *Hora Cero Semanal* Nr. 1 bis Nr. 4 (September 1957). Albumausgabe (frz.) in der von Laura Battaglia kolorierten Fassung in *Ernie Pike Tome 1*, Éd. Casterman 2004.

La fuga

14 Seiten s/w in *Hora Cero Mensual* Nr. 6 (Oktober 1957). Nachdruck (ital.) in *Sgt. Kirk* Nr. 46 (1975). Albumausgabe (frz.) in der von Patrizia Zanotti kolorierten Fassung in *Ernie Pike Tome 2*, Éd. Casterman 2004.

Convoy a Malta

33 Seiten s/w in *Hora Cero Semanal* Nr. 5 (Oktober 1957) bis Nr. 12 (November 1957). Albumausgabe (frz.) in der von Patrizia Zanotti kolorierten Fassung in *Ernie Pike Tome 2*, Éd. Casterman 2004.

Poilú

18 Seiten s/w in *Hora Cero Mensual* Nr. 7 (November 1957). Nachdruck (frz.) s/w und ummontiert auf 9 Seiten s/w in *Phénix* Nr. 11 (1969). Nachdruck in *Circus* Nr. 16 (1979). Albumausgabe (frz.) in der von Patrizia Zanotti kolorierten Fassung in *Ernie Pike Tome 2*, Éd. Casterman 2004.

El centinela

22 Seiten s/w in *Hora Cero Semanal* Nr. 13 (November 1957) bis Nr. 20 (Januar 1958). Nachdruck (ital.) in *Sgt. Kirk* Nr. 40 (1974). Albumausgabe (frz.) in der von Patrizia Zanotti kolorierten Fassung in *Ernie Pike Tome 2*, Éd. Casterman 2004.

Destinos cruzados

10 Seiten s/w in *Hora Cero Mensual* Nr. 9 (Januar 1958). Albumausgabe (frz.) in der von Patrizia Zanotti kolorierten Fassung in *Ernie Pike Tome 2*, Éd. Casterman 2004.

Bautismo de Fuego

10 Seiten s/w in *Hora Cero Mensual* Nr. 10 (Februar 1958).

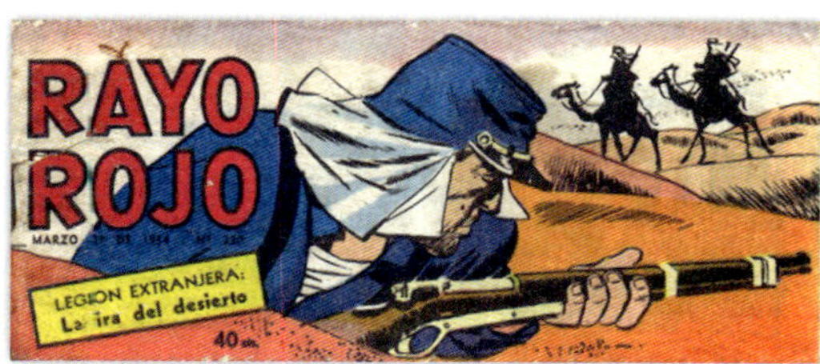

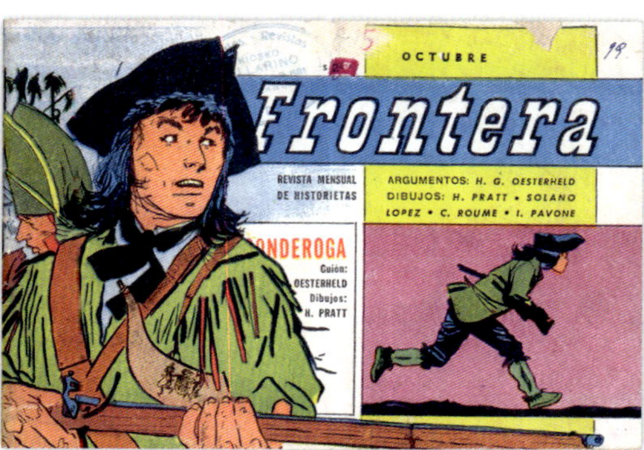

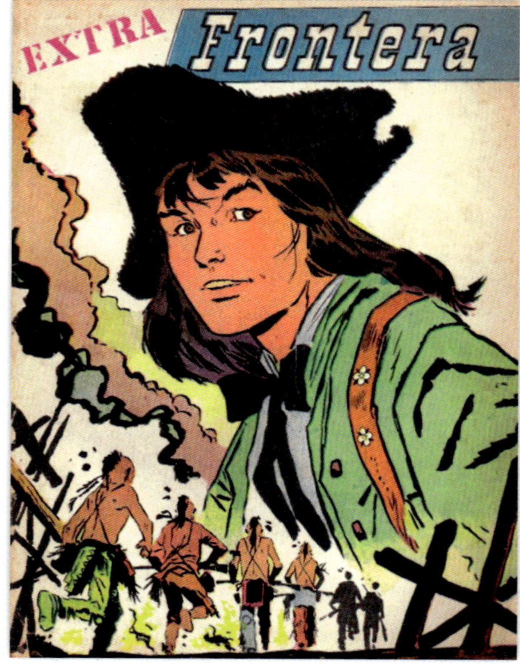

Nachdruck (frz.) in der von Patrizia Zanotti kolorierten Fassung in *Ernie Pike Tome 3*, Éd. Casterman 2006.

Un blando

10 Seiten s/w in *Hora Cero Mensual* Nr. 11 (März 1958). Albumausgabe (frz.) in der von Patrizia Zanotti kolorierten Fassung in *Ernie Pike Tome 3*, Éd. Casterman 2006.

Tarawa

8 Seiten s/w in *Hora Cero Extra* Nr. 1 (April 1958). Nachdruck (ital.) unter dem Titel »Tarawa« in *Sgt. Kirk* Nr. 28 (Oktober 1969). Nachdruck (frz.) s/w und ummontiert auf 7 Seiten in *Circus* Nr. 18 (1979). Albumausgabe (frz.) in der von Patrizia Zanotti kolorierten Fassung in *Ernie Pike Tome 3*, Éd. Casterman 2006.

Hombres Rana

6 Seiten s/w in *Hora Cero Extra* Nr. 1 (April 1958). Nachdruck (ital.) in *Asso di Picche* Nr. 2 (1969). Albumausgabe (frz.) in der von Patrizia Zanotti kolorierten Fassung in *Ernie Pike Tome 3*, Éd. Casterman 2006.

Ohne Titel [I 17 dell'abetaia].

11 Seiten s/w in *Hora Cero Mensual* Nr. 13 (Mai 1958). Albumausgabe (frz.) in der von Patrizia Zanotti kolorierten Fassung in *Ernie Pike Tome 3*, Éd. Casterman 2006.

Combate

9 Seiten s/w in *Hora Cero Mensual* Nr. 14 (Juni 1958). Albumausgabe (frz.) in der von Patrizia Zanotti kolorierten Fassung in *Ernie Pike Tome 3*, Éd. Casterman 2006.

El fusilamiento

8 Seiten s/w in *Hora Cero Extra* Nr. 2 (Juni 1958). Nachdruck (ital.) in *Sgt. Kirk* Nr. 33 (1973). Nachdruck (frz.) in *Circus* Nr. 27 (1980). Albumausgabe (frz.) in der von Maru Leone kolorierten Fassung in *Ernie Pike Tome 4*, Éd. Casterman 2007.

Ling

9 Seiten s/w in *Hora Cero Extra* Nr. 3 (August 1958). Nachdruck vf. in *Corto Maltese* (ital.) Nr. 30 (1986). Albumausgabe (frz.) in der von Maru Leone kolorierten Fassung in *Ernie Pike Tome 4*, Éd. Casterman 2007.

El Senegalés

6 Seiten s/w in *Hora Cero Extra* Nr. 4 (Oktober 1958). Nachdruck (ital.) in *Sgt. Kirk* Nr. 38 (November 1974). Albumausgabe (frz.) in der von Maru Leone kolorierten Fassung in *Ernie Pike Tome 4*, Éd. Casterman 2007.

Un par de botas

12 Seiten s/w in *Hora Cero Mensual* Nr. 19 (November 1958). Albumausgabe (frz.) in der von Maru Leone kolorierten Fassung in *Ernie Pike Tome 4*, Éd. Casterman 2007.

Navidad

9 Seiten s/w in *Hora Cero Extra* Nr. 5 (Dezember 1958). Albumausgabe (frz.) in der von Maru Leone kolorierten Fassung in *Ernie Pike Tome 4*, Éd. Casterman 2007.

Ohne Titel [La ferita].

6 Seiten s/w in *Hora Cero Mensual* Nr. 22 (Februar 1959).

La patrulla

18 Seiten s/w in *Hora Cero Extra* Nr. 7 (März 1959). Nachdruck (ital.) in *Sgt. Kirk* Nr. 9 (März 1968). Albumausgabe (frz.) in der von Maru Leone kolorierten Fassung in *Ernie Pike Tome 4*, Éd. Casterman 2007.

Ohne Titel [K.O. Sims].

7 Seiten s/w in *Hora Cero Extra* Nr. 8 (April 1959). Albumausgabe (frz.) in der von Maru Leone kolorierten Fassung in *Ernie Pike Tome 4*, Éd. Casterman 2007.

Ohne Titel [L'isola di Luam].

7 Seiten s/w in *Hora Cero Extra* Nr. 10 (Juni 1959). Nachdruck (ital.) unter dem Titel »L'isola di Luam« in *Sgt. Kirk* Nr. 39 (September 1974). Albumausgabe (frz.) in der von Maru Leone kolorierten Fassung in *Ernie Pike Tome 5*, Éd. Casterman 2007.

La herida de un millón de dólares

5 Seiten s/w in *Hora Cero Extra* Nr. 32 (November 1960). Albumausgabe (frz.) in der von Maru Leone kolorierten Fassung in *Ernie Pike Tome 5*, Éd. Casterman 2007.

Pearl Harbor

7 Seiten s/w in *Colección Batallas Inolvidables* Nr. 3 (November 1960). Albumausgabe (frz.) in der von Maru Leone kolorierten Fassung in *Ernie Pike Tome 5*, Éd. Casterman 2007.

Normandía

7 Seiten s/w in *Colección Batallas Inolvidables* Nr. 4 (Dezember 1960). Nachdruck (engl.) s/w und ummontiert unter dem Titel »Destroy the Guns« in *Hurricane Annual 1965*. Albumausgabe (frz.) in der von Maru Leone kolorierten Fassung in *Ernie Pike Tome 5*, Éd. Casterman 2007.

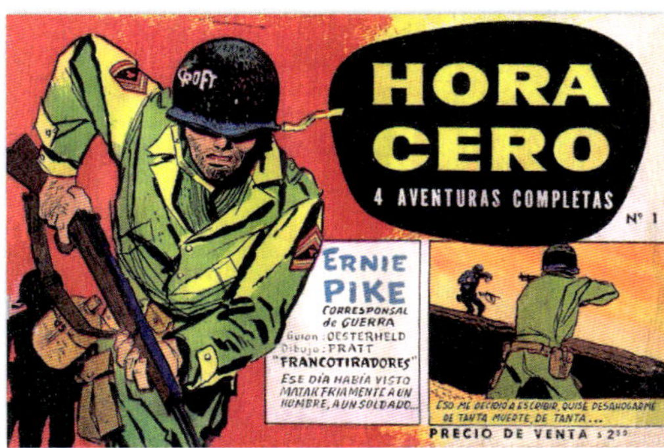

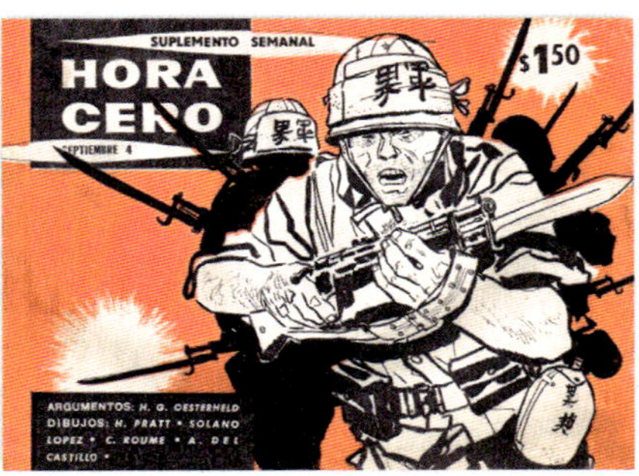

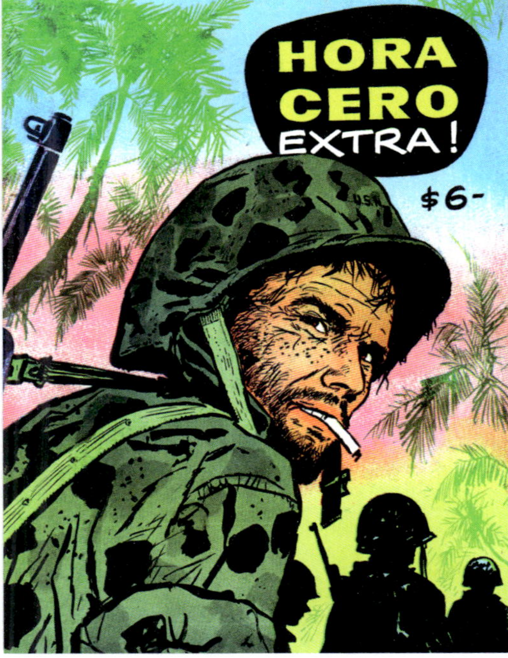

Corea

7 Seiten s/w in *Hora Cero Extra* Nr. 34 (Dezember 1960). Nachdruck (ital.) in *Sgt. Kirk* Nr. 30 (Dezember 1969). Nachdruck (frz.) unter dem Titel »La longue marche« in *Circus* Nr. 38 (1981). Albumausgabe (frz.) in der von Maru Leone kolorierten Fassung in *Ernie Pike Tome 5*, Éd. Casterman 2007.

El Bismarck

3,5 Seiten s/w in *Colección Batallas Inolvidables* Nr. 5 (Februar 1961). Albumausgabe (frz.) in der von Maru Leone kolorierten Fassung in *Ernie Pike Tome 5*, Éd. Casterman 2007.

Tarawa [2].

6 Seiten s/w in *Colección Batallas Inolvidables* Nr. 5 (März 1961). Albumausgabe (frz.) in der von Maru Leone kolorierten Fassung in *Ernie Pike Tome 5*, Éd. Casterman 2007.

Guardia nocturna

6 Seiten s/w in *Hora Cero Extra* Nr. 39 (April 1961). Nachdruck (ital.) unter dem Titel »Guardia notturna« in *Sgt. Kirk* Nr. 10 (April 1968). Albumausgabe (frz.) in der von Maru Leone kolorierten Fassung in *Ernie Pike Tome 5*, Éd. Casterman 2007.

Guardia nocturna als Beilage in *Reddition – Zeitschrift für Graphische Literatur* Nr. 68 (Juni 2018)

Un buen susto

10 Seiten s/w in *Hora Cero Extra* Nr. 53 (November 1961). Nachdruck (frz.) in *Circus* Nr. 17 (1979). Albumausgabe (frz.) in der von Maru Leone kolorierten Fassung in *Ernie Pike Tome 5*, Éd. Casterman 2007.

Einige Episoden sind nicht unter dem »Ernie-Pike-Logo« erschienen und gelten mitunter als eigenständige Kurzgeschichten, etwa »Hombres ranas« oder »Guardia nocturna«. Der Übersicht halber sind diese Episoden dennoch hier gelistet. Fortsetzung der Serie bis April 1963 mit Zeichnungen von Jorge Moliterni, Alberto Breccia, Julio Schiaffino und vielen anderen.

Ernie Pike: Lord Crack

Szenario: Héctor Germán Oesterheld
Zeichnungen: Hugo Pratt und Mario Bertolini [ab Nr. 32].

49 Seiten s/w in *Hora Cero Semanal* Nr. 21 (Januar 1958) bis Nr. 37 (Mai 1958). Die angefangene Episode wurde von Bertolini ohne die Beteiligung von Pratt bis *Hora Cero Semanal* Nr. 40 (Juni 1958) fortgesetzt. Albumausgabe (frz.) in der von Patrizia Zanotti kolorierten Fassung in *Ernie Pike Tome 3*, Éd. Casterman 2006.

Fortsetzung mit vier weiteren Episoden bis *Hora Cero Semanal* Nr. 116 (November 1959), die von Mario Bertolini, Jorge Moliterni und Jorge Flores gezeichnet wurden.

Die Serie startete als *Ernie-Pike*-Nebenserie und erhielt erst ab *Hora Cero Semanal* Nr. 61 den eigenen Titel *Lord Crack*.

Lobo Conrad

Szenario: Héctor Germán Oesterheld

6 Seiten s/w in *Hora Cero* Nr. 22 (1958). Nachdruck in *SuperMisterix* Nr. 739 (1962). Nachdruck (ital.) unter dem Titel »Lupo Conrad« in *Sgt. Kirk* Nr. 1 (1967).

Ann y Dan

Szenario: Hugo Pratt; Pratt wurde bei der Arbeit an zwei der vier Episoden von Gisela Dester unterstützt.

1. Wambo è Morto ... Wambo Ritorna

56 Seiten s/w in *Super Totem* Nr. 1 (August 1959) bis Nr. 5 (Dezember 1959). Nachdruck (ital.) s/w und ummontiert auf 29 Seiten unter dem Titel »Anna nella Jungla« in *Sgt. Kirk* Nr. 1 (1967). Nachdruck (frz.) in der Albumausgabe *Ann de la Jungle*, Éd. Casterman 1978. Kolorierter Nachdruck in *Corto Maltese* (ital.) Nr. 43 und Nr. 44 (1987). Nachdruck (frz.) vf. in der Albumausgabe *Ann de la Jungle*, Éd. Casterman 2001.

»Wambo ist tot... Wambo kehrt zurück« in *Ann & Dan - Teil I*, Comicothek 1982. Nachdruck in der Gesamtausgabe *Ann und Dan*, Comicothek 1989 [dt. Fassung der Version von 1978].

2. La Città Perduta di Amon-Ra

34 Seiten s/w unter dem Titel »O'Hara of Africa« in *Radio Fun* (Fleetway, Juli bis Dezember 1960). Nachdruck (ital.) s/w und ummontiert auf 30 Seiten unter dem Titel »Anna nella Jungla« in *Sgt. Kirk* Nr. 29 (1969). Nachdruck (frz.) in der Albumausgabe *Ann de la Jungle*, Éd. Casterman 1978. Kolorierter Nachdruck in *Corto Maltese* (ital.) Nr. 45 und Nr. 46 (1987). Nachdruck (frz.) vf. in der Albumausgabe *Ann de la Jungle*, Éd. Casterman 2001.

»Die verlorene Stadt von Amon-Ra« in *Ann & Dan - Teil I*, Comicothek 1982. Nachdruck in der Gesamtausgabe *Ann und Dan*, Comicothek 1989 [dt. Fassung der Version von 1978].

3. Lo Stregone di Ujijio

32 Seiten s/w unter dem Titel »Ann y Dan« in *Frontera Extra* Nr. 25 (November 1960) bis Nr. 28 (Februar 1961). Nachdruck (ital.) s/w und ummontiert auf 20 Seiten unter dem Titel »Anna nella Jungla« in *Sgt. Kirk* Nr. 30 (1969). Nachdruck (frz.) in der Albumausgabe *Ann de la Jungle*, Éd. Casterman 1978. Kolorierter Nachdruck in *Corto Maltese* (ital.) Nr. 48 (1987). Nachdruck (frz.) vf. in der Albumausgabe *Ann de la Jungle*, Éd. Casterman 2001.

»Sklavenhandel« in *Ann & Dan - Teil II*, Comicothek 1982. Nachdruck in der Gesamtausgabe *Ann und Dan*, Comicothek 1989 [dt. Fassung der Version von 1978].

4. Il Cimitero degli Elefanti

37 Seiten s/w unter dem Titel »Ann y Dan« in *Frontera Extra* Nr. 29 (März 1961) bis Nr. 35 (September 1961). Nachdruck (ital.) s/w und ummontiert auf 22 Seiten unter dem Titel »Anna nella Jungla« in *Sgt. Kirk* Nr. 32 (1973). Nachdruck (frz.) in der Albumausgabe *Ann de la Jungle*, Éd. Casterman 1978. Kolorierter Nachdruck in *Corto Maltese* (ital.) Nr. 49 (1987). Nachdruck (frz.) vf. in der Albumausgabe *Ann de la Jungle*, Éd. Casterman 2001.

»Der Elefantenfriedhof« in *Ann & Dan - Teil II*, Comicothek 1982. Nachdruck in der Gesamtausgabe *Ann und Dan*, Comicothek 1989 [dt. Fassung der Version von 1978].

Fleetway War Library

The Iron Fist

Szenario: V.A.L. Holding

62 Seiten s/w in *War Picture Library* Nr. 25 (September 1959). Nachdruck (frz.) s/w, gekürzt und ummontiert auf 20 Seiten unter dem Titel »Goliath« in *Pilote Mensuel* Nr. 102 und Nr. 103 (November–Dezember 1982). Albumausgabe (frz.) in *Récits de Guerre: Du Sable, rien que du sable*, Éd. Dargaud 1983.

Sand, nichts als Sand, Comicothek 1990 [dt. Ausgabe der Version von 1983].

Battler Britton and the Wagons of Gold

62 Seiten s/w in *Thriller Picture Library* Nr. 297 (Dezember 1959).

The Pathfinder

Szenario: E. Evans & A. Wallace

62 Seiten s/w in *War Picture Library* Nr. 40 (März 1960). Nachdruck (frz.) s/w, ummontiert auf 19 Seiten unter dem Titel »Bush Pilot« in *Pratt 50*, Éd. Glènat 1981. Nachdruck (ital.) vf. unter dem Titel »Un Pilota australiano« in *Corto Maltese* Nr. 70 (1989).

The Crimson Sea

Szenario: F. Baker

62 Seiten s/w in *War Picture Library* Nr. 50 (Mai 1960). Nachdruck (frz.) s/w, ummontiert auf 22 Seiten unter dem Titel »Koinsky raconte – 41° de Latitude Nord« in *Corto Maltese* (frz.) Nr. 18 (September 1988). Albumausgabe (frz.) in *Koinsky raconte - Deux ou trois choses que je sais d'eux*, Casterman 1993.

Up the Marines!

Szenario: D. Avenell

62 Seiten s/w in *War Picture Library* Nr. 58 (Juli 1960).

Strongpoint

Szenario: W.H. Baker

62 Seiten s/w in *War Picture Library* Nr. 62 (August 1960).

The Bayonet Jungle

Szenario: G. Sowman

62 Seiten s/w in *War Picture Library* Nr. 91 (März 1961). Nachdruck (ital.) vf. unter dem Titel »Il Portafortuna« in *Corto Maltese* Nr. 71 (1989).

Dark Judgement

Szenario: D. Avenell

62 Seiten s/w in *War Picture Library* Nr. 92 (April 1961).

Battler Britton and the Rockets of Revenge

62 Seiten s/w in *Battler Britton Book 2* (Mai 1961).

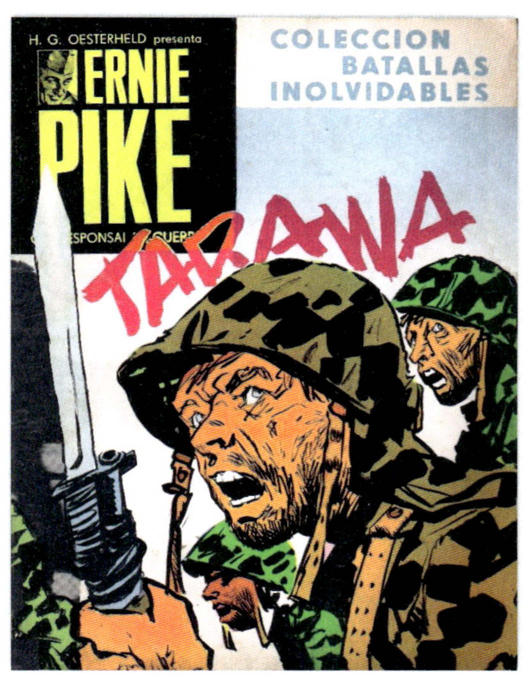
H. G. OESTERHELD presenta
ERNIE PIKE
COLECCION BATALLAS INOLVIDABLES
TARAWA

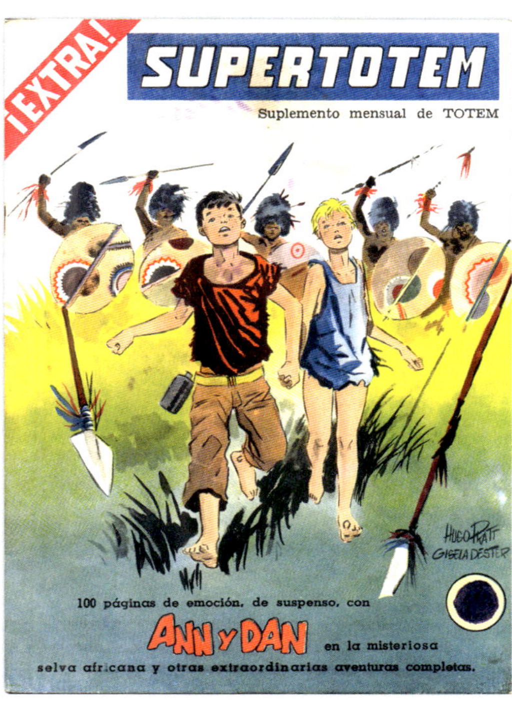
¡EXTRA!
SUPERTOTEM
Suplemento mensual de TOTEM
HUGO PRATT
GISELA DESTER
100 páginas de emoción, de suspenso, con
ANN y DAN en la misteriosa
selva africana y otras extraordinarias aventuras completas.

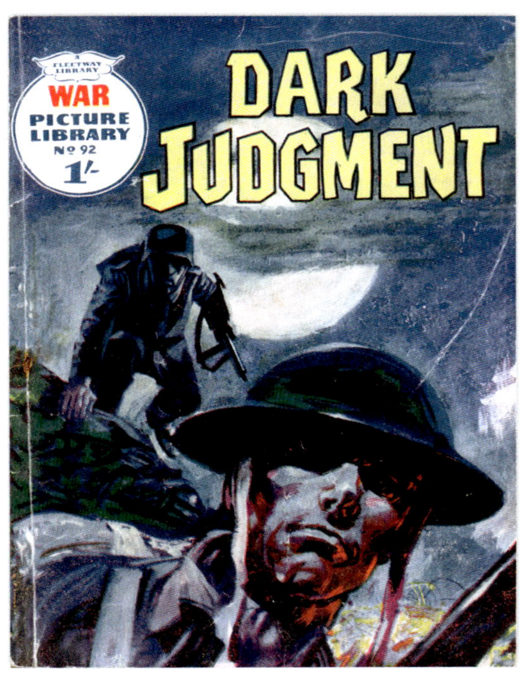
A FLEETWAY LIBRARY
WAR PICTURE LIBRARY
Nº 92
1/-
DARK JUDGMENT

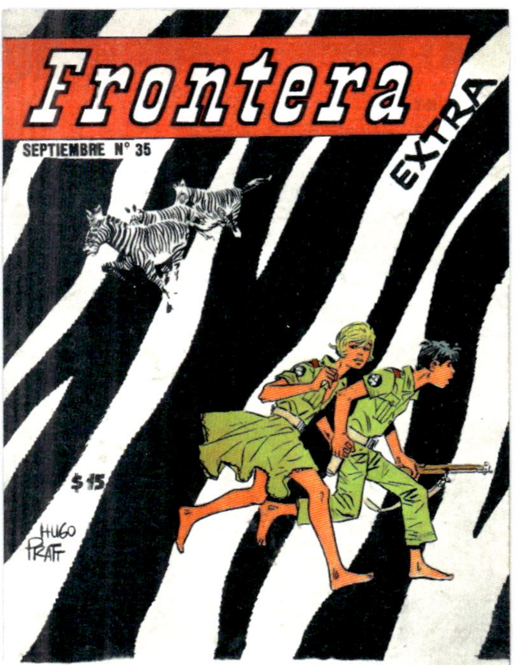
Frontera
SEPTIEMBRE N° 35
EXTRA
$15
HUGO PRATT

The Big Arena
Szenario: A. Carney Allan
62 Seiten s/w in *War Picture Library* Nr. 133 (Februar 1962). Nachdruck (frz.) s/w unter dem Titel »Du sable, rien que du sable« in *Pilote Mensuel* Nr. 97 bis Nr. 99 (Juni–August 1982). Albumausgabe (frz.) vf. unter dem Titel *Récits de Guerre: Du Sable, rien que du sable*, Éd. Dargaud 1983. Nachdruck (ital.) vf. unter dem Titel »Questa Sabbia è anche nostra« in *Corto Maltese* Nr. 55 (1988). Nachdruck (frz.) der Version von 1988 unter dem Titel »Koinsky raconte – Ce sable est aussi le notre« in *(A Suivre)* Nr. 174 (Juli 1992). Albumausgabe in *Koinsky raconte - Deux ou trois choses que je sais d'eux*, Édition Casterman 1993.
Sand, nichts als Sand, Comicothek 1990 [dt. Ausgabe der Version von 1983].

Night of the Devil
Szenario: T. Tully
62 Seiten s/w in *Battle Picture Library* Nr. 62 (Juni 1962). Nachdruck (frz.) vf., ummontiert auf 22 Seiten unter dem Titel »Koinsky raconte - Le démon de la nuit« in *Corto Maltese* (frz.) Nr. 17 (August 1988). Albumausgabe in *Koinsky raconte - Deux ou trois choses que je sais d'eux*, Édition Casterman 1993.

Battle Stations
Szenario: D. Avenell
62 Seiten s/w in *War At Sea Picture Library* Nr. 34 (Juni 1963).

Nachdruck aller zwölf Episoden in *WWII, Histoires de guerre* (frz.; Éd. Casterman 2009) und *WWII, Storie di guerra* (ital.; Rizzoli Lizard 2010).

Capitán Cormorant

Capitan Cormorant - I° episodio
27 Seiten s/w und vf. in *Misterix* Nr. 689 (Januar 1962) bis Nr. 692 (Februar 1962). Nachdruck (ital.), ummontiert auf 29 Seiten s/w in *Sgt. Kirk* Nr. 4 (1967). Nachdruck (frz.) in *Circus* Nr. 19 bis Nr. 21 (1979). Albumausgabe (frz.) unter dem Titel *Capitaine Cormorant*, Éd.Publicness 1977, signierte und auf 200 Exemplare limitierte Ausgabe. Albumausgabe (ital.) vf. und neu montiert auf 56 Seiten in *Capitan Cormorant e altre storie*, Edizioni Rizzoli Lizard, 2012; Farben von Patrizia Zanotti.

Capitan Cormorant - II° episodio
Zeichnungen: Stelio Fenzo und Hugo Pratt
12 Seiten s/w und vf. in *Misterix* Nr. 696 und Nr. 697 (März 1962); Fortsetzung auf 25 Seiten durch Stelio Fenzo. Nachdruck (ital.), ummontiert auf 7 Seiten in *Sgt. Kirk* Nr. 10 (1968). Nachdruck (frz.) in *Circus* Nr. 22 (1979) bis Nr. 25 (1980). Albumausgabe (ital.) vf. und neu montiert auf 19 Seiten (für die komplette Episode von Pratt und Fenzo) in *Capitan Cormorant e altre storie*, Edizioni Rizzoli Lizard, 2012; Farben von Patrizia Zanotti.

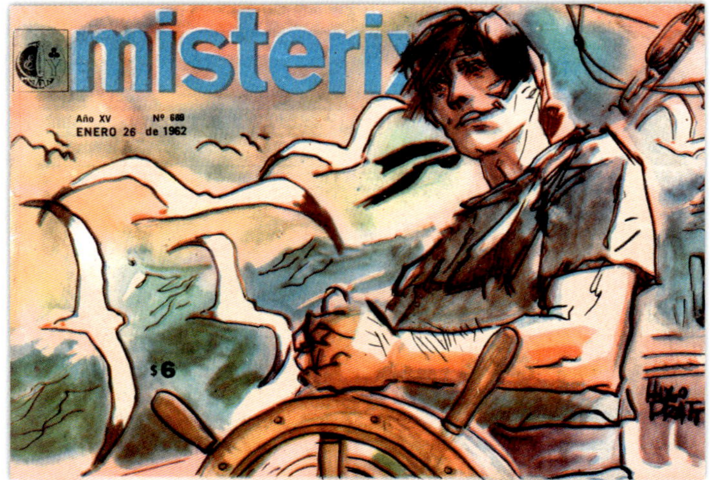

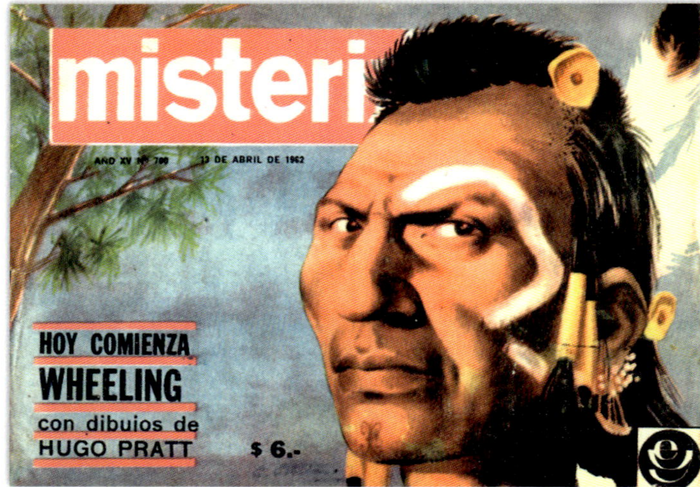

Die europäischen Nachdrucke bis 1994 publizierten jeweils auch die Fortsetzung von Fenzo, ummontiert auf insgesamt 36 Seiten. Außerdem gestaltete Fenzo weitere fünf Episoden ohne die Beteiligung von Pratt, die teilweise als »Kapitän Moko« in der Reihe *Taschencomics* in deutscher Sprache publiziert wurden.

Wheeling

Wheeling I° parte
122 Halbseiten und 13 Seiten s/w in *Misterix* Nr. 700 (13. April 1962) bis Nr. 726 (12. Oktober 1962).
Albumausgabe (ital.) um einige Aquarelle erweitert im großen Querformat in der Reihe »Archivio Internazionale della Stampa a Fumetti«, Edizioni Ivaldi 1972. Nachdruck im Hochformat s/w, auf 107 Seiten neu montiert, Edizioni Mondadori 1975. Nachdruck (ital.) in der von Patrizia Zanotti kolorierten Fassung unter dem Titel »Torrente del cranio« in *Corto Maltese* Nr. 36 (1986) bis Nr. 42 (1987). Nachdruck (ital.) vf. in *Wheeling: il sentiero delle amicizie perdute*, Edizioni Rizzoli Lizard 1995.
Albumausgabe (frz.) s/w unter dem Titel *Fort Wheeling*, Éd. Casterman 1976. Nachdruck (frz.) in der von Patrizia Zanotti kolorierten Fassung in *Wheeling: Le sentier des amitiés perdues*, Éd. Casterman 1995.
Fort Wheeling - Teil 1. Comic Forum, 1986 [Seiten 1–52 der dt. Fassung in der Version von 1975].
Fort Wheeling - Teil 2. Comic Forum, 1987 [Seiten 53–107 der dt. Fassung in der Version von 1975].

Wheeling II° parte
34 Seiten und Halbseiten s/w in *Misterix* Nr. 801, Nr. 805 und Nr. 809 (1964). Nach-

druck (engl.) von 12 Seiten s/w in *European Cartoonist* Nr. 1, 1973. Nachdruck (ital.) in *Sgt. Kirk* Nr. 59 bis Nr. 61 (1979). Nachdruck (frz.), ummontiert auf 17 Seiten und ergänzt auf insgesamt 62 Seiten in der von Anne Frognier kolorierten Fassung in *Métal Hurlant* Nr. 51 (1980) bis Nr. 61 (1981).
Albumausgabe (frz.) vf. unter dem Titel *Fort Wheeling 2e époque*, Éd. Humanoïdes Associés 1981. Nachdruck (frz.) s/w in *Fort Wheeling Tome 2*, Éd. Casterman 1995. Nachdruck (frz.) in der von Patrizia Zanotti kolorierten Fassung in *Wheeling: Le sentier des amitiés perdues*, Éd. Casterman 1995.
Albumausgabe (ital.) in der von Anne Frognier kolorierten Fassung in *Fort Wheeling: nuove avventure*, Totem/Nuova Frontiera 1982. Nachdruck (ital.) in der von Patrizia Zanotti kolorierten Fassung in *Wheeling: il sentiero delle amicizie perdute*, Edizioni Rizzoli Lizard 1995.
***Fort Wheeling - Teil 3*. Comic Forum, 1989 [dt. Fassung der Version von 1981 in s/w].**

Wheeling III° parte

37 Seiten vf. in der Albumausgabe (ital.) *Wheeling: il sentiero delle amicizie perdute*, Edizioni Rizzoli Lizard 1995 und in der Albumausgabe (frz.) *Wheeling: Le sentier des amitiés perdues*, Éd. Casterman 1995; Farben von Patrizia Zanotti. Nachdruck s/w und inklusive des 2. Teils unter dem Titel *Fort Wheeling Tome 2*, Éd. Casterman 1995.

Kompletter Nachdruck aller drei Teile in *Wheeling*, Éd. Casterman (frz.) und Edizioni Rizzoli Lizard (ital.), 2012.

Le avventure di Billy James

Szenario: Mino Milani alias »Billy Danning«
25 Seiten zweifarbig in *Corriere dei Piccoli* Nr. 45 (11. November 1962) bis Nr. 48 (2. Dezember 1962) und Nr. 14 (7. April 1963) bis Nr. 24 (16. Juni 1963). Albumausgabe (frz.) s/w unter dem Titel *Billy James*, Éd. Humanoïdes Associés 1980. Albumausgabe (ital.) vf. und neu montiert auf 42 Seiten in *Capitan Cormorant e altre storie*, Edizioni Rizzoli Lizard, 2012; Farben von Patrizia Zanotti.

Le leggende indiane

30 Episoden illustrierter Erzählungen mit je 4 Seiten s/w oder vf. in *Pecos Bill* Nr. 118 bis Nr. 147 (1962), Nr. 152 und Nr. 153 (1963). Nachdruck einiger Episoden s/w in *Sgt. Kirk* Nr. 16 und Nr. 17 (1967), Nr. 52 (1976) und Nr. 54 (1977) bis Nr. 58 (1979). Albumausgabe von 4 Episoden s/w unter dem Titel »Les legendes indiennes« in *Billy James*, Éd. Humanoïdes Associés 1980. Albumausgabe (ital.) vf. und s/w unter dem Titel *Le Leggende Indiane* in zwei Bänden, Fumettoclub 1992. Kompletter Nachdruck in *Wheeling*, Éd. Casterman (frz.) und Edizioni Rizzoli Lizard (ital.), 2012.

Tre croci e un leone

Szenario: Mino Milani
2 Seiten (+ 2 Seiten illustrierter Roman) vf. in *Corriere dei Piccoli* Nr. 9 (3. März 1963). Nachdruck in *Sgt. Kirk* Nr. 57 (September-Oktober 1978). Albumausgabe (ital.) in *I Crociati*, Ed. Ivaldi 1982.

Simbad il marinaio

Szenario: Mino Milani
22 Seiten vf. in *Corriere dei Piccoli* Nr. 28 (14. Juli 1963) bis Nr. 33 (18. August 1963). Albumausgabe (ital.) unter der Titel *Simbad il marinaio e I giganti burloni*, Ed. Ivaldi 1982. Albumausgabe (frz.) unter dem Titel »*Simbad le marin et autres récits*«, Éd. Bédésup 1982.

L'Odissea

Szenario: Franca Basaglia-Ongaro
25 Seiten vf. in *Corriere dei Piccoli* Nr. 43 (27. Oktober 1963) bis Nr. 15 (12. April 1964). Albumausgabe (ital.) unter dem Titel *Le avventura di Ulisse - Le fatiche di Ercole*, Ed. Ivaldi 1982. Nachdruck (frz.) in *Okapi* Nr. 243 (1982).

Kiwi, il figlio della giungla

Szenario: Giancarlo Ottani und Hugo Pratt
6 Seiten s/w in *Radar* Nr. 31 (November 1963); ab Seite 7 setzte Stelio Fenzo die Serie fort, nach Szenarios seiner Frau Loredana Fenzo. Nachdruck (ital.) in *Sgt. Kirk* Nr. 5 (1967). Albumausgabe (ital.) unter dem Titel *Kiwi*, Ed. Mondadori 1975 und Ed. Ivaldi 1978.

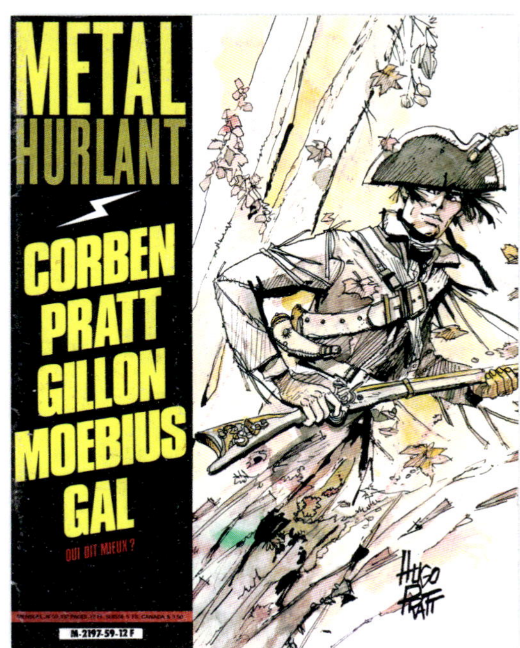

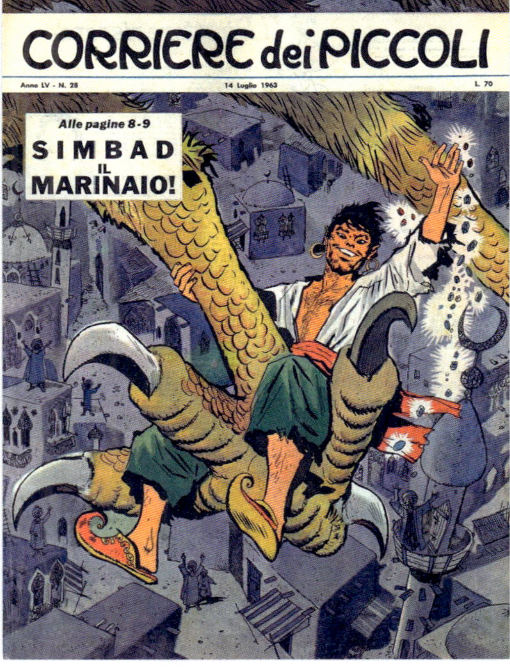

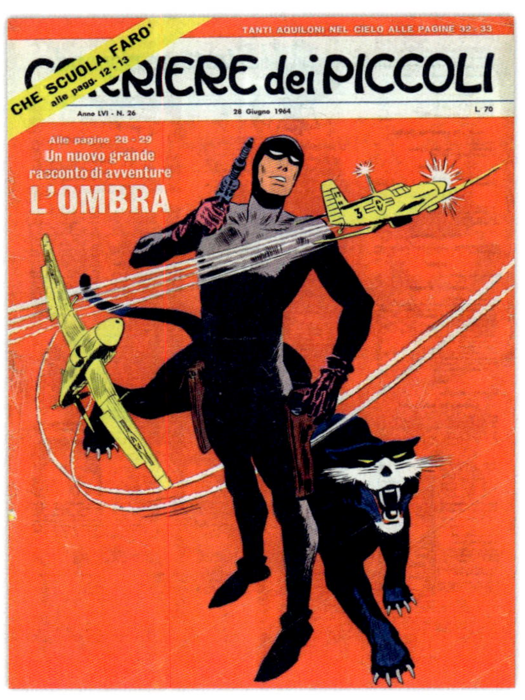

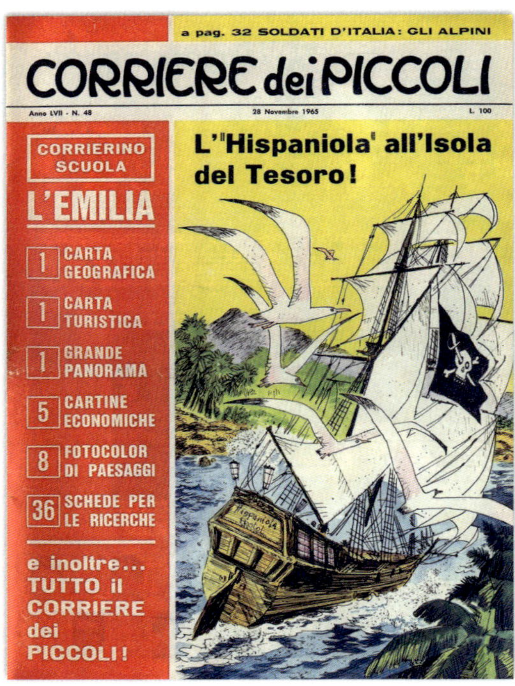

Luck Star O'Hara

8 Seiten s/w in *Misterix* Nr. 808 (Mai 1964). Nachdruck (ital.) s/w in *Sgt. Kirk* Nr. 14 (August 1968). Nachdruck (frz.) in *Pilote Mensuel* Nr. 41bis (1977). Nachdruck (frz.) vf. unter dem Titel *Luck Star O'Hara, Éd.* Kesselring 1988. Nachdruck in *Corto Maltese* (ital.) Nr. 105 (1992).

»Luck Star O'Hara« in *Comic Forum* Nr. 16 (1982).

L'Ombra

Szenario: Alberto Ongaro und Hugo Pratt

1. [L'Ombra Contro il Generale].

32 Seiten zweifarbig in *Corriere dei Piccoli* Nr. 26 (28. Juni 1964) bis Nr. 41 (11. Oktober 1964). Nachdruck (ital.) unter dem Titel »L'Ombra Contro il Generale« in *Alter Alter* Nr. 9 (September 1978). Albumausgabe (frz.) unter dem Titel *Les Jouets du général*, Éd. Humanoïdes Associés 1980. Nachdruck (ital.) in der Albumausgabe *L'Ombra contro il Generale*, Lizard Edizioni 2003. Nachdruck (frz.) in der Albumausgabe *L'Ombre*, Éd. Casterman 2004. Nachdruck (ital.) in der Albumausgabe *L'Asso di Picche. Supereroi all'italiana*, Band 28 der Reihe »100 anni di fumetto italiano«, Panini Comics/If Edizioni, 2010.

2. [L'Ombra Contro l'Ammiraglio].

32 Seiten zwei- und dreifarbig in *Corriere dei Piccoli* Nr. 28 (11. Juli 1965) bis Nr. 43 (24. Oktober 1965). Nachdruck (ital.) unter dem Titel »L'Ombra Contro l'Ammiraglio« in *Alter Alter* Nr. 2 (Februar 1979). Albumausgabe (frz.) unter dem Titel *Les Jouets du général*, Éd. Humanoïdes Associés 1980. Nachdruck (ital.) in der Albumausgabe *L'Ombra contro l'Ammiraglio*, Lizard Edizioni 2003. Nachdruck (frz.) in der Albumausgabe *L'Ombre*, Éd. Casterman 2004.

Drei weitere Episoden wurden von Stelio Fenzo im Jahr 1966 gezeichnet.

Il favoloso West: I giganti burloni

Szenario: Vezio Melegari

20 Seiten vf. in *Corriere dei Piccoli* Nr. 29 (19. Juli 1964) bis Nr. 38 (20. September 1964). Albumausgabe (ital.) in *Simbad il marinaio e I giganti burloni*, Ed. Ivaldi 1982.

Los héroes siempre regresan

Szenario: Gonzalo Hernàndes

11 Seiten in *Album de El Tony* Nr. 92 (Januar 1965), Ed. Columba. Nachdruck in *Fumetto* Nr. 53, Edizioni Analfi, März 2005.

Le avventure di Ercole

Szenario: Vezio Melegari

20 Seiten vf. in *Corriere dei Piccoli* Nr. 38 (19. September 1965) bis Nr. 5 (30. Januar 1966). Albumausgabe (ital.) in *Le avventura di Ulisse - Le fatiche di Ercole*, Ed. Ivaldi 1982.

L'Isola del Tesoro

Szenario: Mino Milani alias »Piero Selva«, nach Robert Louis Stevensons Treasure Island
Kolorierung: Anne Frognier/Patrizia Zanotti

36 Seiten drei- und vierfarbig in *Corriere dei Piccoli* Nr. 41 (10. Oktober 1965) bis Nr. 6 (6. Februar 1966). Albumausgabe (frz.) unter dem Titel *L'Ile au trésor* in der von Anne Frognier kolorierten Fassung, Éd. Humanoïdes Associés 1980. Nachdruck (ital.) in der von Patrizia Zanotti kolorierten Fassung in *Corto Maltese* Nr. 50 (November 1987) bis Nr. 52 (Januar 1988). Nachdruck (ital. und frz.), auf 59 Seiten ummontiert und um einige Aquarelle erweitert, Rizzoli Milano Libri und Éd. Casterman 1988. Nachdruck (frz.), auf 82 querformatige Seiten ummontiert und um einige Aquarelle erweitert in der Albumausgabe *L'ile au trésor - Enlevé*, Éd. Casterman 2010. Nachdruck (ital.), auf 82 querformatige Seiten ummontiert und um einige Aquarelle erweitert in der Albumausgabe *L'Isola del Tesoro - Il ragazzo rapito*, Ed. Rizzoli Lizard 2010.

CORTO MALTESE

Una ballata del mare salato

164 Seiten s/w in *Sgt. Kirk* Nr. 1 (Juli 1967), Nr. 4 (Oktober 1967) bis Nr. 15 (September 1968) und Nr. 17 (November 1968) bis Nr. 20 (Februar 1969). Nachdruck (ital.) vf. in *Corriere dei Piccoli* Nr. 23 (1971) bis Nr. 39 (1971).

Albumausgabe (ital.), s/w und gekürzt auf 163 Seiten unter dem Titel *Una ballata del mare salato*,

Arnoldo Mondadori editore 1972. Nachdruck (ital.) vf., Edizioni Albatros 1977. Nachdruck (ital.) in der von Patrizia Zanotti kolorierten Version in *Corto Maltese* Nr. 21 (1985) bis Nr. 29 (1986).

Albumausgabe (frz.), s/w und gekürzt auf 163 Seiten unter dem Titel *La Ballade de la mer salée*, Éd. Casterman 1975. Nachdruck in der von Patrizia Zanotti kolorierten Version, Éd. Casterman 1989. Nachdruck (frz.), vf. und mit allen Seiten, Éd. Casterman 2015.

»Die Südseeballade (1. Teil)« vf. in *ZACK* Nr. 4/1974 bis Nr. 20/1974. Unvollendet nach 115 Seiten abgebrochen, fortgesetzt in *Comic Forum* [dt. Fassung der Version von 1971].

»Die Südseeballade 2. Teil: Das Ende des Monaco« s/w in *Comic Forum* Nr. 6 (August 1980) bis Nr. 11 (September 1981) [dt. Fassung der Version von 1975].

Corto Maltese – Südseeballade, Carlsen Verlag 1983 [dt. Fassung der Version von 1975].

Corto Maltese 2: Die Südseeballade, Carlsen Verlag 1989 [dt. Fassung der Version von 1985/86].

»Die Südseeballade« vf. in *Klassiker der Comic-Literatur* Band 11, Frankfurter Allgemeine/Panini 2005. [gekürzte und neu montierte dt. Fassung der Version von 1985/86].

Corto Maltese 1: Die Südseeballade, Schreiber & Leser, 2015 [dt. Fassung der Version von 2015].

Corto Maltese Klassik Edition 1: Die Südseeballade, Schreiber & Leser, 2015 [dt. Fassung der Version von 2015 in s/w].

Le secret de Tristan Bantam

19 Seiten s/w in *Pif Gadget* Nr. 58/1296 (3. April 1970).

Albumausgabe (frz.) in *Corto Maltese – Tome 1*, Éd. Publicness 1971. Nachdruck im Album *Sous le Signe du Capricorne*, Éd. Casterman 1979. Nachdruck vf. im Album *Corto Maltese: Suite Caraïbéenne*, Éd. Casterman 1990. Nachdruck vf. mit Zusatzseiten im Album *Corto Maltese 2: Sous le signe du Capricorne*, Éd. Casterman 2015.

Albumausgabe (ital.) unter dem Titel »Il segreto di Tristan Bantam« in *Corto Maltese*, Arnoldo Mondadori editore 1972. Nachdruck in der von Patrizia Zanotti kolorierten Version in *Corto Maltese* Nr. 1 (1983).

»Das Geheimnis des Tristan Bantam« in *Corto Maltese 1: Im Zeichen des Steinbocks*, Carlsen Verlag 1981 [dt. Fassung der Version von 1979]. Nachdruck vf., Carlsen Verlag 1990 [dt. Fassung der Version von 1990].

»Das Geheimnis des Tristan Bantam« in *Corto Maltese 2: Im Zeichen des Steinbocks*, Schreiber & Leser, 2015 [dt. Fassung der Version von 2015].

»Das Geheimnis des Tristan Bantam« in *Corto Maltese Klassik Edition 2: Im Zeichen des Steinbocks*, Schreiber & Leser, 2015 [dt. Fassung der Version von 2015 in s/w].

Rendez-vous à Bahia

20 Seiten s/w in *Pif Gadget* Nr. 59/1297 (10. April 1970).

Albumausgabe (frz.) in *Corto Maltese – Tome 1*, Éd. Publicness 1971. Nachdruck im Album *Sous le Signe du Capricorne*, Éd. Casterman 1979. Nachdruck vf. im Album *Corto Maltese: Suite Caraïbéenne*, Éd. Casterman 1990. Nachdruck vf. mit Zusatzseiten im Album *Corto Maltese 2: Sous le signe du Capricorne*, Éd. Casterman 2015.

Albumausgabe (ital.) unter dem Titel »Appuntamento a Bahia« in *Corto Maltese*, Arnoldo Mondadori editore 1972. Nachdruck in der

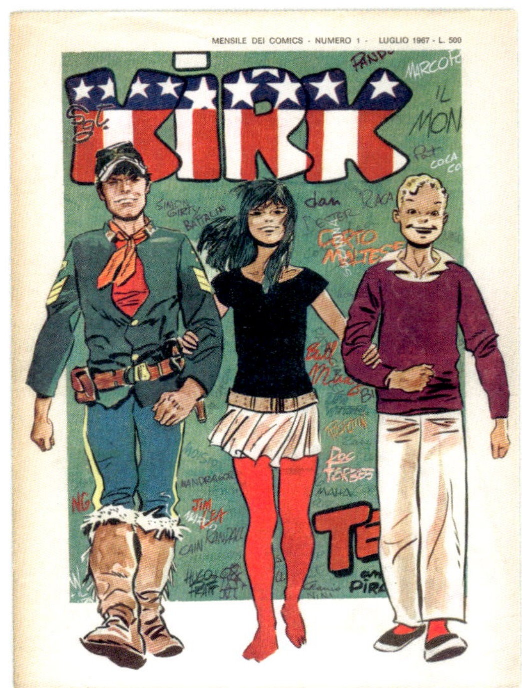

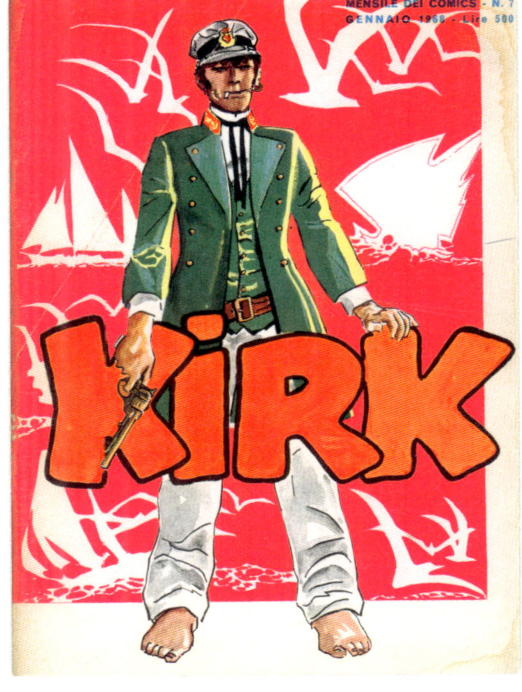

von Patrizia Zanotti kolorierten Version in *Corto Maltese* Nr. 2 (1983).
»Begegnung in Bahia« in *Corto Maltese 1: Im Zeichen des Steinbocks*, Carlsen Verlag 1981 [dt. Fassung der Version von 1979]. Nachdruck vf., Carlsen Verlag 1990 [dt. Fassung der Version von 1990].
»Begegnung in Bahia« in *Corto Maltese 2: Im Zeichen des Steinbocks*, Schreiber & Leser, 2015 [dt. Fassung der Version von 2015].
»Begegnung in Bahia« in *Corto Maltese Klassik Edition 2: Im Zeichen des Steinbocks*, Schreiber & Leser, 2015 [dt. Fassung der Version von 2015 in s/w].

Samba avec Tir Fixe

20 Seiten s/w in *Pif Gadget* Nr. 66/1304 (29. Mai 1970).
Albumausgabe (frz.) in *Corto Maltese – Tome 1*, Éd. Publicness 1971. Nachdruck im Album *Sous le Signe du Capricorne*, Éd. Casterman 1979. Nachdruck vf. im Album *Corto Maltese: Suite Caraïbéenne*, Éd. Casterman 1990. Nachdruck vf. mit Zusatzseiten im Album *Corto Maltese 2: Sous le signe du Capricorne*, Éd. Casterman 2015.
Albumausgabe (ital.) unter dem Titel »Samba con Tiro Fisso« in *Corto Maltese*, Arnoldo Mondadori editore 1972. Nachdruck in der von Patrizia Zanotti kolorierten Version in *Corto Maltese* Nr. 4 (1983).
»Die Abrechnung« in *Corto Maltese 1: Im Zeichen des Steinbocks*, Carlsen Verlag 1981 [dt. Fassung der Version von 1979]. Nachdruck vf., Carlsen Verlag 1990 [dt. Fassung der Version von 1990].
»Samba mit Hit Ace« in *Corto Maltese 2: Im Zeichen des Steinbocks*, Schreiber & Leser, 2015 [dt. Fassung der Version von 2015].
»Samba mit Hit Ace« in *Corto Maltese Klassik Edition 2: Im Zeichen des Steinbocks*, Schreiber & Leser, 2015 [dt. Fassung der Version von 2015 in s/w].

L'Aigle du Brésil

20 Seiten s/w in *Pif Gadget* Nr. 75/1313 (31. Juli 1970).
Albumausgabe (frz.) in *Corto Maltese – Tome 1*, Éd. Publicness 1971. Nachdruck im Album *Sous le Signe du Capricorne*, Éd. Casterman 1979. Nachdruck vf. im Album *Corto Maltese: Sous le Drapeau des Pirates*, Éd. Casterman 1991. Nachdruck vf. mit Zusatzseiten im Album *Corto Maltese 2: Sous le signe du Capricorne*, Éd. Casterman 2015.
Albumausgabe (ital.) unter dem Titel »Un'aquila nella giungla« in *Corto Maltese*, Arnoldo Mondadori editore 1972. Nachdruck in der von Patrizia Zanotti kolorierten Version in *Corto Maltese* Nr. 5 (1984).
»Der verlorene Schatz« in *Corto Maltese 1: Im Zeichen des Steinbocks*, Carlsen Verlag 1981 [dt. Fassung der Version von 1979]. Nachdruck vf., Carlsen Verlag 1990 [dt. Fassung der Version von 1990].
»Der brasilianische Adler« in *Corto Maltese – Unter der Piratenflagge*, Kult Editionen 2004 [dt. Fassung der Version von 1991].
»Reichsadler im Dschungel« in *Corto Maltese 2: Im Zeichen des Steinbocks*, Schreiber & Leser, 2015 [dt. Fassung der Version von 2015].
»Reichsadler im Dschungel« in *Corto Maltese Klassik Edition 2: Im Zeichen des Steinbocks*, Schreiber & Leser, 2015 [dt. Fassung der Version von 2015 in s/w].

...et nous reparlerons des gentilshommes de fortune

20 Seiten s/w in *Pif Gadget* Nr. 82/1320 (18. September 1970).
Albumausgabe (frz.) in *Corto Maltese – Tome 1*, Éd. Publicness 1971. Nachdruck im Album *Sous le Signe du Capricorne*, Éd. Casterman 1979. Nachdruck vf. im Album *Corto Maltese: Sous le Drapeau des Pirates*, Éd. Casterman 1991. Nachdruck vf. mit Zusatzseiten im Album *Corto Maltese 2: Sous le signe du Capricorne*, Éd. Casterman 2015.
Albumausgabe (ital.) unter dem Titel »...e riparleremo dei Gentiluomini di Fortuna« in *Corto Maltese*, Arnoldo Mondadori editore 1972. Nachdruck in der von Patrizia Zanotti kolorierten Version in *Corto Maltese* Nr. 6 (1984).
»Die Spur des Totenkopfes« in *Corto Maltese 1: Im Zeichen des Steinbocks*. Carlsen Verlag 1981 [dt. Fassung der Version von 1979]. Nachdruck vf. Carlsen Verlag 1990 [dt. Fassung der Version von 1990].
»Glücksritter« in *Corto Maltese – Unter der Piratenflagge*, Kult Editionen 2004 [dt. Fassung der Version von 1991].
»Die Spur des Totenkopfs« in *Corto Maltese*

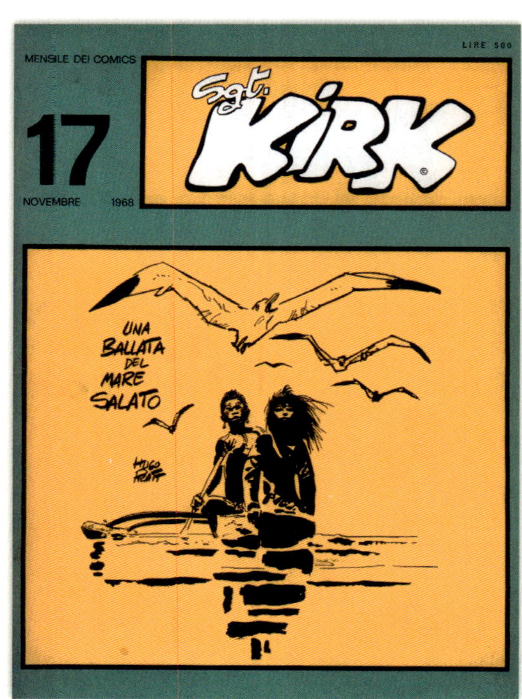

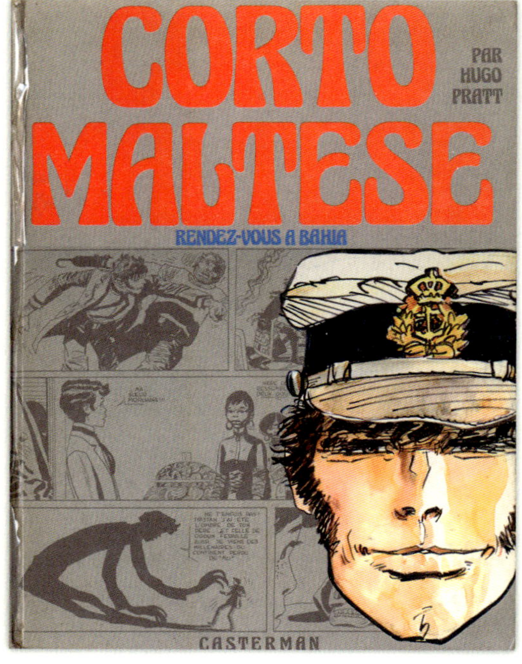

2: Im Zeichen des Steinbocks, Schreiber & Leser, 2015 [dt. Fassung der Version von 2015].
»Die Spur des Totenkopfs« in *Corto Maltese Klassik Edition 2: Im Zeichen des Steinbocks*, Schreiber & Leser, 2015 [dt. Fassung der Version von 2015 in s/w].

A Cause d'une mouette

20 Seiten s/w in *Pif Gadget* Nr. 89/1327 (6. November 1970).
Albumausgabe (frz.) in *Corto Maltese – Tome 1*, Éd. Publicness 1971. Nachdruck im Album *Sous le Signe du Capricorne*, Éd. Casterman 1979. Nachdruck vf. im Album *Corto Maltese: Sous le Drapeau des Pirates*, Éd. Casterman 1991. Nachdruck vf. mit Zusatzseiten im Album *Corto Maltese 2: Sous le signe du Capricorne*, Éd. Casterman 2015.
Albumausgabe (ital.) unter dem Titel »Per colpa di un gabbiano« in *Corto Maltese*, Arnoldo Mondadori editore 1972. Nachdruck in der von Patrizia Zanotti kolorierten Version in *Corto Maltese* Nr. 7 (1984).
»Was nur die Möwen wissen« in *Corto Maltese 1: Im Zeichen des Steinbocks*, Carlsen Verlag 1981 [dt. Fassung der Version von 1979]. Nachdruck vf., Carlsen Verlag 1990 [dt. Fassung der Version von 1990].
»Nur wegen einer Möwe« in *Corto Maltese – Unter der Piratenflagge*, Kult Editionen 2004 [dt. Fassung der Version von 1991].
»Was nur die Möwen wissen« in *Corto Maltese 2: Im Zeichen des Steinbocks*, Schreiber & Leser, 2015 [dt. Fassung der Version von 2015].
»Was nur die Möwen wissen« in *Corto Maltese Klassik Edition 2: Im Zeichen des Steinbocks*, Schreiber & Leser, 2015 [dt. Fassung der Version von 2015 in s/w].

Têtes de champignons

20 Seiten s/w in *Pif Gadget* Nr. 96/1334 (25. November 1970).
Albumausgabe (ital.) unter dem Titel »Teste e funghi« in *Corto Maltese*, Arnoldo Mondadori editore 1972. Nachdruck in der von Patrizia Zanotti kolorierten Version in *Corto Maltese* Nr. 8 (1984).
Albumausgabe (frz.) in *Corto Maltese – Tome 2*, Éd. Publicness 1974. Nachdruck im Album *Corto toujours un peu plus loin*, Éd. Casterman 1979. Nachdruck vf. mit Zusatzseiten im Album *Corto Maltese – Lointaines iles du Vent*, Éd. Casterman 2001. Nachdruck vf. mit Zusatzseiten im Album *Corto Maltese 3: Toujours un peu plus loin*, Éd. Casterman 2015.
»Pilzköpfe« in *Corto Maltese 2: Und immer ein Stück weiter...*, Carlsen Verlag 1982 [dt. Fassung der Version von 1979]. Nachdruck vf., Carlsen Verlag 1991 [dt. Fassung der Version von 1984].
»Pilze und Träume« in *Corto Maltese – Inseln unter dem Wind*, Kult Editionen 2003 [dt. Fassung der Version von 2001].
»Pilzköpfe« in *Corto Maltese 3: Und immer ein Stück weiter*, Schreiber & Leser, 2015 [dt. Fassung der Version von 2015].
»Pilzköpfe« in *Corto Maltese Klassik Edition 3: Und immer ein Stück weiter*, Schreiber & Leser, 2015 [dt. Fassung der Version von 2015 in s/w].

La Conga des bananes

20 Seiten s/w in *Pif Gadget* Nr. 103/1341 (12. Februar 1971).
Albumausgabe (ital.) unter dem Titel »La conga delle Banane« in *Corto Maltese*, Arnoldo Mondadori editore 1972. Nachdruck in der von Patrizia Zanotti kolorierten Version in *Corto Maltese* Nr. 9 (1984).
Albumausgabe (frz.) in *Corto Maltese – Tome 2*, Éd. Publicness 1974. Nachdruck im Album *Corto toujours un peu plus loin*, Éd. Casterman 1979. Nachdruck vf. mit Zusatzseiten im Album *Corto Maltese – Lointaines iles du Vent*, Éd. Casterman 2001. Nachdruck vf. mit Zusatzseiten im Album *Corto Maltese 3: Toujours un peu plus loin*, Éd. Casterman 2015.
»Der Tanz um die Bananen« in *Corto Maltese 2: Und immer ein Stück weiter...*, Carlsen Verlag 1982 [dt. Fassung der Version von 1979]. Nachdruck vf., Carlsen Verlag 1991 [dt. Fassung der Version von 1984].
»Ein Tanz um Bananen« in *Corto Maltese – Inseln unter dem Wind*, Kult Editionen 2003 [dt. Fassung der Version von 2001].
»Tanz um Bananen« in *Corto Maltese 3: Und immer ein Stück weiter*, Schreiber & Leser, 2015 [dt. Fassung der Version von 2015].
»Tanz um Bananen« in *Corto Maltese Klassik Edition 3: Und immer ein Stück weiter*, Schreiber & Leser, 2015 [dt. Fassung der Version von 2015 in s/w].

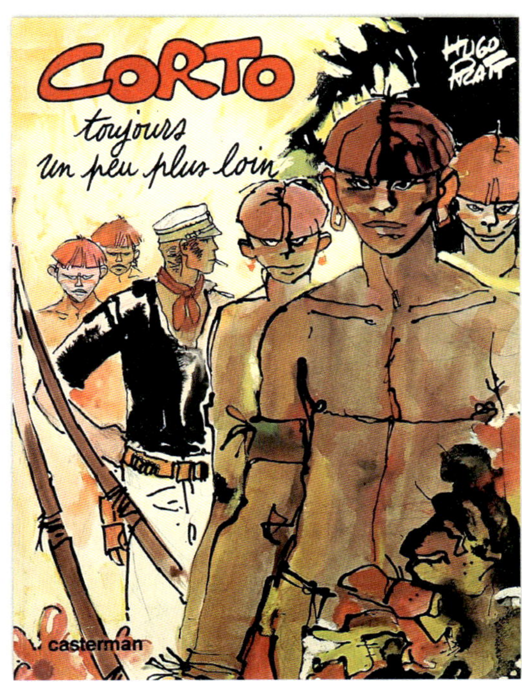

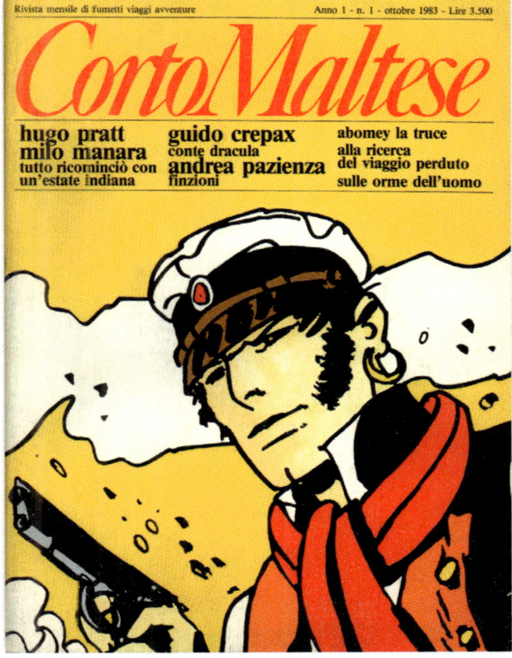

Une étrange affaire

20 Seiten s/w in *Pif Gadget* Nr. 108/1346 (18. März 1971).

Albumausgabe (ital.) unter dem Titel »Vudu per il presidente« in *Baci e Spari*, Arnoldo Mondadori editore 1973. Nachdruck in der von Patrizia Zanotti kolorierten Version in *Corto Maltese* Nr. 10 (1984).

Albumausgabe (frz.) unter dem Titel »Vaudou pour Monsieur le Président« in *Corto Maltese – Tome 2*, Éd. Publicness 1974. Nachdruck im Album *Corto toujours un peu plus loin*, Éd. Casterman 1979. Nachdruck vf. mit Zusatzseiten im Album *Corto Maltese – Lointaines îles du Vent*, Éd. Casterman 2001. Nachdruck vf. mit Zusatzseiten im Album *Corto Maltese 3: Toujours un peu plus loin*, Éd. Casterman 2015.

»Ein Zauber für den Präsidenten« in *Corto Maltese 2: Und immer ein Stück weiter...*, Carlsen Verlag 1982 [dt. Fassung der Version von 1979]. Nachdruck vf., Carlsen Verlag 1991 [dt. Fassung der Version von 1984].

»Voodoo für den Präsidenten« in *Corto Maltese – Inseln unter dem Wind*, Kult Editionen 2003 [dt. Fassung der Version von 2001].

»Voodoo für den Präsidenten« in *Corto Maltese 3: Und immer ein Stück weiter*, Schreiber & Leser, 2015 [dt. Fassung der Version von 2015].

»Voodoo für den Präsidenten« in *Corto Maltese Klassik Edition 3: Und immer ein Stück weiter*, Schreiber & Leser, 2015 [dt. Fassung der Version von 2015 in s/w].

La Lagune des beaux songes

20 Seiten s/w in *Pif Gadget* Nr. 117/1355 (20. Mai 1971).

Albumausgabe vf. im Grossformat in einer von Hugo Pratt kolorierten Fassung, italienische und französische Ausgabe, Éd. Publicness 1972. Nachdruck in *Corto Maltese – Tome 2*, Éd. Publicness 1974. Nachdruck im Album *Corto toujours un peu plus loin*, Éd. Casterman 1979. Nachdruck vf. mit Zusatzseiten im Album *Corto Maltese – La lagune des mystères*, Éd. Casterman 2002. Nachdruck vf. mit Zusatzseiten im Album *Corto Maltese 3: Toujours un peu plus loin*, Éd. Casterman 2015.

Albumausgabe (ital.) unter dem Titel »La laguna dei bei sogni« in *Baci e Spari*, Arnoldo Mondadori editore 1973. Nachdruck in der von Patrizia Zanotti kolorierten Version in *Corto Maltese* Nr. 13 (1984).

»Die Lagune der schönen Träume« in *Corto Maltese 2: Und immer ein Stück weiter...*, Carlsen Verlag 1982 [dt. Fassung der Version von 1979]. Nachdruck vf., Carlsen Verlag 1991 [dt. Fassung der Version von 1984].

»Die Lagune der schönen Träume« in *Corto Maltese – Die geheimnisvolle Lagune*, Kult Editionen 2004 [dt. Fassung der Version von 2002].

»Die Lagune der schönen Träume« in *Corto Maltese 3: Und immer ein Stück weiter*, Schreiber & Leser, 2015 [dt. Fassung der Version von 2015].

»Die Lagune der schönen Träume« in *Corto Maltese Klassik Edition 3: Und immer ein Stück weiter*, Schreiber & Leser, 2015 [dt. Fassung der Version von 2015 in s/w].

Fables et grands-pères

20 Seiten s/w in *Pif Gadget* Nr. 124/1362 (8. Juli 1971).

Albumausgabe (ital.) unter dem Titel »Nonni e Fiabe« in *Baci e Spari*, Arnoldo Mondadori editore 1973. Nachdruck in der von Patrizia Zanotti kolorierten Version in *Corto Maltese* Nr. 14 (1984).

Albumausgabe (frz.) in *Corto Maltese – Tome 2*, Éd. Publicness 1974. Nachdruck im Album *Corto toujours un peu plus loin*, Éd. Casterman 1979. Nachdruck vf. mit Zusatzseiten im Album *Corto Maltese – La lagune des mystères*, Éd. Casterman 2002. Nachdruck vf. mit Zusatzseiten im Album *Corto Maltese 3: Toujours un peu plus loin*, Éd. Casterman 2015.

»Fabeln und Großväter« in *Corto Maltese 2: Und immer ein Stück weiter...*, Carlsen Verlag 1982 [dt. Fassung der Version von 1979]. Nachdruck vf., Carlsen Verlag 1991 [dt. Fassung der Version von 1984].

»Fabeln und Großväter« in *Corto Maltese – Die geheimnisvolle Lagune*, Kult Editionen 2004 [dt. Fassung der Version von 2002].

»Fabeln und Großväter« in *Corto Maltese 3: Und immer ein Stück weiter*, Schreiber & Leser, 2015 [dt. Fassung d. Version von 2015].

»Fabeln und Großväter« in *Corto Maltese Klassik Edition 3: Und immer ein Stück weiter*, Schreiber & Leser, 2015 [dt. Fassung der Version von 2015 in s/w].

L'Ange à la fenêtre d'orient

20 Seiten s/w in *Pif Gadget* Nr. 135/1373 (23. September 1971).

Albumausgabe (ital.) unter dem Titel »L'angelo della finestra d'oriente« in *Baci e Spari*, Arnoldo Mondadori editore 1973. Nachdruck in der von Patrizia Zanotti kolorierten Version in *Corto Maltese* Nr. 15 (1984).

Albumausgabe vf. (frz.) in *L'Ange à la fenêtre d'orient*, Éd. Casterman 1975. Nachdruck s/w (frz.) im Album *Les Celtiques*, Éd. Casterman 1980. Nachdruck (frz.), neu koloriert, ummontiert und mit Zusatzseiten im Album *Les Celtiques*, Éd. Casterman 1981. Nachdruck vf. mit Zusatzseiten im Album *Corto Maltese – La lagune des mystères*, Éd. Casterman 2002. Nachdruck vf. mit Zusatzseiten im Album *Corto Maltese 4: Les Celtiques*, Éd. Casterman 2015.

»Der Engel am Ostfenster« in *Corto Maltese – Die Kelten*, Carlsen Verlag 1982 [dt. Fassung der Version von 1980].

»Der Engel am Ostfenster« in *Corto Maltese – Die geheimnisvolle Lagune*, Kult Editionen 2004 [dt. Fassung der Version von 2002].

»Der Engel am Ostfenster« in *Corto Maltese 4: Die Kelten*, Schreiber & Leser, 2016 [dt. Fassung der Version von 2015].

»Der Engel am Ostfenster« in *Corto Maltese Klassik Edition 4: Die Kelten*, Schreiber & Leser, 2016 [dt. Fassung der Version von 2015 in s/w].

Sous Le Drapeau de l'argent

20 Seiten s/w in *Pif Gadget* Nr. 143/1381 (18. November 1971).

Albumausgabe (ital.) unter dem Titel »Sotto la bandiera dell'oro« in *Baci e Spari*, Arnoldo Mondadori editore 1973. Nachdruck in der von Patrizia Zanotti kolorierten Version in *Corto Maltese* Nr. 16 (1985).

Albumausgabe (frz.) in *Les Celtiques*, Éd. Casterman 1980. Nachdruck (frz.), koloriert, ummontiert und mit Zusatzseiten im Album *Les Celtiques*, Éd. Casterman 1981. Nachdruck vf. mit Zusatzseiten im Album *Corto Maltese – La lagune des mystères*, Éd. Casterman 2002. Nachdruck vf. mit Zusatzseiten im Album *Corto Maltese 4: Les Celtiques*, Éd. Casterman 2015.

»Unter der Fahne des Geldes« in *Corto Maltese – Die Kelten*, Carlsen Verlag 1982 [dt. Fassung der Version von 1980].

»Unter der Flagge des Geldes« in *Corto Maltese – Die geheimnisvolle Lagune*, Kult Editionen 2004 [dt. Fassung der Version von 2002].

»Unter der goldenen Flagge« in *Corto Maltese 4: Die Kelten*, Schreiber & Leser, 2016 [dt. Fassung der Version von 2015].

»Unter der goldenen Flagge« in *Corto Maltese Klassik Edition 4: Die Kelten*, Schreiber & Leser, 2016 [dt. Fassung der Version von 2015 in s/w].

Concert en O-Mineur pour Harpe et Nitroglycérine

20 Seiten s/w in *Pif Gadget* Nr. 151/1389 (6. Januar 1972).

Albumausgabe (ital.) unter dem Titel »Concerto in ó minore per arpa e nitroglicerina« in *Baci e Spari*, Arnoldo Mondadori editore 1973. Nachdruck vf. (ital.) in *Le Celtiche*, Edizioni Bomiani 1980. Nachdruck in der von Patrizia Zanotti kolorierten Version in *Corto Maltese* Nr. 17 (1985).

Albumausgabe (frz.) in *Les Celtiques*, Éd. Casterman 1980. Nachdruck (frz.), koloriert, ummontiert und mit Zusatzseiten im Album *Les Celtiques*, Éd. Casterman 1981. Nachdruck vf. mit Zusatzseiten im Album *Corto Maltese – Les Celtiques*, Éd. Casterman 2003. Nachdruck vf. mit Zusatzseiten im Album *Corto Maltese 4: Les Celtiques*, Éd. Casterman 2015.

»Konzert in O-Moll für Harfe und Nitroglyzerin« in *Corto Maltese – Die Kelten*, Carlsen Verlag 1982 [dt. Fassung der Version von 1980].

»Konzert in o-moll für Harfe und Nitroglyzerin« in *Corto Maltese – Die Kelten*, Kult Editionen 2003 [dt. Fassung der Version von 2003].

»Konzert für Harfe und Nitroglyzerin in O-Moll « in *Corto Maltese 4: Die Kelten*, Schreiber & Leser, 2016 [dt. Fassung der Version von 2015].

»Konzert für Harfe und Nitroglyzerin in O-Moll « in *Corto Maltese Klassik Edition 4: Die Kelten*, Schreiber & Leser, 2016 [dt. Fassung der Version von 2015 in s/w].

Songe d'un matin d'hiver

20 Seiten s/w in *Pif Gadget* Nr. 161/1399 (23. März 1972).
Albumausgabe (ital.) unter dem Titel »Sogno di un mattino di mezzo inverno« in *Sogno di un mattino di mezzo inverno*, Arnoldo Mondadori editore 1974. Nachdruck vf. (ital.) in *Le Celtiche*, Edizioni Bomiani 1980. Nachdruck in der von Patrizia Zanotti kolorierten Version in *Corto Maltese* Nr. 18 (1985).
Albumausgabe (frz.) in *Les Celtiques*, Éd. Casterman 1980. Nachdruck (frz.), koloriert, ummontiert und mit Zusatzseiten im Album *Les Celtiques*, Éd. Casterman 1981. Nachdruck vf. mit Zusatzseiten im Album *Corto Maltese – Les Celtiques*, Éd. Casterman 2003. Nachdruck vf. mit Zusatzseiten im Album *Corto Maltese 4: Les Celtiques*, Éd. Casterman 2015.
»Ein Wintermorgenstraum« in *Corto Maltese – Die Kelten*, Carlsen Verlag 1982 [dt. Fassung der Version von 1980].
»Ein Wintermorgentraum« in *Corto Maltese – Die Kelten*, Kult Editionen 2003 [dt. Fassung der Version von 2003].
»Ein Wintermorgentraum« in *Corto Maltese 4: Die Kelten*, Schreiber & Leser, 2016 [dt. Fassung der Version von 2015].
»Ein Wintermorgentraum« in *Corto Maltese Klassik Edition 4: Die Kelten*, Schreiber & Leser, 2016 [dt. Fassung der Version von 2015 in s/w].

Côtes de nuits et roses de Picardie

20 Seiten s/w in *Pif Gadget* Nr. 172/1410 (8. Juni 1972).
Albumausgabe (ital.) unter dem Titel »Cote de Nuit e rose di Piccardia« in *Sogno di un mattino di mezzo inverno*, Arnoldo Mondadori editore 1974. Nachdruck vf. (ital.) in *Le Celtiche*, Edizioni Bomiani 1980. Nachdruck in der von Patrizia Zanotti kolorierten Version in *Corto Maltese* Nr. 19 (1985).
Albumausgabe (frz.) in *Les Celtiques*, Éd. Casterman 1980. Nachdruck (frz.), koloriert, ummontiert und mit Zusatzseiten im Album *Les Celtiques*, Éd. Casterman 1981. Nachdruck vf. mit Zusatzseiten im Album *Corto Maltese – Les Celtiques*, Éd. Casterman 2003. Nachdruck vf. mit Zusatzseiten im Album *Corto Maltese 4: Les Celtiques*, Éd. Casterman 2015.
»Côtes de Nuits und Rosen aus der Picardie« in *Corto Maltese – Die Kelten*, Carlsen Verlag 1982 [dt. Fassung der Version von 1980].
»Côtes de Nuits und Rosen aus der Picardie« in *Corto Maltese – Die Kelten*, Kult Editionen 2003 [dt. Fassung der Version von 2003].
»Côtes de Nuits und Rosen aus der Picardie« in *Corto Maltese 4: Die Kelten*, Schreiber & Leser, 2016 [dt. Fassung der Version von 2015].
»Côtes de Nuits und Rosen aus der Picardie« in *Corto Maltese Klassik Edition 4: Die Kelten*, Schreiber & Leser, 2016 [dt. Fassung der Version von 2015 in s/w].

Burlesque entre Zuydcoote et Bray-Dunes

20 Seiten s/w in *Pif Gadget* Nr. 179/1417 (27. Juli 1972).
Albumausgabe (ital.) unter dem Titel »Burlesca e no tra Zuydcoote e Bray Dunes« in *Sogno di un mattino di mezzo inverno*, Arnoldo Mondadori editore 1974. Nachdruck vf. (ital.) in *Le Celtiche*, Edizioni Bomiani 1980. Nachdruck in der um eine Seite erweiterten und von Patrizia Zanotti kolorierten Fassung in *Corto Maltese* Nr. 20 (1985).
Albumausgabe (frz.) in *Les Celtiques*, Éd. Casterman 1980. Nachdruck (frz.), koloriert, ummontiert und mit Zusatzseiten im Album *Les Celtiques*, Éd. Casterman 1981. Nachdruck vf. mit Zusatzseiten im Album *Corto Maltese – Les Celtiques*, Éd. Casterman 2003. Nachdruck vf. mit Zusatzseiten im Album *Corto Maltese 4: Les Celtiques*, Éd. Casterman 2015.
»Burleske zwischen Zuydcoote und Bay-Dunes« in *Corto Maltese – Die Kelten*, Carlsen Verlag 1982 [dt. Fassung d. Version v. 1980].
»Burleske zwischen Zuydcoote und Bay-Dunes« in *Corto Maltese – Die Kelten*, Kult Editionen 2003 [dt. Fassung d. Version v. 2003].
»Burleske zwischen Zuydcoote und Bay-Dunes« in *Corto Maltese 4: Die Kelten*, Schreiber & Leser, 2016 [dt. Fassung d. Version v. 2015].
»Burleske zwischen Zuydcoote und Bay-Dunes« in *Corto Maltese Klassik Edition 4: Die Kelten*, Schreiber & Leser, 2016 [dt. Fassung der Version von 2015 in s/w].

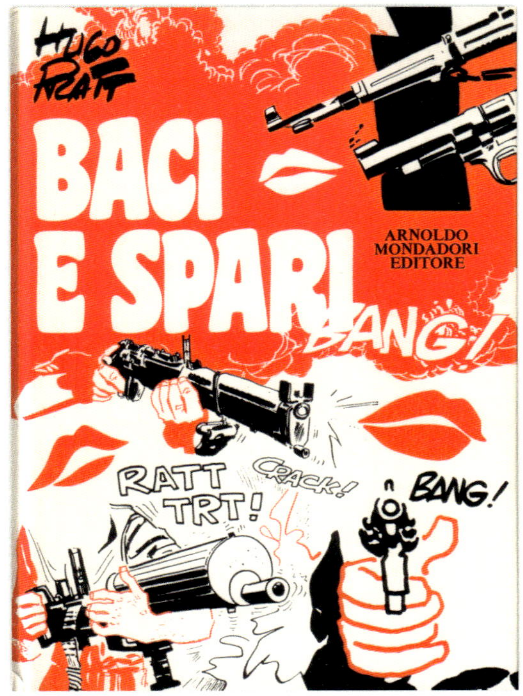

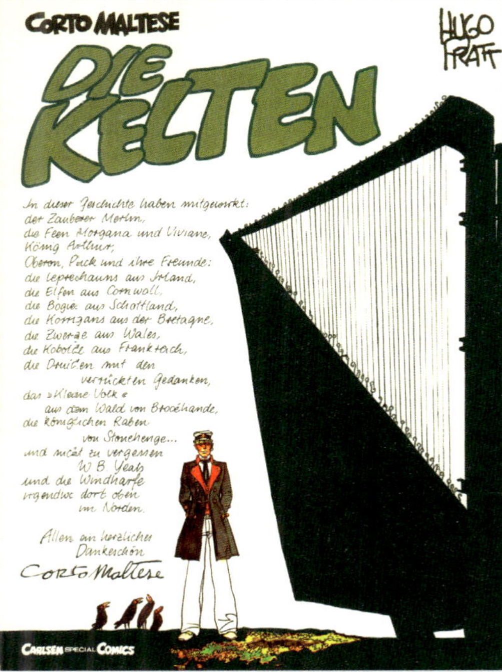

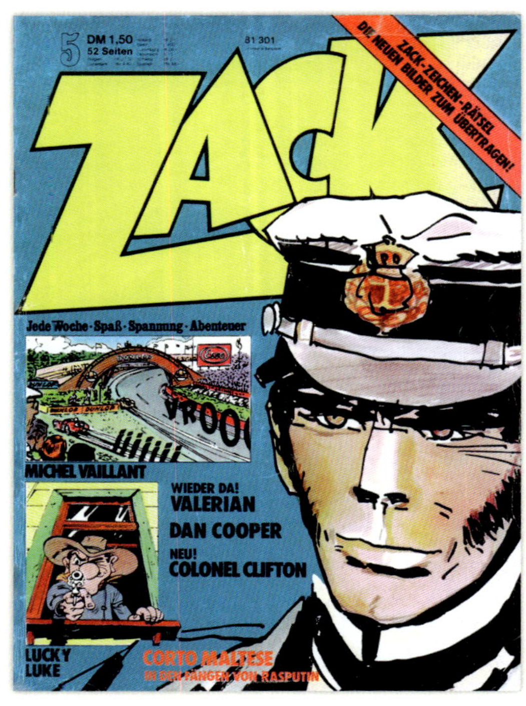
5
DM 1,50
52 Seiten
81 301
ZACK
ZACK · ZEICHEN · RÄTSEL
DIE NEUEN BILDER ZUM ÜBERTRAGEN!
Jede Woche · Spaß · Spannung · Abenteuer
MICHEL VAILLANT
WIEDER DA!
VALERIAN
DAN COOPER
NEU!
COLONEL CLIFTON
LUCKY LUKE
CORTO MALTESE
IN DEN FÄNGEN VON RASPUTIN

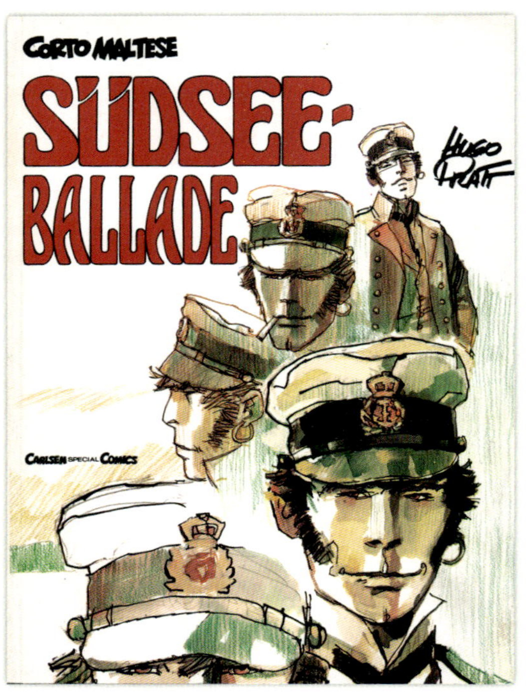
CORTO MALTESE
SÜDSEE-BALLADE
HUGO PRATT
CARLSEN SPECIAL COMICS

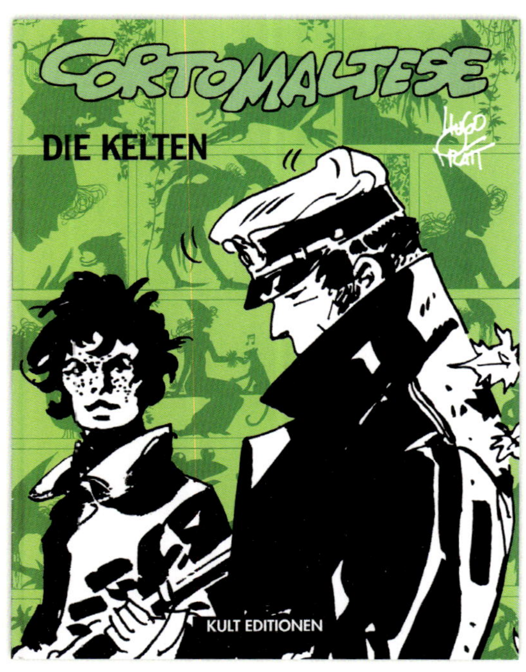
CORTO MALTESE
DIE KELTEN
HUGO PRATT
KULT EDITIONEN

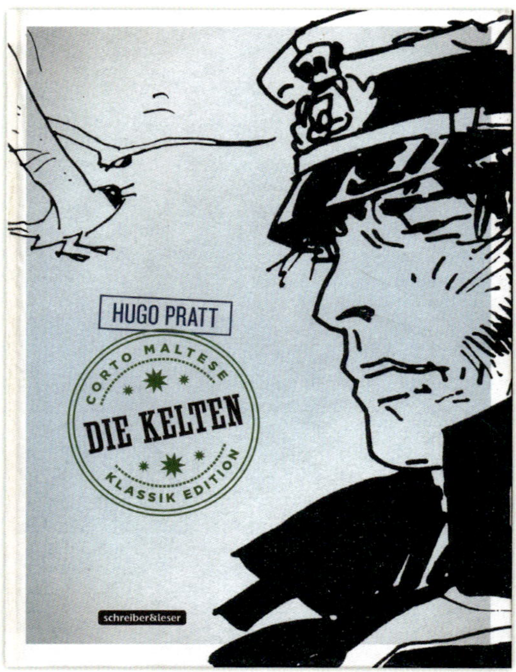
HUGO PRATT
CORTO MALTESE
DIE KELTEN
KLASSIK EDITION
schreiber&leser

Au Nom d'Allah le miséricordieux

20 Seiten s/w in *Pif Gadget* Nr. 183/1421 (31. August 1972).
Albumausgabe (ital.) unter dem Titel »Nel nome di Allah misericordioso e compassionevole« in *Sogno di un mattino di mezzo inverno*, Arnoldo Mondadori editore 1974. Nachdruck vf. (ital.) in *Le Etiopiche*, Edizioni Bomiani 1979. Nachdruck in der von Patrizia Zanotti kolorierten Fassung in *Corto Maltese* Nr. 32 (1986).
Albumausgabe (frz.) in *Les Éthiopiques*, Éd. Casterman 1978. Nachdruck (frz.), koloriert, ummontiert und mit Zusatzseiten im Album *Les Éthiopiques*, Éd. Casterman 1980. Nachdruck vf. mit Zusatzseiten im Album *Corto Maltese – Les Éthiopiques*, Éd. Casterman 2006. Nachdruck vf. mit Zusatzseiten im Album *Corto Maltese 5: Les Éthiopiques*, Éd. Casterman 2015.
»Im Namen Allahs des Barmherzigen« in *Corto Maltese 3: Die Äthiopier*, Carlsen Verlag 1982 [dt.Veröffentlichung der frz. Version von 1978].
»Im Namen Allahs des Barmherzigen« in *Corto Maltese – Die Äthiopier*, Kult Editionen 2006 [dt. Fassung der Version von 2006].
»Im Namen Allahs des Barmherzigen« in *Corto Maltese 5: Die Äthiopier*, Schreiber & Leser, 2016 [dt. Fassung der Version von 2015].
»Im Namen Allahs des Barmherzigen« in *Corto Maltese Klassik Edition 5: Die Äthiopier*, Schreiber & Leser, 2016 [dt. Fassung der Version von 2015 in s/w].

Le Coup de grâce

20 Seiten s/w in *Pif Gadget* Nr. 194/1432 (16. November 1972).
Albumausgabe (ital.) unter dem Titel »L'ultimo colpo« in *Sogno di un mattino di mezzo inverno*, Arnoldo Mondadori editore 1974. Nachdruck vf. (ital.) in *Le Etiopiche*, Edizioni Bomiani 1979. Nachdruck in der von Patrizia Zanotti kolorierten Fassung in *Corto Maltese* Nr. 33 (1986).
Albumausgabe (frz.) in *Les Éthiopiques*, Éd. Casterman 1978. Nachdruck (frz.), koloriert, ummontiert und mit Zusatzseiten im Album *Les Éthiopiques*, Éd. Casterman 1980. Nachdruck vf. mit Zusatzseiten im Album *Corto Maltese – Les Éthiopiques*, Éd. Casterman 2006. Nachdruck vf. mit Zusatzseiten im Album *Corto Maltese 5: Les Éthiopiques*, Éd. Casterman 2015.
»Der Gnadenschuß« in *Corto Maltese 3: Die Äthiopier*, Carlsen Verlag 1982 [dt.Veröffentlichung der frz. Version von 1978].
»Der Gnadenschuss« in *Corto Maltese – Die Äthiopier*, Kult Editionen 2006 [dt. Fassung der Version von 2006].
»Der Gnadenschuss« in *Corto Maltese 5: Die Äthiopier*, Schreiber & Leser, 2016 [dt. Fassung der Version von 2015].
»Der Gnadenschuss« in *Corto Maltese Klassik Edition 5: Die Äthiopier*, Schreiber & Leser, 2016 [dt. Fassung der Version von 2015 in s/w].

Un oroscopo per Corto Maltese

Zeichnungen für den Kalender *Conegliano Veneto*, Quadragono 1972. Nachdruck (frz.) in *Corto Maltese Memoires*, Casterman 1988.
»Cortos astrale Leitmotive von Morgana und Golden-Rose-Mouth« in *Corto Maltese – Aus dem Leben eines Abenteurers*, Carlsen Studio 1992.

Et d'autres Romeos et d'autres Juliettes

20 Seiten s/w in *Pif Gadget* Nr. 204/1442 (22. Januar 1973).
Albumausgabe (ital.) unter dem Titel »E di altri Romei e di altre Giuliette« in *Sogno di un mattino di mezzo inverno*, Arnoldo Mondadori editore 1974. Nachdruck vf. (ital.) in *Le Etiopiche*, Edizioni Bomiani 1979. Nachdruck in der von Patrizia Zanotti kolorierten Fassung in *Corto Maltese* Nr. 34 (1986).
Albumausgabe (frz.) in *Les Éthiopiques*, Éd. Casterman 1978. Nachdruck (frz.), koloriert, ummontiert und mit Zusatzseiten im Album *Les Éthiopiques*, Éd. Casterman 1980. Nachdruck vf. mit Zusatzseiten im Album *Corto Maltese – Les Éthiopiques*, Éd. Casterman 2006. Nachdruck vf. mit Zusatzseiten im Album *Corto Maltese 5: Les Éthiopiques*, Éd. Casterman 2015.
»Wie Romeo und Julia« in *Corto Maltese 3: Die Äthiopier*, Carlsen Verlag 1982 [dt.Veröffentlichung der frz. Version von 1978].
»Wie Romeo und Julia« in *Corto Maltese – Die Äthiopier*, Kult Editionen 2006 [dt. Fassung der Version von 2006].
»Wie Romeo und Julia« in *Corto Maltese 5: Die Äthiopier*, Schreiber & Leser, 2016 [dt. Fassung der Version von 2015].
»Wie Romeo und Julia« in *Corto Maltese Klassik Edition 5: Die Äthiopier*, Schreiber & Leser, 2016 [dt. Fassung der Version von 2015 in s/w].

Les Hommes-Léopards du Rufiji

20 Seiten s/w in *Pif Gadget* Nr. 217/1455 (25. April 1973).
Albumausgabe (ital.) unter dem Titel »Leopardi« in *Sogno di un mattino di mezzo inverno*, Arnoldo Mondadori editore 1974. Nachdruck vf. (ital.) in *Le Etiopiche*, Edizioni Bomiani 1979. Nachdruck in der von Patrizia Zanotti kolorierten Fassung in *Corto Maltese* Nr. 35 (1986).
Albumausgabe (frz.) in *Les Éthiopiques*, Éd. Casterman 1978. Nachdruck (frz.), koloriert, ummontiert und mit Zusatzseiten im Album *Les Éthiopiques*, Éd. Casterman 1980. Nachdruck vf. mit Zusatzseiten im Album *Corto Maltese – Les Éthiopiques*, Éd. Casterman 2006. Nachdruck vf. mit Zusatzseiten im Album *Corto Maltese 5: Les Éthiopiques*, Éd. Casterman 2015.
»Die Leoparden-Menschen des Rufidschi« in *Corto Maltese 3: Die Äthiopier*, Carlsen Verlag 1982 [dt.Veröffentlichung der frz. Version von 1978].
»Die Leopardenmenschen vom Rufidschi« in *Corto Maltese – Die Äthiopier*, Kult Editionen 2006 [dt. Fassung der Version von 2006].
Die Leopardenmenschen vom Rufidschi, Gratis Comic Tag 2016 [dt. Fassung der Version von 2015].
»Die Leopardenmenschen vom Rufidschi« in *Corto Maltese 5: Die Äthiopier*, Schreiber & Leser, 2016 [dt. Fassung der Version von 2015].
»Die Leopardenmenschen vom Rufidschi« in *Corto Maltese Klassik Edition 5: Die Äthiopier*, Schreiber & Leser, 2016 [dt. Fassung der Version von 2015 in s/w].

Corte sconta detta arcana

Assistenz bei den Zeichnungen: Guido Fuga
98,5 Seiten (ital.) s/w in *Linus* Nr. 1, Nr. 3 bis Nr. 12 (1974) sowie Nr. 2 bis Nr. 5 (1975), Nr. 1, Nr. 7 und Nr. 11 (1976) und Nr. 1 bis Nr. 7 (1977).
Albumausgabe (ital.) im großen Querformat in einer von Hugo Pratt kolorierten Fassung, lim. 5.000 Expl., Milano Libri Edizioni 1977. Albumausgabe s/w, um einige Aquarelle erweitert, Edizioni Mondadori 1980. Nachdruck vf. in einer um einige Aquarelle erweiterten Ausgabe, Rizzoli/Milano Libri 1989.
Nachdruck (frz.) s/w in *(A Suivre)* Nr. 1 bis Nr. 8 (1978). Albumausgabe s/w (frz.) in *Corto Maltese en Sibérie*, Éd. Casterman 1979. Nachdruck, koloriert, ummontiert und mit Zusatzseiten im Album *Corto Maltese en Sibérie*, Éd. Casterman 1982. Nachdruck vf. mit Zusatzseiten im Album *Corto Maltese en Sibérie*, Éd. Casterman 2000. Nachdruck vf. mit Zusatzseiten im Album *Corto Maltese 6: En Sibérie*, Éd. Casterman 2015.
Corto Maltese in Sibirien, Carlsen Verlag 1984 [dt. Fassung der frz. Version von 1979].
Corto Maltese in Sibirien, Kult Editionen 2000 [dt. Fassung der Version von 2000].
Corto Maltese 6: In Sibirien, Schreiber & Leser, 2017 [dt. Fassung der Version von 2015].
Corto Maltese Klassik Edition 6: In Sibirien, Schreiber & Leser, 2017 [dt. Fassung der Version von 2015 in s/w].

Favola di Venezia

Assistenz bei den Zeichnungen: Guido Fuga
51 Seiten vf. in der von Mariolina Pasqualini kolorierten Version in *L'Europeo* Nr. 21/22 (3. Juni 1977) bis Nr. 51 (23. Dezember 1977).
Albumausgabe (ital.) unter dem Titel *Corto Maltese – Sirat al-Bunduqiyyah* im großen Querformat, lim. 6.000 Expl., Milano Libri Edizioni 1979. Nachdruck, neu koloriert, ummontiert und mit Zusatzseiten im Album *Favola di Venezia (Sirat al Bunduqiyyah)*, Milano Libri Edizioni 1984.
Nachdruck (frz.) s/w in *(A Suivre)* Nr. 12 bis Nr. 15 (1979). Albumausgabe s/w (frz.) in *Fable de Venise*, Éd. Casterman 1981.

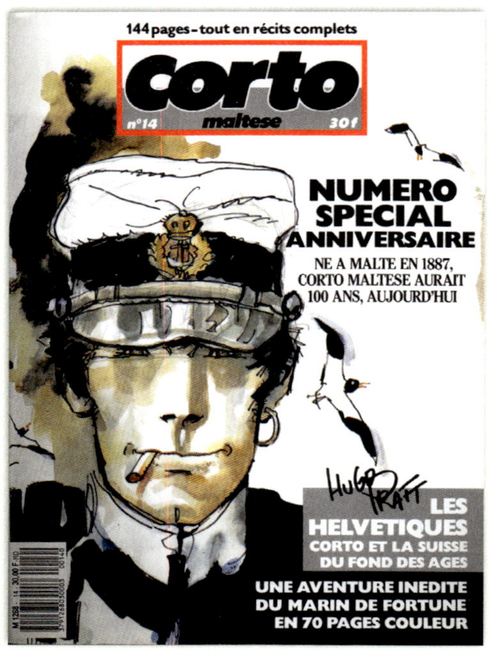

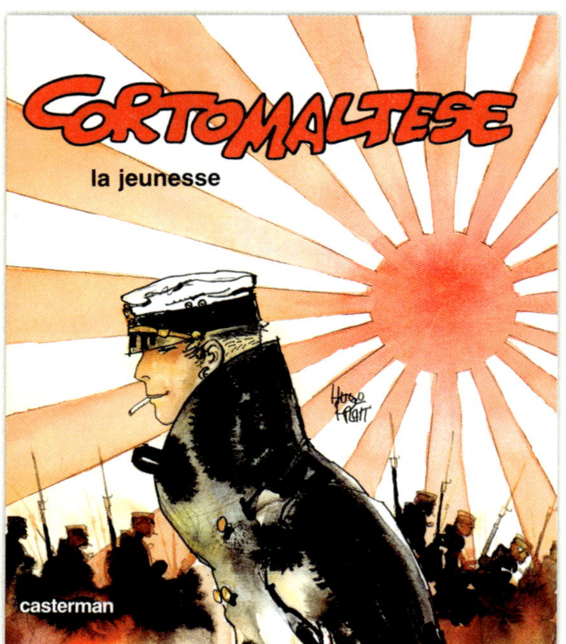

Nachdruck, koloriert, ummontiert und mit Zusatzseiten im gleichnamigen Album, Éd. Casterman 1984. Nachdruck, ummontiert auf 93 Seiten und mit Zusatzseiten im gleichnamigen Album, Éd. Casterman 1998. Nachdruck vf. mit Zusatzseiten im Album *Corto Maltese 7: Fable de Venise*, Éd. Casterman 2015.

Corto Maltese – Venezianische Legende, Carlsen Verlag 1985 [dt. Fassung der frz. Version von 1981]. Nachdruck vf. und auf 98 Seiten ummontiert, Carlsen Verlag 1998 [dt. Fassung der Version von 1998].

Corto Maltese – Venezianische Legende, Kult Editionen 2010 [dt. Fassung der Version von 1998].

Corto Maltese 7: Venezianische Legende, Schreiber & Leser, 2017 [dt. Fassung der Version von 2015].

Corto Maltese Klassik Edition 7: Venezianische Legende, Schreiber & Leser, 2017 [dt. Fassung der Version von 1981].

La Maison dorée de Samarkand

Assistenz bei den Zeichnungen: Guido Fuga

44 Seiten (frz.) s/w in *(A Suivre)* Nr. 31/32 (August/September 1980) bis Nr. 37 (Februar 1981) und in *Linus* (ital.) Nr. 9 (1980) bis Nr. 2 (1981); unvollendet abgebrochen. Nachdruck (ummontiert auf 22 Seiten) und Fortsetzung auf insgesamt 139 Seiten vf. (Seite 1) und s/w in *Corto Maltese* (ital.) Nr. 1 (Oktober 1983) bis Nr. 19 (April 1985). Nachdruck (frz.) in *Corto Maltese* Nr. 1 (Oktober 1985) bis Nr. 10 (Juli 1986). Albumausgabe (frz.) in *La Maison dorée de Samarkand*, Éd. Casterman 1986. Nachdruck vf., um eine 58-seitige Dokumentation ergänzt, Éd. Casterman 1992. Nachdruck vf. mit Zusatzseiten im Album *Corto Maltese 8: La Maison dorée de Samarkand*, Éd. Casterman 2015.

Albumausgabe s/w (ital.) unter dem Titel *La casa dorata di Samarcanda*, um einige Aquarelle erweitert, Rizzoli-Milano Libri 1987.

Corto Maltese – Das goldene Haus von Samarkand, Carlsen Verlag 1987 [dt. Fassung der Version von 1986]. Nachdruck vf., Carlsen Verlag 1993 [dt. Fassung der Version von 1992].

Corto Maltese 8: Das goldene Haus von Samarkand, Schreiber & Leser, 2018 [dt. Fassung der Version von 2015].

Corto Maltese Klassik Edition 8: Das goldene Haus von Samarkand, Schreiber & Leser, 2018 [dt. Fassung der Version von 2015 in s/w].

Blagues à Tabac / Lune

1 Seite vf. in *(A Suivre)* Nr. 34 (November 1980). Nachdruck unter dem Titel »Lune«, ummontiert auf 5 kleinformatige Seiten, in *Hugo Pratt*, Edizioni del Grifo 1980 (herausgegeben von Vincenzo Mollica und Mauro Paganelli).

La Jeunesse de Corto Maltese

Assistenz bei den Zeichnungen: Guido Fuga

132 Streifen s/w in *Le Matin de Paris*, täglich vom 5. August 1981 bis 1. Januar 1982. Nachdruck auf 33 Seiten vf. in *(A Suivre)* Nr. 51 bis Nr. 53 (April-Juni 1982). Albumausgabe vf. (frz.), ergänzt um einige Illustrationen in *Corto Maltese – La Jeunesse 1904–1905*, Éd. Casterman 1983. Nachdruck vf., gekürzt um eine halbe Seite und ummontiert auf 65 Seiten mit Zusatzseiten und Aquarellen, Éd. Casterman 1985. Nachdruck vf. mit Zusatzseiten und ergänzt um eine 4,5 Seiten lange unvollendete Fortsetzung im Album *Corto Maltese 9: La jeunesse*, Éd. Casterman 2015.

Albumausgabe vf. (ital.), gekürzt um eine halbe Seite und ummontiert auf 65 Seiten mit Zusatzseiten und Aquarellen unter dem Titel *La Giovinezza*, Milano Libri Edizioni 1985. Nachdruck vf. (ital.), ergänzt um eine 4,5 Seiten lange Fortsetzung, unvollendet, in *La giovinezza e altri racconti*, Gruppo Editoriale L'Espresso, 2006.

»Corto Malteses Jugend« in *Bluebox 1: Magazin zur populären Kultur*, Ullstein-Verlag, April 1987 [dt. Fassung der Version von 1981/82].

Corto Maltese – Abenteuer einer Jugend, Carlsen Verlag 1988 [dt. Fassung der Version von 1983].

Corto Maltese 9: Abenteuer einer Jugend, Schreiber & Leser, 2018 [dt. Fassung der Version von 2015].

Corto Maltese Klassik Edition 9: Abenteuer einer Jugend, Schreiber & Leser, 2018 [dt. Fassung der Version von 2015 in s/w].

Sogno di una Biennale di fine estate

Szenario: Alberto Ongaro
13 Seiten s/w in *La Repubblica* vom 28. August 1982 bis zum 10. September 1982; zwei Schwarz-Weiß-Strips täglich. Nachdruck (frz.) in *(A Suivre)* Nr. 153 (Oktober 1990) unter dem Titel »La conjuration du craniche d´or«, ummontiert auf 6,5 Seiten.

Tango… Y todo a media luz

Assistenz bei den Zeichnungen: Guido Fuga
53 Seiten s/w in *Corto Maltese* (ital.) Nr. 21 (Juni 1985) bis Nr. 28 (Januar 1986) und Nr. 30 (März 1986) bis Nr. 32 (Mai 1986). Nachdruck (frz.), ummontiert auf 71 Seiten s/w im quadratischen Format und 1 Seite vf. in *Corto Maltese* (frz.) Nr. 11 (November 1986).

Albumausgabe (frz.) mit 53 Seiten s/w in *Tango*, Éd. Casterman 1987. Nachdruck (frz.) vf., ummontiert auf 104 Seiten und um eine Dokumentation ergänzt, Éd. Casterman 1998. Nachdruck vf. mit Zusatzseiten im Album *Corto Maltese 10: Tango*, Éd. Casterman 2015.

Albumausgabe (ital.) s/w unter dem Titel *Tango… y todo a media luz*, um einige Aquarelle und eine Einleitung erweitert, Rizzoli-Milano Libri 1988.

Corto Maltese – Argentinischer Tango, Carlsen Verlag 1988 [dt. Fassung der Version von 1987].

Corto Maltese – Tango, Kult Editionen 2006 [dt. Fassung der Version von 1998].

Corto Maltese 10: Tango, Schreiber & Leser, 2019 [angekündigt] [dt. Fassung der Version von 2015].

Corto Maltese Klassik Edition 10: Tango, Schreiber & Leser, 2019 [angekündigt] [dt. Fassung der Version von 2015 in s/w].

Rosa alchemica

Assistenz bei den Zeichnungen: Guido Fuga
70 Seiten vf. in *Corto Maltese* (ital.) Nr. 42 (März 1987) bis Nr. 47 (August 1987). Nachdruck vf. in *Corto Maltese* (frz.) Nr. 14 (September 1987).

Albumausgabe (frz.) um eine Dokumentation ergänzt in *Les Helvétiques*, Éd. Casterman 1988; es existiert eine auf 800 Exemplare limitierte und signierte Luxusausgabe. Nachdruck vf. mit Zusatzseiten im Album *Corto Maltese 11: Les Helvétiques*, Éd. Casterman 2015.

Albumausgabe (ital.) s/w in *Elvetiche - Rosa alchemica*, Ed. Rizzoli-Milano Libri 1989.

Corto Maltese 11: Die Schweizer, Carlsen Verlag 1991 [dt. Fassung der Version von 1988].

Mû

Assistenz bei den Zeichnungen: Guido Fuga
48 Seiten vf. in *Corto Maltese* (ital.) Nr. 63 (Dezember 1988) bis Nr. 69 (Juni 1989). Fortsetzung von 120 Seiten vf. in *Corto Maltese* (ital.) Nr. 88 (1990) bis Nr. 99 (1991).

Albumausgabe (frz.) s/w mit 168 Comicseiten in *Mû*, Éd. Casterman 1992. Nachdruck in der von Patrizia Zanotti kolorierten Version, ergänzt um eine 96-seitige Einleitung, Éd. Casterman 1992. Nachdruck vf. mit Zusatzseiten im Album *Corto Maltese 12: Mu la cité perdue*, Éd. Casterman 2015.

Corto Maltese 12: Das Reich Mu, Carlsen Verlag 1993 [dt. Veröffentlichung der kolorierten Version von 1992].

Corto Maltese – Das Reich Mu, Kult Editionen 2008 [dt. Fassung der kolorierten Version von 1992].

Premiere rencontre aventureuse

13 Kalenderblätter vf. mit dem Entwurf einer Geschichte in *Corto 1996*, Éd. Casterman 1995.

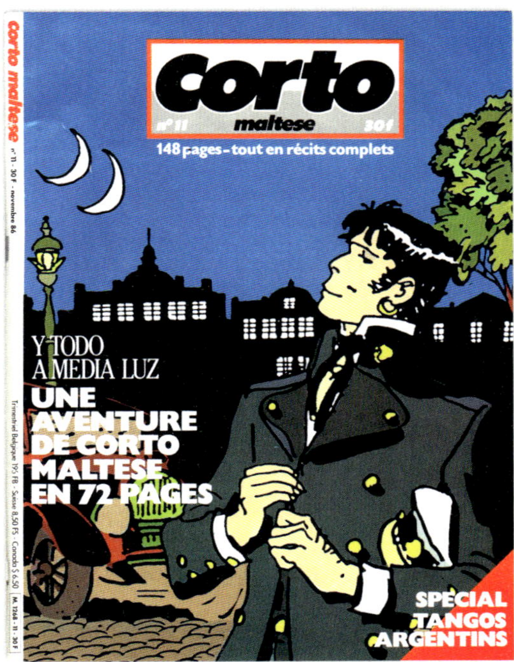

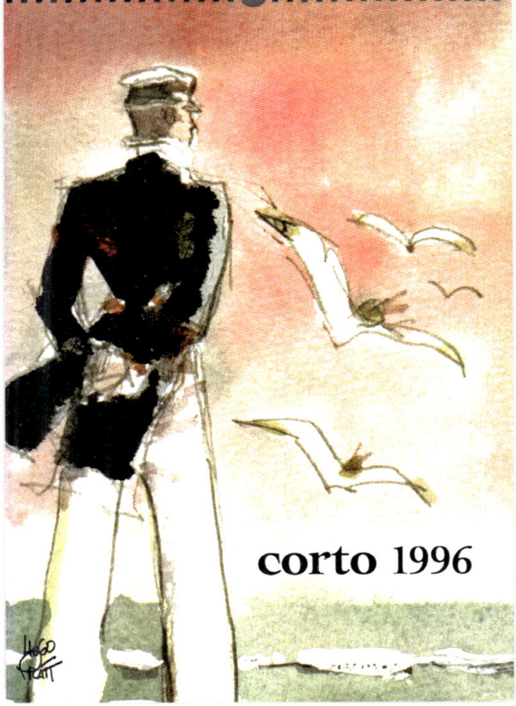

Il ragazzo rapito

Szenario: Mungo Graham Alcesti, nach Robert Louis Stevensons Kidnapped!

36 Seiten drei- und vierfarbig in *Corriere dei Piccoli* Nr. 29 (16. Juli 1967) bis Nr. 40 (1. Oktober 1967). Albumausgabe (frz.) unter dem Titel »David Balfour«, in der von Anne Frognier kolorierten Fassung in *L'Ile au trésor*, Éd. Humanoïdes Associés 1980. Nachdruck (frz.), auf 59 querformatige Seiten ummontiert in der Albumausgabe *L'ile au trésor - Enlevé*, Éd. Casterman 2010. Nachdruck (ital.), auf 59 querformatige Seiten ummontiert in der Albumausgabe *L'Isola del Tesoro - Il ragazzo rapito*, Ed. Rizzoli Lizard 2010.

Le avventure di Fanfulla

Szenario: Mino Milani alias »Piero Selva«

45 Seiten s/w, drei- und vierfarbig in *Corriere dei Piccoli* Nr. 41 (8. Oktober 1967) bis Nr. 8 (25. Februar 1968). Nachdruck (ital.) der ersten 12 Seiten s/w in *Sgt. Kirk* Nr. 61 (1979). Albumausgabe (ital.) s/w unter dem Titel *Soldati di Ventura: Fanfulla da Lodi*, Ed. Ivaldi, 1982. Neuausgabe als Album (frz.) unter dem Titel *Fanfulla* mit 113 neu montierten Seiten vf., Éd. Rue des Sèvres, 2013.

***Fanfulla*, Kult Editionen, Juni 2014 [dt. Fassung der Version von 2013.].**

Gli Scorpioni del Deserto

1. Gli Scorpioni del Deserto / Les Scorpions du Désert

5 Seiten s/w in *Sgt. Kirk* Nr. 28 (Oktober 1969). Nachdruck (frz.) vf. und Ergänzung auf 11 Seiten unter dem Titel »Les Scorpions du Désert« in *Tintin* [Belgien] Nr. 6 (6. Februar 1973). Fortsetzung mit den Episoden »La piste de Siwa« (9 Seiten vf.) in *Tintin* [Belgien] Nr. 9 (27. Februar 1973); »Direction: Le Caire« (5 Seiten vf.) in *Tintin* [Belgien] Nr. 21 (22. Mai 1973) und »Les Scorpions du Désert« (20 Seiten vf.) in *Tintin* [Belgien] Nr. 11 (12. März 1974) und Nr. 13 (26. März 1974). Nachdruck s/w (ital.) in *Alter Linus* Nr. 1 bis Nr. 5 (1974).

Albumausgabe (ital.) unter dem Titel *Gli scorpioni del deserto*, in der von Anne Frognier kolorierten Fassung, auf 5.000 nummerierte Exemplare limitierte Auflage, Milano Libri 1975. Nachdruck in der von Patrizia Zanotti kolorierten Fassung in *Les Scorpions du Désert: Tome 1*, Éd. Casterman 1989. Nachdruck s/w in *Les Scorpions du Désert: L'integrale* (frz.), Éd. Casterman, 2009 und in *Gli Scorpioni del Deserto Edizione Integrale* (ital.), Rizzoli Lizard, 2010.

»Die Wüstenskorpione« in *Macao 1*, Macao Books 1985 [dt.Veröffentlichung s/w der Episode aus *Tintin* 11-13/1974.].

»Nichts zu melden in Djaghbub« in *Die Wüstenskorpione Band 1*, Comicothek 1986 [dt.Veröffentlichung s/w der Episode aus *Tintin* 6/1973.].

»Der lange Weg nach Siwa« in *Die Wüstenskorpione Band 1*, Comicothek 1986 [dt.Veröffentlichung s/w der Episode aus *Tintin* 9 und 21/1973.].

»Richtung Kairo« in *Die Wüstenskorpione Band 1*, Comicothek 1986 [dt.Veröffentlichung s/w der Episode aus *Tintin* 11-13/1974.].

2. Piccolo chalet... gaio come te

39 Seiten s/w in *Alter Linus* Nr. 6 (1974) und in *Linus* Nr. 1 bis Nr. 8 (1975). Nachdruck (frz.) vf. unter dem Titel »Les sables mouvants« in *Tintin* [Belgien] Nr. 38 (16. September 1975) bis Nr. 48 (25. November 1975). Albumausgabe (ital.) in der von Anne Frognier kolorierten Fassung, auf 5.000 nummerierte Exemplare limitierte Auflage, Milano Libri 1976. Nachdruck in der von Patrizia Zanotti kolorierten Fassung in *Les Scorpions du Désert: Tome 1*, Éd. Casterman 1989. Nachdruck s/w in *Les Scorpions du Désert: L'integrale* (frz.), Éd. Casterman, 2009 und in *Gli Scorpioni del Deserto Edizione Integrale* (ital.), Rizzoli Lizard, 2010.

»Ich habe zwei Geliebte, meine Heimat und Paris« und »Der Todesengel« in *Die Wüstenskorpione Band 2*, Comicothek 1986.

3. Vanghe dancale

Zeichnungen: Hugo Pratt und Guido Fuga

47 Seiten s/w unter dem Titel »Avvocati in Dancalia« in *Alter Alter* Nr. 1 (Januar 1980), Nr. 9 (September 1980) und Nr. 7 (Juli 1981). Nachdruck (frz.) vf. unter dem Titel »Un fortin en Dancalie« in *Tintin* [Belgien] Nr. 3 (19. Januar 1981) bis Nr. 9 (2. März 1981). Nachdruck (frz.) in der von Patrizia Zanotti kolorierten Fassung in *Les Scorpions du Désert: Tome 2*, Éd. Casterman 1991. Nachdruck s/w in *Les Scorpions du Désert: L'integrale* (frz.), Éd. Casterman, 2009 und in *Gli Scorpioni del*

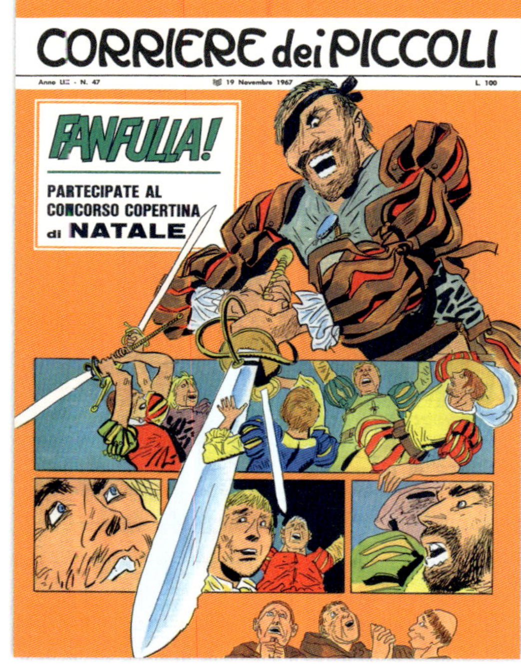

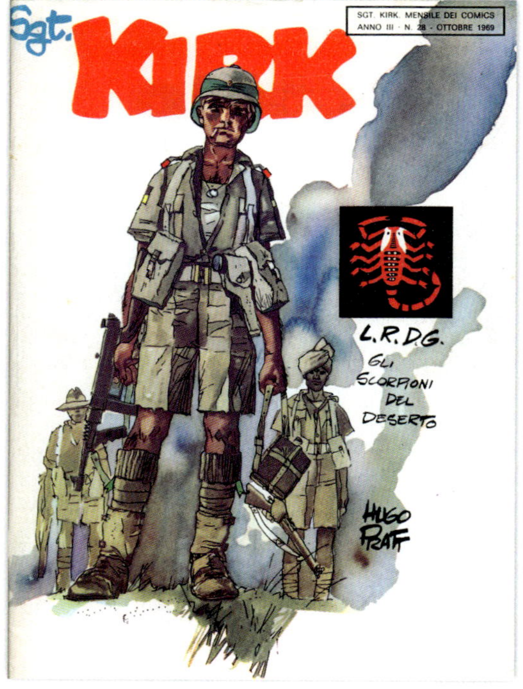

Deserto Edizione Integrale (ital.), Rizzoli Lizard, 2010.
Die Wüstenskorpione Band 3. Comicothek 1988.

4. Dry Martini Parlor

Zeichnungen: Hugo Pratt und Guido Fuga
40 Seiten s/w in *Alter Alter* Nr. 7 (1982) bis Nr. 1 (1983). Nachdruck, koloriert von Patrizia Zanotti, unter dem Titel »Conversation mondaine à Moululhe« in *(A Suivre)* Nr. 65 (Juni 1983) bis Nr. 67 (August 1983). Albumausgabe (ital.) unter dem Titel *»Dry Martini Parlor«*, um einige Aquarelle erweitert, Ed. Milano Libri 1983. Nachdruck (frz.) in der von Patrizia Zanotti kolorierten Fassung in *Les Scorpions du Désert: Tome 2*, Éd. Casterman 1991. Nachdruck s/w in *Les Scorpions du Désert: L'integrale* (frz.), Éd. Casterman, 2009 und in *Gli Scorpioni del Deserto Edizione Integrale* (ital.), Rizzoli Lizard, 2010.
Die Wüstenskorpione Band 4. Comicothek 1994.

5. Brise de mer

72 Seiten s/w (ital.) in *Corto Maltese* Nr. 110 (November 1992) bis Nr. 117 (Juni 1993); wg. Einstellung des Magazins unvollendet abgebrochen. Nachdruck und Fortsetzung auf insgesamt 145 Seiten s/w in *(A Suivre)* Nr. 184 (Mai 1993) bis Nr. 194 (März 1994). Albumausgabe (frz.) s/w in *Les Scorpions du Désert - Brise de mer* und in der von Patrizia Zanotti kolorierten Fassung in *Les Scorpions du Désert Tome 3: Brise de mer*, Éd. Casterman 1994. Nachdruck s/w in *Les Scorpions du Désert: L'integrale* (frz.), Éd. Casterman, 2009 und in *Gli Scorpioni del Deserto Edizione Integrale* (ital.), Rizzoli Lizard, 2010.

Fortsetzung der Serie mit zwei Episoden, gezeichnet von Pierre Wazem (2005) und Casali/Camuncoli (2008).

L'assalto al forte

Szenario: Alberto Ongaro alias »Nicex Darkman«
8 Seiten zweifarbig in *Corriere dei Piccoli* Nr. 15 (12. April 1970). Nachdruck s/w in (frz.) *Phenix* Nr. 17 (1971) und in (ital.) *Sgt. Kirk* Nr. 57 (1978).
Albumausgabe (frz.) unter dem Titel »Fort Detroit« in *Billy James*, Éd. Humanoïdes Associés 1980. Nachdruck in *L'Univers de Pratt*, Éd. Dargaud 1984. Albumausgabe (ital.) in der von Patrizia Zanotti kolorierten und neu montierten Fassung in *Capitan Cormorant e altre storie*, Edizioni Rizzoli Lizard, 2012.

Sandokan – Le Tigri di Mompracem

Szenario: Mino Milani nach dem Roman von Emilio Salgari
24 Seiten s/w eines ersten Teils, 2 Seiten s/w eines zweiten Teils für eine in *Corriere dei Piccoli* geplante Publikation von je 32 Seiten, beide unvollendet und unveröffentlicht.
Erstveröffentlicht als querformatige, kommentierte Albumausgabe (ital.) in *Sandokan*, Edizioni Rizzoli Lizard, 2009.

Sven

155 Seiten s/w in der Albumausgabe (frz.) *Sven*, Éd. Kangourou, September 1976.
Albumausgabe (ital.), ummontiert auf 43 Seiten in der von Anne Frognier kolorierten Fassung in *L'uomo dei Caraibi* (*Un Uomo, un'Avventura No. 4*), Ed. Cepim, Februar 1977. Nachdruck (ital.), um einige Aquarelle erweitert, unter dem Titel *Caraibi e Sertão*, Ed. Orient Express 1984. Nachdruck (ital.) in *Corto Maltese* Nr. 53 (1988). Albumausgabe (frz.) vf. *L'Homme des Caraïbes* (Collection »Un Homme, une aventure« Tome 10), Éd. Dargaud 1979. Nachdruck (frz.) in der um die Aquarelle und einen Dokumentarteil erweiterten Fassung unter dem Titel *Svend, l'homme des Caraibes*, Vertige Graphic 1999.
Ein Mann ein Abenteuer Band 3: Der Mann der Karibik, Feest Comics, 1992. Es existiert eine von Hugo Pratt signierte Hardcoverausgabe, limitiert auf 854 Exemplare.
»Svend« in *Ein Mann – Ein Abenteuer Band 2*, Schreiber & Leser, 2019.

La Macumba du gringo

44 Seiten s/w in *Pilote Mensuel* Nr. 35 (April 1977) bis Nr. 39 (August 1977).
Albumausgabe (frz.) in der von Anne Frognier kolorierten Fassung in *La macumba du gringo* (»Collection Pilote« Nr. 5), Éd. Dargaud, Januar 1978. Nachdruck (ital.) in *L'uomo del Sertão* (*Un Uomo, un'Avventura No. 14*), Ed. Cepim, März 1978. Nachdruck, um einige Aquarelle erweitert, unter dem Titel *Caraibi e Sertão*, Ed. Orient Express 1984. Nachdruck (ital.) in *Corto Maltese* Nr. 54 und Nr. 55 (1988). Nachdruck (frz.), erweitert auf 47 Seiten und einen Dokumentarteil, in der von Patrizia Zanotti kolorierten Fassung in *La macumba du gringo*, Vertige Graphic 1998.
»La macumba du gringo« in *Ein Mann – Ein Abenteuer Band 1*, Schreiber & Leser, 2018.

A l'Ouest de l'Eden

47 Seiten s/w und vf. in *Pilote Mensuel* Nr. 52 (September 1978) bis Nr. 56 (Januar 1979); die letzte Folge wird bereits in der von Anne Frognier kolorierten Fassung erstveröffentlicht.
Albumausgabe (frz.) in der von Anne Frognier kolorierten Fassung in *A l'Ouest de l'Eden* (»Collection Pilote« Nr. 15), Éd. Dargaud 1979. Albumausgabe vf. (ital.) unter dem Titel *L'Uomo della Somalia* (*Un Uomo, un'Avventura No. 20*), Ed. Cepim, Februar 1979. Nachdruck (ital.) und um einige Aquarelle erweitert unter dem Titel *Caino e Gesuita Joe*, Ed. Orient Express 1984. Nachdruck (ital.) vf. in *Corto Maltese* Nr. 100 (Januar 1992) bis Nr. 101 (Februar 1992). Nachdruck (frz.), erweitert auf 48 Seiten und einen Dokumentarteil, in *A l'Ouest de l'Eden*, Vertige Graphic 1998.
»Westlich von Eden« in *Ein Mann – Ein Abenteuer Band 2*, Schreiber & Leser, 2019.

L'uomo del grande nord

48 Seiten (ital.) vf. in der von Anne Frognier kolorierten Fassung in der gleichnamigen Albumausgabe (*Un Uomo, un'Avventura No. 28*), Ed. Cepim, Juni 1980. Nachdruck (frz.) s/w und vf. in *Pilote Mensuel* Nr. 74 (Juli 1980) bis Nr. 77 (Oktober 1980).
Albumausgabe (frz.) in *Jesuite Joe* (»Collection Pilote« Nr. 34), Éd. Dargaud 1980. Nachdruck (ital.) und um einige Aquarelle erweitert unter dem Titel *Caino e Gesuita Joe*, Ed. Orient Express 1984. Nachdruck (frz.) in der von Patrizia Zanotti kolorierten Fassung und um 21 aquarellierte Storyboards erweitert in *Jesuit Joe*, Éd. Casterman, November 1990. Nachdruck (ital.) vf. unter dem Titel »Gesuita Joe« in *Corto Maltese* Nr. 97 (Oktober 1991) bis Nr. 99 (Dezember 1991). Nachdruck inklusive der Storyboards und einer Dokumentation, Rizzoli Milano Libri 1992. Nachdruck (frz.) in *Jesuit Joe*, Éd. Casterman 2008.
Ein Mann ein Abenteuer Band 5: Der Mann aus Kanada, Feest Comics, 1993. Es existiert eine von Hugo Pratt signierte Hardcoverausgabe, limitiert auf 854 Exemplare.
»Jesuit Joe« in *Ein Mann – Ein Abenteuer Band 1*, Schreiber & Leser, 2018.

Gesuita Joe

17 Seiten (ital.) vf. in *Comic Art* Nr. 1 (Juni 1984) bis Nr. 3 (September 1984), Nr. 5 (November 1984) und Nr. 6 (Dezember 1984); Zweite, unvollendete Staffel von *L'uomo del grande nord*. Nachdruck (frz.) vf. unter dem Titel »Jesuite Joé« in *La Marge* Nr. 1 (Juli 1985) bis Nr. 5 (September 1986). Nachdruck (frz.) vf. in *Bodoï Hors Série* Nr. 5 (2002). Nachdruck (frz.) in *Jesuit Joe*, Éd. Casterman 2008.
»Jesuit Joe Teil 2 (unvollendet)« in *Ein Mann – ein Abenteuer Band 1*, Schreiber & Leser, 2018.

Cato Zulu

Assistenz bei den Zeichnungen: Raffaele Vianello
44 Seiten vf. in *Corto Maltese* (ital.) Nr. 11 (August 1984) und Nr. 12 (September 1984). Nachdruck (frz.) unter dem Titel »Cato Zoulou« in *Corto Maltese* (frz.) Nr. 20 (Januar 1989).
Albumausgabe (ital.) in *Cato Zulù*, Rizzoli-Milano Libri, 1987. Albumausgabe (frz.) in *Cato Zulu*, um einige Aquarelle und eine Dokumentation erweitert, Éd. Casterman 1990.
»Das Ende eines Prinzen« in *Cato Zulu*, Band 20 der Reihe »Carlsen Lux«, Carlsen Verlag 1994.

George e Arabella

Assistenz bei den Zeichnungen: Raffaele Vianello
Kolorierung: Laura Battaglia
4 Episoden mit je 8 Seiten vf. in *Extra's News* Nr. 3 (Frühling/ Sommer 1987) bis Nr. 6 (Herbst/Winter 1988), Agentur Promoclub. Nachdruck der 4. Episode in *De l'autre côté de Corto*, Éd. Casterman 1990.

Cato Zulu: La carovana dei Boeri

Assistenz bei den Zeichnungen: Raffaele Vianello
34 Seiten vf. in *Corto Maltese* (ital.) Nr. 57 (Juni 1988). Nachdruck (frz.) unter dem Titel »Cato Zulu – La patrouille de la mort« in *(A Suivre)* Nr. 148 (Mai 1990).
Albumausgabe (frz.) in *Cato Zulu*, um einige Aquarelle und eine Dokumentation erweitert, Éd. Casterman 1990.
»Die Todespatrouille« in *Cato Zulu*, Band 20 der Reihe »Carlsen Lux«, Carlsen 1994.

Baldwin 622

Assistenz bei den Zeichnungen: Guido Fuga
23 Seiten s/w in *Quel fantastico treno. Fumetti d'autore sulla ferrovia,* ADN Kronos 1992. Nachdruck (frz.) in *Koinsky raconte…*, Éd. Casterman 1993.

Un pallido sole primaverile

Assistenz bei den Zeichnungen: Guido Fuga
49 Seiten in *Un cuore garibaldino,* Comitato per la Manifestazioni del Centenario del PSI, April 1992. Auftragsarbeit für die PSI (Partito Socialista Italiano) zum 100. Jahrestag der Parteigründung.

In un cielo lontano

Assistenz bei den Zeichnungen: Guido Fuga
Kolorierung: Patrizia Zanotti
73 Seiten vf. in der gleichnamigen Albumausgabe (ital.), Edizioni Petruzzi 1993. Nachdruck bei Ed. Lizard 1994. Nachdruck (frz.) in *(A Suivre)* Nr. 213 (Oktober 1995). Albumausgabe (frz.) in *Dans un ciel lointain.* Éd. Casterman 1996.
An einem fernen Himmel, Feest Comics, Ehapa Verlag 1996.

Saint-Exupèry: Le dernier vol du pilote romancier

Szenario von Hugo Pratt nach den Erlebnissen von Antoine de Saint-Exupèry
Assistenz bei den Zeichnungen: Guido Fuga
Kolorierung: Patrizia Zanotti
60 Seiten vf. in *(A Suivre)* Nr. 200 bis Nr. 203 (1994).
Albumausgabe (frz.), ergänzt um ein illustriertes Vorwort, in *Saint-Exupéry: Le dernier vol.* Éd. Casterman 1995.
Saint-Exupéry: Sein letzter Flug, Feest Comics, Ehapa Verlag 1995.

Morgan

Assistenz bei den Zeichnungen: Guido Fuga
Kolorierung: Patrizia Zanotti
78 Seiten vf. in *Eternauta & Comic Art* Nr. 131 (September 1995) bis Nr. 138 (April 1996). Nachdruck (frz.) in *(A Suivre)* Nr. 224 bis Nr. 226 (1996). Albumausgabe (frz.), ergänzt um ein illustriertes Vorwort, in *Morgan.* Éd. Casterman 1999.
Morgan, Kult Editionen 2000

Storia di uomini a sei zampe

Entwurf für einen nicht vollendeten Comic, 4 Seiten vf. in *NIA – Notziario Interno Agip-Agip* Nr. 117, September 1996. Nachdruck (frz.) unter dem Titel »Histoire des hommes à six jambes« in *Bodoï* Nr. 22, 1999, und in *Bodoï Hors Serie: Le vrai Hugo Pratt* Nr. 5, 2002.

Szenarios

Tutto ricominciò con un'estate indiana

Zeichnungen: Milo Manara
Kolorierung: Laura Battaglia/Cettina Novelli
144 Seiten vf. in *Corto Maltese* (ital.) Nr. 1 (Oktober 1983) bis Nr. 20 (Mai 1985). Albumausgabe (ital.), erweitert um einige Aquarellzeichnungen unter dem Titel *Tutto ricominciò con un'estate indiana*, Ed. Milano Libri 1986. Albumausgabe (frz.) unter dem Titel *Un Eté indien*, Éd. Casterman 1987.
Ein indianischer Sommer 1 und *Ein indianischer Sommer 2*, Carlsen Verlag 1986. Nachdruck in *Ein indianischer Sommer*, limitierte Sonderausgabe in einem Band, Carlsen Verlag 1992.
»Ein indianischer Sommer« in *Manara Werkausgabe* Band 2, Panini Comics, November 2009.

El Gaucho

Zeichnungen: Milo Manara
128 Seiten vf. in *Il Grifo* Nr. 1 (April 1991) bis Nr. 12 (April 1992) und Nr. 26 (Juli 1993). Albumausgabe (frz.), Éd. Casterman 1994.
El Gaucho, Carlsen Verlag 1995. Es existiert eine signierte und auf 500 Exemplare limitierte Ausgabe, Verlag Schreiber & Leser 1995.
»El Gaucho« in *Manara Werkausgabe* Band 5, Panini Comics, November 2010.

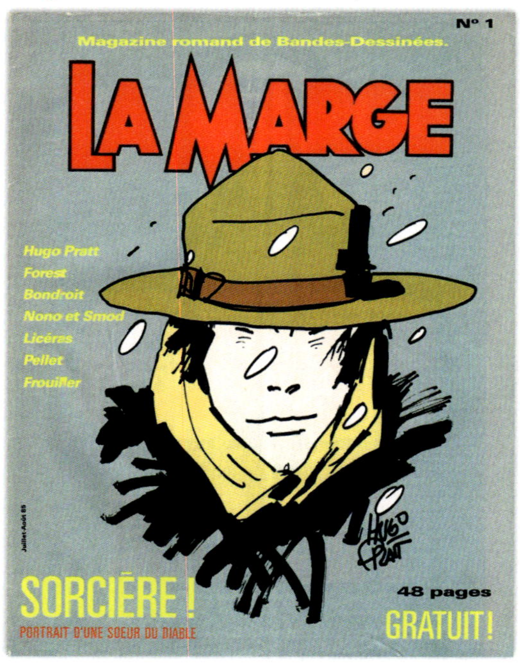

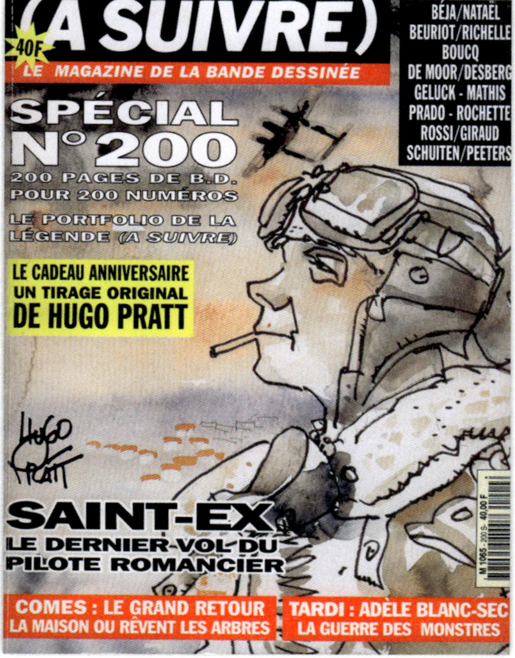

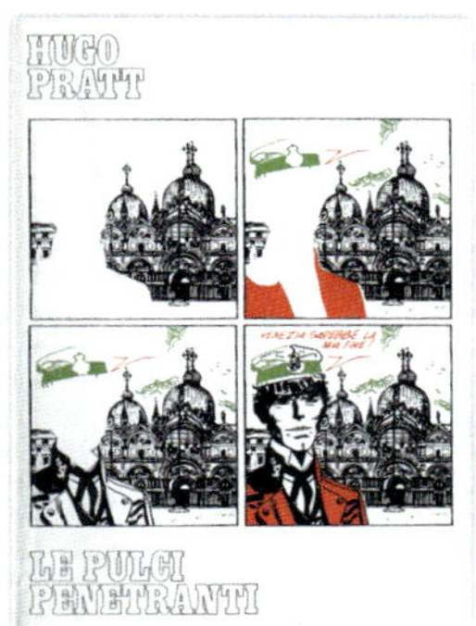

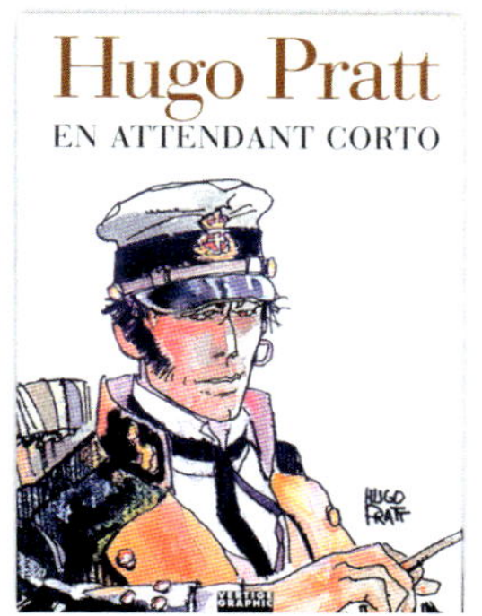

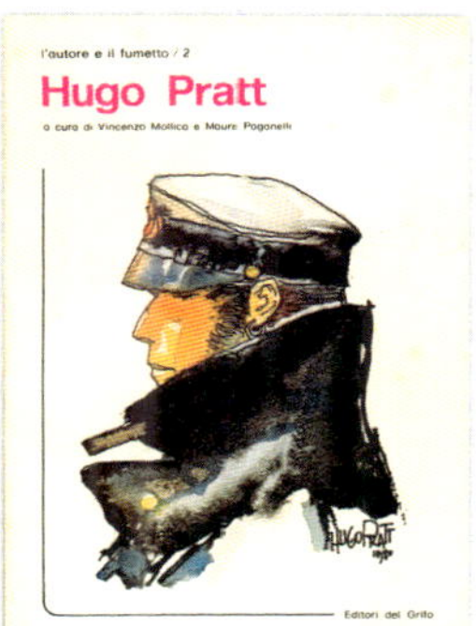

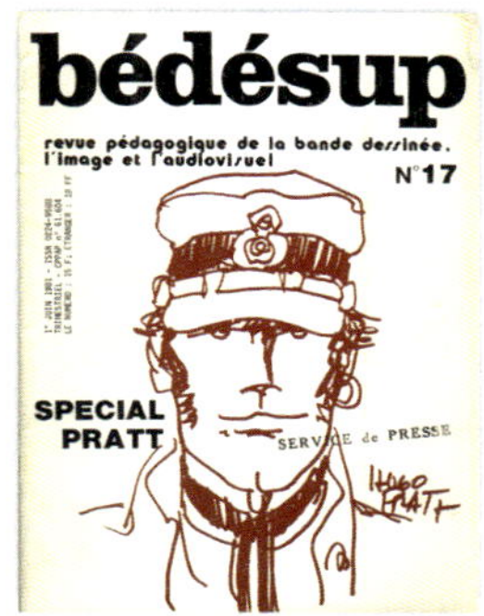

Prosa

Le pulci penetranti
114 Seiten, Edizioni d'arte Alferi, 1971. Nachdruck (frz.) mit zusätzlichen Fotos und Illustrationen unter dem Titel *Avant Corto*, Pierre-Marcel Favre, 1986. Nachdruck (ital.) unter dem Titel *Aspettando Corto*, Edizioni del Grifo, 1987. Nachdruck (frz.), überarbeitet und mit weiteren Fotos ergänzt unter dem Titel *En attendant Corto*, Vertige Graphique, 1996.

Le roman de Criss Kenton
630 Seiten, Éd. Favre, November 1989. Nachdruck (ital.) unter dem Titel *Il romanzo di Criss Kenton*, Edizioni del Grifo, 1990.

Jesuit Joe
284 Seiten, Éd. Favre, Oktober 1990. Nachdruck (ital.), Edizioni del Grifo, 1991.

Vent de terres lointaines
392 Seiten, Robert Laffont, April 1993.

Avevo un appuntamento
408 Seiten, Ed. Socrates 1994. Nachdruck (frz.) unter dem Titel *J'avais un rendez-vous*, Vertige Graphique, Dezember 1995.

Corto Maltese - Una ballata del mare salato
228 Seiten, Ed. Einaudi 1995.

Corto Maltese - Corte sconta detta arcana
176 Seiten, Ed. Einaudi 1996.

Filme

Il paese senza pace
Italien, 1946; Regie: Leo Menardi, dann Carlo Lodovici. Hugo Pratt hat einen Auftritt als Statist.

La notte dell'alta marea
Italien, 1977; Regie Luigi Scattini. Hugo Pratt in der Rolle des »Pierre«.

Blue Nude
Italien, 1978; Regie Luigi Scattini. Hugo Pratt wird in verschiedenen Dokumentationen als Darsteller genannt, wahrscheinlich handelt es sich aber um eine Fehlmeldung.

Quando c'era lui ... caro lei!
Italien, 1978; Regie Giancarlo Santi. Hugo Pratt war am Skript beteiligt und ist in der Rolle des »Rossetti« zu sehen.

Mauvais Sang (Die Nacht ist jung)
Frankreich/Schweiz, 1986; Regie Leos Carax. Hugo Pratt in der Rolle des »Boris«.

Jesuit Joe
Frankreich, 1991; Regie Olivier Austin. Hugo Pratt war am Skript beteiligt; der Film basiert auf seinem gleichnamigen Comic.

Nero
Italien, 1993; Regie Giancarlo Soldi nach dem Skript von Tiziano Sclavi. Hugo Pratt in der Rolle des » Commissario Straniero«.

Bildbände und Kataloge

Pratt, Enrique Lipszyc Editor, 1955. Erster Bildband mit Illustrationen und Comics, herausgegeben vom Mitbegründer der Escuela Panamericana de Arte, an der Pratt unterrichtete.

Entretiens avec Hugo Pratt, Ed. Serg, 1973. Herausgegeben von Claude Moliterni. Neuauflage, Éd. Pierre Horay, August 2005.

Hugo Pratt, Editori del Grifo, 1980 (»L'autore e il fumetto« 2). Herausgegeben von Vincenzo Mollica und Mauro Paganelli.

Hugo Pratt 50, Édition Glénat, 1981. Enthält Illustrationsmaterial aus den 1950er Jahren mit knappen Kommentaren von Hugo Pratt.

Hugo Pratt 60, Édition Glénat, 1981. Enthält Illustrationsmaterial aus den 1960er Jahren mit knappen Kommentaren von Hugo Pratt, u. a. auch einen ersten Entwurf für die Geschichte »Gesuita Joe«.

Dossier Pratt, Dossiers BD, 1983. Herausgegeben von Vincenzo Mollica und Mauro Paganelli.

A la Rencontre de... Hugo Pratt, Vorwort von Jean-Claude Faur, Bédésup, 1983. Sammelband, der die *Bédésup*-Dossiers in den Nummern 17 bis 23 von 1981/82 zusammenfasst.

L'Univers de Hugo Pratt, Dargaud, 1984. Herausgegeben von Claude Moliterni. Enthält viel unveröffentlichtes Material.

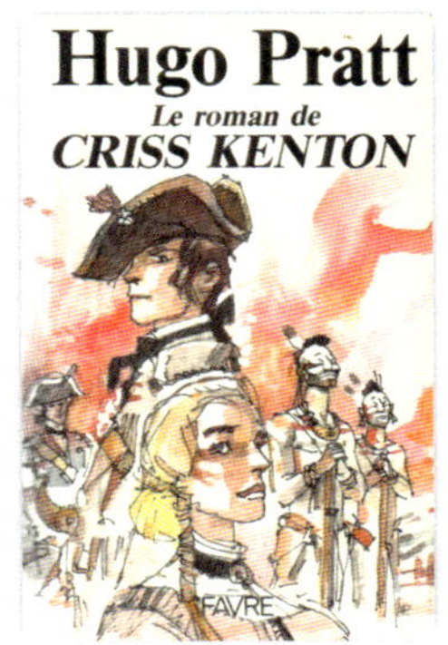

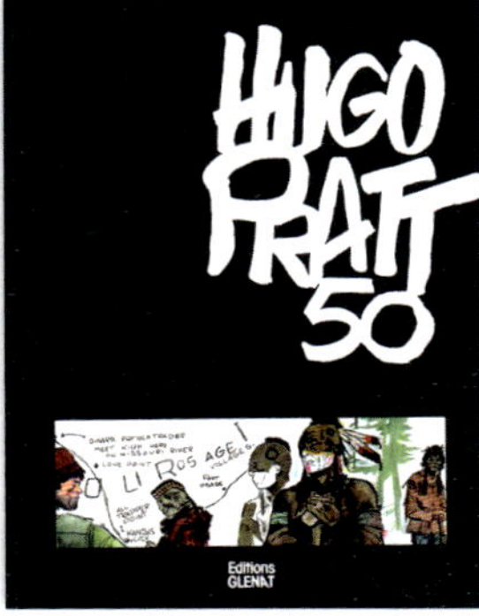

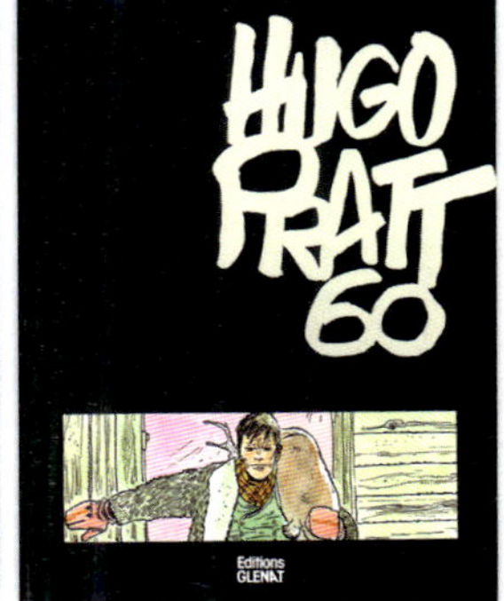

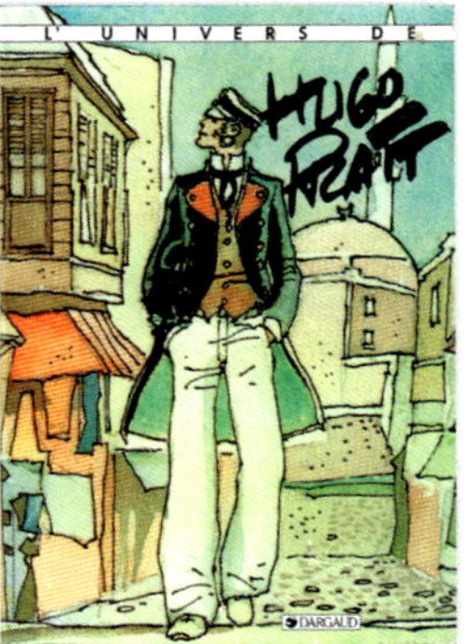

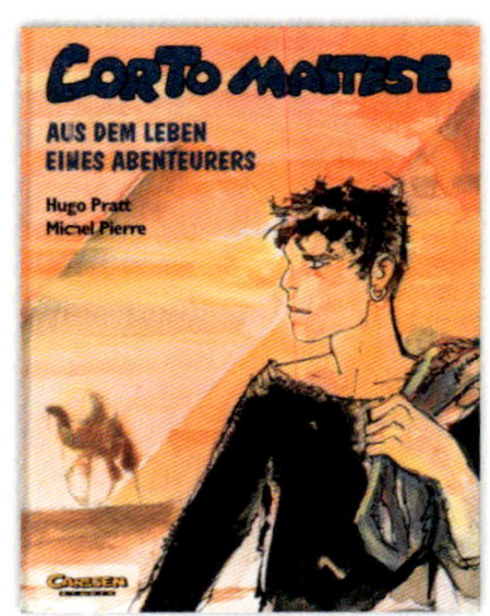

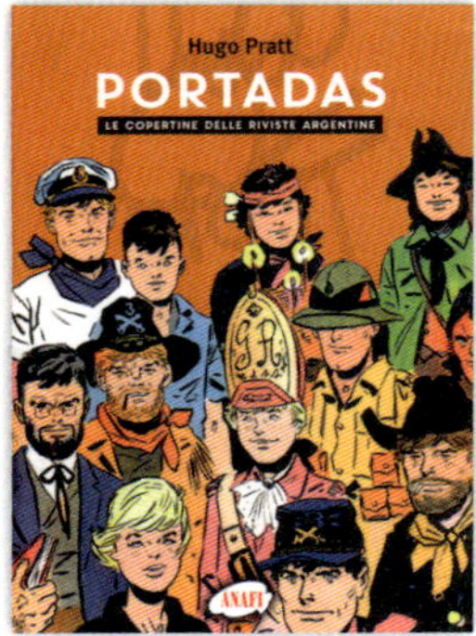

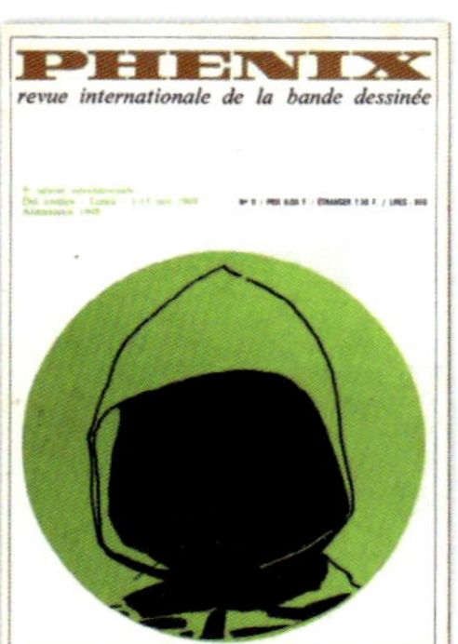

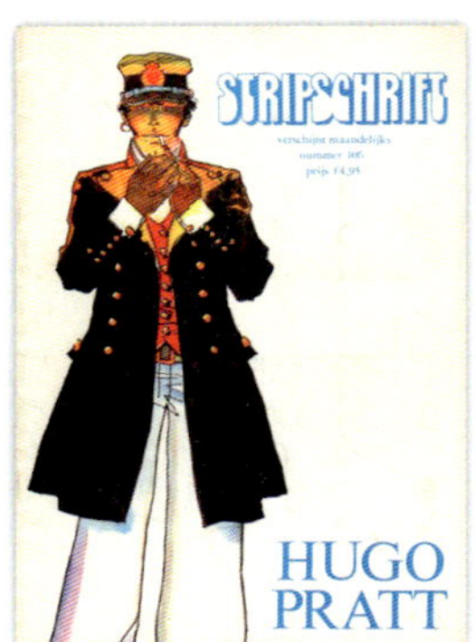

Pratt, Ed. Seghers, 1987. Herausgegeben von Claude Moliterni.

Le donne di Corto Maltese. Ed. del Grifo, 1987. Herausgegeben von Vincenzo Mollica.

Corto Maltese Mémoires, Casterman, 1988. Herausgegeben von Hugo Pratt und Michel Pierre. Eine fiktive Dokumentation über den »echten« Corto Maltese.

Corto Maltese - Aus dem Leben eines Abenteurers, Carlsen Verlag 1992

De l'autre côté de Corto. Hugo Pratt - Entretiens avec Dominique Petitfaux, Éd. Casterman, 1990. Erweiterte Neuauflage 1996

Conversation avec Hugo Pratt, Tandem, 1990. Herausgegeben von Eddy Devolder.

»Pratt im Gespräch mit Eddy Devolder« in *Reddition* Nr. 41 (Mai 2004).

Le Désir d'être inutile, Ed. Robert Laffont, 1991. Herausgegeben von Dominique Petitfaux.

Les Femmes de Corto, Éd. Casterman, 1993. Herausgegeben von Hugo Pratt und Michel Pierre. Eine fiktive Dokumentation über Corto Maltese und die Frauen.

Hugo Pratt Aquarelles, Éd. Casterman, 1996. Katalog der Ausstellung »Hugo Pratt, voyages littéraires« in Brüssel.

Geo Hors-série: Le monde extraordinaire des Corto Maltese, Prisma Presse, November 2001.

Hugo Pratt: Périples imaginaires. Aquarelles: 1965-1995, Éd. Casterman, 2005.

Hugo Pratt: Périples secrets. Techniques mixtes: 1950–1995, Éd. Casterman, 2009.

Hugo Pratt: Périples Périples éblouis, Éd. Casterman, 2013.

L'Histoire Marianne Hors-série: Corto Maltese, Sophia Publications, Juli 2013.

Hugo Pratt: Portadas. Le copertine delle riviste argentine, Edizioni Anafi, Februar 2017.

Sekundärliteratur [Auswahl].

Titel, die sich ausschließlich mit Einzelaspekten von *»Corto Maltese«* befassen, sind nicht aufgenommen, ebenso Einzelrezensionen z. B. aus der Tagespresse. Verweise auf das italienische Magazin *Corto Maltese* erfolgen unter Nennung des vollen Titels, Verweise auf das gleichnamige französische Magazin dagegen unter dem Kurztitel *Corto.*

Claude Moliterni, Pierre Couperie: »Hugo Pratt: un maître du noir et blanc« in *Phénix* Nr. 11 (1969).

Claude Moliterni: »Hugo Pratt nous parle de Corto Maltese« in *Phénix* Nr. 14 (1970).

Michel Caen, Joël Laroche, Claude Moliterni: »Hugo Pratt« in *Vampirella* (frz.) Nr. 4 (Januar 1971).

Nino Bernazalli: »Hugo Pratt« in *European Cartoonist* Nr. 1 (Oktober 1973).

Andreas C. Knigge: »Comics einmal anders – Ein Zeichnerportrait« in *Comixene* Nr. 6 (1975).

Alberto Ongaro: »Une soirée avec Hugo Pratt« in *Hop* Nr. 9 (1976).

Gianni Brunoro: »Corto Maltese ou La noblesse de l'aventure« in *Les Cahiers de la bande dessinée* Nr. 32 (1977).

Henri Filippini: »Hugo Pratt avant Corto Maltese« in *Les Cahiers de la bande dessinée* Nr. 32 (1977).

Antoine Roux: »Corto le taciturne ou Hugo Pratt, le maître du silence« in *Les Cahiers de la bande dessinée* Nr. 32 (1977).

Numa Sadoul: »Un repas chez Hugo Pratt« in *Les Cahiers de la bande dessinée* Nr. 32 (1977).

Kees De Bree, Hans Frederiks: »Hugo Pratt: Een kwestie van wennen« in *Stripschrift* Nr. 106 (Dez. 1977).

Martin Wassington: »Ik ben een anarchist« in *Stripschrift* Nr. 106 (Dez. 1977).

Markus Tschernegg: »Corto Maltese« in *Comic Forum* Nr. 1 (1978).

Pascal Ory: »Celtisme et bandes dessinées: de l'exploitation à la revendication? In *(A Suivre)* Nr. 1 (Januar 1978).

Dr. Peter Pohl: »Hugo Pratt« in *Die Sprechblase* Nr. 11 (März 1978).

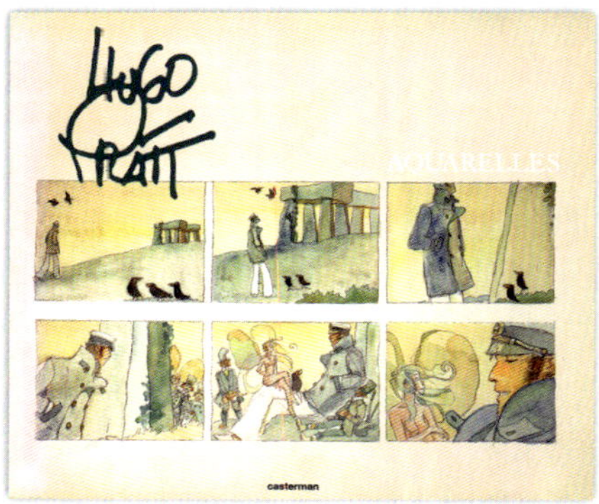

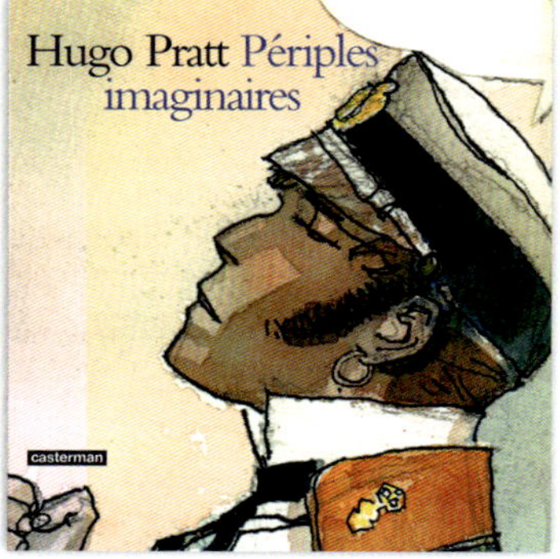

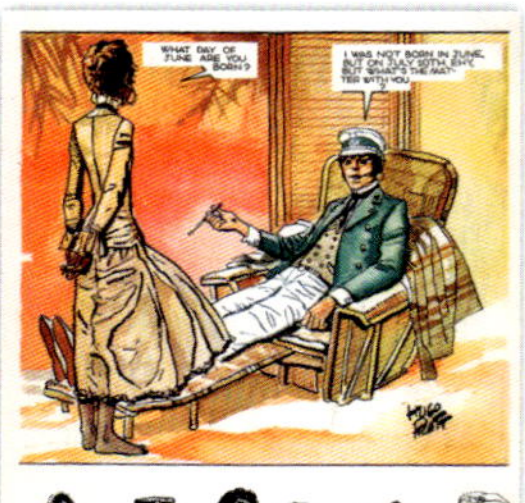
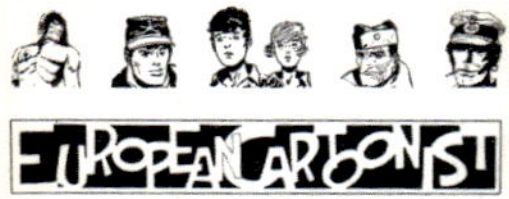

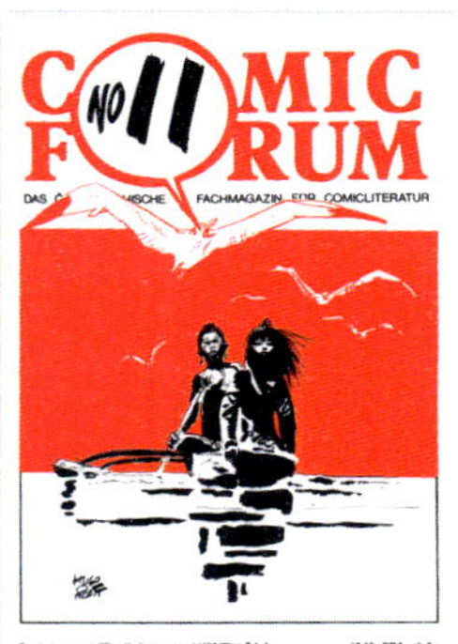

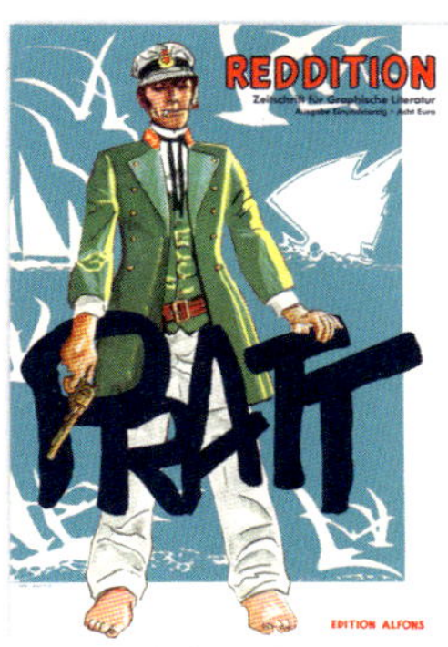

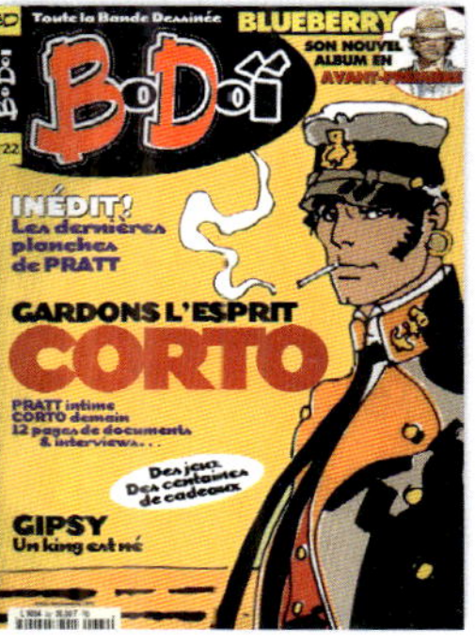

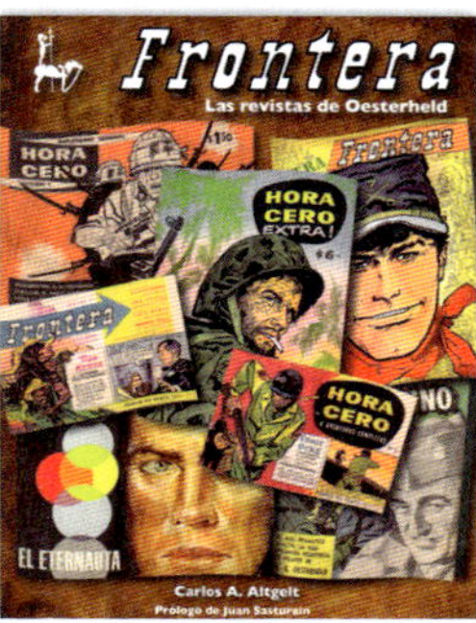

Noël Bosetti: »Le fascisme à l'italienne« in *(A Suivre)* Nr. 12 (Januar 1979).

Franco Fossati: »Corto Maltese ou le signe du succès« in *Bédésup* Nr. 12 (1980).

Philippe Muray: »Quand la B.D. ›fait‹ Venise« in *(A Suivre)* Nr. 31/32 (1980).

Markus Tschernegg: »Comicographie Hugo Pratt« in *Comic Forum* Nr. 6 (August 1980).

Michel Pierre: »Enquête sur un résident d'Antigua: Corto aux quatre vents« in *(A Suivre)* Nr. 31/32 (1980).

Pierre Ferran: »Hugo Pratt ou l'immortalite par la bande« in *Bande Dessinee 1981–1982*, S.E.D.L.I. 1981.

Paul Derouet, Andreas C. Knigge: »Die Abenteurer 4: Corto Maltese« in *Comixene* Nr. 35 (Februar 1981).

Markus Tschernegg: »Ann & Dan« in *Comic Forum* Nr. 11 (September 1981).

Wolfgang Alber/Markus Tschernegg: »Gespräch mit Hugo Pratt« in *Comic Forum* Nr. 14 (1982).

Chantal Thomas, Monfreid Rimbaud: »Pratt: Éthiopie coeur de l'aventure« in *Corto* Nr. 5 (Feb. 1986).

Dr. Peter Pohl: »Hugo Pratt: Von Wheeling nach Dhoumera« in *Comic Forum* Nr. 32 (Mai 1986).

Kim Thompson: »Biographical notes on Hugo Pratt« in *The Comics Journal* Nr. 108 (Mai 1986).

Nicolas Finet: »Pratt se fait du mauvais sang« in *(A Suivre)* Nr. 108 (Januar 1987).

Friederike Hausmann: »Von Linus bis Corto Maltese – Die Kunst des ›fumetto‹ in Italien« in *Zibaldone* Nr. 3 (März 1987).

André Malby: »Note magiche su Corto Maltese« in *Corto Maltese* Nr. 46 (Juli 1987).

Jean-Claude Guilbert: »Les Scorpions du Désert marchent au soleil« in *Corto* Nr. 14 (September 1987).

Dietrich Grünewald: »Corto Maltese - Märchen vom Abenteurer. Eine Hommage an Hugo Pratt« in *Comic Jahrbuch 1988*, Ullstein 1988.

Jacques Dieu: »Une énigme: l'ile du Moine« in *B.D.Strip* Nr. 14 (April 1988).

Laura Kreyder: »Venise avec Hugo Pratt« in *Glamour* Nr. 5 (Juli/August 1988).

Dominique Petitfaux: »Corto avant Pif« in Le Collectionneur de Bandes Dessinées Nr. 62 (Sommer 1989).

Hans Pols: »De superhelden van Hugo Pratt« in *Stripschrift* Nr. 230 (Dezember 1989).

Dominique Petitfaux: »La jeunesse brisée de Corto Maltese« in *Le Collectionneur de Bandes Dessinées* Nr. 64 (Frühjahr 1990).

Domenico Di Mattia: »Hugo Pratt« in *Letteratura italiana. Gli Autori. Dizionario biobibliografico e Indici. Volume secondo H-Z*, Einaudi 1991.

Heribert Seifert: »Helfer ohne Pathos« in *Deutsches Allgemeines Sonntagsblatt* Nr. 43 (22. Oktober 1993).

Gaetano Origa: »The Man from Venice« in *The Comics Journal* Nr. 169 (1994).

Hannes Grote, Jens R. Nielsen: »Hugo Pratt« in *Lexikon der Comics*, 12. Ergänzungslieferung (1994).

Friederike Hausmann: »Fumetti sind mehr als Comics« in *Zibaldone* Nr. 17 (Mai 1994).

Hannes Grote: »Asso di Picche – Gruppe von Venedig‹/›Groupe de Venise‹/›Venetian Group‹« in *Lexikon der Comics*, 13 Ergänzungslieferung (1995).

Hannes Grote, Jens R. Nielsen: »Hugo Pratt – Die Welt als Erzählung« in *Reddition* Nr. 26 (Juni 1995).

Hannes Grote: »Hugo Pratt – Die Kunst der interaktiven Strip-Erzählung« in *Reddition* Nr. 26 (Juni 1995).

Hannes Grote, Volker Hamann: »Bibliographie Hugo Pratt« in *Reddition* Nr. 26 (Juni 1995).

Hannes Grote: »Hugo Pratts Erzähler – Narratologische Überlegungen zum Comic« in *Horizonte - Italianistische Zeitschrift für Kulturwissenschaft und Gegenwartsliteratur* Nr. 1/1996.

Jean-Pierre Fueri, Jean-Marc Vidal: »Pratt/Corto« in *Bodoi* Nr. 22 (August 1999).

Hannes Grote: »Corriere dei Piccoli – Kaderschmiede der italienischen Comickultur« in *Reddition* Nr. 26 (Juni 1995). Nachdruck in *Reddition* Nr. 41 (Mai 2004).

Dominique Petitfaux: »La période anglaise de Hugo Pratt« in *L'Avis des Bulles* Nr. 60 (März 2004).

Diverse: »Le vrai Hugo Pratt« in *Bodoi Hors Série* Nr. 5 (November 2002).

Nicolas Pothier: »Et *Pif* publia Pratt« in *Bodoi Hors Série* Nr. 9 (»Spécial Pif«) (März 2004).

Hannes Grote, Jens R. Nielsen: »Pratt« in *Reddition* Nr. 41 (Mai 2004).

Dominique Petitfaux: »Pratt in London« in *Reddition* Nr. 41 (Mai 2004).

Bernd Hinrichs: »Ann und Dan« in *Reddition* Nr. 41 (Mai 2004).

Jens R. Nielsen: »Corto Maltese: La cour secrète des arcanes« in *Reddition* Nr. 41 (Mai 2004).

Volker Hamann, Guillermo Parker: »Bibliographie Hugo Pratt« in *Reddition* Nr. 41 (Mai 2004).

Gianni Brunoro, Roberto Reali: *Magica America: Hugo Pratt e non solo*, Edizioni Anafi, Mai 2004.

Carlos A. Altgelt: *Frontera – Las revistas de Oesterheld 1957–1963*, Aquitania Ediciones, April 2014.

Thorsten Hanisch: »Dibujos: H. Pratt, Guión: Oesterheld. Zwei Künstler, ein Land« in *Reddition* Nr. 68 (Juni 2018).

Internetseiten

corrierino-giornalino.blogspot.com

www.cong-pratt.com/de/pratt-universum/

www.archivespratt.com

sites.google.com/a/corto-maltese.org

Wertvolle Hinweise und Ergänzungen zu dieser Werkübersicht lieferten Dr. Hans Grote und Guillermo Parker sowie Carlos A. Altgelt. Ihnen sei an dieser Stelle herzlich gedankt.

Stichwortregister

Blagues à Tabac – Beitrag in *(A Suivre)* Nr. 34, November 1980

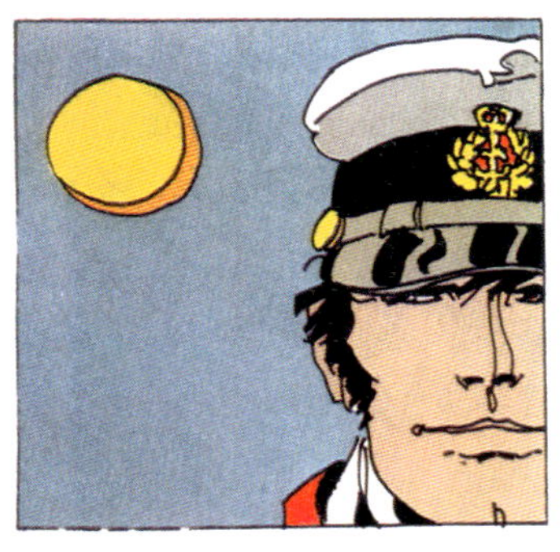
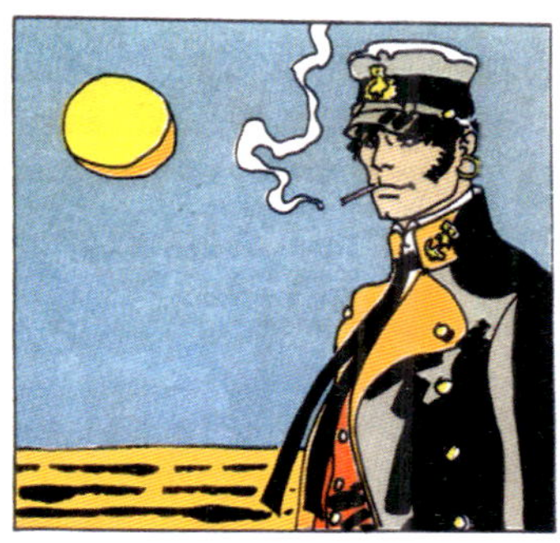
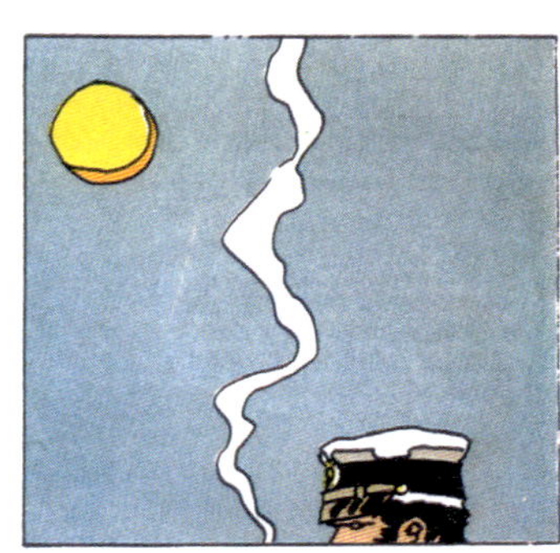
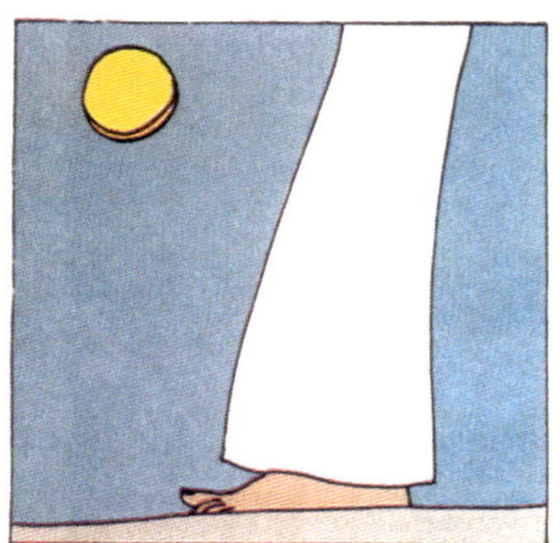
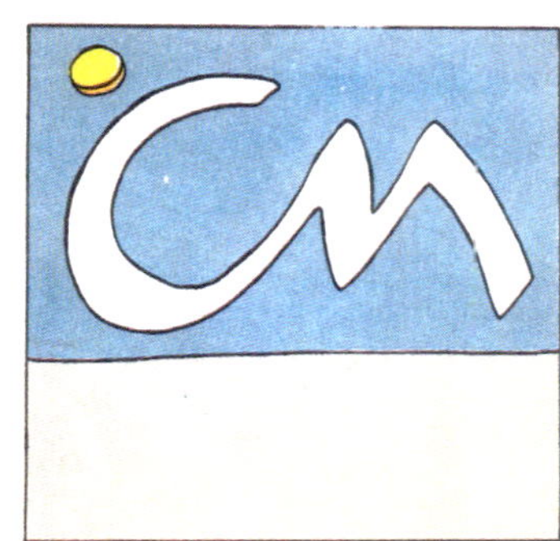
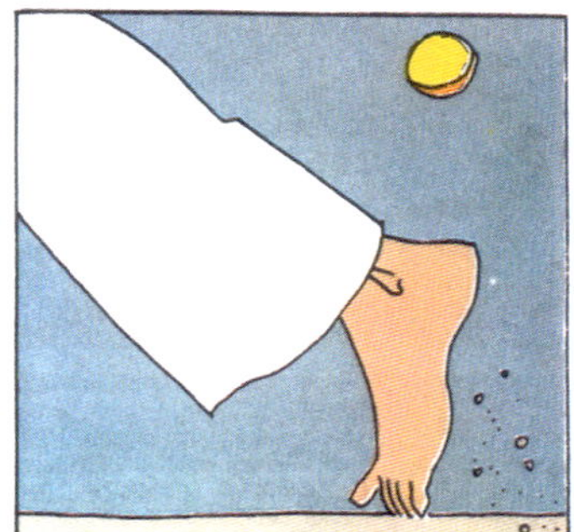
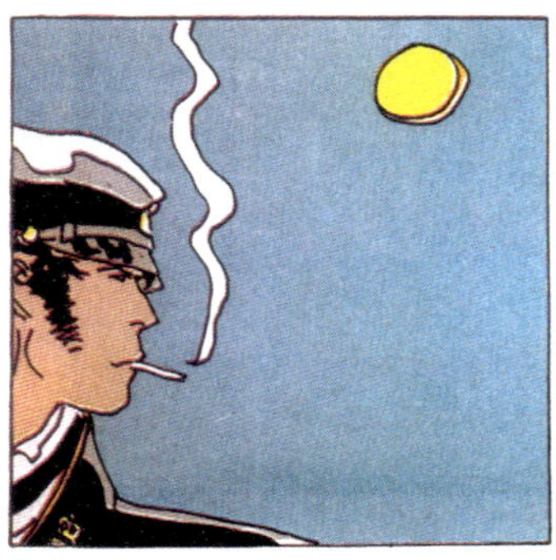
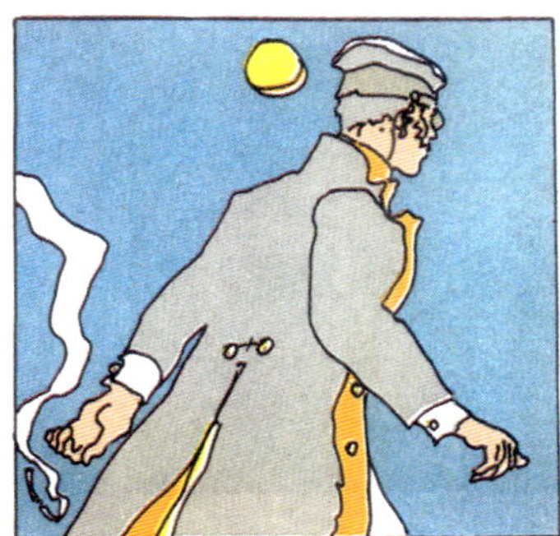
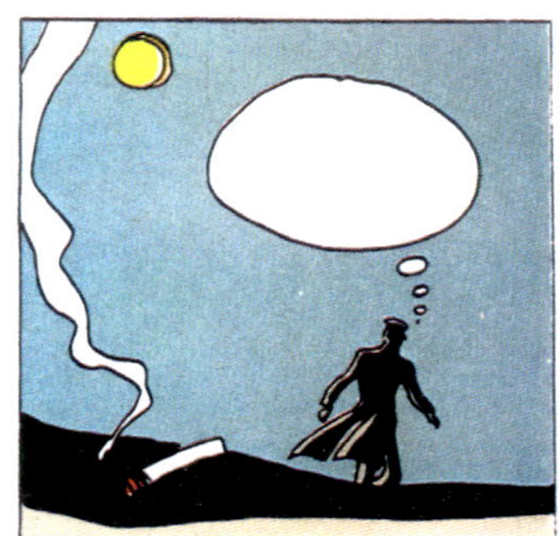

Texte zur Graphischen Literatur

Die Edition-Alfons-Buchreihe für Sekundärliteratur beschäftigt sich mit allen Spielarten der Neunten Kunst und Artverwandtem. Populärwissenschaftlich geschrieben und reichlich illustriert, bietet jeder Band einen einzigartigen Einblick in die faszinierende Welt der Comics und darüber hinaus.

Bereits erschienen:

Band 1: **Das Logbuch des Robinson Crusoe** von Detlef Lorenz
Paperback, 256 Seiten, 24,95 €
(Es existiert eine auf 99 Exemplare limitierte Vorzugsausgabe mit von Helmut Nickel signiertem Druck.)

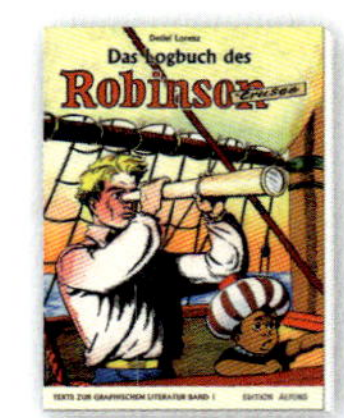

Band 2: **Das war *Schwermetall* Band 1** von Achim Schnurrer
Paperback, 240 Seiten, 24,95 €
(Es existiert eine auf 111 Exemplare limitierte Vorzugsausgabe mit von Philippe Caza signiertem Druck.)

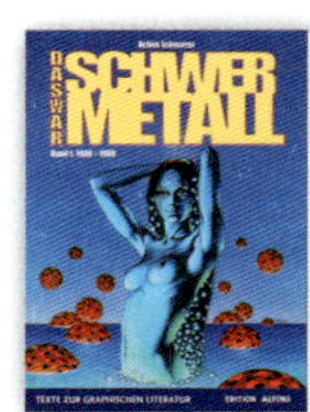

Band 3: **Warten auf Corto** von Hugo Pratt
Aus dem Italienischen von Dr. Peter Pohl.
Paperback, 164 Seiten, 19,95 €

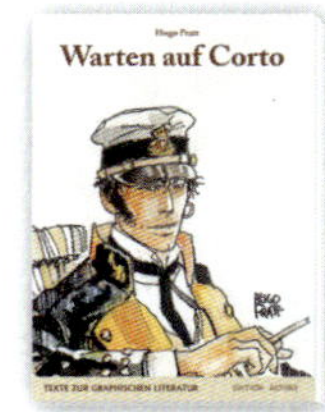

In Vorbereitung:

Band 4: **Das war *Schwermetall* Band 2** von Achim Schnurrer
Der zweite Band des Standardwerks zum Kultmagazin der 1980er und 1990er Jahre umfasst die Jahre 1988 bis 1999 und enthält einen vollständigen Autoren- und Titelindex.